나는
음악 교사
입니다

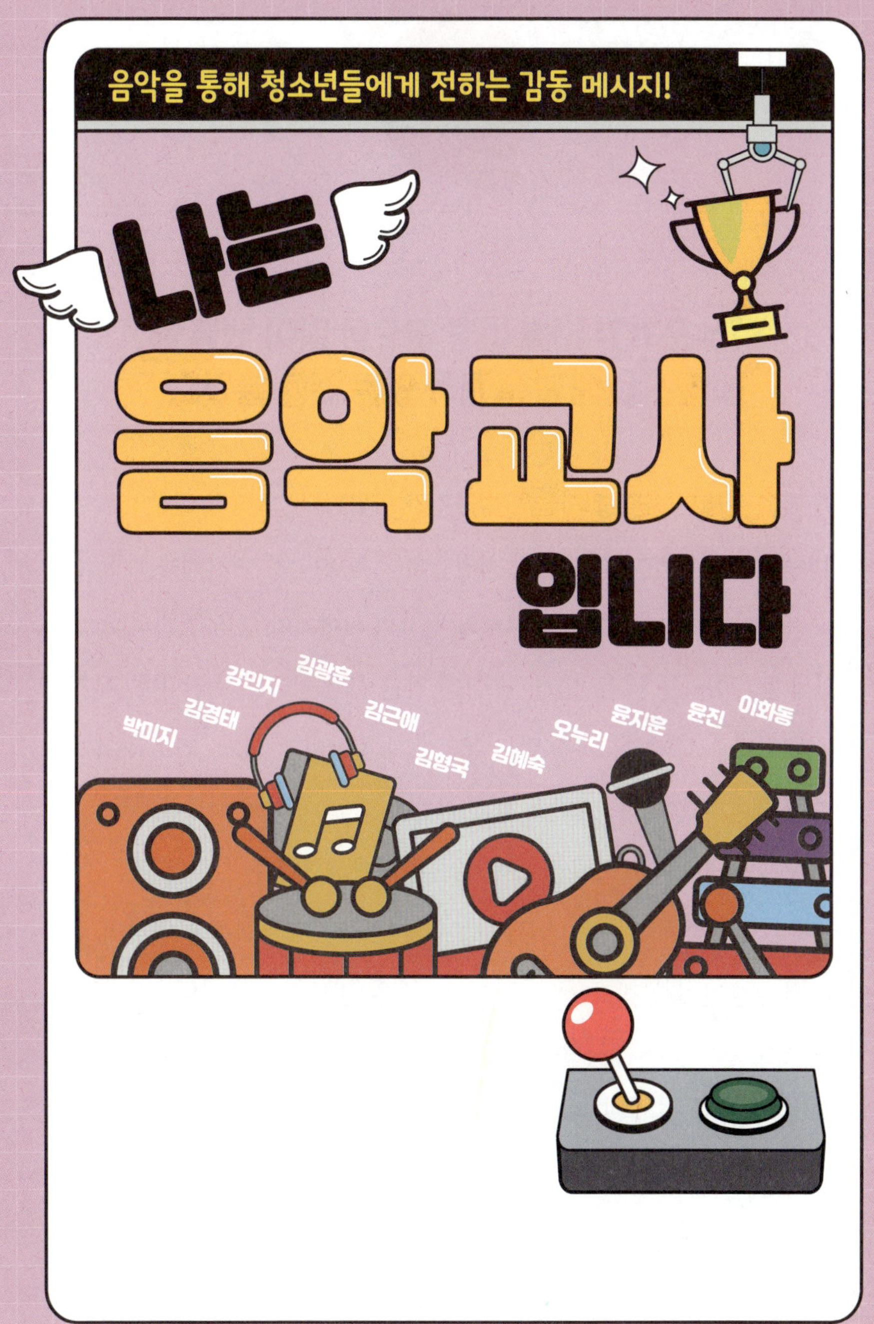
음악을 통해 청소년들에게 전하는 감동 메시지!
나는
음악 교사
입니다
박미지
김경태
강민지
김광훈
김근애
김형국
김예숙
오누리
윤지훈
윤진
이화동
BM (주)도서출판 성안당

"누군가가 나를 벼랑 끝으로 밀어 냈을 때,
비로소 나에게 날개가 있는 것을 알았다."

이 책은 완벽한 음악 교사들의 성공기가 아닙니다. 오히려 절망의 끝에서야 비로소 자신의 날개를 발견한 사람들의 기록입니다. 여기에는 11명의 음악 교사들이 각자 겪어 온 고군분투와 성장의 이야기가 담겨 있습니다.

선생(先生)이라는 말은 '먼저 이 길을 가본 사람'이라는 뜻입니다. 우리의 실패와 오답 노트가 이 글을 읽는 분들에게 길잡이가 되고, 위로와 용기를 줄 수 있기를 바랍니다. 예기치 않은 선물을 품을 때 삶이 넉넉해지듯, 교사의 길도 시행착오와 불협화음 속에서 더욱 단단해집니다.

처음부터 환하게 빛나는 길은 없습니다. 수많은 불협화음을 만나며 주저앉고 싶은 순간이 있겠지만, 그 불협화음들은 결국 하나의 음악으로 이어집니다. 삶도 음악처럼 결국 자신만의 곡으로 완성되는 것이기 때문입니다.

이 책은 음악 교사를 꿈꾸는 여러분에게 보내는 작은 연주입니다. 아직 미완성의 악보처럼 불안해 보이지만, 한 음 한 음 용기 내어 연주하다 보면 그것은 곧 여러분만의 음악이 되고, 언젠가 반짝이는 교향곡이 될 것입니다. 혹시 지금 남들의 속도에 불안해하고 있다면, 그것은 당신을 가장 높이

날게 할 기회임을 믿으시길 바랍니다. 힘들고 어려운 일이 닥치더라도 '내가 가는 길이 곧 길이다.'라는 믿음으로 자신을 신뢰하십시오. 한계를 스스로 제한하지 말고, 가능한 한 많은 것을 경험하며 자신 있게 도전해 보십시오. 그 과정에서의 노력과 경험이 재능이 되고, 또 다른 기회가 되어 우리를 성장시킬 것입니다.

우리는 수업 속에서 음악이 단순한 배움을 넘어, 학생들에게 위로와 용기 그리고 새로운 가능성을 열어 주는 순간을 수없이 마주해 왔습니다. 음악은 마음을 흔들고 사람과 사람을 이어 주는 언어로, 누구에게나 다가가 삶을 채웁니다. 우리가 살아가는 세상의 다양한 소리를 통해 학생들과 연결되는 즐거움을 함께 느낄 수 있다면, 음악 시간은 날마다 감동의 순간으로 빛나고, 그 몰입은 끝없이 이어질 것입니다.

이 책을 읽는 많은 분이 누군가의 삶을 비춰 주는 음악 교사의 길을 함께 걸어가기를 바랍니다. 학생이라는 하나의 음이 세상을 구성하는 선율과 화음으로 함께 성장해 가는 모습, 그것이야말로 우리의 음악 교사 인생이 만들어 갈 가장 아름다운 작품입니다.

- 저자 일동

03
온도를 전하는
김경태
98

04
매일 즐거운 ENFP
윤진
144

05
아이들의 하루를 작곡하는
김형국
188

06
함께 배우는
김근애
218

10
학생과 함께 호흡하는
이화동
388

11
끊임없이 연구하고 즐겁게 나누는
김혜숙
444

행동 발달 및 특기 사항

늦게 시작한 음악 전공이었으나 대학 시절의 실패를 계기로 벼락치기를 버리고 노력파 교사로 전환함. "꼴찌로 들어가서 일등 하면 되지."라는 큰엄마의 말을 신념으로 삼아 도전 앞에서 주저하지 않는 추진력과 끈기를 입증함. 교직 초기에 겪은 시행착오를 토대로 팀을 세우는 리더형 교사로 성장했으며, 교육정보화연구대회 전국 수석 등 교육 · 연구 활동을 통해 '연구하는 음악 교사'로 자리매김함. 현재 AI · 디지털 활용 음악수업, 미래교실, 온라인학교 정책연구 등 음악교육과 디지털 기반 교육혁신 관련 프로젝트에 참여하고 있음.

근성의 아이콘

박미지

별명

박뮤직(Parkmusic)

음악은 감각적으로, 일은 전략적으로.
시작하면 끝을 보는 ESTJ형 리더이다.

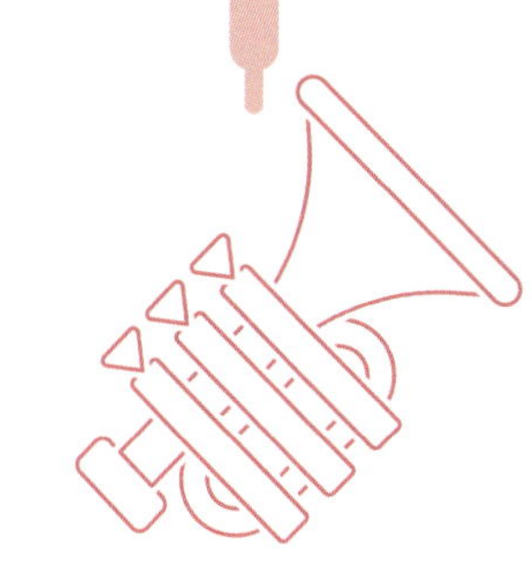

재능과 노력 사이에서 음악 교사가 되기까지

1 적당히 잘하던 아이, 음악을 전공하다

 부모님의 권유로 시작된 진로

교사를 꿈꾸는 이들에게 종종 공통으로 보이는 특징이 하나 있다. 많은 분야를 '적당히' 잘한다는 점이다. '만능 엔터테이너'나 '팔방미인' 같은 말을 한 번쯤 들어 봤을 것이다. 그런데 이 말은, 뭐 하나 빠지지 않게 잘하지만 그렇다고 해서 어디에 특별히 두드러지는 재능이 있는 것은 아닌, 무난한 사람들을 뜻하기도 한다. 나 역시 그런 학생이었다.

어릴 적부터 나는 공부도 곧잘 했고, 여느 여자아이들처럼 선생님 놀이를 즐기며, 피아노를 좋아하는 야무진 아이였다. 부모님은 내가 교양 있는 아이로 자라길 바라셨던 것 같다. 공부가 뒷받침되니 피아노, 무용, 그림 같은 '고상한' 취미 생활도 폭넓게 시켜 주셨다. 피아노와 무용은 꽤 알아 주는 선생님께 배우게 하셨고, 미술도 전문 화실에 보내 주셨다.

공부도 취미도 '적당히' 챙기며 지내던 내가 진로를 정할 시간이 왔다. 고등학교 1학년 무렵, 사춘기가 본격적으로 시작되면서 생각이 복잡해졌다.

늘 그럭저럭 괜찮은 성적을 받으며 별 탈 없이 지내왔는데, 진로에 대해 고민하자 공부에 집중이 되지 않았다.

성적 등급표의 숫자들이 조금씩 미끄러지듯 내려갔다. 그런데 목표가 없으니 다시 잡아야 할 이유도 잘 떠오르지 않았다. 그동안 살면서 무언가를 간절히 바란 적이 없던 탓인지, 스스로 동기를 만들어 내는 것도 쉽지 않았다. 결국 최상위권이었던 성적은 떨어져 2~3등급에 머물렀다. 서울 소재 대학의 일반 학과에 진학하기엔 다소 애매한 수준이었다.

그때 부모님께서 내게 음악교육과를 권유했다. 음악교육은 성적과 실기라는 두 개의 벽을 동시에 넘어야 하는 전공이다. 남들에겐 두 가지를 동시에 준비해야 하는 까다로운 길이었지만, 내게는 그 이중 조건이 오히려 유리하게 작용했다. 공부와 피아노, 두 가지를 적당히 해왔던 내 이력이 거기에 딱 맞아떨어졌기 때문이다. 어릴 적부터 내가 교사가 되길 바랐던 부모님께는 이 모든 점이 딸의 진로에 완벽하게 맞는 현실적인 조건으로 여겨졌다. 나 역시 그 선택이 썩 나쁜 것 같지는 않았다. 음악 하는 사람으로 보이는 이미지도, 사춘기였던 내게는 제법 괜찮게 느껴졌다. 어릴 때부터 피아노 선생님 놀이를 자주 했던 기억이 떠올라, 어쩌면 이게 내 꿈이었을까 하는 즉흥적인 생각도 스쳤다.

그렇게 나는 음악 교사를 내 진로로 삼아 보기로 했다. 목표가 생기니 진짜로 오래전부터 바랐던 것 같은 환상이 생기기도 했다. '딸은 엄마의 꿈이자 아빠의 자랑이다.'라는 촌스러운 문구를 책상 앞에 붙여 두고, 갑자기 생겨난 목표를 향해 마치 예전부터 그랬던 것처럼 살아 보기로 했다.

나는 고등학교 2학년이 되어서야 전공 레슨을 받기 시작했다. 주변과 비교했을 때 음악교육과 피아노 전공으로 들어가기엔 너무 늦은 시기였다. 기악 전공처럼 오랜 준비가 필요한 길은 엄두가 나지 않았다. 내 상황에서는 손가락보다 머리를 쓰는 작곡 전공이 조금 더 현실적인 선택처럼 보였다. 이 역시 부모님의 생각이었다.

그렇게 작곡 공부를 시작했다. 사실 처음부터 작곡을 간절히 원했던 것은 아니었지만, 배우다 보니 생각보다 재미있고 흥미로운 점이 많았다. 화성을 쌓고 작은 동기를 발전시키는 과정이 신기했고, 내가 쓴 악보를 선생님께 보여 드릴 때마다 성취감이 생겼다. 그렇게 반년쯤 지나자, 이 길을 계속 가 볼 수도 있겠다는 생각이 들기도 했다.

그런데 이상하게도, 곡을 쓰는 연필보다 피아노 건반을 더 오래 붙잡고 있는 나 자신을 자주 발견했다. 주변에서는 내 연주를 들으며 "피아노 전공으로 가도 충분할 텐데."라는 말을 종종 했다. 처음에는 칭찬처럼 들렸지만, 시간이 지날수록 그 말은 되새김질처럼 마음속을 맴돌았다. 내가 스스로의 선택이 아니라 상황과 타협해 영악하고 얄팍하게 살아가고 있는 듯한 자책이 밀려 왔고, 그것은 곧 해결되지 않는 갈증이자 상처로 곪아 갔다.

악보보다 건반 위에 손을 올리고 있을 때 더 마음이 편해질 무렵, 결국 고등학교 2학년 여름, 작곡이 아닌 피아노 전공으로 음악교육과에 지원하기로 마음을 바꾸었다. 고민하는 동안에는 '지금도 충분히 늦었는데 또 바꿔도 될까?' 하는 불안이 남아 있었지만, 막상 결정하고 나니 후회보다는 안도감이 더 컸다. 마치 여러 갈림길 끝에 결국 처음 마음이 머물던 길에 선 것처럼 말이다.

이렇게 과감한 선택과 변경을 거듭할 수 있었던 것은 아무래도 주변의 영향이 컸다. 사실 처음 내게 전공 피아노 레슨을 해주셨던 선생님은 큰엄마셨다. 큰엄마는 그 시절 그 지역에서 '호랑이 선생님'으로 유명하셨던 피아노 선생님이셨다. 오랜 기간 전공 레슨을 받지 않은 나의 '소리'를 다시 잡아주기 위해, 큰엄마께서 내게 주신 첫 번째 미션은 모차르트의 〈작은 별 변주곡〉이었다.

6개월간 연습했던 〈작은 별 변주곡〉의 테마

모차르트, 〈작은 별 변주곡(12 Variations in C Major on "Ah, Vous Dirai-je, Maman" Variations, K.265/300e)〉

'도, 도, 솔, 솔, 라, 라, 솔.'

나는 이 짧은 주제를 무려 6개월 동안 쳤다. 그러잖아도 진도가 느려 2년 뒤에는 입시를 치러야 하는 상황에서, 반년 동안이나 같은 곡을 쳐야 했다.

그것도 입시곡과는 수준 차이가 확연히 나고 초등학생도 칠 만한 〈작은별 변주곡〉을 치고 있다는 것에 처음에는 굉장히 답답하고 조급한 마음이 들었다. 그러나 돌아보면, 바로 그때의 레슨 경험이 내게는 가장 값진 시간이었다.

큰엄마는 곡을 치는 법만 가르쳐 주신 것이 아니었다. 'C4(가온도)' 건반 하나로 시원한 소리, 따뜻한 소리, 경건한 소리, 긴장되는 소리까지 온갖 결의 음색을 만들어 내는 연습을 시키셨다. 처음에는 '건반 하나가 그냥 도 소리지, 무슨 저런 소리를 다 내라고 하나?' 생각했지만, 시간이 갈수록 나는 무엇에 홀린 듯이 손가락 하나하나로 근육의 섬세한 자극을 느끼며 치고 있는 나 자신을 발견했다.

결국 그것은 단순히 손가락 훈련이 아니라 소리를 언어처럼 다루는 법을 배우는 과정이었다. 그때 처음으로 음악이 단순한 기능적 연주를 넘어 하나의 '표현'이 될 수 있다는 걸 깨달았다. 그 경험은 고등학생인 내가 겪기에는 참 추상적이고 몽환적이었으며, 한편으로는 내 승부욕을 끝없이 자극했던 혼자만의 치열한 싸움이기도 했다.

여느 때와 다르지 않던 어느 오후, 큰엄마께서 불쑥 말씀하셨다.

"이제 너는 어디 가서도 소리로 빠진다는 소리는 안 들을 거다."

그 순간이 아직도 잊히지 않는다. 매일 혼만 내시던 분이셨기에 무슨 뜻인지 몰라 멍해졌다. 잠시 뜸을 두고 큰엄마는 조용히 말을 이어 가셨다.

"입시까지 1년을 앞둔 시점이라 아마 많이 힘들 거야. 그렇지만 괜찮다. 입시곡 하나만 끝내주게 잘 쳐서 들어가면 돼. 꼴찌로 들어가서 일등 하면 되지. 너는 그럴 수 있다. 네 소리를 믿어. 이제 소리는 만들었으니, 입시 시작하면 된다.”

그 말을 듣는 순간, 가슴이 먹먹해졌다. 아직 아무것도 이룬 것은 없었지만, 늦게 시작했어도 꼴찌로 문을 닫고 들어가 결국엔 일등을 할 수도 있겠다는 막연한 기대가 피어올랐다. 그날부로 나는 〈작은 별 변주곡〉을 졸업했고, 큰엄마의 품을 떠났다.

이후 큰엄마는 나를 자신의 제자이자 입시 현장에서 활발히 활동하며 트렌드를 잘 아는 선생님께 보내 주셨다. 돌이켜 보면 그 6개월의 〈작은 별 변주곡〉 레슨은 어디에서도 배울 수 없는 최고의 훈련이었다. 갑작스러운 음악 전공, 하루이틀이 아까운 급한 시기 속에서도 느리게 흘러갔던 그 레슨은 내 소리에 대한 확신을 심어 준, 정말 예상치 못했던 선물이었다.

Music is the space between the notes.

(음악을 잘 연주하는 법은 음표를 치는 것이 아니라, 음표 사이의 침묵을 다루는 것이다.)

– 클로드 드뷔시(Claude Debussy) –

이렇게 나는 고등학교 2학년 1학기를 작곡 공부에, 2학기를 소리 공부에 매진하고 나서 3학년이 되어서야 비로소 진짜 입시곡을 다루게 되었다.

새로운 레슨 선생님께 내 소리를 들려드리니 “피아노에 재능이 있으니 음악교육과 피아노 전공이 아니라, 피아노과에 도전해도 좋을 것 같다.”라고 말씀해 주셨다. 처음에는 작곡 전공, 그다음은 음악교육과 피아노 전공, 이제는 피아노과. 점점 높은 난이도에 도전하는 이 늦깎이 여정이 솔직히 뿌듯했다. ‘내가 생각보다 재능이 있나 보다’ 하는 자신감이 서서히 자라났고,

욕심도 커져 피아노과 진학의 꿈은 점점 분명해졌다.

사실 부모님은 처음엔 피아노과를 우선 준비하겠다는 내 결정을 반대하셨다. 하지만 끝내 내 의지를 존중해 주셨고, 우리는 피아노과 1곳과 음악교육과 2곳을 지원하는 것으로 타협을 보았다.

몇 가지 소나타와 에튀드를 차근차근 연습하던 즈음, 초여름이 시작되자 대학에서 하나둘 입시곡을 발표했다. 문제는 그해 내가 목표로 한 학교가 하필 베토벤의 〈에로이카 변주곡〉을 지정했다는 점이었다. 피아노 전공 입시를 준비하는 학생이라면 누구나 안다. '변주곡'을 지정하는 학교가 다른 입시에서 얼마나 큰 불리함이 되는지를.

〈에로이카 변주곡〉은 곡 자체의 난해함과 까다로움도 문제였지만, 무엇보다 다른 학교 입시에 함께 쓸 수 없다는 사실이 치명적이었다. 그래서 이 곡은 서울대나 이화여대 같은 최상위권 음악대학에서만 간혹 출제되곤 했다. 다른 입시생들은 베토벤의 빠른 소나타 한 곡과 쇼팽 에튀드 한 곡으로 준비하면 되었지만, 나는 소나타와 에튀드에 더해 변주곡까지 총 세 곡을 연습해야 했다.

베토벤, 〈에로이카 변주곡(15 Variations and Fugue in E-flat major, Op.35 'Eroica Variations')〉

많은 고민이 필요했다. 레슨 선생님은 처음에는 우려를 감추지 않으셨다. 하지만 레슨을 거듭할수록 빠르게 성장하는 나를 보시곤, '승산이 있다'며 결국 피아노과를 중심으로 준비하자고 하셨다. 그 순간 큰엄마의 말씀이 되살아났다. "꼴찌로 들어가서 일등하면 되지."

그렇게 음악교육과와 피아노과를 함께 준비하는 입시생의 하루가 시작되었다. 이는 성적과 실기 어느 하나도 놓칠 수 없다는 뜻이었다. 아침 등교 전 1시간, 방과 후 6시간. 매일 건반 앞에서 날이 저무는 줄 몰랐다. 계절이 바뀌고 겨울이 찾아왔다.

마침내 입시가 시작되었다. 가군에 피아노과, 나·다군에 음악교육과 피아노 전공을 지원했다. 결과는 피아노과 예비 후보 2번. 그 학교는 늘 평균 6~7명 정도 결원이 있었기에, 모두들 당연히 합격할 것으로 확신했다. "파티하자!"라는 레슨 선생님의 말까지 들으며, 나는 정말로 꼴찌로 들어가 일등을 할 수 있겠다는 꿈을 꾸었다.

그러나 결과는 예상 밖이었다. 예비 후보 중 단 한 명만 합격했고, 나는 그 문 앞에서 멈춰 서야 했다. 10년 넘는 입시 데이터에도 전무한 이례적 상황이었다. 하필 내가 선택한 베토벤의 〈에로이카 변주곡〉이 다른 학교 시험에서는 활용할 수 없는 특수한 곡이었던 탓에, 나처럼 올인(all-in)했던 학생들이 유난히 많았기 때문이었다. 그렇게 나는 실패를 맛보았고, 결국 음악교육과에 진학했다.

사실 음악교육과 실기에는 큰 공력을 들이지 않았다. 피아노과 실기곡 변주곡을 열 번 치면, 음악교육과 실기곡 소나타는 한두 번 치는 정도였다. 시험 일주일 전에야 악보를 겨우 외웠으니 말 다했다.

그럼에도 불구하고, 나는 꼴찌가 아니라 오히려 넉넉한 점수로 합격했다. 성적과 실기 점수 모두 충분히 여유 있었다. 이것이 어쩌면 나의 벼락치기

습관을 기른 계기가 되었는지도 모르겠다. 누군가에게는 치열한 입시 과정이 내게는 의외로 무난한 경험이었다고 고백하는 것은 단지 자만심에서 비롯된 것이 아니다. 오히려 그 반대다.

2 재능의 배신, 벼락치기를 버리다

◉ 졸업 연주의 참사, 무너지는 자존감

'재능과 노력의 비중이 얼마나 될까?'라는 질문은 음악 전공생들에게 늘 흥미로운 화젯거리다. 나는 재능은 시작을 결정하는 시발점에 불과하고, 그다음부터는 노력의 비중이 훨씬 크다고 생각하는 쪽이다. 오히려 노력도 재능의 일부라고 여긴다. 내가 바로 그 사실을 몸으로 배웠기 때문이다.

벼락치기에 능한 나는 대학교에 입학한 뒤에도 큰 어려움 없이 무난한 여정을 이어 갔다. 고등학교 때 탄탄히 쌓아둔 소리 공부 덕분에 "제대로 배우고 왔구나." 하는 평을 자주 들었다. 동기들이 내 연주를 들으면 매력적인 소리를 가지고 있다고 신기해했다. 음악 공부를 오래 해온 친구들 사이에서 인정받으니 괜히 으쓱한 마음도 들었고, 솔직히 말하면 때로는 자만심도 생겼다. 하도 연습을 하지 않으니 실기철에는 친구들이 연습실에 나를 가두고 "나올 때까지 치고 있어!"라고 문을 잠그는 장난을 치기도 했다.

특별히 많은 연습을 하지 않아도 실기 성적은 늘 우수한 편이었다. 다만 늘 한두 음씩 뜻밖의 실수가 꼭 나왔다. 테크닉을 강조하는 콩쿠르와는 달리 대학 실기 특성상 작은 실수가 있어도 전체적인 음악성이 우수하면 성적은 잘 나왔다. 그때의 나는 반복되는 실수를 단지 피아노 전공생치곤 작았던 손가락 탓이라 여기며 대수롭지 않게 넘겼다. (사실 돌이켜 보면, 그 작은 실수가 언젠가 겪을 큰 실패의 전조였다고 생각한다. 그때 바로잡았어야 했다.)

실기뿐 아니라 이론적인 부분도 자신 있었다. 고등학교 때 배웠던 작곡 공부는 대학 시절 우수한 성적의 든든한 밑거름이 되었다. 악전과 화성학의 기초, 청음, 음악 형식론에 대한 이해를 미리 다질 수 있었기 때문이다. 절대음감의 청음 실력 또한 정말 유용했다. 결국 학부 시절 전공 이론 수업은 모두 A, A+로 마무리했고, 조기졸업까지 해냈다.

문제는 그때부터였다. 나는 점점 나태해졌고, 벼락치기의 아슬아슬한 삶에 자신감마저 붙었다. 늘 마지막 순간에 해냈으니, 중간에는 조금 미뤄도 된다고 믿었다. 그렇게 몇 학기가 지났고, 서서히 불안의 징조가 나타났다. 대학교 1, 2학년에는 하이든과 모차르트 같은 고전주의 과제곡이 많았다. 비교적 간단한 구조와 투명한 화성을 가지고 있어 악보에 익숙해지는 데 큰 시간이 들지 않았다. 하지만 3, 4학년이 되어 어렵고 난해한 후기 낭만파 레퍼토리를 다루기 시작하자 상황이 달라졌다. 리스트, 라흐마니노프, 브람스 같은 곡들은 악보를 읽는 데만 해도 시간이 오래 걸렸다. 손가락에 익히는 것부터 온전히 해석해 내는 것까지, 연습량이 받쳐 주지 않으면 도저히 감당할 수 없었다.

나는 그때 처음으로 '이러다 정말 무너질 수도 있겠다.'라는 불안을 또렷하게 느꼈지만, 여전히 아슬아슬한 실기 생활을 이어 나갔다. 그러다 나의 최대 실수는 안타깝게도 졸업 연주에서 벌어졌다. 졸업 연주곡으로 라흐마니노프의 〈전주곡 '종'(Prelude Op.3 No.2 'The Bells of Moscow')〉과 생상스가 작곡하고 리스트와 호로비츠가 편곡한 〈죽음의 무도(Danse Macabre)〉,

이 두 곡을 선택했다.

평소 나의 습관처럼, 이번에도 완벽하게 준비하지 못했다. 그래도 공연 전날까지 마음 한구석에는 '무대에 오르면 어떻게든 되겠지.' 하는 얄팍한 자신감이 남아 있었다. 그동안 늘 마지막 순간에 어떻게든 맞춰 왔으니까. 하지만 이번에는 달랐다.

무대 조명이 켜지고 객석이 어두워지자, 이상하리만치 손끝이 낯설게 떨렸다. 첫 곡이었던 라흐마니노프의 전주곡. 두텁고 무거운 마이너 화음이 곡의 시작을 알렸다. 그런데 중간 단락부터 갑자기 머릿속이 하얘졌다. 그동안 다 외우기는 했다고 생각한 부분이 거짓말처럼 기억나지 않았다. 연주를 멈출 수는 없어서 중간 부분을 두 번 반복해 억지로 이어 붙였고, 화음을 더듬으며 곡의 앞부분과 뒷부분을 겨우 연결해 마쳤다. 곡을 외우지 못하다니, 누더기에 가까운 연주였다.

라흐마니노프(Sergei Rachmaninov), 〈전주곡 '종'(Prelude Op.3 No.2 in C# minor 'The Bells of Moscow')〉

정신이 아득해졌다. 손이 떨렸고, 숨이 막혔다. 몇 분의 시간이 그렇게 길게 느껴진 적은 없었다. 이 순간이 내 연주 인생에서 트라우마로 남겠다는 예감이 스쳤다.

두 번째 곡인 〈죽음의 무도〉는 특히 자신 있던 레퍼토리였지만, 이미 깨져 버린 집중력은 돌아오지 않았다. 마치 내 안에 있던 에너지가 다 빠져나

생상스(Saint-Saëns) 작곡, 리스트-호로비츠(Liszt - Horowitz) 편곡,
〈죽음의 무도(Danse Macabre)〉

가 버린 것 같았다. 어떻게든 정신을 붙잡고 마지막 음을 치고 나서 자리에서 일어났지만, 연주는 만족스럽지 않았고 관객석에 앉아 계신 부모님 얼굴을 차마 제대로 볼 수 없었다. 멋진 드레스를 입고, 처음으로 부모님을 초대한 그 무대는 그렇게 잊을 수 없는 패배의 기억이 되었다.

무대에서 내려와 대기실 문을 열고 들어가자마자, 그 누구도 탓할 수 없는 나의 오만함과 게으름에 치욕스러운 감정이 치밀어 올랐다. 가장 중요하고, 가장 잘했어야 하는 순간에, 나의 벼락치기 습관은 참 잔인하게도 그 대가를 그 자리에서 보여 주었다. 그날의 공허함과 부끄러움은 십수 년이 지난 지금까지도 생생하게 남아 있다.

◎ 임용 낙방과 아빠의 병, 흔들리던 삶

나태하게 흘려보낸 시간들은 단순히 한 번의 무대 실수로 끝나지 않았다. 남들보다 재능이 있다고 착각하며 빠르고 수월하게 살아왔다고 믿었던 삶에 균열이 생기기 시작했다. 대학 시절 내내 큰 좌절을 모르고 지내온 자신감은 조금씩 흔들렸고, 졸업과 함께 그 믿음은 서서히 무너져 내렸다. 임용 공부를 하겠다고 조기졸업을 하고 노량진에 올라갔지만, 첫해에 보기 좋게 '과락'으로 떨어졌다. 사실 핑계 한마디 댈 수 없을 만큼 공부를 게을리했기에 변명조차 할 수 없었다.

재수를 준비하는 동안에도 힘든 상황은 계속 이어졌다. 노량진에서 다시 지방 집으로 내려올 수밖에 없었다. 늘 든든하던 아빠께서 갑작스럽게 암 진단을 받으면서 하던 일을 모두 그만두어야 했기 때문이다. 그전까지는 평온하고 넉넉했던 집안 분위기가 그 일을 계기로 완전히 달라졌다.

그 시절 우리 집은 오빠는 취업 준비생, 나는 임용고시생 그리고 아빠는 백수가 된 셈이었다. 엄마 혼자 갑자기 생계를 떠안고 버티는 동안, 나는 넉넉지 않은 살림에 더 큰 짐을 얹는 송충이가 되어 버린 듯한 기분이었다. 음악 임용은 공부와 실기를 함께 준비해야 해서 레슨비도 적지 않게 들었다. 이번에 합격하지 못하면 안 된다는 절박감이 온몸을 짓눌렀다.

사실 고시생에게 하루 24시간은 늘 너무 짧았다. 그런데 아빠를 챙기고, 삼시 세끼를 차리고, 다시 공부를 이어 가는 일은 생각보다 훨씬 힘들었다. 10분이 아까운 고시생에게, 독서실에 갔다가도 중간에 집에 돌아와 식사를 챙기는 일은 너무 소모적으로 느껴졌다.

결국 2학기가 되자, 더 이상 미룰 수 없었다. 나는 집중하기 위해 아픈 아빠를 뒤로하고 다시 혼자 서울행을 택했다. 이번에는 정말, 이번만큼은 반드시 합격해야 했다.

◉ 하루 20개의 알람과 4시간 수면, 간절함이 나를 이끌다

예전에는 '열심히 하지 않아도 되는 이유'가 나를 지배했다. 어릴 때부터 늘 그럭저럭, 크게 애쓰지 않아도 결과가 좋았다. 연습을 게을리해도 어느 정도는 해낼 수 있었고, 공부도 막판 벼락치기로 충분히 따라잡을 수 있었다. 그런데 이제는 달랐다. '열심히 하지 않아도 되는 이유' 대신 '열심히 해야만 하는 이유'가 내 삶의 중심이 되었다.

처음 조기졸업 후 의기양양하게 노량진에 올라갔을 때, 엄마는 고생 한 번 안 하고 큰 내가 안쓰러웠는지 2인실 고시텔을 혼자 쓰라고 방을 마련해 주셨다. 집안 사정도 괜찮았던 덕분에 편안한 고시 생활을 누릴 수 있었다. 그러나 이번에는 달랐다. 월세 몇만 원 차이에도 고심하며 조금이라도 조건이 나은 방을 찾느라 분주하셨다. 아빠는 내가 떠난 빈집에서 홀로 식사를 챙기며, 혼자 투병 생활을 이어 갔다. 오빠는 그 사이 취업에 성공해 부모님 대신 나에게 용돈을 보내 주기 시작했다. 그 모든 상황이, 내가 더 이상 도망칠 수 없다는 사실을 매일 상기시켰다.

나는 내가 살아온 삶의 방식이자, 어쩌면 가치관이었던 '벼락치기'를 버리기로 했다. 원래부터 게을렀던 나를 되돌리기 위해, 가능한 모든 수단을 동원했다. 내 집중력이 한 번에 45분 정도밖에 유지되지 않는다는 걸 깨닫고, 45분, 3분, 45분, 3분…… 알람을 무한 반복으로 맞췄다. 45분 공부하고, 3분 동안은 아무것도 하지 않고 눈을 감아 명상하거나 스트레칭을 했다. 그리고 다시 자리에 앉아 45분을 버텼다. 매일 그 작은 구간을 수십 번 반복했다. 또한 나는 가능한 모든 스터디에 나를 구속시켰다. 아침에 일어나 이불 속에서 휴대폰을 붙잡고 시간을 허비하지 않으려고 '기상 스터디'를 만들었다. 새벽 6시에 일어나 바로 책상에 앉았다. 스터디원과 다 함께 얼굴을 보며 교육과정을 빠르게 읽고 하루를 시작했다.

순수 공부 시간만 인증하는 '생활 스터디'에 들어가 매일 공부 시간을 기록했다. 공부하는 동안은 '캠 스터디'를 켜서 화면에 손이 보이게 하고, 딴짓할 틈을 없앴다. 그야말로 하루 24시간을 나 스스로 책상에 고립시키고, 미

친 듯이 혼자와의 사투를 이어 갔다. 그때의 간절함은 벼락치기를 버리고
살아본 첫 번째 경험이었다.

하나님!
내가 바꿀 수 없는 것은
받아들일 수 있는 평정심을 주시고
내가 바꿀 수 있는 것은
바꿀 수 있는 용기를 주시고
그 둘 사이의 차이를
분별할 지혜를 주십시오.

하루하루를 한껏 살아 내게 하시고
순간마다 즐기며 살게 하소서.
곤란한 일을 당할 때면
평화로 가는 통로로 생각하게 하소서.

죄악이 많은 이 세상을
그대로 받아들이게 하시고
내가 원하는 모습으로
세상을 바라보지 않게 하소서.

– 책상 앞에 붙여 놓았던 라인홀드 니버(Reinhold Niebuhr)의 기도문 –

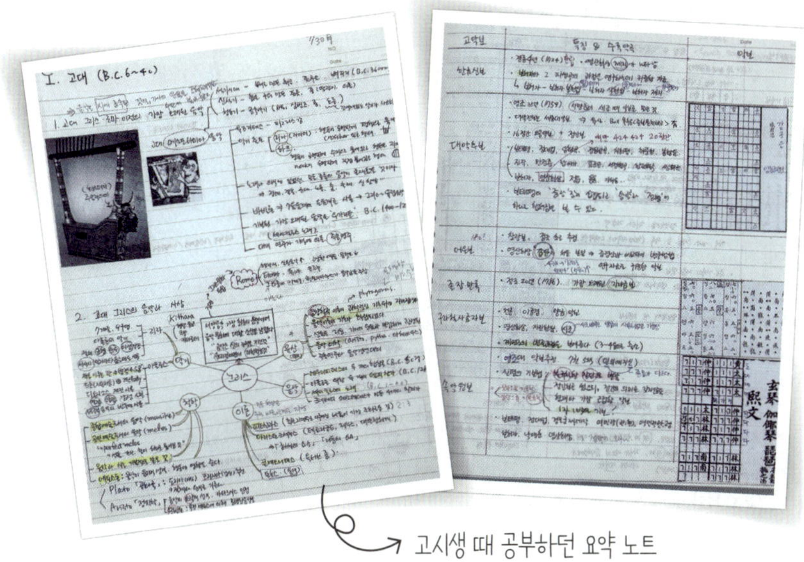

고시생 때 공부하던 요약 노트

고시생 시절 활용한 스터디

기상 스터디	아침에 일정 시간에 맞춰 온라인/단톡방에 출석 인증을 하는 스터디. 규칙적인 생활 리듬을 유지하고, 하루를 계획적으로 시작하는 데 도움을 줌.
생활 스터디	공부량 인증, 하루 계획표 공유, 식습관·운동까지 포함해 전반적인 생활 습관을 관리하는 스터디. 공부뿐 아니라 멘탈 관리에도 효과적임.
캠 스터디	화상 카메라(Zoom, Google Meet 등)를 켜고 하루 종일 공부하는 손을 촬영하는 방식. 실제 도서관 같은 긴장감을 주고, 중간 집중 타이머나 쉬는 시간도 함께 맞추며 학습 몰입도를 높임.
전공 스터디	음악 교과 전공 내용을 함께 정리·발표·서술 연습하는 스터디. 악곡 분석, 수업 지도안 작성, 실연 대비 등을 함께 준비함.
교육학 스터디	교육학 개론, 교육심리, 교육과정, 교육평가 등 공통 과목을 범위별로 분담 학습하고, 기출문제 풀이·서술형 답안 작성 훈련을 하는 스터디.
모의고사 스터디	스터디원이 돌아가며 모의 문제를 출제하고 실제 시험처럼 시간 제한을 두고 풀어 본 뒤 피드백을 공유하는 스터디.
실연·면접 스터디	수업 실연, 면접 답변 등을 실제 시험 환경처럼 연습하고 서로 피드백하는 스터디. 발표력, 상황 대처력 훈련에 효과적임.

과락으로 떨어졌던 내가, 장수생이 수두룩한 임용고시에서 단번에 합격을 바라본다는 것은 두려움 그 자체였다. 간신히 1차 시험을 마치고 나니, 어느새 2차 실기와 수업 실연, 면접을 준비해야 할 시기가 다가왔다. 재수생에게 주어진 한 달 남짓한 시간은 턱없이 짧았고, 그 기간을 버티는 일은 그야말로 살인적인 스케줄과의 싸움이었다. 전략이 필요했다. 일단 방을 일부러 2인 1실로 옮기고, 인터넷 카페에 글을 올렸다.

"2인 1실로 같이 들어가 2차 시험 준비하실 분 구합니다. 무조건 하루에 4시간 이하로 주무실 분!"

함께 준비하는 사람과 서로를 깨워 주고, 강제로라도 생활 리듬을 맞추어야겠다고 생각했다. 이렇게 급박한 시험 일정에서는 결국 '잠'과의 싸움이 관건이라는 걸 잘 알았다. 그 계획은 기가 막히게 성공했다. 나와 10살 차이 나는 장수생 언니와의 한 달여 짧은 프로젝트성 동거가 시작되었다. 서로를 깨워 주고, 격려하고, 어깨를 주물러 주며, 수업 실연과 면접까지 함께 연습했다. 한 달 반 동안 거의 전우애 같은 연대감이 생겼고, 그해 우리는 결국 함께 합격했다.

엉뚱한 상상도 했다. 나는 매일 기도를 했는데, 그때 이런 기도를 드렸다.

"하나님, 한 달 동안 코피를 세 번 흘리면 꼭 합격하게 해주세요."

기도하면서도 나도 웃기다고 생각했는데, 이상하게 그 기도가 현실이 되었다. 실기시험 날 아침(이미 그동안 두 번의 코피를 쏟은 상태였다), 마지막 세 번째 코피가 터졌다. 눈을 뜨자 베개에 피가 흥건하게 묻어 있었다. 순간 "하나님이 내 기도를 들어 주셨나?" 하는 기분이 들어 이상하게 기뻤다.

그런데 웬걸. 노량진에서 시험장인 경기예고로 가는 1시간 반 동안 코피가 멈추지 않았다. 결국 응급실을 거쳐 간신히 정신을 붙잡고 시험장에 도착했지만, 여전히 피가 뚝뚝 떨어졌다. 청음 시험지 위에 코를 막은 솜에서 나온 핏방울이 떨어졌다. 피가 멈추지 않는 나를 보고 운영진들이 단소 시험 순서도 맨 뒤로 바꿔 주고, 피아노 연주부터 하도록 배려해 주었다.

그럼에도 결국 단소 시험에서는 아무 소리도 내지 못했다. 반년 넘게 한양대 선생님께 레슨을 받았던 내 단소 실력은 그날 '쉭쉭' 바람 소리만 내고 끝나 버렸다. 졸업 연주 이후로 최악의 상황이었다.

시험을 마치고 돌아오는 길에 엄마에게 전화를 걸었다. 아무렇지 않게 말하려 했지만, 결국 무너져 내려 길거리에서 펑펑 울었다. 너무 비참했고, 슬펐다. 하루 네 시간 남짓한 잠으로 한 달을 버텨온 체력이, 정작 시험 당일에 이렇게 배신할 줄은 몰랐다. 하늘이 나를 버린 기분이었다. 엄마는 나중에 그 전화를 받고 '이번에도 떨어졌구나' 하고 생각하셨다고 했다.

하지만 그해 나는 합격했다. 실기를 망치고 돌아온 그날 이후, 악에 받친 듯 남은 일주일 동안 미친 듯이 공부했다. 잠은 시험 끝나고 자자는 각오로 수면시간을 네 시간에서 세 시간으로 줄이고, 모든 것을 후회 없이 쏟아부었다. 마지막 3차 시험인 수업 실연과 면접을 마치고 나오며 '이 시험장에서 나 이상은 없다.'라고 느낄 만큼 스스로 만족스러웠다. 그리고 그 확신은 결과로 이어졌다. 만점에 가까운 점수를 받았고, 당시 채점을 맡았던 장학사님은 내 얼굴을 기억해 두셨다가 훗날 발령 이후 신규 교사 대표 수업을 맡아 달라며 따로 연락을 주셨다. 코피 사건으로 인해 단소 실기는 기본 점수로 처리된 듯했지만, 다른 과목에서의 성적이 뛰어났던 덕분에 높은 점수로 좋은 학교에 첫 발령을 받을 수 있었다. 그렇게 나는 교사가 되었다.

교사로서의 음악, 연구자로서의 교육

1 선생님도 처음이라

 내 시선이 머물지 못한 자리

모든 일에는 '처음'이 있지만, 교사의 '처음'은 유난히 무겁다. 다른 직업에서의 시행착오는 개인의 실패로 끝날 수 있지만, 교사의 실수는 곧바로 학생들에게 영향을 미치기 때문이다. 교사라는 이름을 얻었다고 해서 곧바로 훌륭한 선생님이 되는 것은 아니었다. 발령을 받고 교실에 첫발을 내디디던 순간, 나는 그 무게를 실감했다. 정말 잘하고 싶었다. 그러나 현실은 달랐다. 누구나 서툰 시절을 지나오듯, 나 역시 그랬다. 여물지 않았던 초임 시절을 떠올리면 얼굴이 화끈거릴 만큼 낯부끄러운 기억들과 아찔한 실수들이 줄줄이 따라온다.

처음 발령받은 학교는 평택의 한 중학교였다. 나와 열 살 차이 나는 중학교 3학년 아이들을 맡았다. 우리 반은 겉으로 보면 평화롭고 무난했다. 반장도 야무지고, 아이들도 예쁘고, 학부모들도 협조적이었다.

그런데 늘 눈에 밟히는 아이가 있었다. Y. 전임 교사들이 모두 손사래 치던 아이, 전교생이 피하던 아이. 소위 '폭탄'이라 불리던 학생이었다. 한 아이가 제왕처럼 군림하며 반 전체의 공기를 흔드는 모습이 안타까웠다. 나는 속으로 결심했다.

'이 아이만 변화시킬 수 있다면, 우리 반은 문제 없을 거야.'

어느 날, 늘 담배 냄새를 풍기고 술기운이 가득해도 학교만은 꼬박꼬박 나오던 Y가 보이지 않았다. 전날 아버지와 크게 다퉈 집을 나갔다는 소문이 들려 내심 걱정되었다. 오후가 되어서야 느지막이 나타난 Y에게 물었다.

"왜 지금 와?"

"어디 좀 갔었어요."

"어딜?"

"지하철역이요."

"학교 안 오고 거길 왜 가?"

"소리 지르고, 뭐라도 부수고 싶어서요."

마음이 너무 답답해서 소리를 지르고 싶은데, 집에서 그러면 아빠에게 혼나니 밖으로 나갔다는 것이었다. 그렇게 좁고 냄새 나는 지하철 화장실 칸에서 한참을 소리 지르고 문을 발로 차다 역무원에게 들킬 뻔해 도망쳤다는 이야기였다. 도대체 이 아이 속에 어떤 폭풍이 있길래 아침부터 그런 곳으로 갔을까?

그날 이후 나는 마음을 다해 Y와 함께하기로 했다. 공강 시간, 점심시간, 쉬는 시간을 쪼개 운동장을 걷고, 때로는 학교 앞 롯데리아에서 햄버거를 먹었다. 그러다 우연히 알게 된 사실이 있었다. Y가 노래를 좋아한다는 것이었다. 그런데 막상 불러 보면 음정은 엉망이었다. 다른 선생님이라면 대수롭지 않게 넘겼을지도 모른다. 하지만 나는 음악 교사였고, 그 작은 실마리가 상담의 시작이 되었다.

"네가 좋아하는 노래는 뭐야?"

"다비치 노래요. 근데 저는 음치라 듣기만 하는데요."

"샘이 고쳐 줄까? 한 번 해볼래?"

Y와 함께 노래방에 갔다. Y가 부르는 음정은 엉망이었지만, 즐겁다는 듯 까만 눈은 예쁘게 반짝였다. 나는 음악을 매개로 조금씩 Y와 가까워질 수 있었다. 서툰 노래였지만, 나는 그 순간이 너무 고마웠다. Y가 내 앞에서 뭔가를 '하고 싶다'고 표현한 건 처음이었기 때문이다. 음악은 그 아이가 스스로 열어 보인 작은 문이었고, 나는 그 틈을 붙잡아 이야기를 이어 갔다. 내가 음악 교사였기에 가능한 일이었다. 만약 내가 다른 과목 교사였다면, 그 아이 마음에 들어갈 열쇠를 찾기까지 훨씬 더 오랜 시간이 걸렸을지도 모른다.

학교에서 분노를 주체 못하고 미친 듯이 소리 지르며 폭주하는 날은 그냥 가만히 안아 주었다. 그럴 때마다 Y는 신기하게도 조용해졌다. 다른 아이와 심하게 충돌해 손을 휘두른 날에는 나는 집에 돌려보내지 않고 음악실에 붙들어 두었다. "왜 그렇게 했니?", "그럴 수밖에 없었어?" 끝없는 밀고 당기기를 하며, 깜깜한 밤이 될 때까지 대화를 이어 갔다. 담임이라기보다 열 살 많은 언니처럼 다가가고 싶었다. 점점 Y가 나를 의지하는 것이 느껴졌다.

시간이 흐르며 Y는 조금씩 달라졌다. 학교에도 성실히 나오고, 내게 애교 섞인 말투로 먼저 다가오는 일이 잦아졌다. 나는 뿌듯했다. 아무도 못 고친 아이를 내가 바꾸고 있다는 데 교사로서의 소명과 자부심도 느꼈다. 그것은 분명 가치 있는 일이었다. 다만 그 과정에서 나는 또 다른 사실을 놓치고 있었다. Y와의 시간이 너무 소중했던 나머지, 정작 다른 아이들에게 충분히 눈을 돌리지 못했다는 것을. 그것을 깨달은 건 훨씬 뒤의 일이었다.

어느덧 겨울, 졸업을 앞두고 학급 졸업식을 준비하던 날이었다. 아이들이 한창 분주히 움직이고 있었는데, 나는 그 사실조차 몰랐다. "너희 준비하고 있니?"라는 내 질문에 아이들이 대답했다.

"선생님은 Y만 챙기느라 몰랐죠."

순간 가슴이 철렁 내려앉았다. 말끝은 장난스러웠지만, 그 속에 담긴 뉘앙스는 결코 가볍지 않았다. 나는 애써 미소를 지었지만, 마음속에서는 칼날 같은 자책이 깊게 파고들었다.

그제야 보였다. '알아서 잘하는 아이들'이라고 여겼던 우리 반 아이들. 무난하고 특별한 걱정거리가 없어 보였던 그들이 사실은 늘 내 시선 밖에 있었다는 것을. 그들 나름의 고군분투가 분명 있었을 텐데, 나는 외면했다. 그들 또한 내 관심을 원하고 있었을 텐데, 나는 Y를 붙잡느라 애쓰는 동안 작은 눈빛과 신호들을 무심히 흘려보냈다. 나름대로는 교실을 지킨다고 했지만, 사실은 교실 전체를 보지 못하고 있었던 셈이었다. 나는 교실에서의 사랑과 관심이 한쪽으로만 기울면 안 된다는 단순하면서도 가장 중요한 진실을 뼈아프게 깨달았다.

졸업식 날, 나는 아이들 앞에서 펑펑 울었다. '알아서 잘하던' 아이들을 떠나보내며 너무 미안했다. 그 아이들도 내 사랑을 원했을 텐데, 나는 한 아이에게 거의 전부를 쏟아붓느라 그 마음을 보지 못했다.

지금 돌아보면, Y에게는 나는 좋은 선생님이었을지 모른다. 그러나 우리 반 모두에게는 그렇지 않았다. 사랑을 분배해야 했다. 내게 100의 에너지가 있다면, 누구에게나 골고루 돌아가야 했다. 하지만 나는 Y에게 90을 쏟아 붓는 것이 정의롭고 현명하다고 믿었다. 한 명의 변화를 통해 반 전체를 살릴 수 있다고 생각했던 것이다. 그러나 그것이야말로 가장 큰 오판이었다. 다시 돌아간다면, 아이들 한 명 한 명에게 더 공평하게 마음을 나누고 싶다. 미숙했던 나를 여전히 '스승'이라 불러 주며 해마다 안부를 전해 오는 첫 제자들을 떠올리면, 고마움과 미안함이 동시에 밀려온다.

꽃꽂이와 학급경영의 공통점

꽃꽂이를 할 때는 각각의 꽃이 가진 특성을 이해하고, 조화롭게 배치하는 과정이 중요하다. 한 송이만 예뻐서는 부족하다. 꽃도 각자의 얼굴이 있어서 모두 다른 각도로 잘 보이게 배치하면서 전체적인 균형을 맞추고, 때로는 과감하게 가지를 쳐내야 한다. 학급도 마찬가지다. 각 아이들의 개성과 특성을 이해하고, 서로 조화롭게 성장할 수 있도록 환경을 조성하는 과정이 필요하다. 누군가는 빛을 더 받아야 하고, 어떤 관계는 가지치기가 필요할 때도 있다. 모두가 같은 속도로 피어나진 않지만, 결국 저마다의 꽃을 피울 수 있도록 조화로운 분위기를 만들어 가는 것이 중요하다.

완벽하게 예측할 수 없다는 점도 닮았다. 물을 주고 가꿔도 기대만큼 자라지 않을 때가 있고, 어느 날 갑자기 예상치 못한 꽃이 활짝 피어 놀라움을 주기도 한다.

꽃도 아이들도 각자의 방식으로 피어난다. 우리는 그 과정을 섬세하게 돌보고 기다릴 뿐.

◉ 서툶 속에서 단단해지다

그 외에도 크고 작은 실수는 많았다. 특히 신규 교사였던 첫해와 두 번째 해 사이의 일들은 아직도 선명하다.

첫 번째 실수는 어처구니없는 것이었다. 봉사활동 확인서, 출석 확인서 같은 증빙 서류들을 행정시스템인 나이스에 입력하고, 다 버려 버린 것이다. 학교에서 공적 서류를 몇 년간 보관해야 한다는 사실조차 몰랐다. 아무도 알려 주지 않았으니까. 결국 서류를 다시 다 받아 내느라 학생들과 학부모들에게 고개를 숙이며 다녔다. 그때의 민망함은 지금도 생생하다.

두 번째 실수는 지금 생각해도 기가 막힌 사건이다. 신규 교사 멘토링 차원에서 지역의 수석교사가 내 수업을 참관하러 오셨다. 총 두 번의 수업을 보시기로 했는데, 첫 번째 참관이 끝난 뒤 수석교사께서 말씀하셨다.

"선생님은 교사가 천직인 것 같아요."

그 말에 나는 세상을 다 얻은 듯 뿌듯했다. 수석교사에게도 내 수업이 그렇게 빛나 보였다니, 마음이 벅찼다.

그런데 두 번째 참관 날은 달랐다. 수업이 이상하게 꼬였다. 아이들은 집중하지 않고 계속 흐트러졌다. 순간 화가 치밀어 참지 못하고 소리쳤다.

"다 엎드려! 너희들은 내 수업을 받을 자격이 없어!"

그러고 나서 뒤에 참관자가 있는데도 한 시간 내내 자습을 시켰다. 아이들은 어리둥절했고, 나는 분이 풀리지 않았다. '감히 내 수업을 이런 식으로 받아?' 불만이 계속 끓어올랐다. 수업 후, 수석교사께서 조용히 말씀하셨다.

"아무리 화가 나도…… 수업은 하셔야죠. 그래도 듣는 아이들이 있잖아요. 그 아이들은 오늘 한 시간의 음악수업을 뺏긴 셈이에요."

지금 12년 차 교사가 되어 그때를 떠올리면, 정말 터무니없는 배짱이었다. 교사의 분노는 수업의 권위가 아니라, 아이들의 배움을 앗아갈 수 있다는 걸 그날 배웠다.

세 번째 실수는 훨씬 대가가 컸다. 한 학생이 요리대회에 나가고 싶다고 했다. 공문을 통해 접수해야 했는데, 나는 공문 결재까지는 받아 놓고 외부 발송 절차를 몰랐다. 이 또한 아무도 가르쳐 주지 않았지만, 그렇다고 핑계를 댈 수 있는 일도 아니었다. 결과적으로 접수가 되지 않아 학생은 대회에 참가하지 못했다. 요리 재능이 있던 학생이었고 그 대회가 고입 준비의 중요한 기회였는데, 내 무지 때문에 길이 막혀 버린 것이다. 나는 교무실 한쪽에서 펑펑 울며 학생과 학부모에게 사과했다. 다행히 시간이 흘러 그 학생은 잘 풀렸지만, 그때의 죄책감은 여전히 내 가슴에 남아 있다. 단순한 행정 절차 하나도 학생의 미래와 직결될 수 있다는 교사로서의 무게를 실감했다.

네 번째 실수는 교무실에서 벌어진 소동이었다. 중3 담임을 맡아 원서 접수를 하던 시기였다. 비평준화 지역, 즉 '뺑뺑이'가 아닌 '성적순'으로 고등학교에 입학하는 지역이라 한 장의 원서가 곧 아이들의 운명이었다. 단 한 명도 탈락하지 않게 하려고, 담임들은 서로 명단을 공유하며 커트라인 관리에 신중을 기하고 있었다.

그날도 교무실은 숨소리조차 무겁게 들릴 만큼 긴장감이 감돌았다. 접수 마감까지 남은 시간은 고작 10분. 모두가 마지막 확인에 몰두하고 있을 때였다. 갑자기 다른 반 선생님이 자기 반 학생을 명단에 밀어 넣었다. 순서를 무시한 결정이었다. 그렇게 되면 내 반 학생이 떨어질 수밖에 없는 상황이었다.

순간 분노가 치밀어 올랐다. 나는 교무실 한가운데서 벌떡 일어나 목소리를 높였다.

"그런 법이 어디 있습니까? 최소한 도의라는 게 있지 않습니까!"

순식간에 교무실 공기가 얼어붙었다. 종이를 넘기던 손길들이 멈췄고, 모두의 시선이 내게 쏠렸다. 하지만 그때의 나는 분노를 도저히 누를 수 없어 소리를 높여 대들었다. 나중에 그 선생님이 사과하긴 했지만, 돌이켜 보면 내 성질머리도 참 고약했다.

그렇게 나의 초임 시절은 크고 작은 실수들로 얼룩져 있었다. 서류 한 장을 몰라 헤매기도 했고, 수업 중 화를 참지 못해 아이들에게 상처를 주기도 했으며, 교무실 한가운데서 목소리를 높이기도 했다. 지금 돌아보면 덜 여물었고, 참 많이도 미숙했다. 하지만 그 모든 실수가 나를 흔들면서도 조금씩 다듬어 주었다. 실수는 나를 부끄럽게 했지만, 동시에 나를 성숙한 교사로 단련시키는 가장 확실한 길잡이였다.

◉ 나를 이끈 선배, 내가 이끌 후배

여러 일화를 통해 알 수 있듯이 나는 본래 성격이 열정적이고 추진력이 강하다. 초임 시절의 시행착오를 기반으로 교직 경험이 하나둘 쌓이며 조금씩 노련함이 더해졌다. 그렇게 성과와 도전을 쫓는 또 다른 시기가 시작되었다. 3년 차가 되자 맡는 일마다 성과가 따라왔고, 수업 연구와 대외 활동에서도 두각을 드러냈다. 각종 오디션과 공모전에 도전할 때마다 단 한 번도 떨어진 적이 없었고, 음악 교사를 대상으로 하는 1급 정교사 자격연수 시험에서는 전체 수석을 차지하며 지역에서의 입지를 늘려 갔다. 이렇게 연이은 성공 경험과 쌓이는 커리어는 나를 점점 더 성과지향적인 교사로 만들었다. 1등이 아니면 만족하지 못했고, 2등은 실패나 다름없다고 여겼다.

그러나 결혼과 출산 그리고 육아휴직은 나의 이러한 성공가도에 제동을 걸었다. 2019년 12월, 아이를 낳기 직전까지 나는 한국교육개발원 디지털 교육센터 강사로 위촉되어 전국 고등학생을 대상으로 한 음악 온라인 강의를 촬영했다. 그리고 불과 두 달 뒤, 코로나19 팬데믹이 터졌다. 전국의 학교가 멈추고, 모두가 혼란에 빠져 있을 때 교육부와 EBS, 교육청에서 잇달아 연락이 왔다.

"선생님, 급합니다. 음악 교과 온라인 강의를 찍어 주실 수 있나요?"

그 순간은 내게 절호의 기회로 보였다. 당시 음악은 EBS에 강의가 없는 과목이었고, 팬데믹 직전까지 관련 강의를 찍었던 내가 가장 적임자였다. 함께 라인업에 올라간 대한민국을 대표하는 유명 교사들의 이름을 보니 더 솔깃했다. 마치 위기에 놓인 세상이 내 이름을 불러 주는 듯했다. 그러나 내 옆에는 이제 막 세 달 된 아들이 있었다. 결국 그 기회를 놓치고 다른 동료를 추천해야 했다. 아이를 바라보며 마음 한구석이 쓰라렸다. 아이가 밉기도 했고, 남편이 원망스럽기도 했다. 내게 주어진 선물 같은 기회를 영영 놓쳐 버린 것만 같았다. 나는 다짐했다.

'딱 1년만 쉬고 돌아가자. 그때는 내 자리가 아직 있을 거야.'

한국교육개발원 디지털교육센터
강사 활동

하지만 현실은 그렇게 되지 않았다. 어린 아이를 두고 돌아설 마음이 차마 생기지 않았다. 복직을 미루고 또 미루다 보니 어느새 3년 가까운 시간이 흘러 있었다. 늘 앞만 보며 달려온 나는 경력 단절의 벽 앞에서 한없이 초라해졌고, 다시 학교로 돌아가는 발걸음은 무겁고 공허했다.

주저하는 발걸음 끝에 마침내 돌아간 곳은 혁신학교*로 지정된 곳이었다. 사실 그동안 나는 혁신학교를 곱게 보지 않았다. 말은 거창한데 현실은 못 따라가는 곳, 보여 주기식 이상론에 불과하다고 생각했다. 그런 편견을 안고 간 복직 첫날, 낯선 교사들과 함께한 워크숍은 내 불신을 더욱 자극했다.

한 교사가 마이크를 잡았다. 대충 봐도 이 학교의 리더처럼 보이는 노련한 풍모였다.

"우리는 왜 가르치는가?"

"우리가 추구해야 할 가치는 무엇인가?"

내게는 뜬구름 잡는 말처럼만 들렸다. 하루 종일 이어진 프로그램은 아이스브레이킹 게임과 추상적인 담론뿐이었다. 보통 다른 학교 워크숍은 실무 회의와 업무 분담부터 시작하기 마련인데, 이곳은 전혀 달랐다. 그래서 더 낯설고 이질적으로 다가왔다. 나는 속으로 중얼거렸다.

'배워야 할 학교 업무는 산더미일 테고, 복직해서 정신도 없는데. 비전? 가치? 이게 대체 무슨 소용이람.'

뼛속까지 T성향(MBTI에서 감정보다 논리를 우선하는 유형)이었던 내게 그 시간은 도무지 이해되지 않았다. 그날 워크숍을 이끌던 선배 교사는 이후

---

* 2009년 경기도에서 시작된 교육 정책으로 점차 전국으로 퍼져 나갔다. 기존 틀에 얽매이지 않고, 학생 참여와 토론, 체험 활동을 중심으로 운영하는 학교를 말한다.

에도 남다른 행보를 보였다. 학교에서 중심적인 역할을 하며 각종 회의를 이끌었는데 누군가 서류 실수를 해도, 자리에 늦어도, 답답하고 비전문적인 모습을 보여도 목소리를 높이지 않았다. 오히려 그 자리를 스스로 메우며 조용히 도왔다. 나라면? 벌써 독촉 문자와 경고 메시지를 쏟아 냈을 것이다. '그 사람의 일은 그 사람이 온전히 책임져야 한다'는 것이 내 신념이었다. 그런데 그 선배는 그저 '함께' 감당하는 길을 택했다.

남을 도울 여력이 있다는 것은 곧 자기 실력이 누구보다 탁월하다는 뜻이기도 하다. 그 선배는 그런 사람이었다. 대신 다 해주는 것이 아니라, 도와서 남을 일으키는 방식으로 주변을 세웠다. 자신의 뛰어난 역량을 자기 과시가 아니라 타인을 돕는 데 썼다. 늘 담담하게 중심을 잡고 있다가도, 꼭 필요한 순간에 던지는 한마디는 묵직하게 가슴을 때렸다. 그 순간 나는 깨달았다. '지적하지 않아도, 꾸짖지 않아도, 존중과 권위를 동시에 지킬 수 있는 길이 있구나.' 내가 몰랐던 길이 그 선배의 모습 속에 있었다.

그분은 학생을 대하는 태도도 남달랐다. 작은 손짓과 말투에도 귀 기울이며, 모범생이든 문제아로 불리는 아이든 겉모습에 휘둘리지 않고 본질을 꿰뚫어 보았다. 혼낼 때도 침착하고 나긋했기에, 큰소리를 내지 않아도 학생들은 자연스레 존경심을 품었다. 수업도 늘 틈틈이 준비했다. 언제나 수첩을 들고 다니며 끊임없이 메모하고, 그 속에서 더 나은 수업을 구상했다. 교사들과의 관계에서도 그는 달랐다. 불필요한 감정을 앞세우지 않고 갈등을 키우지 않으면서도, 꼭 필요한 말은 분명히 했다. 마냥 착하기만 한 교사는 아니었다. 관리자조차 말하기를 주저하는 원로 교사에게도 거침없이 직언을 건넸다. 그래서 더 신기했다. 연수를 맡았을 때도 마찬가지였다. 웃음과 재미로 분위기를 풀되 메시지는 놓치지 않았고, 남의 자료를 그대로 쓰기보다 직접 연구해 자신만의 언어로 담았다. 무엇보다 그 과정을 즐기는 모습이 인상 깊었다. 덕분에 흔히 지루한 연수조차 모두가 몰입하는 시간으로 바뀌었고, '미래 교육'이나 '협력' 같은 추상적 주제도 자연스레 여운을 남겼다.

그러던 어느 날, 나를 유심히 보던 선배가 나지막이 말을 건넸다.

"미지샘, 미지샘은 참 잘난 사람이야. 똑똑하고 야무지지. 1인분이 아니라 1.5인분을 해내지. 그런데 주변에는 다 그런 사람만 있는 게 아니야. 0.5인분밖에 못하는 사람도 많아. 그러면 미지샘은 1.5인분, 다른 사람은 0.5인분, 합쳐서 2인분이지. 그런데 만약 미지샘이 그 사람을 도와서 1인분을 하게 하면, 2.5인분이 돼. 혼자서만 잘나면 안 돼. 우리는 동료를 성장시켜야 해. 그것이 조직을 성장시키고, 결국은 나 자신을 성장시키는 일이야."

그 역시 나의 모습을 있는 그대로 꿰뚫은 직언이었다. 나는 그 선배에게서 내가 가지지 못한 것을 보았다. 포용성, 함께 가려는 태도, 충만한 지적 호기심 그리고 유연함. 늘 확실한 결과와 눈에 보이는 성과를 중시하며 경쟁을 즐기던 내게, 그분은 전혀 다른 길을 보여 주었다.

나는 가랑비에 옷이 젖듯이 조금씩 그를 닮아 갔다. 불필요한 말은 줄이고, 모든 이에게 친절하며, 꼭 필요한 순간에 더 단호해지려 애썼다. 실수를 보아도 예전처럼 곧장 지적하기보다, 한 박자 쉬어 가며 상황을 바라보려 했다. 성과를 내는 것도 물론 중요하지만, 누군가와 함께 배우고 성장하는 일이 더 오래 남는 가치라는 걸 알게 되었다. '내가 잘한다'를 증명하는 자리보다 '함께 잘할 수 있도록 길을 열어 주는 자리'에 진짜 의미가 있다는 것도 깨달았다.

나는 이후 매년 스승의 날마다 그 선생님께 감사의 마음을 전한다. 내게 그분은 교직의 스승이다. 아무런 대가도 바라지 않고, 그저 함께 배우고 성장하자는 마음으로 내게 많은 것을 가르쳐 주셨다. 그래서 나도 후배들에게 그렇게 나누고 싶다. 실수해도 "괜찮다, 누구나 그럴 수 있다."라고 말해 주며, 길을 찾도록 함께 고민하는 동행자가 되고 싶다. 내가 받은 것을 다시 돌려 주고, 언젠가 그들이 또 다른 누군가에게 길을 내어 줄 수 있기를 바란다.

돌아보면, 내 교직의 전반부는 실수투성이였다. 그다음은 성과만을 좇던 시기였다. 그러나 결국 나는 다시 '사람'을 보게 되었다. 선배에게서 배운 포용과 배려는 이제 내가 후배에게 건네야 할 몫이 되었다.

교직의 나침반이 되어 준 박찬정 선생님

경기중등사회교육연구회를 이끌며, 꾸준한 수업 연구, 학습용 보드게임 개발 등 끊임없이 실험하고 확장하는 사회 교사이다.

고림중학교에서 함께 근무한 2년 동안, 수업뿐 아니라 교사로서의 태도와 고민을 나누는 법을 곁에서 배울 수 있었다. 후배 교사들에게는 늘 따뜻한 길잡이가 되어 주셔서, 지금도 교직 생활에서 내가 가장 먼저 의지하는 든든한 조언자이다.

교사와 연구자, 두 이름 사이에서

◉ 음악수업으로 연구대회 전국 수석까지

선배에게서 배운 것은 단순히 사람을 대하는 태도에 그치지 않았다. 그는 내 안의 또 다른 가능성을 흔들어 깨웠다. 그 길은 연구였다. 내게 깊은 영감을 주었던 선배 교사는 연구대회에서 이름난 권위자였다. 교직생활 동안 몇 번씩은 도전해 보는 그 무대에서 늘 성과를 거두는, 말 그대로 '연구하는 교사'였다. 그분은 나에게 연구대회를 권유했다. 마침 육아휴직으로 경력이 단절된 듯한 허전함이 마음 한편에 자리 잡고 있던 터라, 나는 자연스럽게 관심을 가졌다.

나는 교직 10년 차가 되던 해, 교육정보화연구대회(현재 디지털교육연구대회)에 도전했다. 이 대회는 교사들이 최신 에듀테크를 활용해 수업의 효과를 검증하는 자리로, 교육부가 인정하는 국내 최고 권위의 연구대회이다. 첫 도전임에도 결과는 기대를 훌쩍 넘어섰다. 경기도 1등급, 전국 1등급 그리고 전국 수석이라는 성과를 거둔 것이다. 음악 교사로서 '디지털'이라는 낯선 세계에 발을 디딘 까닭은 단 하나였다. 음악수업 속에서 매일 부딪히던 구조적 한계를 어떻게든 넘어서고 싶었기 때문이다.

음악수업은 다른 교과에 비해 학생 개인차와 환경 요인의 영향을 훨씬 크게 받는다. A는 피아노학원에서 배워 베토벤 소나타를 거침없이 연주하는가 하면, B는 '도레미'의 위치조차 모른다. 이들을 같은 속도나 같은 방식으로 가르치는 것이 가능할까? 교사라면 누구나 이 질문 앞에 서게 된다. 그러나 현실은 더 복잡하다. 교실에는 A와 B만 있는 게 아니라, 30명의 서로 다른 배경을 가진 아이들이 함께 앉아 있기 때문이다.

악기와 시설도 교실마다 천차만별이다. 첫 번째 근무지였던 학교에는 키보드 30대, 통기타 30대, 다양한 오르프 악기와 그랜드피아노까지 구비되어 있었다. 반면 두 번째 근무 학교는 사정이 달랐다. 비좁은 음악실 한쪽에 낡은 업라이트 피아노 1대와 불용 직전의 저가형 우쿨렐레 30대가 전부였다. 교사에게 '장인은 도구 탓을 하지 않는다'는 말이 늘 적용되는 건 아니었다. 음악 교사에게는 음악실 환경이 곧 수업의 가능성을 결정짓는 출발점이었으니까.

그때 나를 붙잡아 준 것이 디지털 도구였다. 그것들은 단순히 편리한 기술이 아니라, 음악수업의 격차와 제약을 넘어설 수 있는 '처방전' 같은 존재였다. 악보를 전혀 읽지 못하는 학생도 블록을 조립하듯 그림 악보를 구성해 자신만의 곡을 만들 수 있었고, 악기가 턱없이 부족한 음악실에서도 태블릿 하나로 수백 가지 가상 악기를 활용해 합주를 경험할 수 있었다.

그제야 알았다. AI와 디지털 도구는 화려한 구호나 교육과정 문서 속의 추상적인 키워드가 아니라, 교실의 가장 현실적인 문제를 푸는 실제적 답이 될 수 있다는 것을. 음악이라는 교과의 특수성과 제약 속에서, 그것들은 학생들의 음악적 경험을 넓히고, 교사의 수업을 유연하게 설계할 수 있게 해 주는 동반자였다.

그래서 나는 교실 속에서 나름의 디지털 활용 수업을 하나씩 시도해 보기 시작했다. 단순히 새로운 기술을 적용하는 데 그치지 않고, 그 수업들이 학생들에게 어떤 변화를 주는지 기록하고, 효과성을 분석했다. 그렇게 쌓인

제17회 교육정보화연구대회 시상식
(전국 수석)

사례들을 정리하다 보니, 혼자만의 메모장에 두기에는 아깝다는 생각이 들었다. 누군가와 나누고 싶었고, 더 깊이 있게 검증해 보고 싶었다. 그 마음이 결국 연구대회 도전으로 이어졌다.

2023년과 2024년 동안 나는 3번의 연구대회와 공모전에 도전했다. 놀랍게도 단 한 번의 실패도 없었다. 첫 도전에서 전국 수석, 이어진 두 번째와 세 번째 대회에서도 모두 중등교사 전체 수석을 거머쥐었다. 화려한 성과보다도 나에게 더 큰 의미는 '교육 연구가 내게 잘 맞는 길'이라는 확신을 얻은 점이었다.

물론 과정은 순탄치 않았다. 아이들과 하루 종일 수업을 하고, 집에 돌아가 어린 아이를 재운 뒤 깜깜한 밤이 되어서야 비로소 연구자료를 펼칠 수 있었다. 새벽 두세 시까지 노트북을 붙잡고 있다가, 다음 날 졸음을 겨우 쫓으며 운전하는 날도 많았다. '이걸 왜 하고 있나?' 싶어 포기하고 싶은 순간도 많았다. 그러나 수업 속에서 겪었던 수많은 시행착오와 끝내 이루어 낸 작은 성공들, 그 안에서 발견한 가능성을 그냥 흘려보내고 싶지 않았다. 그 것들을 기록하고, 다시 돌아보며 정리해 두고 싶다는 마음이 다시 나를 붙들었다.

연구에 몰두하다 웃지 못할 일도 있었다. 오른손으로 마우스를 너무 많이 클릭하다 염증이 심해져 결국 통깁스를 하게 된 것이다. 한동안은 불편함 속에서 왼손으로만 자료를 정리해야 했고, 그렇게 억지로 양손잡이가 되어 가는 기이한 훈련을 했다. 불편하고 힘들었지만, 지금 돌아보면 그 순간마저도 성장의 일부였다.

연구대회 참여는 단순히 성과나 점수를 얻는 일이 아니었다. 그 과정은 최신 교육 트렌드를 따라가게 했고, 새로운 시도를 고민하며 안목을 넓혀 주었다. 무엇보다 한 해의 수업을 더 체계적으로 운영할 힘이 되어 주었다. 매일 아이들과 부대끼다 보면 그때그때의 활동이 얼마나 의미 있었는지 놓칠 때가 많지만, 연구 과정은 그 소중한 순간들을 다시 꺼내어 정리하고 깊이 돌아볼 기회를 만들어 주었다. 수상 성적은 언젠가 잊히더라도, 그 과정에서 배우고 성찰한 시간은 교사로서 내 삶을 오래 지탱해 줄 자산이 되었다.

◉ 교사의 시선으로 정책을 설계하다

교육정보화연구대회에서 전국 수석을 차지한 경험은 내 교직생활의 영역을 크게 바꿔 놓았다. 그 성과 덕분에 디지털교육과 관련한 다양한 자리에서 섭외가 이어졌다. 강의를 해달라는 요청이 쇄도했고, 교안을 개발해 달라는 의뢰도 잦아졌고, 연수 운영에 PM*으로서 함께해 달라는 제안도 잇따랐다. 처음에는 단순히 '성과에 따른 보상' 정도로 여겼다. 하지만 그 과정은 생각보다 훨씬 큰 문을 열어 주었다. 디지털 수업을 연구했던 나의 경험이, 이제는 현장 너머 '정책'의 언어와 연결되기 시작한 것이다.

그 첫걸음은 지역청에서 꾸린 디지털교육 혁신 T/F팀이었다. 중장기적 연수를 기획하고, 강사를 섭외하고, 실제 운영까지 맡으면서 현장의 작은 프로젝트가 어떻게 정책적 흐름과 맞닿아 있는지를 처음 체감했다. 교사의 자리가 늘 정책을 '받아들이는 자리'라고만 생각했는데, 내가 그 실행을 설계하는 한 부분이 될 수 있다는 사실은 매우 흥미로웠다.

경험은 곧 도교육청 정책연구로 이어졌다. 열심히 한다는 평 덕분에 좋은 소개를 받았고, 처음으로 정책연구원 명단에 이름을 올리게 되었다. 그 연구는 특별했다. 도교육청이 새롭게 구상하는 온라인 기반 학교 모델의 밑그림을 그리는 일이었기 때문이다. 단순히 음악 교과의 울타리를 넘어, 미래형 학교의 틀을 교사로서 함께 설계한다는 사실이 짜릿하게 다가왔다.

뒤이어 맡은 또 다른 정책연구 과제는 학생들의 학교 내 휴대전화 사용이었다. 학생인권조례 이후 학생, 교사, 학부모 모두의 관심이 초집중된 뜨거운 감자로 떠오른 이 주제에서, 새로운 가이드라인을 마련하는 연구였다. 매일 교실에서 학생들이 부딪히며 겪었던 문제들이 정책의 한 문장으로 바뀌는 순간, 교사의 눈으로 정책을 설계한다는 일이 얼마나 중요한지 실감했다.

나는 음악 교사다. 음악을 가르치는 것이 본업이다. 그러나 이 과정을 거치며 또 다른 나의 가능성을 발견했다. 단순히 주어진 정책을 '받아' 실행하

---

* 프로젝트 매니저(PM)로, 특정 프로젝트의 일정, 예산, 인력, 일정 등 실행 전반을 책임지는 총책임자이다. 프로젝트의 목표 달성을 위해 업무를 조율하고 리스크를 관리하는 역할을 한다.

는 위치가 아니라, 그 정책을 '그리는' 자리에 서보는 것. 그것은 내가 몰랐던 또 하나의 무대였고, 교사로서의 삶에 새로운 결을 더해 주는 흥미로운 일이었다.

　현재도 나는 디지털교육 정책, 온라인 기반 미래학교 모델 구상, 에듀테크를 접목한 음악교육 연구까지 다양한 과제에서 여러 사람들과 함께 협업하고 있다. 음악 교사로서 교실 속 학생들과 마주하는 일상은 변함없지만, 동시에 연구자로서 정책과 제도의 큰 그림을 설계하는 일에도 참여하고 있다. 교실에서의 작은 시도가 정책으로 확장되고, 다시 정책이 교실을 바꾸어 가는 순환의 한가운데서 다양한 역할을 맡고 있다는 점은 큰 보람이자 묵직한 책임으로 다가온다. 앞으로도 나는 교사의 눈으로 교육의 방향을 바라보고, 현장과 제도를 잇는 든든한 다리 역할을 이어 가고자 한다.

한국교육과정평가원, 《교육광장》 2025 봄호

예전에는 세상 모든 일이 계획표처럼 칸칸이 나누어지는 줄 알았다. 각자의 몫을 다하면 빈틈없이 채워질 것이라 믿었다. 하지만 현실은 달랐다. 각자의 몫이 아무리 충실해도, 그 사이를 이어 주고 어울리게 만드는 노력이 없으면 금세 삐걱거렸다. 교육 연구와 기획, 수많은 팀 프로젝트에 참여하며 깨달았다. 현실은 늘 불협화음으로 가득했다. 의견이 부딪히고, 성향이 맞지 않는 사람이 있고, 상황이 꼬이는 날도 많았다. 교실도 마찬가지다.

예전 같았으면 성질대로 밀어붙이고, 옳고 그름을 명확히 가려내려 했을 것이다. 그러나 시간이 지날수록 알게 되었다. 다툼을 피하는 가장 확실한 방법은 내가 조금 손해 보는 듯 한발 물러서는 것이고, 그 양보가 결국 내 역량을 한 뼘 더 크게 키운다는 것을. 나는 아이들에게도 그러한 이야기를 자주 한다.

서른 중반을 넘어선 나이지만, 아직도 엄마의 한마디는 내게 큰 영향을 미친다. 한 번은 연구 기획 회의에서 의견 충돌이 심하게 난 적이 있었다. 나는 사전에 치밀하게 준비한 계획을 정중히 말했지만, 상대는 다르게 받아들였다. 내 의견이 틀리지 않다고 생각했기에 물러서지 않았고, 결국 관계가 틀어졌다. 그때 엄마가 해주신 말이 마음에 남았다.

"사람 사이의 관계는 한 번 틀어지면 예전으로 돌아가기 힘들어. 그래서 의견이 맞지 않더라도 적을 만들지 않는 게 중요하지."

교실도 마찬가지다. 담임으로서, 교과 교사로서 마주하는 문제는 언제나 애매하고 다양하다. 옳고 그름을 명확히 가르는 심판이 되기는 어렵다. 교사에게 필요한 것은 불협화음을 없애는 힘이 아니라, 그것들을 어울리게 만드는 능력이다. 이미 생긴 갈등을 억지로 없애는 것은 불가능에 가깝다. 유치원생도 아닌 중학생들에게 "손잡고 화해해라." 한다고 진심이 이어지진 않는다. 교실에는 언제나 크고 작은 불협화음이 있다. 중요한 것은 그것을 인정하고, 교사가 앞뒤의 다른 음을 배치해 새로운 울림으로 바꾸어 내는 일이다. 완벽한 화음은 없지만, 서로 다른 음이 모여 만들어 내는 어울림 속에서 교실은 균형을 찾아간다.

이런 깨달음은 내 삶의 태도마저 바꿔 놓았다. 워낙 많은 프로젝트를 맡다 보니 늘 수면이 부족하고, 교사로서의 삶과 퇴근 후 프리랜서 같은 삶을 동시에 산다. 밤마다 이어지는 줌(Zoom) 회의, 강의와 연구, 출장으로 스케줄러는 늘 빼곡하다. 한 달 동안 하루도 비어 있지 않은 달력은 가끔 나를 숨 막히게도 한다. 어느 날은 집으로 돌아오는 길, 졸음이 쏟아져 창문을 열고 음악을 크게 틀고 달리면서 스스로에게 물었다.

'이렇게까지 바쁘게 사는 게 좋은 걸까?'

그러나 곧 답을 찾는다. 현장에서 작은 변화가 성과로 드러날 때의 뿌듯함, 외부에서 만나는 뛰어난 교사들과 교류하며 배우는 즐거움, 부족한 나를 믿고 여러 일을 맡겨 주는 분들에 대한 감사함이 다시 나를 일으켜 세운다. 언젠가 싱가포르 출장에서 '학습의 Retention(보유, 존속)'이라는 개념을 접한 적이 있다. 미래에는 누구나 평생 동안 배움과 성찰을 이어 가야 한다는 뜻이었다. 더군다나 매일 새롭게 자라는 세대를 가르치는 교사라면, 그것은 선택이 아니라 숙제이자 사명이라는 걸 실감했다.

나는 이제 안다. 불협화음을 모아 어울림으로 만드는 힘, 그것이야말로 교사로서, 동료로서, 연구자로서 내가 지켜야 할 길이다. 혼자 잘나기보다 함께 잘할 수 있도록 길을 내어 주는 것, 그것이 결국 나 자신을 성장시키는 일이다. 벼락치기로 순간을 넘기던 내가 이제는 매일을 묵묵히 쌓아 가는 '노력파 교사'로 살아가는 이유도 여기에 있다.

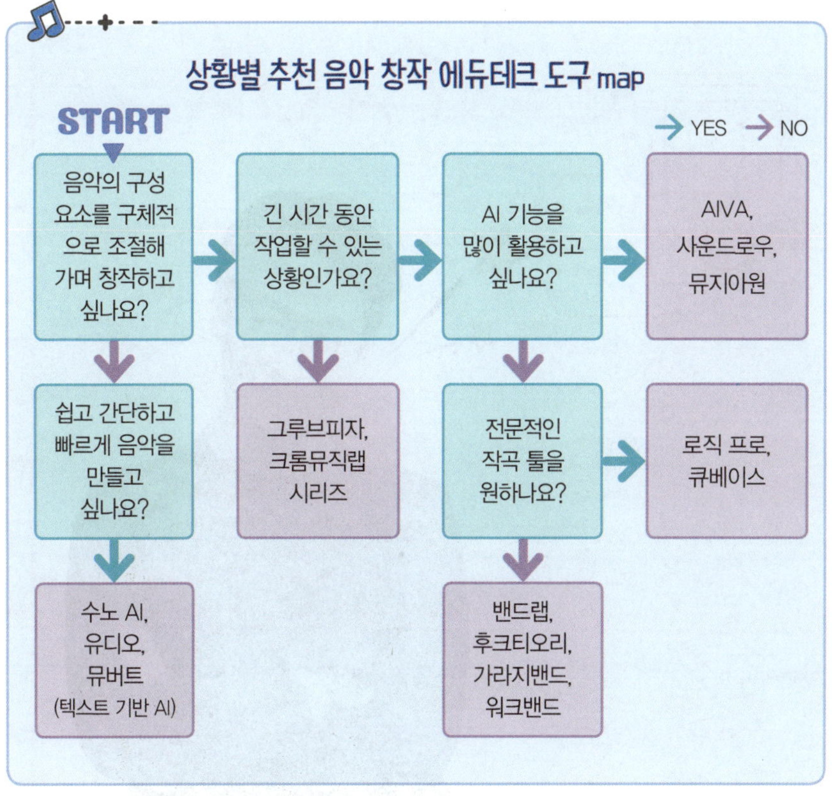

관심 분야에 대해 진득하게 몰입하는 열정과 꾸준함이 강점이며, 인생에서 어떠한 시련이 닥쳐와도 포기하지 않고 시행착오를 발판 삼아 끊임없이 도전하는 모습이 인상적임. 매사에 호기심이 많아 다양한 문화권의 음악과 악기들을 탐구하기 좋아하며, 그렇게 체득한 문화와 음악의 다양성을 교육 현장에 적용하기 위해 꾸준히 수업을 연구하고 있는 모습을 보이는 등 앞으로의 성장이 기대됨.

도전하는
김광훈

별명

포모남

'포기를 모르는 남자' 라는 뜻이다.

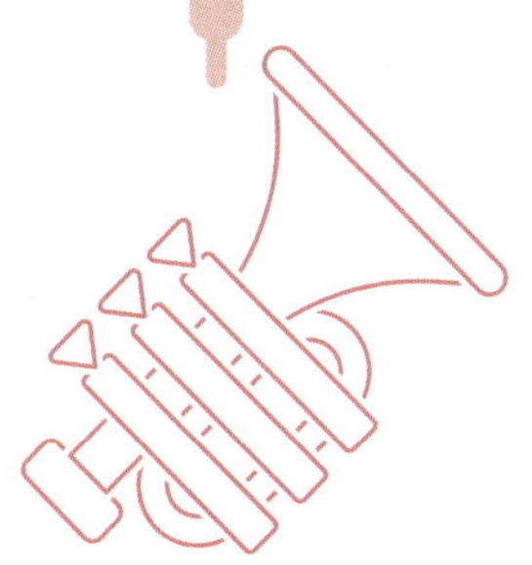

1 음악 아니면 죽음을 달라

 **나의 인생을 바꾼 카세트테이프**

어디서부터 시작해야 할까……. 태어나서 어영부영 살다가 정신을 차려 보니 어느새 중학교 입학식이었다. 같은 초등학교 출신은 13명, 그중에 안면이 있는 친구는 서너 명. 그마저도 반 배정을 받는 과정에서 찢어졌다. 나는 소위 말하는 비주류였다. 눈치껏 주위를 탐색해 보니 나처럼 친구가 없어 보이는 또래들이 군데군데 보였다. 같은 처지였던 우리는 곧 뭉치기 시작했다. 같이 급식을 먹으면서, 하교하면서, PC방에서 게임을 하면서 온갖 시시콜콜한 이야기들을 주고받았다.

그러던 어느 날 한 친구가 우리를 집으로 초대했다. 그러고는 엄청난 음악을 들려 주겠다며 친구 형의 책장에서 꺼낸 노란색 카세트테이프.

'서태지와…… 아이들? 뭐야, 이미 진작에 은퇴해서 한물 간 가수잖아.'라는 말이 목구멍까지 올라왔지만, 어렵게 사귄 친구를 잃을 순 없었기에 잠자코 들어 보았다.

음악인이라면 누구나 경험해 봤을 것이다. 나의 인생을 송두리째 바꿔 놓은 그 음악을, 온몸에 전율이 흐르던 그 순간을. 얄궂게도 나에게 그런 순간이 찾아왔다. 단순히 댄스음악 가수인 줄 알았던 서태지의 음악을 들어 보니 의외로 록 음악적인 요소들이 기저에 깔려 있었고, 디스토션 이펙터가 걸린 전자기타 소리를 듣고 있으면 마음속 깊은 곳에 묵혀 있던 스트레스까지 모조리 씻겨 나가는 느낌이 들었다. 여태까지 방송에서 들어왔던 음악과는 궤를 달리했던, 날것 그대로의 밴드음악. '뭐야, 나 이런 음악 좋아하네.'

친구에게 카세트테이프를 빌려 가도 되겠냐고 물어봤고, 친구는 형의 것임에도 흔쾌히 (형 몰래) 빌려줬다. 머지않아 우리는 서태지와 아이들의 음악으로 대동단결하기 시작했고, 방과 후 노래방에 가서는 서태지와 아이들

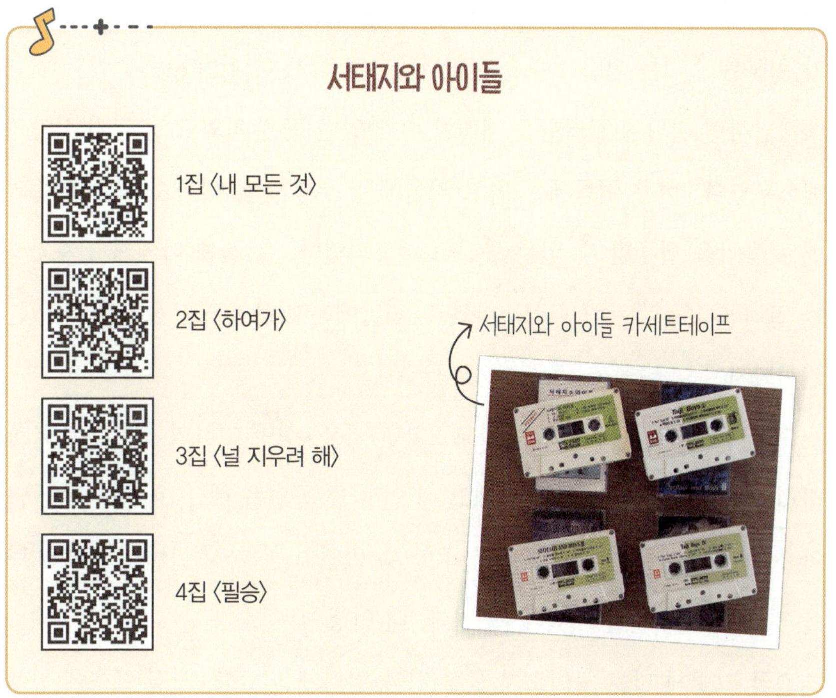

의 노래들을 고래고래 열창하고 있었다.

그런데 한참을 노래하다 보니 노래방 기계의 전자기타 소리가 앨범 사운드와는 다르게 너무 허접스럽게 들리는 점이 거슬리기 시작했다. '내가 기타 치면서 노래해도 이거보단 낫겠다.'라는 치기 어린 생각이 들었다. 그렇게 나는 처음으로 기타를 잡게 되었다. 그 자그마한 카세트테이프 하나 때문에 인생이 바뀐 순간이었다.

◉ 기타, 너로 정했다!

지금과는 달리 동네에 실용음악 학원은 찾아볼 수도 없었던 시절, 백화점 문화센터와 기타 학원 등을 전전하며 기타를 배웠지만 모두 전자기타가 아닌 포크기타와 클래식기타밖에 다루지 않았다. 도로롱……. 도로롱……. 내가 원하는 소리는 이런 옥구슬 굴러다니는 소리가 아니었다.

답답하던 찰나에 갈급함을 해결할 수 있었던 곳은 의외로 집 근처 성당의 밴드부였다. 비록 여름에는 덥고 겨울에는 추웠지만, 마음껏 악기 연습과 밴드 음악을 합주할 수 있는 공간이 제공되었다. 운 좋게 나에게 전자기타를 알려 줄 수 있는 선생님도 계셨고, 연말에는 자유곡으로 공연할 수 있는 기회까지 주어졌다.

그렇게 기타를 연습하여 중학교 2학년 겨울, 성당 지하의 소강당에 조촐하게 마련된 무대에서 기타를 메고 내 인생 첫 공연을 했다. 배움이 깊지 않아 선배들 사이에서 한 곡밖에 연주할 수 없었지만, 다시 한번 온몸에 벼락을 맞은 듯한 기분을 느꼈다. '이거다, 내 인생.'

결국 그렇게 나는 돌아오지 못할 강을 건너게 되었다. 사실 애초에 공부는 뒷전이었다. 그때의 나는 왜 공부를 해야 하는지는 깨닫지 못했지만, 한 시라도 노래를 듣거나 기타를 치지 않으면 내 안에 날뛰고 있는 흑염룡을 잠재울 수가 없었다. 불행인지 다행인지 그렇게 나의 중2병은 기타와 함께 사그라들었다.

전자기타는 어쿠스틱 기타와는 다르게 이펙터라는 기계를 통해 다양한 소리를 낼 수 있다. 내가 좋아하는 밴드의 앨범에서 나오는 멋있는 소리를 내기 위해서는 이펙터를 모아야 하는데, 집안 형편상 용돈은 없었다. 즉시 아르바이트를 시작했다. 만 14세가 갓 지난 나를 받아주는 곳은 새벽 신문 배달, 패스트푸드점뿐이었다. 최저임금으로 시급이 2,000원 남짓하던 시절에 평일, 주말 할 것 없이 일하여 꼬깃꼬깃한 현금이 담긴 월급봉투와 설레는 마음을 안고 종로 낙원상가로 갔다. 머리가 길고 무섭게 생겼지만, 알고 보면 친절한 사장님을 통해 여러 가지 이펙터를 사며 소소한 꿀팁들을 배울 수 있었다. 이펙터를 어떻게 조합하느냐에 따라 어쿠스틱 악기에서는 들어 볼 수 없었던 신비한 소리가 났고, 나는 점점 더 전자기타의 매력에 빠졌다. 낙원상가 안을 지나갈 때마다 여기저기서 들려오던 전자기타 소리들, 악기에서 풍겨오는 은은한 나무 냄새, 단돈 1,000원으로 한 끼 배불리 먹을 수 있던 상가 밑 국밥집. 낙원상가라는 이름 그대로 그곳은 나의 낙원이었다.

중학교 3학년이 되자 연주할 수 있는 레퍼토리가 제법 늘어났다. 동네 고등학교 축제에서 밴드부 선배들의 멋진 공연을 봐온 나는, 그해 가을에 열리는 우리 학교 축제에서 밴드 공연을 하기로 결심했다. 대형 기획사의 아이돌 음악에 가려져 비주류로 취급받았던 록이라는 멋진 음악을 사람들에게 들려주고 싶다는 일념이었다. 학교에 정식으로 개설된 밴드부 동아리는 없었지만, 성당 밴드부에서 합주하던 친구들을 중심으로 당시 노래 좀 한다는 친구들을 모아 열정을 다해 합주했다.

우리는 정식 동아리도 아닌지라 학교에서 악기나 음향 장비 대여 같은 지원이 아무것도 없었다. 축제 당일, 새벽부터 밴드 멤버들과 성당 밴드부실에 있던 드럼과 앰프 같은 무거운 악기를 빌려 열심히 학교까지 이고 지고 와서 운동장 구석의 모랫바닥에 깔아 놓았다. 나는 아직도 그날의 기억이 생생하다. 아직 해가 높이 뜨지 않아 어스름했던 하늘은 높고 맑았으며, 초가을의 건조하고 서늘한 공기가 나를 들뜨게 했다. 점심시간이 지나고 모래가 날리는 바닥에 아무렇게나 늘어 놓은 악기들 사이에서 음악이 흐르기 시작하자, 선생님과 학생들이 호기심에 하나둘 모이기 시작했다. 공연 자체는

이펙터 – 전자기타의 톤 메이킹에 관하여

울림통이 없는 전자기타가 스스로 낼 수 있는 음량은 매우 작다. 전자기타가 연주되면 현의 진동을 픽업이라는 장치에서 전기 신호로 변환하고, 변환된 미약한 전기 신호를 앰프 회로로 증폭시킨 후 스피커로 출력한다. 이펙터는 전자기타와 앰프의 중간에서 전기 신호를 변조하여 다양한 음색을 표현하게 도와 주는 역할을 한다.

이펙터에는 크게 다섯 가지 계열이 있는데, 음량을 조정하는 다이내믹 계열, 앰프의 게인을 재현하는 드라이브 계열, 파형을 복제하고 변조하여 특수한 효과를 내는 모듈레이션 계열, 특정 주파수 대역을 거르거나 통과시키는 필터 계열, 특정 공간의 울림을 재현해 내는 공간 계열이다. 다양한 이펙터를 조합하여 음악과 어울리는 음색을 만들어 내는 센스가 연주 실력만큼 중요하다.

이펙터란?
(L.A. Sound Design Pedalboard Of The Week)

매우 엉성했지만, 내가 직접 밴드를 결성해서 공연을 기획하고, 악기를 빌리고, 곡을 정해서 연습하고, 무대에 섰다는 사실이 스스로 뿌듯했다. 평소 학교생활에 흥미를 느끼지 못해 수동적이고 무기력했던 내게도 눈이 반짝거리는 순간이 찾아온 것이었다.

중학교 졸업이 다가오는데도 학업에 전혀 관심이 없던 나를 걱정스러워하신 담임 선생님께서 마침 나의 공연을 보고선, 나를 위해 대중음악을 배울 수 있는 고등학교를 수소문하셨다. 그리고 며칠 뒤, '실용음악과'에 진학해 보지 않겠냐고 제안하셨다. 또한 고등학교 실용음악과에서 나의 연주를 성실하게 갈고 닦으면 실용음악과가 있는 대학교도 진학할 수 있다고 하셨다. 그때 당시에는 실용음악이라는 분야가 잘 알려지지 않았었고, 고등학교에 실용음악과가 개설된 곳도 얼마 없었을 때였다. 음악을 전공하려면 예술고등학교에 진학해서 클래식과 국악 중 하나를 택해야만 하는 줄 알았었다.

사실 나는 그때까지 진로에 대한 깊은 생각이 없었다. 성적이 되면 인문계 고등학교에 진학하고, 떨어지면 공고에 진학하여 어떻게든 밴드부나 가입할 심산이었다. 그런데 내가 제일 좋아하는 음악으로 대학에 진학할 수 있고, 직업으로 삼을 수 있다는 소식이 너무 반가웠다. 학업에는 흥미도 재능도 없었던 나를 포기하지 않고 꾸준히 지켜보시고, 다양한 가능성을 열어주신 담임 선생님 덕분에, 나는 고등학교를 실용음악과로 진학하며 전공생의 길을 걷게 되었다.

◉ 왜 음악수업에 대중음악은 없는 거지?

고등학교에서는 대학 입시를 위한 본격적인 전공을 정해야 했다. 노래방에서 노래 부르는 게 즐거웠고, 보컬을 하고 싶었지만, 현직 음악 교사인 게 부끄러울 정도로 노래에는 영 재능이 없었다. 보컬 전공에 배정된 인원은 한정적이었고, 동기 중엔 이미 수준급으로 레슨을 받고 입학한 보컬들이 많았다. 그렇게 나는 또 익숙했던 기타와 함께하게 되었다.

고등학교에서 보낸 3년은 내 인생에 있어 가장 행복했던 시기였다. 중학교에서는 나 혼자만 괴짜였지만, 여긴 모두가 제정신이 아니었다. 오직 음악에 미쳐 있는 친구들과 '최고의 뮤지션'이라는 목표를 가지고 수없이 연습하고, 합주하고, 공연하고, 경쟁했다. 그럼에도 지칠 줄을 몰랐었다. 동급생이자 선후배들이 나에게는 최고의 선생님이었다. 서로의 장점들을 흡수하며 물먹은 스펀지처럼 성장했다. 지금 돌아보면 어떻게 그렇게 매일을 열정적으로 살았는지 신기할 따름이다. 그때는 아무 걱정이 없었다. 입시에 대한 압박마저도. 사실 대학이 뭐가 그렇게 중요한가, 나는 최고의 뮤지션이 될 건데.

마침 운이 좋게도 이맘때쯤 MP3 기술이 상용화되면서 이전에 비해 다양한 음악을 비교적 쉽게 접할 수 있게 되었다. 지금처럼 동영상 플랫폼을 통해 세계 각국 여러 뮤지션의 연주를 클릭 한 번으로 손쉽게 들을 수 있는 시대는 아니었다. 그럼에도 레슨 선생님 등을 통해 그때 당시 국내에서는 구하기 힘든 음반과 연주 영상 등을 친구들과 공유하고 끝없이 반복하여 보고 들으면서 음악적 저변을 넓혀 나갔다.

실용음악과지만 당연히 일반 교과도 배워야 했다. 그중에는 음악 시간도 있었다. 중학교 때와 마찬가지로 음악은 여전히 클래식과 국악 중심이었다. 나는 대중음악이 너무 좋은데, 음악 교과서에는 왜 대중음악을 다루지 않는지 의문이 들었다. 만약에 내가 선생님이 된다면 학생들이 좋아하는 대중음악을 함께 나누고 싶다는 막연한 생각이 들던 찰나, 고3 담임 선생님과의 진학 상담을 통해 4년제 대학교에 진학하면 교직 이수과정을 통해 교사로 일할 수 있는 교원자격증을 취득할 수 있다는 얘기를 들었다. 지금도 그렇지만 내가 입시를 치를 때에도 실용음악과는 4년제 대학교보다는 전문대가 강세였는데, 상담을 마치고 무엇에 홀린 것인지 나는 4년제 대학교에 들어가겠다고 결심했다.

교사라는 직업, 얼핏 보기에 왠지 괜찮아 보였다. 방학도 있고, 무엇보다 학생들을 가르치려면 평생을 공부하고 연구해야 한다는 점이 매력적이라고 느꼈다. 하지만 이내 내가 지향하는 뮤지션이라는 파란만장한 인생에 비해 너무 고리타분한 직업이지 않나 싶은 생각도 들었다. 그때는 철이 없었는지 굶어 죽든 말든 뮤지션으로서 멋지게 살다 가면 그만이라고 생각했었다. 그만큼 음악이 무엇과도 비교할 수 없을 만큼 좋았다. 좀 더 솔직히 말하자면 그때 당시 나는 음악 교사를 해야겠다는 생각보다는 단순히 4년제 대학교에 진학하면 명절날 친척들에게 떳떳하게 대학교 이름을 대며 부모님의 기를 살려 드릴 수 있을 것 같다고 생각했다. 그리고 2년 재학 후 졸업하는 전문대보다 군 입대를 여유 있게 미룰 수도 있고, 기회가 된다면 보험처럼 교원자격증을 따놓을 수 있겠다는 얍삽한 생각이 더 컸던 것 같다.

그런데 4년제 대학교에 진학하려면 실기 외에도 수능 점수가 필요했다. 일반 문·이과처럼 높은 성적을 요구하지는 않지만, 수능 점수가 걸림돌이 되어 떨어지는 일은 없게끔 수능 점수를 최소한 평균 이상으로는 만들어야 했다. 수능을 100일 남짓 남겨 놓고 실기와 함께 벼락치기로 수능 공부를 병행하기 시작했다. 시간이 촉박했고, 체계적인 입시 전략 따위는 없었다. 국어는 한국 사람이니까 기본은 할 수 있을 것이라 생각해서 넘겼고, 가장 자신 없었던 수학은 예체능이라 면제되었다. 영어는 과외로 배우고, 사회탐구는 서점에서 참고서를 훑어보고 재미있어 보이는 과목을 선택해 독학한 뒤 입시 학원의 사설 모의고사를 응시하며 감을 익혔다. 초중고 통틀어 학업에는 관심도 없었던 내가 4년제 대학교에 진학하고 싶다는 동기가 생기니 공부도 나름 재미있었다. 그렇게 수능을 보고, 썩 높은 점수는 아니지만 4년제 대학교에 도전해 볼 만한 성적을 받을 수 있었다.

문제는 내가 가고 싶은 4년제 대학교 중 실용음악과가 개설된 학교는 그때 당시 단 두 곳뿐. 그것도 전자기타 전공은 한 학교에서는 두 명, 다른 학교에서는 세 명만을 뽑았다. 이쯤 되니 고등학교 입학 당시 호기로웠던 나는 어디 가고 슬슬 입시에 대한 압박이 오기 시작했다. 그래도 어쩌겠는가,

학창 시절 내내 기타만 쳐왔던 나에게 이제 와 음악을 그만두고 물러설 곳은 없었다. 내가 택할 수 있는 방법은 연습하고, 또 연습하여 입시를 정면 돌파하는 것뿐이었다.

수능을 치고 몇 달 뒤, 한겨울에 실기시험을 치기 위해 칼바람을 이겨 내며 대학교를 돌았다. 실용음악과가 있는 대학은 대부분 지방에 있어서, 새벽부터 일어나 버스로, 지하철로 전국을 누볐다. 개설된 지 10년도 되지 않은 초창기 실용음악과에 대한 입시 열기는 대단했다. 전국의 4년제 대학교, 전문대 통틀어 몇 안 되는 기타 전공생 자리를 차지하기 위해 전국에서 몇 백 명이 입시장의 문을 두드리고 있었다. 그 많은 입시생을 가려내느라 입시는 대학마다 며칠에 걸쳐 진행되었다. 대기실에서 하루 종일 난로를 쬐며 얼어붙는 손을 녹이고, 내 순서가 오기만을 기다렸다. 그리고 내 차례가 왔을 때, 나는 그동안 연습했던 모든 것들을 후회 없이 쏟아붓고 나왔다. 그렇게 실용음악과의 거품이 한창이던 시절, 수백 대 일의 경쟁률을 뚫고 운 좋게도 원하는 4년제 대학교에 입학할 수 있었다.

2 아프니까 청춘이라기엔 이건 좀 …….

 실용음악과, 내 생각과는 너무 다른데?

부푼 마음을 안고 입학한 실용음악과. 내가 진학한 대학교에서는 재즈를 주로 배운다는 얘기는 얼핏 들었었지만, 이렇게까지 재즈만 할 줄은 몰랐다. 전공 실기부터 앙상블까지 모든 커리큘럼이 오직 재즈에 집중적으로 맞춰져 있었다.

작곡가에 의해 쓰여진 악보에 따라 음표 하나하나를 충실하게 연주해야 하는 국악과 클래식 연주자와는 달리 대중음악 연주자는 기본적인 테크닉은 물론, 작곡가가 짜놓은 화성 진행과 주선율이라는 큰 틀 안에서 작곡가의 의도를 왜곡하지 않으면서도 자신만의 개성을 자유롭게 풀어낼 수 있어야 하고, 이 모든 것을 즉흥적으로 연주할 수 있는 순발력이 필요하다. 사실상 연주와 동시에 작곡을 하는 셈이다. 재즈는 다른 대중음악 장르에 비해 즉흥연주의 비중이 많은 동시에 즉흥적으로 악상을 떠올리기 어려운 고난도의 화성 진행으로 이뤄져 있다.

이전까지 연주해 왔던 블루스, 록, 펑키, 가요 등의 장르는 화성 진행이 비교적 단순하여 반주 위에 즉흥적으로 라인을 떠올리며 연주하는 것이 어렵지 않았다. 즉흥연주보다는 이펙터를 통한 톤 메이킹과 사전에 합을 맞춰둔 리듬과 솔로의 정확한 연주가 중요했다. 그러나 전통적인 재즈에서는 그동안 그렇게 열심히 모아 왔던 이펙터도 더 이상 쓸모가 없었다. 구수하게 생긴 할로우 바디(hollow body) 기타*를 가지고 마치 코 막힌 듯한 맹맹한 소리로 스윙 리듬에 맞춰 절룩거리며 나 스스로도 의미를 알 수 없는 즉흥연주만 하다 보면, 온몸이 배배 꼬이고 내가 연주한 노트가 행여나 틀리지는 않았는지 식은땀이 나기 시작했다. 그동안 록과 가요 기반으로 음악적인 언어를 쌓아 온 나에게 재즈는 마치 외국어와 같았다. 재즈를 아무리 열심히 들으려고 시도해 봐도, 그저 몽롱한 기운에 싸여 지루하고 졸리기만 했다.

마침 뮤지컬과와 연이 닿아 재즈를 연습해야 할 시간에 뮤지컬 반주를 주

---

* 통기타처럼 속이 텅 비어 공명감 있는 자연스러운 소리가 특징인 기타이다. 주로 재즈를 연주할 때 쓰인다.

로 했다. 전공 레슨 진도는 언제나 제자리였고, 재즈 앙상블 시간에는 뒷자리에 앉아서 남들의 연주를 구경만 했다. 사실상 발전을 회피했던 셈이다. 사실 재즈는 모든 대중음악의 뿌리 격인 음악이기 때문에 대중음악을 전공하려면 좋든 싫든 간에 대학교에서 재즈를 심도 있게 배워 놓았어야만 했다. 재즈 안에서 펼쳐지는 무한한 코드 보이싱의 세계와 즉흥연주의 가능성에 대해 탐구했어야만 했다. 하지만 나는 부끄럽게도 재즈를 거부하고 도망쳤다. 어렸을 때부터 그래왔지만, 무엇이든 해야 할 이유를 스스로 납득하지 못하면 거들떠 보지도 않았던 나쁜 버릇 때문이었다. 재즈의 중요성에 대해 뒤늦게 깨달았을 땐 이미 늦은 상태였다. 재즈를 깊이 있게 파고들지 못한 탓에 즉흥연주를 할 때마다 습관에 의존해 비슷한 연주를 하는 매너리즘에 빠졌다. 다 내가 자초한 일이니, 누구를 탓할 수도 없었다.

그렇게 수백 대 일의 입시 경쟁률을 뚫고 기세 좋게 대학교에 입학했던 나는 온데간데없고 이내 방황이 시작되었다. 내 인생 최대의 업적은 실용음악과 입학이었고, 그 이후로는 전혀 발전이 없었던 것이다.

교직 이수 과정이 없어 기대했던 교원자격증 취득도 불가능했다. (사실 내가 대학교 다니던 시절에 교직 이수 과정이 개설된 실용음악과는 아무 데도 없었다.) 담임 선생님 말만 믿고 사전에 확인해 보지 않았던 내 탓이다. 이쯤 되니 내가 왜 굳이 4년제 대학교에 왔을까 싶은 생각이 들면서, 한편으로는 내가 좋아하는 음악을 주로 배울 수 있는 대학으로 재수할까 싶은 마음도 들었다. 하지만 다시 바늘구멍과 같은 입시를 시작할 자신은 없었다. 더 이상 앞으로 가야 할 힘을 잃고 주저앉아 버린 것이다.

 **손가락 부상과 이명, 끝없는 수렁 속으로**

삼재(三災)라도 찾아왔던 걸까? 슬럼프가 채 가시기도 전에 엎친 데 덮친 격으로 멀쩡했던 몸이 한꺼번에 무너졌다. 외국의 유명 기타리스트를 따라 하느라 굵은 게이지의 기타 스트링으로 미련하게 연습했던 것이 문제였다. 병명은 손가락 인대와 힘줄 파열 및 미세 골절. 당황스러웠다. 기타를 치다 가 인대를 다쳤다는 얘기는 어디서도 들어 보지 못했다. 아니, 애초에 신체 컨디션 관리에 관심이 없었다. 슈퍼 히어로 만화를 너무 많이 봐서 그랬던 것인지 인간에게 신체적 한계란 없다고 생각했었다. 외국인들의 거대한 손 크기에서 나오는 박력을 연습으로 극복할 수 있다고 생각했다. 그만큼 나는 여태까지 나를 혹사시키며 무모하게 연습해 왔던 것이다.

연주로 인한 신체 부상 방지 방법

1. 청력

한번 손상된 청각 세포는 회복이 어렵고, 이명 현상도 한번 발생하기 시작하면 완치가 어렵다. 그래서 청력 손실은 사전 예방이 매우 중요하다. 청각 세포 보호를 위해 장시간 이어폰으로 음악을 듣는 것은 지양해야 하며, 최소한 합주할 때만큼은 이어 플러그를, 드럼 같은 음량이 큰 타악기를 합주할 때는 차음 헤드폰을 착용해야 한다.
시중에서 쉽게 구할 수 있는 일반적인 스펀지 재질의 이어 플러그는 고주파 영역만 차음되고, 저주파 영역은 그대로 통과시키는 등 음색이 왜곡되어 답답할 수 있다. 이를 보완하여 음색의 왜곡 없이 음량만 낮춰 주거나 청각 세포에 유해한 특정 주파수만 차단하는 기능이 있는 음악가를 위한 이어 플러그도 있다.

2. 인대와 근육

운동 전 충분히 스트레칭을 하는 체육과 마찬가지로 노래나 악기도 연주하기 전 허리부터 목, 어깨, 팔, 손목, 손가락까지 연주와 관련된 관절들의 워밍업 스트레칭을 충분히 해야 한다. 연주 후에도 쿨다운 스트레칭과 냉찜질 등으로 인대의 피로를 풀어 줘야 한다.

섬세한 근육과 인대로 이뤄진 손가락은 다른 부위처럼 쉽게 낫지 않았다. 한의원부터 정형외과까지 용하다는 병원을 찾아다녀도 차도는 없었다. 결국 손가락에 깁스를 2년 동안 하며 인대가 스스로 붙을 때까지 기다려야만 했다.

손가락 부상과 비슷한 시기에 찾아온 이명. 합주할 때 기타 앰프의 볼륨을 왕창 키우고 제트기 소리보다 더 큰 소리를 매일같이 들으며, 그 어떤 청력 관리도 하지 않은 탓이었다. 한번 나타난 이명은 외부의 아주 작은 청각적 자극에도 그 증상이 나타나 일상생활조차 불가능할 정도였다. 집에 있는 시계의 초침 소리마저 나의 신경을 곤두서게 만들었다. 당장 집 안에 있는 모든 시계의 배터리를 빼 버렸다. 음악은커녕 세상의 모든 소리를 듣는 게 고통의 연속이었다.

내가 왜 그랬을까, 후회할 때는 이미 늦었다. 이때부터 나는 손가락 부상에 대한 후유증과 이명을 평생 안고 가게 되었고, 매사에 진취적이었던 성격도 음악적 슬럼프와 신체적 장애를 겪으며 점점 내성적으로 바뀌었다. 그렇게 심신이 모두 지칠 대로 지쳤던 나는 결국 휴학을 선택했다.

어학연수, 인생의 터닝 포인트

휴학 기간 동안 기타도 치지 않고 오로지 치료에만 매진한 덕에 2년간 감았던 깁스는 풀었다. 그러나 너무 오랫동안 손가락을 고정해 놨었기 때문에 이제는 손가락이 굽혀지지 않았다. 꾸준히 재활 치료를 받았지만, 여전히 연주는 불가능한 수준이었다. 내 손은 점점 굳어 갔고, 그사이 동기들은 발전에 발전을 거듭하고 있었다. 이명도 약간의 차도는 있었지만 한번 망가진 귀는 꾸준히 나를 괴롭혀 왔다.

점차 나도 자포자기하며 자연스럽게 음악을 멀리했다. 하지만 언제까지 학교를 쉴 수는 없었다. 복학 후 여느 때와 마찬가지로 학과 사무실을 지나가다가 우연히 본 교내 공지, '교비 지원 해외 어학연수'. 예전 같았으면 그냥 지나쳐 갔을 그 문구가 나를 멈추게 했다.

여름방학 동안 영국에서 진행되는 6주 과정의 어학연수 프로그램. 연수비는 지원되고, 영국까지의 비행기편은 개별 준비였기에 연수 앞뒤로 자유 여행이 가능한 조건이었다. 그동안 부상으로 인해 지친 몸과 마음을 여행으로 달래고 싶었다. 수업도 제대로 참여하지 못하며 그저 졸업장을 따기 위해 낭비해 왔던 등록금도 아까웠던 터라 이렇게라도 본전은 찾고자 하는 마음에 신청했다. 운이 좋게도 최종 선발되었다.

사실 나는 그때까지 여행을 떠나본 적이 없었다. 작은 식당을 운영하시느라 명절을 빼고는 쉬지 않고 일하시던 부모님 때문에 가족여행은커녕 나도 쉼 없이 달려가는 삶이 당연하다고 생각했었다. 매일 연습실이라는 우물 안에서 기타만 쳐온 탓에 세계 지리, 역사가 어떤지 관심도 없었고, 내가 알고 있는 나라는 그저 대중음악의 본고장인 미국과 브릿팝의 영국, 이웃 나라 중국과 일본, 월드컵에서 가끔 봤던 유럽과 중남미의 몇 개 국가들뿐이었다. 그만큼 세상 물정에 무지했고, 알고 싶어 하지도 않았다.

어학연수 기간은 매일매일 새로움의 연속이었다. 함께 선발된 다양한 전공의 새로운 인연들과 나눴던 새로운 분야 이야기, 영국 연수원에서 만난 여러 문화권의 사람들과 돌아가며 기숙사에서 열었던 소박한 파티, 함께 즐겼던 각 나라의 전통요리, 수업이 없는 주말마다 떠났던 근교 여행 등……

고작 6주의 연수로는 영어 실력이 전혀 늘지 않았지만, 연수 기간 동안 오감으로 온전하게 빨아들인 경험은 영어 실력보다 훨씬 값진 것이었다.

연수 후에 홀몸으로 무작정 다녔던 자유여행도 나를 한 번 더 성장시켜 주었다. 영국을 벗어나 유럽 본토의 다른 언어들을 접하고 나서야 비로소 내가 알던 세상이 전부가 아니라는 게 실감이 되었다. 분명 같은 대륙에서 비슷하게 생긴 사람들이 같은 로마자 알파벳을 쓰는데도 국경을 넘어가니 언어가 다르고, 건축 양식이 다르고, 문화가 달랐다. 나는 또 새로운 세상을 담아 내느라 시간 가는 줄 모르고 있었다. 어느 날은 광장에 앉아 하루 종일 멍하니 사람들을 구경할 때도 있었으며, 또 다른 날은 신고 갔던 신발이 다 닳도록 거리를 걸어 다닐 때도 있었다. 혼자였기에 그 누구에게도 방해받지 않고 온전히 모든 정보를 받아들일 수 있었다.

음악 또한 마찬가지였다. 어학연수 전에는 막연한 선입견을 가지고 유럽에서는 클래식만 연주되고 있는 줄 알았지만, 국가와 도시를 이동할 때마다 다양한 전통음악을 들을 수 있었다. 에든버러 중세풍의 성 앞에서 행진곡으로 연주되던 백파이프, 더블린의 펍과 길거리에서 들었던 켈틱(Celtic) 음악, 파리의 몽마르뜨 언덕에서 노을과 함께 녹아 들어갔던 감미로운 샹송, 스위스 어느 마을의 산골짜기 속에서 바람과 함께 평화롭게 실려 오던 알펜호른 소리, 베네치아의 운하 위에서 곤돌라를 타고 미끄러지며 뱃사공이 부르던 바르카롤 등……. 내가 알고 있었던 미국의 대중음악은 새롭게 알게 된 세계의 음악들에 비하면 극히 일부였을 뿐이었다.

좁다면 좁은 유럽 대륙 안에서 이렇게 다양한 음악이 탄생한 배경이 뭘까? 자연스럽게 역사와 지리에 관심을 가졌다. 복잡하게 얽혀 있는 역사·

사회·문화적 배경과 뗄레야 뗄 수 없는 상호작용 속에서 음악이 태어난다는 것을 깨달았다. 이때의 경험은 훗날 내 수업에서 음악을 감상하기 전에 역사·사회·문화적 배경을 꼭 다루는 계기가 되었다.

영어 공부보다는 사실상 현실 도피를 위해 떠났던 어학연수와 여행을 통해 세상을 바라보는 시야가 달라졌다. 여태까지는 마치 경주마처럼 차안대를 쓰고 기타와 함께 쉬지 않고 앞으로 달려가기만 했다면, 이제는 차안대를 벗고 경주 트랙에서 한발 물러나 초원을 자유롭게 돌아다니며 음악뿐만이 아닌 넓은 세상을 보게 된 것이다. 유럽에 다녀온 지 정말 오랜 시간이 지났지만 가끔씩, 사실 지금 이 글을 쓰면서도 나는 연수 당시 머물렀던 마을과 여행 당시 다녔던 길거리를 인터넷 지도로 산책하며 그때의 기억을 다시 들춰내곤 한다. 잠시나마 아픔을 잊을 수 있었던 소중했던 시간들을.

비틀스가 초창기에 활동한
리버풀의 캐번 클럽

비틀스 마지막 앨범을 녹음한 런던의
애비 로드 스튜디오 앞 횡단보도

유럽의 음악들

- 스코틀랜드: 백파이프 음악(Bagpipe music)
- 아일랜드: 아이리시 음악(Irish folk music)
- 프랑스: 샹송(Chanson)
- 스위스: 요들(Yodel)
- 스페인: 플라멩코(Flamenco)
- 헝가리: 집시 음악(Gypsy music)

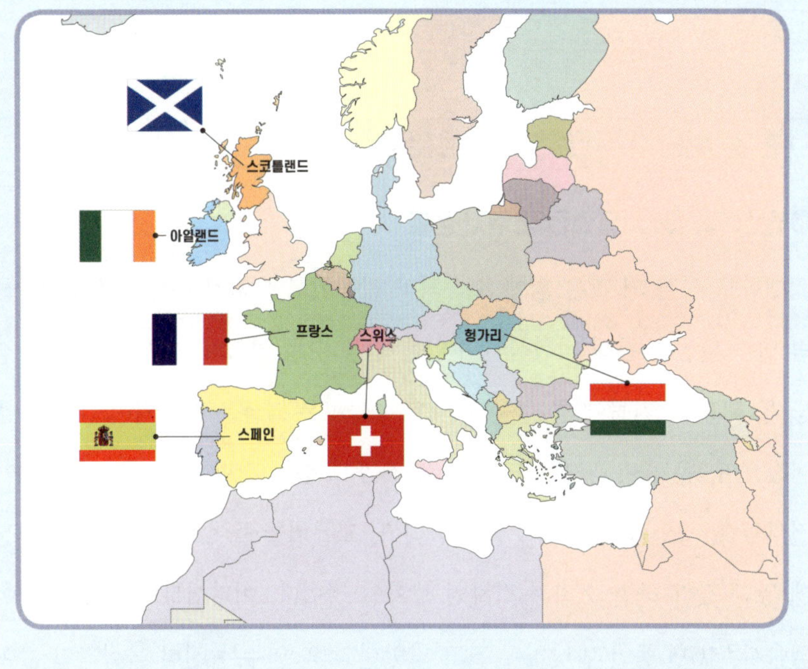

음악 교사를 꿈꾸게 된 나

1 준비되지 않았던 사회 초년생

 ### 항상 불안에 시달렸던 연주자 생활

대학교 시절 꽤 많은 팀에 소속되어 활동했고 수없이 무대를 섰지만, 클럽 연주 활동을 통해 직접적인 수입을 얻을 수는 없었다. 애초에 돈은 구경도 못 해봤고, 가뭄에 콩 나듯 행사에서 들어온 임금은 밴드의 공금으로 들어갔으며, 운 좋은 날은 공연장에서 제공해 주는 간단한 식사나 음료수가 전부였다. 공연을 위해 합주실을 빌리고, 교통비를 들여서 합주실과 공연장에 왔다 갔다 하면 오히려 적자인 상황인 것이다. 어디서부터 잘못된 것이었을까? 10년 동안 밤낮없이 갈고 닦았던 나의 연주는 전혀 물질적인 값어치가 없는 것이었나. 그 관행과 구조를 일일이 뜯어보고 따지기엔 일단 하루하루 먹고살기가 급했다.

방과후학교와 실용음악학원에서 강사로 일했다. 레슨생이 들어오고 빠질 때마다 수입은 매달 들쭉날쭉했다. 졸업하면 경제적으로 독립해야 하는데, 이래서는 백수나 다름없었다. 학창시절 때 뮤지컬과와 함께 뮤지컬 반주를 그렇게 밤낮없이 열심히 했건만, 그것이 일거리로 이어지지는 않았다. 도대체 음악하는 사람들은 어떻게 돈을 벌어서 먹고사는 걸까?

그런데 주위를 둘러봐도 다들 나와 별 다를 바 없었다. 클럽은 내 돈 들여서 뮤지션이라는 자아를 실현하는 곳이었을 뿐. 대부분 여러 학원을 뜀뛰기하며 레슨으로 돈을 벌었고, 집이 좀 잘 산다 하는 친구들은 건물을 마련해 음악학원을 운영하거나 연습실을 세 주며 생활했다. 필드에서 활동하는 기성세대들의 일자리가 학생에게까지 오는 일은 드물었고, 가끔 오는 일은 실수를 절대 용납하지 않았다. 한 번의 실수는 곧 실패를 의미했다. 나를 대체할 연주자들은 많았다. 오직 실력이 탈인간급인 극소수의 선택받은 자만이 빛나는 무대에 설 수 있었고, 그 자리에 나는 없었다. 손가락은 여전히 말을 듣지 않고, 졸업이 다가올수록 나는 점점 불안해졌다.

그제서야 보이기 시작했다. 직업으로서의 예체능계는 뾰족한 피라미드의 꼭대기 자리를 차지하기 위해, 꼭대기에 있는 사람은 아래로 끌려 내려가지

않기 위해 평생 실력을 갈고닦으며 자신과 싸워야 하는 위태로운 외줄타기 인생이었다는 것을.

◎ 이제는 더 이상 미룰 수 없다, 군악대 입대

대학교 재학 중 다소 이른 사회생활을 경험하면서 예체능을 직업으로 삼는 것이 얼마나 힘든 길이었는지 뼈저리게 느꼈다. 하지만 야속하게도 졸업은 점점 다가오고 있었다. 사실 대학교 졸업까지 입대를 미룰 생각은 없었다. 다만 일반병과로 가기보다는 전공을 살려 재학 중에 틈틈이 군악대 모병 시험을 보면서 졸업 전까지는 군악대에 입대하는 것이 목표였다. 그러나 생각지도 못했던 손가락 부상으로 모든 게 틀어져 버렸다.

대학교 졸업 후 기다렸다는 듯 입영 통지서는 날아왔다. 입영일은 6개월 후. 손가락 재활은 아직 끝나지도 않았는데 제한된 시간 안에 군악대 시험에 합격하지 않으면 일반병으로 입대해야 하는 상황. 안 그래도 여태까지 쉬었는데 일반병으로 입대하여 또 2년의 공백을 가져야 한다면 사실상 연주자로서의 커리어는 끝이라고 생각했다.

하지만 기타병은 군악대 부대마다 딱 한 명씩, 그것도 사단급*군악대에는 기타병이 없었다. 그나마 전국에 몇 안 되는 사령부급** 이상의 군악대에만 '캄보'라고 불리는 밴드가 개설되어 있는 실정이었다. 그리고 그 부대의 기타병 전역 예정자가 있어야 자리가 나는 상황. 기타병으로 원하는 부대와

---

* 부대의 최고 지휘관이 소장(★★) 계급의 사단장이다.
** 부대의 최고 지휘관이 중장(★★★) 이상의 계급을 가진 사령관이다.

적절한 타이밍에 입대하기는 사실상 말 그대로 '바늘구멍'이었고, 수백 대 일의 입시 경쟁률을 뚫고 올라왔던 실용음악과 대학생들이 다시 한번 모여 진검승부를 해야 하는 곳이었다.

6개월 안에 사령부급 부대의 기타병 자리가 얼마나 나올지도 모르는 상황에서 입영 날짜가 다가올수록 초조해졌고 앞서 몇 번의 시험에서 실패를 겪었지만, 운 좋게도 강제 입영을 한 달 남짓 남겨 놓고 공군 본부 군악대 기타병 모병 시험에 가까스로 합격했다. 본부인 만큼 365일 중 행사가 없는 날이 없을 정도로 매일매일이 합주와 행사로 채워졌다. 우리에게는 합주가 훈련이고, 행사가 전투였다.

부대에서 규칙적인 생활을 하다 보니 신기하게도 이명과 손가락 부상도 차도가 있었다. 무리하게 연습하다 보면 다시 통증이 오는 등의 후유증이 있긴 했지만, 다행히 행사 곡들은 손가락에 큰 무리를 주지 않을 만한 레퍼토리였다. 당시의 군대 규정상 부대 내에서 핸드폰을 쓰지 못해 답답한 것만 빼면 군 생활은 나름 순조롭게 흘러갔다. 그래도 매일 같은 부대 안에서 똑같은 일과를 반복했더라면 정말 갑갑했을 텐데, 행사를 위해 제주도부터 백령도까지 전국의 여러 부대를 돌아다니다 보니 왠지 모르게 시간이 잘 가는 것 같은 착각도 들었다.

내가 복무했던 군악대는 밴드 외에도 윈드 오케스트라 편성을 중심으로 실내악, 사물놀이, 가야금 등 다양한 악기를 전공한 간부 및 선·후임들이 있었다. 매일같이 반복되는 합주와 행사를 통해 그 많고도 복잡한 악기들의 이름과 음색, 음역대를 어깨너머 자연스레 익히게 되었다. 공군은 복무 기간이 타 군에 비해 긴 대신 그만큼 외박을 많이 나갈 수 있었다. 선·후임이

외박 나간 사이 의식 행사가 잡히면 행렬에 자리가 비는 것을 채우기 위해
엑스트라로 투입되는 일도 잦았다. 어떤 날은 튜바를, 어떤 날은 클라리넷

군악대

군대·민간의 각종 행사, 공연 등을 지원하기 위한 병과이다. 소규모의 만찬 행사부터, 격오지 장병 및 민간 대상 위문 공연, 고위 간부 이·취임식, 국군의 날 같은 군의 주요 행사, 올림픽/월드컵 개·폐막식과 같은 국가 행사까지 다양한 행사를 수행한다. 때가 잘 맞으면 국제 군악제에 참여하기 위해 해외로 파견을 나가기도 한다.

군악대의 행사

부대의 규모에 따라 취타대, 사물놀이, 모둠북, 연희패, 교향악단, 중창단, 팡파르대, 밴드, 비보이, 작·편곡, 음향 등 다양한 전공을 선발한다. 사령부급 이상의 군악대는 사전에 모병 시험을 통해 선발하고, 전공에 따라 자유곡, 초견, 즉흥연주, 이론 지식 등을 평가한다. 면접으로는 군인으로서의 안보관, 부대에 잘 적응할 수 있는지 인성과 관련된 질문 등을 주로 물어 본다. 부대에 따라 고등학교 생활기록부를 요구하는 곳도 있으니, 평소 생활기록부 관리에 신경 써야 한다.

〈100인의 공군 53화 – 군악대 연주병〉

〈음악으로 세계와 대한민국을 잇다 – 공군 군악대 & 2024 벨기에 국제 군악〉

〈공군 레미제라블 '레밀리터리블(Les Miserables ROK Air Force Parody Les Militaribles)'〉

을 들고 섰다. 그때는 엑스트라로 차출돼서 마치 장난감 병사처럼 행사 시간 동안 부동자세로 꼿꼿이 서 있어야 하는 상황이 마냥 싫었다. 하지만 그때 전공 악기 외에 다른 악기 소리를 듣고, 만져 보고, 행사장에서 대기하며 심심풀이로 불어 보기도 했던 것이 훗날 임용고시를 준비할 때 큰 도움이 되리라고는 생각지도 못했다.

◉ 교직, 새로운 길의 첫걸음을 떼다

시간이 지나 어느덧 사회에 돌아갈 준비를 해야 하는 20대 후반의 말년 병장, 우유부단 끝판왕인 나도 이제는 생계를 위해 결단을 해야만 했다. 사실 주변의 선후배, 친구들은 대부분 음악을 관두고 다른 직업을 찾아 떠난 지 오래였다. 필드에 남아 있는 소수의 선후배, 친구들은 돌고 도는 불안정한 나선 위에서 여전히 힘겹게 자신과의 싸움을 하고 있었다.

시도 때도 없이 윙윙대는 귀와 만신창이가 된 손가락을 안고 다시 필드로 돌아갈 것인가, 이제 그만 내려놓고 다른 길을 알아볼 것인가 고민했다. 사실 음악만큼은 끝까지 놓고 싶지 않았다. 이미 음악은 돌이킬 수 없을 정도로 인생에 깊게 물들었고, 여전히 기타는 재밌었다.

하지만 평생 연주자로 살아간다면, 신체적인 핸디캡과 남들보다 뒤처진 실력을 인정하고 불안정한 삶을 받아들일 자신이 있는가? 이런 상태에서 내가 가정을 꾸린다면 경제적으로 부족함 없이 가족을 부양할 수 있을 것인가? 스스로 던진 질문에 부끄럽게도 자신 있게 대답할 수 없었다. 예체능과 안정된 직업은 마치 물과 기름처럼 섞이지 않을 것만 같은 상충 개념이었다.

그러다가 군대 맞선임이자 친구가 전역과 동시에 음악 교사 임용을 준비하고 있다는 것을 알게 되었고, 다시 한번 음악 교사라는 직업에 대해 진지하게 생각해 보았다. 밤낮없이 음악에 살고 음악에 죽던 고등학생 때와는 다르게, 20대 후반의 나는 음악에 관한 생각도, 세상을 바라보는 시야도 많이 달라져 있었다. 평일에 일하고, 휴일에 쉬면서 남들과 같이 평범하게 살아간다는 것도 얼마든지 행복하게 살아갈 수 있는 길이라는 것을 나는 은연중에 깨우침과 동시에 갈망하고 있었다. '기타는 퇴근하고 나서 얼마든지 칠 수 있잖아.' 교직에 대한 불씨가 다시 지펴지는 순간이었다.

대학교를 졸업한 상태에서 교원자격증을 취득하는 방법으로는 교육대학원에 진학하는 게 가장 빨랐다. 전문대에 가지 않고 4년제 대학교를 졸업했던 것이 결국 도움이 되었다. 그러나 그때 당시 교육대학원에서는 대학교와의 전공 적합성을 이유로 실용음악과 출신을 받아주는 곳이 드물었다. 어쨌든 내가 할 수 있는 방법은 정면 돌파뿐이었다. 말년 병장이다 보니 행사도 거의 열외였고, 본인 의지만 있다면 공부할 시간은 많았다. 외박 나가서 서양음악사와 국악 통론 책을 산 다음 백지상태에서 꾸역꾸역 읽어 나갔다. 이해가 되지 않는 부분은 선·후임에게 물어보고, 일과 후에는 사이버지식 정보방을 이용하여 이론서에 나와 있는 음악을 찾아 듣기도 했다.

그렇게 군대의 말년 휴가에 맞춰 입시를 도전했지만, 실패를 거쳐 재수한 끝에 학부 시절 모교의 교육대학원에 어렵사리 합격했다. 전역과 동시에 사회의 벼랑 끝에 서 있던 내가 다시 대학원이라는 곳을 핑계로 압박에서 벗어나는 데 성공했다. 그동안 정신없이 살아오다 한숨 돌리니 여행을 가고 싶다는 생각이 슬며시 들었다.

여름방학과 함께 한 달 동안 남미를 한 바퀴 돌고 싶었다. 대학생 때의 유럽 여행과 마찬가지로 남미의 역사·사회·문화를 직접 체험하며 현지 음악들을 귀에 담고자 하는 마음을 품고 다시 한번 먼 길을 나섰다. 남미 음악의 양대 산맥인 브라질의 삼바와 쿠바의 살사 외에도 잉카 제국의 후손들에게 계승되고 있는 폴클로레, 부에노스아이레스 항구 노동자들의 애환을 담은 탱고, 멕시코 사람들의 유쾌한 감성이 아낌없이 드러나는 마리아치 등……. 역사적으로 식민지 시대를 겪은 건 같지만 영국·프랑스가 지배했던 북미와 스페인·포르투갈이 지배했던 중남미는 사회·문화적으로 전혀 다른 양상을 보였으며, 그에 따른 산출물인 음악도 북미와 중남미가 전혀 다른 형태로 발전해 왔다. 나는 이렇게 세상에 전해지는 모든 음악과 그 역사를 공부하고 싶었고, 음악 교사가 된다면 수업 시간에 내가 전공했던 대중음악 외에도 다양한 문화권의 음악 이야기를 아낌없이 해주고 싶었다.

〈다문화 교육을 위한 중학교 음악 및 세계사 통합수업 설계〉. 유럽과 남미 두 번의 여행 후 정한 졸업 학위 논문 제목이다. 논문에서 무엇을 다뤄야 하는지도 모른 채 겁도 없이 말이 나오는 대로 써 내려갔다. 내 딴에는 다양한 국가의 여행을 다니면서 느꼈던 역사·사회·문화적인 배경과 음악이 유기적으로 연결되어 있으며, 이를 수업에서 중요하게 다뤄야 함을 주장하고 싶었다. 이론적 근거와 내용이 빈약하여 당연하게도 논문 심사에서 탈락할 뻔했지만, 그럼에도 포기하지 않고 도와 주신 교수님들 덕분에 부족했던 내용을 보충하여 최종 심사에서 간신히 통과할 수 있었다. 당시에는 호기롭게 써 내려갔던 논문이지만, 졸업하고 나서는 부끄러운 마음에 아직도 인쇄본의 첫 장조차 들춰 보지 못하고 있다. 이 글을 쓰는 지금도 검정색 바탕에 금빛 글씨로 인쇄된 논문 표지만 바라보며 그때의 기억을 더듬을 뿐이다.

남미의 음악들

- 페루: 폴클로레(Folclore)
- 브라질: 삼바(Samba)
- 쿠바: 살사(Salsa)
- 아르헨티나: 탱고(Tango)
- 멕시코: 마리아치(Mariachi)
- 자메이카: 레게(Reggae)

그럼에도 나는 포기하고 싶지 않았다. 학교에서 대중음악과 다양한 문화권의 음악을 다루는 수업을 하고 싶었고, 나아가 내가 만든 수업자료를 토대로 교과서를 써보고 싶다는 꿈을 키우기 시작했다.

2 나는 어떤 교사가 되어야 하나

◉ 기간제의 겨울은 춥다

교육대학원을 졸업한 지 얼마 되지 않아 임용고시를 준비하려던 찰나, 실용음악과 출신이라는 이유만으로 운이 좋게도 실용음악과가 있는 학교에서 1년간 기간제 교사로 근무했다. 대개 첫사랑은 영원히 잊지 못한다고 하던데, 첫 담임을 맡았던 제자들도 나에겐 첫사랑 못지않은 존재들이었다. 제자들을 보면, 그 시절 꿈 많고 음악밖에 모르고 패기 넘쳤던 내 모습과 연주자로서 실패를 겪고 꺾여 버린 현재의 내 모습이 겹쳐 보였다.

'너희들 중에 나이 서른 넘어서까지 음악을 직업으로 삼을 수 있는 사람은 얼마 없을 텐데.'

안타까운 마음에 생활지도면에서 더 냉정하고 엄하게 대하면서도 한편으로는 나의 매몰찬 말 한마디 때문에 학생들에게 안 좋은 영향이 미치진 않을지 조심스러웠다. 그럼에도 내가 담임이라는 이유만으로 학생들은 나를 살갑게 대해 주었고, 아이들 덕분에 오히려 지치고 힘든 날들을 위로받을 수 있었다. 사실 우리 반에서 가장 안타까웠던 사람은 제대로 자리를 잡지 못해 방황하고 있는 나였다.

나와 함께했던 시절이 생각나지 않을 정도로, 여태까지 해왔던 것처럼 돌아보지 말고 힘차게 앞으로 나아가렴. 현재 음악을 하든 하지 않든 행복하게 산다면 그걸로 된 거다. 언제나 응원한다.

– 시절 인연 담임 선생님이 –

심적으로 정말 힘든 시기였지만 다행히도 같은 부서의 부장님과 부원 선생님, 실용음악과 선생님들 어느 한 분 빠짐없이 좋은 분들이셨다. 업무적, 인성적으로 많은 것을 배우고 성장할 수 있었으며, 무한 경쟁과 외줄 타기의 연속인 위태로운 연주자 생활보다 교직 사회는 따뜻하고 안정감 있는 곳이라는 걸 느끼고 계속 학교에서 일하고 싶다는 마음을 키워 나가게 되었다.

그러나 1년의 계약기간이 끝나고, 나는 새로운 일자리를 알아 봐야만 했다. 기간제 임용 시험장으로 나서는 아침 공기는 차가웠고, 경쟁자들로 가득한 시험장의 분위기는 매우 냉랭했다. 기간제 생활을 이어 나가려면, 앞으로도 매년 이렇게 재계약 여부에 마음 졸이며 학교를 옮겨 다녀야 한다는 현실을 인정하고 받아들이기가 무척 힘들었다.

결국 어찌저찌 다른 학교의 기간제 교사로 계약까지 마친 찰나, 꾸준히 안부를 주고받던 교생 시절 멘토 선생님께서 급히 연락을 주셨다. 지금은 계약직으로 일하는 것보단 공부에 매진하며 정교사 임용을 준비해야 할 때라고. 옳은 말씀이었다. 하지만 말처럼 쉽진 않았다. 내 나이 어느덧 30대

초반, 이미 사회적으로 자리 잡았어야 했을 나이였다. 그래도 어제까지는 나름 선생님이라고 불렸던 내가 모든 것을 내려놓고 하루아침에 실업자가 되어 마땅한 수입도 없이 사회적으로 고립되면서 언제 붙을지도 모르는 임용만을 바라보고 살아야 하다니……. 하지만 한편으로는 이렇게 평생을 기간제 교사로 남아 매년 잔혹한 겨울을 나며 불안정한 삶을 살고 싶지도 않았다. 결국 멘토 선생님의 진심이 담긴 충고 덕분에 기간제 계약을 취소하고 노량진 고시촌으로 들어갔다.

노량진은 잿빛 도시 그 자체였다. 잿빛 보도블럭과 잿빛 건물 사이로 잿빛 운동복을 입은 고시생들이 잿빛 얼굴을 띠며 바삐 돌아다니고 있었다. 잿빛 인생이었던 나도 이 거대한 잿빛 도시에 금세 자연스럽게 동화되었다.

임용고시 영역 중 전공 음악은 크게 국악과 서양음악으로 양분되어 있었다. 사범대 출신도 아니었고, 학부에서 둘 중 아무것도 전공하지 않은 나는 남들보다 두 배 이상 노력해야만 했다. 하지만 기초 용어부터 모든 것이 낯설었다. 수업을 듣는 내내 처음 들어 보는 용어와 개념들이 뒤죽박죽 엉켜 머릿속이 하얗게 되었다. 같은 교실에서 강의를 듣는 사범대를 갓 졸업한 20대 초중반 예비 선생님들의 눈빛에는 총기가 가득했고, 쉬는 시간 화장실 거울 앞에서 마주한 아저씨는 푸석푸석한 동태 눈깔을 달고 있었다. 나는 대학교, 대학원에 이어서 노량진에서조차 여전히 뒤처지고 배움이 느린 학습자였다.

시험 범위와 내가 무엇이 부족한지를 알아야 학습 전략을 세울 수 있을 텐데, 나는 무엇을 모르는지조차 모르는 상태였다. 매일 수업이 끝나면 산더미처럼 쌓인 보충자료에 깔려 뭣이 중요한지도 모른 채 어쩔 줄 모르고 허우적댔다. 결국 나 혼자서는 이 레이스를 완주할 수 없겠다고 판단해서 당장 스터디를 신청했다. 똑똑하고 열정 넘치는 스터디원들 덕분에 많은 도움을 받았다. 사실 도움을 받았다는 표현 정도로는 미진하고, 멱살 잡혀서 끌려갔다는 표현이 맞을 정도로 숱한 구박과 동시에 집중 관리를 받았다. 내가 보기 드문 실용음악과 출신임을 아신 임용고시학원 교수님도 나를 많이 신경 쓰고 응원해 주셨다.

내가 임용을 준비했던 2018년 여름은 역대급 찜통더위였다고 하던데, 나는 그 당시의 기온이 얼마나 높았었는지 몇 해가 지나고 나서야 뉴스를 통해 알았다. 나를 포함한 수많은 고시생이 지불한 수강료 덕분인지 일주일 내내 학원의 에어컨만큼은 아주 빵빵하게 나왔는데, 나는 강의를 듣거나 빈 강의실에서 스터디를 하며 매일매일 학원에서 살다시피 했다.

여기 잿빛 도시에는 고시생 저마다의 슬픈 사연이 하나씩은 있었다. 나만 상황이 어렵고 힘든 것이 아니다. 힘들다는 감정 표현도 사치였다. 그래도 감정을 추스르기 힘들 땐 실기 연습실에 가서 장구를 때려 부술 듯이 치며 목청이 떠나가라 민요를 불러 댔다. 비록 국악을 전공하지 않았지만, 한의 정서만큼은 제대로 보여 줄 자신이 있었다. 물론 1차 시험에 통과하고 나서의 일이지만.

하지만 그렇게 쌓아 온 1년 동안의 노력이 무색하게도, 그해 임용고시는 1차부터 시원하게 떨어졌다. 1년 공부한 것치고 썩 낮은 점수는 아니었지만 역시 서울의 벽은 높았다. 하지만 벌써 좌절하기에는 일렀다. 곧이어 사립 학교 정교사 시험 일정이 진행되기 때문이었다.

내가 임용을 볼 때는 지금과 같이 사립학교에서 1차 시험을 공립에 위탁

하지 않았고 자체적으로 선발했다. 그래서 어떤 학교는 임용고시 유형과 유사하게 개론서에 기반한 서술형 문제가 출제되었고, 어떤 학교는 교과서 중심의 객관식으로 출제되는 등 시험 범위와 문제 유형이 학교마다 천차만별이었다. 하지만 임용고시를 한 번 준비해 놓으니 1차 이론 시험은 응시한 학교 모두 어렵지 않게 통과할 수 있었다. 2차 면접과 수업 시연 때도 나쁘지 않은 인상을 주었는지 대부분 통과했다.

하지만 사립에서는 이사진 면접이라는 최종 관문이 남아 있었다. 사립학교에서는 성실하게 근무하면서 좋은 이미지를 쌓아 온 기존 기간제 교사에게 최종 면접을 이길 수 없다고 생각했기에 애당초 합격을 별로 기대하지 않았다. 그저 내년의 재수를 대비해 면접 경험이나 쌓자는 마음가짐으로 모든 걸 내려놓고 응시했는데, 운이 좋게도 한 사립학교에 최종 합격했다. 하늘이 보기에 그동안 늦은 나이까지 방황했던 내가 불쌍해 보여서였을까? 나는 임용 준비 1년 만에 얼떨떨하게 예상치도 못했던 사립 학교에서 교직 인생을 시작했다.

◉ 내가 가장 잘할 수 있는 나만의 수업을 만들자

늦게나마 시작된 인생의 2악장. 어떻게 써 내려가야 할까? 사실 이제는 1년 단위의 쳇바퀴를 굴리면서 편하게 지낼 수 있을 법도 하다. 그러나 나에게는 고등학생 때부터 지금까지 간직해 온 꿈이 있었다. 대중음악 및 다양한 문화권의 음악을 수업으로 풀어내기. 원해 왔던 안정적인 직업을 얻었으니 비로소 나의 꿈을 펼칠 기회가 온 것이다. 대중음악과 다양한 문화권의 음악들도 학교에서 가르칠 만한 학문적 가치가 있는 음악이라는 것을 널리 알리고 싶었다. 물론 교육과정이 개정되면서 내가 학생일 때보다는 교과서에 대중음악이 약간 실리긴 했지만, 분량은 극히 제한적이었고 오류도 많았다.

당장 나만의 수업을 설계하기에 돌입했다. 논문을 쓸 때도 느꼈지만 내가 안다고 생각했던 것과 그것을 실제 수업자료로 만드는 것은 전혀 다른 영역이었다. 참고할 만한 대중음악 관련 교수자료는 거의 전무했다. 이론적인 근거, 시청각자료 선별, 자료 교차 검증, 수업의 전개 방법 등…… 고려할 점이 너무 많았고, 수업 후에는 부족했던 점을 스스로 파악하여 보완하기 바빴다. 임용 후에도 여전히 나에게 주말은 없었다.

학교 음악실에는 고장난 스피커와 피아노 한 대가 전부였다. 매년 음악과에 할당된 예산을 10원 한 장 허투루 쓰는 일이 없게끔 계획적으로 사용하여 고장난 스피커를 교체하고, 악기장을 짜고, 남은 예산은 소소한 악기들로 채워 나갔지만, 이것으로 무언가 본격적인 수업을 진행하기에는 턱없이 부족했다. 교육청 사업을 샅샅이 뒤져 예산을 지원받아 전자드럼을 구매했다.

연주 수업에 다룰 악기를 내 전공인 기타가 아닌 드럼으로 정했다. 그 이유는 대중음악에서 드러머가 지휘자 역할을 한다고 해도 과언이 아닐 정도로 드럼이 곡의 박자와 템포를 정하고, 다양한 리듬패턴과 필인(fill-in)을 통해 악곡의 전개를 이끌어 내기 때문이다. 학생들이 화성학, 음계와 같은 음악 이론까지는 알지 못하더라도 악곡의 템포와 리듬꼴을 파악하여 음악이 가진 그루브만이라도 몸으로 느끼며 드럼으로 표현할 수 있다면, 앞으로도 음악을 즐길 수 있는 역량이 길러질 것이라 판단했다.

감상 수업은 대중음악의 장르별로 차시를 나눠 진행했다. 오랜 시간 동안 누적되어 온 국악이나 클래식은 시대별로 음악적 사조와 특징이 뚜렷하게 나타나는 경향이 있지만, 대중음악은 다양하면서도 개성 있는 장르들이 100년 정도의 짧은 시간 안에 동시다발적으로 생겨났기에 장르별 접근 방식이 적합하다고 생각했다. 장르별 음악적 특징과 발생 및 발전 과정을 짚으며 현재 대중음악과의 접점을 찾아 나가는 방식으로 수업을 진행했다. 유행성, 오락성, 상업성을 좇아 시작된 대중음악이지만, 시간이 지남에 따라 예술성, 심미성, 영속성도 갖추게 되었다는 점을 알려 주고, 대중음악을 유행에 따라 너무 가볍게 소비하지 않기를 학생들에게 당부했다.

창작은 음악의 주요 활동이지만, 학생마다 음악 이론 지식의 편차가 너무 컸고, 작곡 과정 자체가 미술처럼 직관적이지 않아 임용 초기부터 한동안은 창작 활동을 수업으로 풀어내기 어려워 고민이 많았다. 가장 좋은 방법은 DAW*와 가상악기를 이용해 직관적으로 접근하는 것이라 생각했다. 그러나 학생 개인별로 지급된 디지털 장비가 없었고, 학생 수준에는 DAW로 기초적인 작업만 수행하면 되는 데에 비해 전문가를 겨냥하여 만들어진 DAW 라이센스는 너무 비쌌다. 학교의 컴퓨터실을 빌리고, DAW 라이센스를 학급별 인원만큼 30개만 구매하여 창작 실습을 해야 하나 고민했다. 그때 마침 교육과정이 개정되며 학생들에게 태블릿 PC가 보급되기 시작했고, 초심자를 위한 무료 DAW 애플리케이션과 인공지능 작곡 플랫폼이 풀리면서 드디어 DAW를 이용한 창작 수업을 진행할 수 있었다.

나의 수업에서 창의성이란 '기존 학습자가 가진 지식을 음악적 의도에 따라 얼마나 독창성 있게 재구성하느냐'로 정의했다. 전공생이 아닌 일반 인문

---

* Digital Audio Workstation, 디지털 방식으로 오디오와 미디에 관련된 작업을 수행할 수 있는 소프트웨어를 뜻한다.

계열 학생 수준으로는 완전한 무(無)에서 유(有)를 창조하는 창작은 불가능하다고 판단했기에, 학생들이 기존에 즐겨 듣고 선호하던 곡을 모방하여 자신만의 색깔로 새롭게 표현하는 데 주안점을 두었다. 학생들의 악곡 선택에 대한 자유도가 높아질수록 교사의 역량과 순발력이 요구된다. 악곡의 주요 화성 진행을 파악하고, 장르와 악곡의 맥락에 어울리는 악기의 음색을 학생들에게 조언하며 학습을 촉진해 줄 수 있어야 한다. 그러려면 나는 내 전공 악기 외에도 다른 악기들에 대해 깊이 이해하고 있어야 했다. 대중음악을 전공했지만 수업을 준비하다 보니 부족한 점이 하나둘씩 파악되기 시작했다. 정말 내가 잘할 수 있는 것만 제대로 준비하기에도 시간이 모자랐다.

"내 언어의 한계는 내 세계의 한계이다." 철학자 비트겐슈타인이 남긴 명언이다. 수업을 거듭할수록 드러나는 나의 음악적 한계를 극복하기 위해 노

인도의 전통 악기 시타르와
타블라 연습 중

력했다. 실용음악에서 주로 쓰이는 드럼, 베이스, 피아노 외에도 색소폰, 시타르*, 타블라**와 같은 다양한 악기들을 꾸준히 배우고 익히며 나의 전문성과 음악 세계를 확장하는 데에도 매진했다.

교사학습공동체 및 음악교육 연구회도 가입했다. 내가 임용된 사립학교에 재직 중인 음악 교사는 나 하나였고, 재단 소유의 학교도 하나뿐이기에 추후 타 학교로의 인사 이동도 없을 예정이다. 이렇게 고인 물속에 혼자 있다가는 퇴직할 때까지 한 치의 발전도 없이 교육의 트렌드에 뒤처질까 우려되었다. 나와 비슷한 고민을 가진 선생님들과 모여 여러 주제의 수업들을 나누고, 끊임없이 공부하며 교류했다. 이렇게 쌓인 인맥을 통해 내가 연구해 온 자료들을 선생님들과 나눌 수 있는 다양한 활동 기회도 주어졌다.

대중음악의 중요성이 점점 각광받는 추세지만, 이를 전공한 교사가 많이 없었기에 가진 역량에 비해 찾아왔던 기회도 많았다. 그중 가장 힘들면서도 교직 인생에 전환점이 되었던 작업은 2022 개정 교육과정 음악과 각론 연구진으로 참여했을 때였다. 그 전까지의 나는 교육과정에 대해 별 관심이 없었다. 임용을 준비할 땐 단순 암기 영역에 출제 비중도 얼마 되지 않는 파트여서 시간관계상 외면했고, 교사가 되어서는 평가 계획서를 작성할 때 잠깐 참고하는 형식적인 문서였다. 그저 나만 수업을 잘 준비하면 그만이었다. 그러나 교육과정을 작성하며, 교육과정이라는 문서 속에 단어 하나하나가 가지고 있는 파급력과 영향력이 어마어마하다는 것을 깨달았다. 교육과정 문서를 기반으로 교육 정책이 시행되고, 교과서가 만들어진다. 나아가

---

* 인도 북부 지방의 전통 발현 악기이다. 인도 음악은 'Raga'라는 인도만의 독창적인 음계를 사용한다.
** 인도 지방의 전통 타악기이다. 인도 음악은 'Tala'라는 인도만의 독창적인 리듬 체계를 사용한다.

임용고시 출제의 근거가 되기도 한다. 단어 하나를 선택하는 데도 신중하게 의견을 주고받으며 미래 교육의 기틀이 될 교육과정을 조심스럽게 써 내려 갔다. 나도 대중음악을 대표하는 교사로서 교육과정에 대중음악 관련 용어 들이 하나라도 포함될 수 있도록 많은 의견을 냈지만, 애석하게도 교육과정 의 대강화라는 큰 흐름 속에 반영되진 못했다.

사실 실용음악을 전공한 정교사는 너무 부족한 실정이다. 내가 알기로 전 국의 음악 교사 몇천 명 중 20명이 채 되지 않는다. 특성화고나 예고의 실 용음악과에 실용음악을 전공한 정교사가 없어 타 전공 교사가 배치되거나, 교과서의 대중음악과 관련된 내용을 집필하거나 심의할 때 내용 오류를 제 대로 걸러내지 못하고 있는 상황이 지속되고 있다. 그도 그럴 것이 실용음

악 전공자에게는 교직에 대한 접근성이 여전히 좋지 않기 때문이다. 사범대에서 실용음악 전공은 선발하지 않으며, 교직 이수 과정이 개설된 학교도 매우 드물고, 교육대학원에서도 전공 적합성을 이유로 입학이 불가한 곳이 많았다. 어렵게 교원자격증을 획득하더라도 임용고시의 전공 음악 영역은 국악과 클래식으로 양분되어 있다 보니 백지상태나 다름없는 상황에서 공부를 시작해야 한다.

이런 이유로 대중음악을 전공한 교사가 현장에 많이 없기에 교육과정이 개정될 때마다 대중음악은 정책적으로 소외되고, 그렇게 대중음악이 소외된 교육과정을 토대로 오류투성이인 교과서가 만들어진다. 여전히 국악과 클래식 위주의 임용고시가 출제되고, 다시 실용음악을 전공한 교사가 임용에 합격하기는 더 힘들어지는 악순환이 반복되고 있었다.

이 글을 읽고 있는 실용음악을 전공한 예비 선생님이 있다면, 망설이지 말고 정교사 임용에 도전하라는 말을 꼭 전하고 싶다. 거대한 블루오션이 기다리고 있으며, 그 영역을 개척하기 위해서는 선생님의 도움이 꼭 필요하다.

◉ 여전히 방황 중이지만, 괜찮아

학교에서 일한 지도 어느덧 10년이 되어 가지만, 나는 아직도 학교 업무들이 때로는 어렵고 버겁다. 나는 음악 교사로서 임용되었지만, 학교에서는 교과 역량뿐만 아닌 담임, 생활지도, 행정, 진로·진학 관련 역량 등 다방면의 능력을 요구한다. 임용을 준비하면서 전혀 배우지 않았던 것들이다. 어쩌다 방송 같은 행정 업무를 맡아 악기 대신 카메라와 영상 장비들을 앞에 두고 씨름하다 보면 내가 교사로 임용된 것인지, 기술직으로 임용된 것인지 헷갈릴 때도 많다. 방송은 잘하면 본전이지만, 하나라도 실수하면 크게 티가 나는 매우 부담스러운 업무다. 방송 업무에 필요한 수많은 장비들을 공부하며, 무거운 장비들을 이고 지고 일하며 들였던 노력과 수고에 비해 성과가 좋지 않으면 자괴감이 들기도 한다.

학교뿐만 아니라 교과 연구회, 연수 등을 다니다 보면 다양한 교사들을 만난다. 수업 장악력이 뛰어난 교사, 학생과의 깊은 관계 형성을 바탕으로 카리스마 있게 생활지도하는 교사, 학부모와 학생의 니즈(needs)를 꿰뚫고 진로·진학 상담을 기가 막히게 하는 교사, 에듀테크나 인공지능과 같은 신기술을 다루는 데 거침이 없는 얼리어댑터 교사, 행정 업무를 한 치의 오차도 없이 똑 부러지고 신속하게 처리하는 교사, 학술적 지식이 풍부하여 출판사와 협업하여 교과 교재를 만드는 교사 등…… 다양한 방면에서 활약하는 교사들을 보며 거대한 벽을 느낀 적도 있다.

'교사는 이런 사람들이 해야 하는 거구나. 나는 교직이 적성에 맞지 않고, 교사로서 자질이 없는 걸까?'

사실 나는 사람을 대하는 것에 큰 노력이 필요한 편이다. MBTI 검사를 하면 I(내향적) 성향이 99%가 나올 정도로 내향적이다. 교실을 휘어잡기는커녕 학생들 앞에 서는 것도 쉽지 않은 내가 그나마 교사로서 몰입하는 시간은 음악을 연구하고, 수업자료를 개발할 때였다. 그렇게 개발한 수업자료로 학생들에게 수업하면서, 학생들 스스로 내적 동기가 일어나 수업에 몰입하고 있는 것을 관찰할 때 보람을 느끼곤 했다. 물론 망했던 수업도 많다. 분량 조절을 못해서, 학생들의 기초 지식수준을 파악하지 못해서, 야심차게 날렸던 유머에 반응이 싸늘해서 등……. 하지만 이제 더 이상 과거의 나처럼 좌절하고 회피하지 않는다. 부족한 점을 알았다면 보완해서 다시 도전하면 되니까.

그렇게 연구했던 수업을 교사학습공동체나 음악교육연구회 같은 곳에서 나누다 보면 "학교에는 선생님같이 대중음악을 잘 알고 계신 분이 필요해요."라는 지지와 격려를 받기도 한다. 그럴 때면 '그동안 밤새며 수업을 연구해 왔던 나의 노력이 헛되지만은 않았구나.'라는 생각이 든다. 내가 개발한 수업자료들이 누군가에게 도움이 된다면, 그것만으로도 충분히 의미 있는 교직 생활이 아닌가. 나도 교직 사회에서 1인분의 몫을 당당하게 해내고 있는 교사라고 다독이며 더 이상 나를 스스로 깎아내리는 안 좋은 생각은 버리기로 했다.

사실 우리나라 모든 교육 활동의 초점이 입시에 맞춰 있다. 입시를 위해 숙달해야 하는 공부량만 해도 어마어마한 상태에서 수능 교과가 아닌 음악은 현실적으로 그 중요성을 비교적 인정받지 못하는 경우가 많다. 하지만 음악 교과도 수업에서 가르칠 수 있는 내용이 수능 교과 못지않게 방대하다. 연주, 감상, 창작이라는 음악 고유의 활동 영역 안에서 국악, 클래식, 대중음악, 다양한 문화권의 음악을 균형 있게 다뤄야 한다.

그러나 수업 시간은 한정되어 있다. 무엇을 어떻게 가르쳐야 '한 개를 가르쳐도 열 개를 가르친 것' 같은 효과가 나타날 수 있을까? 결국 선택과 집중이 필요한 것이다. 그럴수록 교육의 본질에 대해 스스로 질문하곤 한다.

'교육은 왜 필요하며 학습이란 무엇인가? 음악은 왜 가르쳐야 하는가?'

사실 나는 아직도 그 답을 찾기 위해 방황하고 있는 셈이다. 방황과 고민을 거쳐 세워진 나만의 교육철학은 수업에서 나침반 같은 역할을 해준다.

내가 무엇이 부족한지, 그 결핍을 채우기 위해서는 어떤 공부가 필요한지 고민해 보자. 교육철학이 확고한 상태에서의 방황은 이제 더 이상 나를 무너지게 만들지 않고, 오히려 발전시킬 수 있는 계기를 만들어 준다. 여러분도 삶이 흔들릴 때 길을 잃지 않고 굳건히 이겨 낼 수 있도록 자신만의 교육철학, 즉 나침반을 만들어 놓길 바란다.

요즘같이 인공지능과 에듀테크 도구들이 범람하는 시대에 자신만의 교육철학을 확고하게 정립해 놓지 못하면 수업 방향을 잃기 쉽다. 인공지능과 에듀테크는 수업을 쉽게 풀어낼 수 있도록 도와주는 수단일 뿐이다. 유행에 휩쓸려 그 자체가 목적이 되어 주객이 전도되는 상황은 결코 바람직하지 않다. '학습자에게 유의미한 학습이 일어났는가?'를 최우선으로 고려하여 수업을 설계하고, 보수적으로 도구를 검증하는 과정을 거친 후 활용해야 할 것이다.

교사가 되기까지 제법 먼 길을 돌아왔다. 나는 사실 음악적으로 특별히 뛰어난 재능을 가진 사람도 아니었고, 부끄럽게도 교사로서의 사명감이나 헌신과 같은 숭고한 마음가짐에 대해서 깊이 생각해 본 적도 없었다. 그저 내가 살아가기 위해 발버둥 치다 보니 여기까지 왔다. 앞서 서술했듯 나는 보이지 않는 곳에서 수없이 실패와 방황을 겪었지만, 그럼에도 나의 실패 경험이 마냥 무의미하고 쓸모없지는 않다는 것을, 그렇게 쌓인 시행착오들을 발판 삼아 포기하지 않고 묵묵히 걸어가다 보니 결국 나의 자리를 찾을 수 있었다는 이야기를 해주고 싶었다.

선생(先生)님, 먼저 이 길을 가본 사람이라는 뜻이다. 나의 오답 노트를 읽으며, 누군가는 위로받고 용기와 희망을 얻을 수 있길 바란다.

내가 생각하는 '음악수업'이란?

부끄럽지만 내가 곰곰이 생각해 본 교육철학을 공유해 본다. 물론 정답은 정해져 있지 않기 때문에 '이런 생각도 있구나.' 정도로 참고하여 자기 나름의 철학을 정리하면 좋겠다. 교사마다 최우선으로 생각하는 가치는 각각 다를 수밖에 없으며, 내가 가지고 있는 교육철학도 시간이 지남에 따라 계속 변화할 것이다.

나에게 있어 가르친다는 것은?

사회화의 과정. 학생들이 사회가 원하는 역량을 갖춘 인재로 성장하도록 다양한 학문, 기술, 교양, 사회 현상, 인간관계, 규율 등 삶에 관한 전반적인 경험을 제공하는 것이다. 혹시 실패하더라도 다시 도전할 수 있는 기회를 주어, 학생이 올바르게 성장할 수 있도록 길을 제시하고, 잘 따라오고 있는지 지켜보며 인내하고 기다리는 과정이다.

음악 교과다운 수업이란?

다양한 문화권의 지리·역사적 배경을 통해 음악의 탄생과 발전 과정을 이해하여 깊이 있는 학습이 일어나도록 해야 한다. 나아가 연주, 감상, 창작 활동을 통해 수업 이후에도 학생들이 자발적으로 음악을 즐길 수 있도록 긍정적인 음악 경험을 제공하는 것이다. 또한 졸업하고도 국내 혹은 해외에서 음악적 소통이 원활하게 이뤄질 수 있도록 높은 수준의 문화 자본을 형성시켜 주어야 한다.

다음 표는 실용음악과 입시에 대한 정보를 담은 요약본이다. 공통으로 수능 최저 등급제는 실시하지 않는다. 실기고사 및 면접 시 추가 질문이나 초견, 시창, 즉흥연주, 추가곡 등을 요구할 수 있다.

모집인원과 전형의 세부사항, 교직 이수 여부와 같은 상황은 매년 변동이 생길 수 있다. 다음 내용은 여러 대학의 자료들을 모아 한눈에 보기 위해 상당 부분 축약한 자료이므로, 자세한 내용은 각 대학 홈페이지의 모집 요강을 필히 확인해야 한다.

1. 주요 전문대학교

※ 2025년 기준, 가나다순.

동아방송예술대학교(안성, 사립)				
모집인원		전형방법	학생부 · 수능	실기고사 및 면접
수시 및 정시	(기악과) 피아노7/기타7/베이스6/드럼7/관악기, 퍼커션 및 그 외6	실기면접 80%, 학생부 20%	전 과목, 최우수 2개 학기 100%	1차: 자유곡 1곡 2차: 자유곡 2곡, 초견 및 즉흥연주
	(보컬과) 싱어송라이터3/보컬24			1차: 전공에 따라 자유곡 혹은 자작곡 3곡 2차: 전공에 따라 자유곡 혹은 자작곡 3곡
	(작곡과) 싱어송라이터4/전자음악6/프로듀서15/탑라이너2			1차: 자작곡 1~2곡(전공에 따라 연주), 포트폴리오 2차: 전공에 따라 자작곡 2곡을 연주 또는 실시간 시퀀싱

서울예술대학교(안산, 사립)				
모집인원		전형방법	학생부 · 수능	실기고사 및 면접
수시	노래6/드럼3/베이스3/기타4/피아노4/관악 및 그 외3	실기 70%, 학생부 30%	국어, 수학, 영어 석차 등급의 평균	1차: 자유곡 1~2곡 2차: 자유곡 1~2곡, 필답시험(실용음악통론)
	작곡3			1차: 자작곡 1곡, 코드작곡 1곡 연주 2차: 자작곡 + 코드작곡 1곡 연주, 필답시험(실용음악통론, 전통화성학)
	전자음악4			1차: 자유곡 1곡, 전공에 따라 디제잉, 음향디자인 수행 2차: 자유곡 1곡, 필답시험(실용음악통론, 음향기초), 전공에 따라 디제잉, 음향 디자인 수행
정시	노래4/드럼3/베이스3/기타3/피아노4/관악 및 그 외1	실기 70%, 수능 30%	국어, 수학, 영어 등급의 평균	수시와 동일함
	작곡3			
	전자음악2			

2. 주요 4년제 대학교

경희대학교(용인, 사립)				
	모집인원	전형방법	학생부 · 수능	실기고사 및 면접
수시	보컬5/관악기, 현악기, 국악기5/베이스5/드럼, 타악기5/피아노5/기타6	실기 80%, 학생부 20%	국어, 영어 교과별 전체 과목 석차등급 80%, 진로선택과목 중 국어, 영어 교과 상위 3개 과목 성취도 20% + 출결, 봉사	서로 다른 스타일의 자유곡 2곡
	작곡5			자작곡 1곡, 즉석 멜로디 작곡 1곡
정시	음악학과2	수능 100%	국어 60%, 탐구 40% + 영어, 한국사	–

단국대학교(천안, 사립)				
	모집인원	전형방법	학생부 · 수능	실기고사 및 면접
수시	뮤직테크놀러지16/재즈퍼포먼스28/싱어송라이팅30	실기 80%, 학생부 20%	국어, 영어, 사회 석차등급 혹은 성취도	전공에 따라 자유곡 혹은 자작곡 1곡
정시	뮤직테크놀러지4/재즈퍼포먼스2/싱어송라이팅15	실기 70%, 수능 30%	국어 40%, 영어 40%, 수학 또는 탐구 중 높은 점수 반영한 20%	

한양대학교(안산, 사립)				
	모집인원	전형방법	학생부 · 수능	실기고사 및 면접
수시	보컬7	1차: 실기 100%, 2차: 실기 90%, 학생부 10%	국어, 영어, 사회, 한국사 전 과목 석차등급	1차: 자유곡 1곡 2차: 자유곡 1곡
	피아노3/드럼3/기타4/베이스3/관악3	실기 90%, 학생부 10%		자유곡 1곡, 즉흥연주
	작곡3			자유연주곡 1곡 멜로디 작곡 및 연주(피아노)

호원대학교(군산, 사립)				
	모집인원	전형방법	학생부 · 수능	실기고사 및 면접
수시 및 정시	보컬35/작곡20/싱어송라이터20/피아노22/드럼22/베이스22/기타23/그외 악기3/뮤직프로덕션30/프로페셔널뮤직30	실기 71.4%, 학생부 28.6%	국어, 영어, 수학, 사회, 과학 1학년 30%, 2학년 40%, 3학년 30%	전공에 따라 자유곡 혹은 자작곡 1~2곡, 전공에 따라 악보나 보고서 제출

3. 교직 이수 가능한 주요 4년제 대학교

※ 2025년 기준, 가나다순.

대구가톨릭대학교(경산, 사립)				
모집인원		전형방법	학생부 · 수능	실기고사 및 면접
수시	교과전형 5명	학생부 100%	교과 80%, 출석 20% 국어, 수학, 영어, 사회, 한국사, 과학 교과 중 상위 8개 과목(진로선택과목 최대 1과목 포함 가능)	–
	실기일반 25명	실기 80%, 학생부 20%		연주: 자유곡 1곡 작곡: 자작곡 1곡
정시	가군 약간 명 (수시모집 이월인원 발생 시)	학생부 100%	교과 80%, 출석 20% 국어, 수학, 영어, 사회, 한국사, 과학 교과 중 상위 8개 과목(진로선택과목 최대 1과목 포함 가능)	–
		수능 100%	성적이 우수한 영역 2개를 [60% : 40%] 순으로 반영(탐구는 상위 1과목만 반영), 한국사 등급별 가산점 부여	–
		수능 30%, 실기 70%		연주: 자유곡 1곡 작곡: 자작곡 1곡

동아대학교(부산, 사립)				
모집인원		전형방법	학생부 · 수능	실기고사 및 면접
수시	예체능 우수자 38명	실기 80%, 학생부 20%	국어, 영어, 수학, 사회/과학 석차등급 상위 12과목 반영(진로선택과목 최대 2과목 포함 가능)	기악: 자유곡 1곡 보컬: 자유곡 1곡 작곡: 자유곡 1곡, 주어진 동기에 의한 선율창작과 코드 붙이기
정시	나군 4명			

배재대학교(대전, 사립)				
모집인원		전형방법	학생부 · 수능	실기고사 및 면접
수시	예술 인재 22명	실기 90%, 학생부 10%	국어, 영어, 수학 교과 중 우수한 5과목 50% 한국사, 사회, 과학, 제2외국어, 한문 교과 중 우수한 5과목 50%	보컬: 자유곡 1곡 기악: 자유곡 1곡 작곡: 자작곡을 연주/노래/미디 중 택하여 연주 혹은 시연

행동 발달 및 특기 사항

신해철 노래 덕분에 국악에 입문했으며, 교직의 매력에 이끌려 현재까지 교육계에 몸담고 있음. 유학 경험을 통해 다채로운 문화와 예술을 체험했고, 국악의 독창성과 고유성을 소중히 여기는 자세를 지님. 국악교육에서도 새로운 시도를 두려워하지 않으며, 인공지능, VR 등 첨단기술 활용에 적극적임. 가끔 멍하게 있는 듯 보여도 실은 국악교육 혁신을 고민하는 중일 수 있으니 주의 요망. 온도가 같은 제자들과 국악에 대한 편견 깨기 챌린지 실천 중이며, 친국악 교사 양성에 진심임.

온도를 전하는
김경태

별명

페페샘

사진을 보자~ 설명을 안 해도 알 것이다.

1 국악, 그 낯선 이름

 신해철에서 시작된 나의 국악 인생

"선물가게의 포장지처럼 예쁘게 꾸민 미소만으로

(중략)

[랩] I just wanna say 'Good bye'."

아직 랩이 익숙하지 않았던 초등학교 6학년의 나. 당시 유행하던 신해철의 노래 〈안녕〉에 있는 랩 부분이 너무 신기해 재밌게 따라 하곤 했다. 가족 모임 자리에서도 이종사촌들과 이 부분을 신나게 불렀다.

어느 날 사촌누나가 이 노래의 랩 부분에 대한 에피소드를 이야기했다. "학교에서 선생님 심부름으로 우편작업을 했어. 그때 함께 작업한 선배가 신나게 〈안녕〉을 불렀는데 랩 마지막 부분을 'Good bye'가 아니라 'Good night'이라고 부르는 거야!"

나는 뭐가 그렇게 재미있었는지 배꼽이 빠지게 웃었다.

"참, 경태야. 우편작업한 것이 전국에 있는 학교로 간다고 하더라. 너희 학교에도 갔을 것 같아. 국립국악중학교가 개교한다는 내용이 들어 있는 우편물이야. 너 국립국악중학교 오지 않을래?"

사촌누나는 당시 국립국악고등학교를 다니고 있었는데 이모와 엄마를 통해 그 학교에 대해 매일같이 듣고 있었다. 국악을 배우는 학교, 교장 선생님이 전교생 이름을 외우는 학교, 학생들이 전국에서 오는 학교, 나라에서 전교생에게 장학금을 주는 학교 등 국립국악고등학교 이야기를 들을 때마다 일반 학교와는 다른 재미있는 학교처럼 느껴졌다. 친누나처럼 살가웠던 사촌누나의 입에서 안 그래도 신기하고 재밌게 느껴졌던 학교에 입학해 보라는 제안이 흘러나오자, 나는 홀린 듯 "어! 가면 좋겠다!"라고 대답했다. 그리고 바로 부모님이 계신 방에 가서 "나 국립국악중학교 갈래요!"라고 했다. 나의 긴 국악 인생이 시작되는 순간이었다.

국악이 무엇인지 몰랐지만 누나와 함께 학교 다니는 것에 대한 기대 그리고 재미있는 학교를 다니고 싶은 마음으로 국립국악중학교 시험을 준비했다. 당시 국립국악중학교 입학시험은 국어, 산수, 사회, 자연 과목에 대한 필기시험, 노래 부르기(자유곡 1곡, 지정곡 3개 중 당일 뽑기를 통해 선택된 곡 1곡), 신체검사로 진행되었다.

필기시험을 위해 자정이 넘을 때까지 공부했고, 엄마의 지도로 노래를 준비했다. 엄마께서 음악을 전공하신 것은 아니었지만 소신 있게 지도해 주셨다. 저녁마다 장롱 앞에 나를 세워 두시고 노래를 시키셨다. "노래할 때는 입을 크게 벌려야 해!"라고 하셨던 말씀이 아직까지도 내 귓가에 맴돈다. 원서 접수 후 경쟁률이 나왔는데 3:1이었다. 쉽게 들어갈 수 있는 곳이 아니라는 생각이 들어 남은 시간 더 열심히 준비했다. 최선을 다해 시험을 보고 일주일 정도 지난 어느 날 인생 첫 입시 합격의 소식을 들었다. 그렇게 나는 국립국악중학교 1기 입학생이 되었다.

◉ 국악(國樂)이 아니라 양악(兩樂)?

당시 국립국악중학교는 1학년 때 학과 수업과 더불어 단소, 대마루 108[*], 시창·청음과 같은 국악 및 음악의 기초 소양을 기르는 수업을 진행했다. 같은 건물을 사용하는 국립국악고등학교 선배들의 연주를 보며 1년간 전공 탐색을 한 뒤 2학년 때 전공을 선택했다. 전공은 가야금, 거문고, 대금, 피리, 해금, 무용 총 6개였다. 무용을 전공하면 좋았겠으나 타고난 동그란 몸매로 인해 불가능했다. 사촌누나가 전공하던 피리 소리의 매력에 이끌려 운명처럼 피리를 전공으로 삼게 되었다. 피리는 입으로 물어 소리를 내는 '서'와 8개의 지공을 손가락으로 열고 막으며 음정을 내는 '관대'로 이뤄져 있다. 국악의 주선율을 이끄는 역할을 하는 중요한 악기다.

당시 거문고 전공 선생님이셨던 강덕수 선생님은 서울시립국악관현악단에서 거문고 연주자로 활약하시다 후학 양성을 위해 국립국악중학교 교사로 오셨었는데, 아무래도 연주 현장 경험이 많으셔서 우리에게 의미 있는 이야기를 많이 전해 주셨다. 피리를 전공으로 정하고 조금씩 국악의 재미를 느끼고 있을 때 강덕수 선생님은 충격적인 한마디를 던지셨다.

---

[*] 대마루 108은 김기수 선생님이 편찬한 국악 독보 교육을 위한 교재이다. 대마루는 김기수 선생님의 호인 '죽헌'을 의미하며 108은 연습곡 108개가 있다는 의미이다. 정간보와 율명을 읽는 교재로 서양음악의 시창 연습을 위한 교재의 국악 버전이라 생각하면 된다. 국악을 전문적으로 공부하는 학교들에서 사용된다.

"너희는 국악을 배운다고 생각하면 안 된다. 양악을 배운다는 자세가 필요해."

당시 양악은 서양음악을 부르는 용어로 사용되었다. '국악이 아니라 양악을 배운다고?' 그게 무슨 말씀인가 했다.

"여기서 양악은 '두 개'라는 의미를 가진 한자인 양(兩)을 써서 두 종류의 음악을 이야기한다. 국악은 물론 서양음악까지 너희는 잘 알아야 한다. 모든 음악 분야에 전문가가 되어야 한다."

두 종류의 음악이라고 하셨지만 사실 다양한 음악에 관심을 가지고 전문성을 길러야 한다는 의미였다. 내가 하는 음악에 대한 지식과 실력을 겸비하는 것은 당연하다. 글로만 배우는 음악이 아니라 온몸으로 배워야 하고 체득해야 하는 것이다. 더 나아가 다른 음악에 대한 지식 역시 겸비하여 공통점과 차이점을 인식해야 하며, 이 연마과정을 통해 내가 하는 음악의 독창성을 분명하게 밝혀 내고 다양성을 포용할 수 있어야 한다. 강덕수 선생

국립국악중학교 졸업식 때
강덕수 선생님과 친구들

님이 해주신 그 말씀은 아직도 내 마음 한 귀퉁이에 깊게 새겨져 있다. 선생님의 말씀을 듣고 국악은 물론 국악을 배우기 전부터 배웠던 피아노 연마에도 최선을 다했다.

국립국악고등학교 1학년 시절, 내 전공인 피리에 대한 고민이 많았다. 피리 연주에 재능이 없는 것 같고 피리를 아주 사랑하지도 않았기 때문이다. 그래서 중학교 시절부터 공부하고 싶던 작곡으로의 전과를 고민했다. (당시 국립국악중학교가 가야금, 거문고, 대금, 피리, 해금, 무용 전공이 있었지만, 고등학교 과정에는 국립국악중학교에 있는 여섯 개의 전공은 물론 이론, 작곡, 판소리, 정가도 전공 과정에 있었다.)

그런 고민이 있을 때 운명처럼 선생님께서 연주하시는 〈수제천〉을 들었는데, 피리의 웅장한 소리와 섬세한 표현은 나의 가슴을 다시 뛰게 했으며 피리를 더 열심히 연주해야겠다고 생각하게 만든 계기가 되었다. 피리를 그만두려고 할 때 다시 피리를 잡게 해준 것이 바로 〈수제천〉이었던 것이다. 고등학교 3학년 국립국악고등학교 정기공연인 목멱제 때 〈수제천〉을

104

합주하며 본격적으로 익혔으며, 유난히 대학 시절 〈수제천〉 공연을 많이 하여 나의 가까운 친구가 되었다. 국방부 군악대에서 근무할 때도 후임들에게 〈수제천〉을 지도하며 함께 공연했고, 이후 다양한 곳에서 〈수제천〉을 지도하고 연주하는 역할을 이어 가고 있다. 재미있는 것은 2015 개정 교육과정의 음악 교과서 〈수제천〉 감상이 제시된 부분에 나의 연주 사진이 들어가 있다. (오해 마시라. 내가 저자로 참여한 교과서가 아니다.)

국악의 백미라고 불리는 〈수제천〉은 물론 여러 국악 곡들을 체득하면서도 피아노 연주를 놓지 않았다. 나를 만나려면 학교 피아노 연습실로 가면 될 정도로 피아노 연주는 내게 또 다른 즐거움이었다. 게다가 당시 서울대학교 국악과 입시에는 전공은 물론 피아노 연주가 있었기 때문에 더 절실함을 가지고 즐겁게 연습할 수 있었다. 선생님의 말씀처럼 양악(兩樂)을 열심히 하자, 그 결과 원하던 대학에 입학했다.

국악? 교육? 국악교육!

◎ 일만 스승은 있으되 아버지는 많지 아니하니

서울대학교는 사범대 안에 음악교육과가 없다. 그래서 음대 각 과 학생 중 성적이 우수한 학생들에게는 2학년부터 4학년까지 교직 수업을 들을 수 있는 기회를 주고 해당 수업을 이수한 이들에게 졸업 시 교원자격증을 발급한다. 우리 과 친구들이 워낙 공부를 잘했기 때문에 교직 수업에 대해 딱히 생각도 못 하고 있었다. 2학년이 된 첫 주 무렵, 교직 수업 대상자가 과사무실 앞 게시판에 붙었다. 게시판 앞에 친구들이 몰려들었다. 어어어, 혹시??

역시 내 이름은 없었다. 여느 때와 같이 친구들과 신나게 놀고 집에 가던 길에 전화가 왔다. 조교 형이었다.

"경태야, 이번에 우리 과에서 교직 대상자를 한 명 더 뽑는다고 해. 등수를 봤더니 마침 그게 너야. 교직 수업 들을래?"

내가 교직 수업 대상자라고? 어떻게 이런 일이 벌어졌는지는 모르겠지만 감사한 마음으로 수업을 듣겠다고 했다. 다음 날 과사무실 앞 게시판에 붙어 있는 교직 수업 대상자에 내 이름이 추가되어 있었다. 단 내 이름만 연필로 적혀 있었다.

교직 수업은 매우 흥미로웠다. 과 수업을 들을 때는 중학교와 고등학교 때 배운 내용의 반복 혹은 심화 정도의 느낌이 들어 고등학교 4학년, 5학년을 다니고 있는 느낌이 들기도 했다. 하지만 교직 수업은 전혀 경험하지 못했던 내용을 배우는 것이라 그랬는지, 그제야 진짜 대학생이 된 느낌이 들었다. 교육학개론, 교육심리, 교육행정, 교육철학, 교육공학, 음악교육론 등 모든 수업이 신나고 재미있었다.

특히 교육철학 수업 때 과제가 기억에 많이 남는다. 바로 '나의 교육철학 만들기'였다. 사실 교직 수업을 듣고는 있지만 새로운 지식을 배우는 즐거움이었지 누군가를 가르치는 일을 해야겠다는 생각은 해본 적이 없었다. 그래서 '나의 교육철학 만들기'는 나에게 어려운 과제였다. 당시 전공 레슨으로 학생들을 지도하고 있었고 동아리에서는 후배들을 교육하는 역할을 하고 있었던 터라 그 상황에 맞는 교육과 교육철학을 찾아봐야겠다고 생각했다. 과제 준비하다가 만난 성경 구절이 있었다.

"일만 스승은 있으되 아버지는 많지 아니하니."

해당 구절의 뜻이 다양할 수 있으나 나는 '세상에 누군가를 가르치려는 자들은 많으나, 아버지의 마음으로 그들을 사랑하는 자는 적다.'라고 해석했다. 이 구절을 보는데 문득 내 인생에서 만난 존경하는 선생님들의 모습이 지나갔다. 그분들의 공통점은 학생들을 가르칠 수 있는 지식을 당연히 갖추고 계시면서도, 학생들을 하나의 인격체로 인정하시고 우리의 소리에 귀를 기울이며 사랑으로 대해 주셨다는 점이다. '이런 멋진 선생님들 덕분에 내가 대학에 올 수 있었으며 교직 수업까지 들을 수 있었구나.'라는 생각이 들었다.

반면 학생들을 레슨하고, 동아리 후배들에게 교육하는 역할을 하던 당시의 나는 그들에게 지식과 기술을 알려 주려고 했지, 그들을 사랑으로 대하지 못하고 있음을 깨닫게 되었다. 그날 이후 만약 누구를 가르치는 일을 한다면 아버지의 모습으로 아이들을 사랑해야겠다고 다짐했다.

"일만 스승은 있으되 아버지는 많지 아니하니."

이것이 지금까지 교직 생활하며 잊어 본 적 없는, 내 가슴속에 깊게 새겨진 나의 교육철학이다.

◉ 교실, 내가 꿈꾸던 진짜 무대

대학교 4학년 때 경험한 교직 수업과 교생 실습은 내 인생에 큰 영향을 주었다. 4학년 1학기와 2학기에 걸쳐 음악교육 방법론이라는 교직 수업을 들었다. 당시 서울교육대학교 교수님이신 장기범 교수님께서 강의를 해주셨다. 다양한 음악 교수법을 배우는 시간이었는데 흥미로웠다. 음악을 더욱 쉽게 접할 수 있는 다양한 방법이 고안되고 활용되고 있음을 처음 알았다.

음악 교수법 수업을 통해 막연하게 국악에도 이러한 교수법이 정립되면 좋겠다고 생각했다. 마침 중간 발표는 그동안 배운 교수법을 적용한 수업 발표였다. 나는 국악 전공자라 수업 때 배운 교수법을 국악 장단에 적용하여 지도하는 내용으로 발표했다. 장기범 교수님께서 굉장히 의미 있었다고 긍정적인 피드백을 주셨는데 그 덕분에 처음으로 '어쩌면 교육이 나의 길?'이라는 생각을 했다.

4학년 1학기 중 교직 수업을 듣는 이들은 반드시 거쳐야 하는 교생 실습이 있었다. 자연스럽게 모교였던 국립국악고등학교로 교생 실습을 신청했다. 오리엔테이션 때 학교에 가보니 고3 때 담임 선생님이셨던 김근섭 선생님 이후 18년 만의 첫 남자 교생실습생이라고 하셨다. 그 이야기를 들으니 그렇지 않아도 떨렸던 마음이 왠지 더 떨려 왔다.

드디어 교생 실습 첫날. 1학년 담당 교생이 되어 학생들과 처음 만났던 그날이 잊히지 않는다. 불과 몇 년 전 내가 학생으로 앉아 있던 그 교실에서 교생으로 인사를 한다는 것이 신기하기도 하고 놀랍기도 했다. 다행히 첫 인사 때 학생들이 적극적으로 반응을 해줘서 떨리던 마음이 쉽게 가라앉았다. 내가 교생 실습을 간 5월은 학교정기공연인 목멱제가 있어 학교 전체가 공연 연습으로 가장 바쁠 때였다. 그래서 사실 수업보다는 교생실에서 공연 준비에 도움을 주는 역할을 많이 했다. 전공 선생님의 배려로 비공식적으로 피리 전공 수업에 들어가기도 했지만 공연 준비로 바쁜 학교 상황으로 인해 공식적인 수업은 음악수업 한 번만 할 수 있었다.

수업 준비의 첫 과정은 제재곡 고르기였다. 교과서를 보다가 마침 좋아하던 〈꿈길에서(포스터 작곡)〉가 수록된 것을 보고 제재곡 선정을 어렵지 않게 할 수 있었다. 하지만 이 곡을 가지고 수업을 어떻게 진행해야 할지에 대한 고민이 컸다.

그러던 차에 당시 교생을 담당하셨던 영어 선생님과 이야기를 나눌 시간이 있었다. 교생 생활 이야기, 교직에 관한 생각 등등에 대해 이야기를 나누었는데, 문득 수업에 대해 질문을 해야겠다는 생각이 들었다.

"〈꿈길에서〉가 제재곡인데 조금 더 재밌고 새로운 수업을 진행하고 싶습니다."

"요즘 교과 간 협업이 조금씩 일어나고 있으니, 타 교과 내용과 융합하는 수업을 고려해 보세요."

지금이야 융합수업, 통합수업이 익숙하지만, 당시에는 교과 간 통합, 융합이 익숙하지 않은 때였다. 마침 영어 선생님께서 서울대학교 대학원을 다니시며 최신 교육 트렌드를 접하고 계셨던 터라 나에게도 이야기해 주신 것

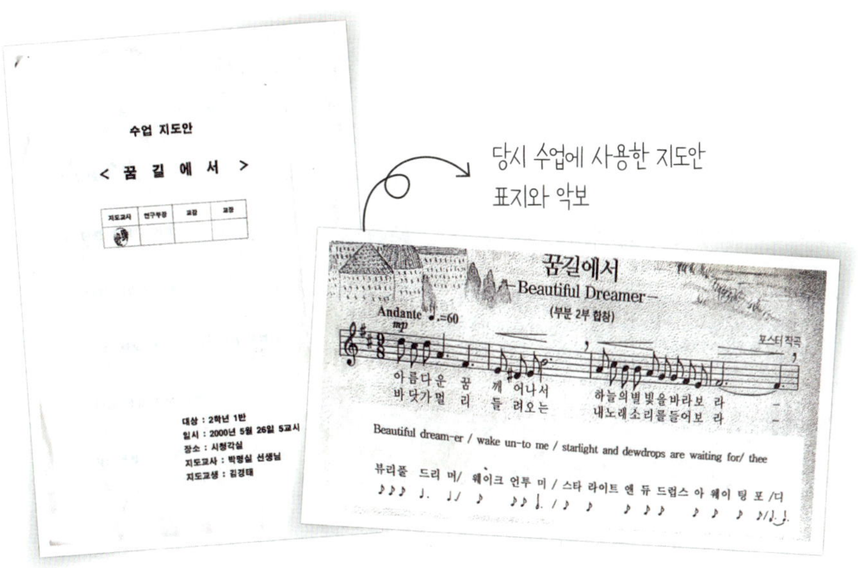

당시 수업에 사용한 지도안
표지와 악보

이었다. 선생님께서 주신 아이디어를 듣고 음악과 영어가 융합된 수업을 진행해야겠다고 생각했다. 기존 음악수업에서 진행하는 리듬 패턴 연습, 가락을 익히고 노래하는 활동, 곡에 맞춰 지휘하는 활동 등은 물론 영어 가사로 노래하는 활동, 영어 문장을 읽고 해석하고 발음하는 활동을 추가한 수업을 설계했다.

그렇게 설계한 수업을 시작하기 전 두려움과 기대감이 공존했다. 교회에서 피아노 반주를 하고 있던 터라 반주하며 노래하기는 어렵지 않았는데 오히려 정확한 영어 발음으로 노래하는 것이 더 신경이 쓰였다. (이때 어찌나 영어를 연습했는지 아직도 가사를 기억하고 종종 노래한다.) 재미있는 수업을 하고 싶었다. 학생들이 노래하는 것을 즐거워 했으면, 노래와 함께 영어를 익히는 것이 유익했으면, 작곡자의 의도대로 노래하는 것의 의미를 이해했으면 하는 마음이었다. 그리고 시작된 50분간 수업은 어떻게 지나갔는지 모르겠다.

정확히 기억에 남는 것은 내가 수업을 하는 게 매우 즐거웠다는 것 그리고 내가 즐거워하니 50분간 아이들도 신나게 참여해 주었다는 것이다. 수업이 끝나고 학생들이 재미있었다고 의견을 주었다. 수업 준비 과정을 지도해 주신 음악 선생님께서는 나를 따로 불러 자질이 있으니 진로를 음악 교사로 생각해 보면 어떠냐는 이야기도 해주셨다.

수업을 돌아보니 음악실은 무대였으며, 수업계획서와 지도안은 큐시트였고 수업 주제와 어울리게 입은 옷은 무대 의상이었다. 무대 위에서 웃음, 감동에다 교훈도 주는 역할을 하는 나는 MC, 가수, 코미디언이자 교수자였다. 싸이가 외치는 '난 그대의 연예인'이 어울리는. 그날의 교실은 그동안 연주를 위해 수십 번 올랐던 공연 무대와는 또 다른 모습의 무대였다. 어쩌면 교실이야말로 내가 꿈꾸던 진짜 무대가 아닐까라고 생각한 순간이었다.

사실 대학 시절 특별한 추억을 만들면 좋겠다는 생각으로 시작한 교생 실습이었다. 게다가 한 달간 공식적으로 대학 수업을 빠질 수 있다는 점도 교생 실습의 큰 매력 포인트였다. 대학에 입학하고 얼마 안 되어 "경태야, 너 교사하면 어떠니?"라고 부모님께서 말씀하셨을 때 "그런 거 왜 해?"라고 했던 나였다. 그런데 교생 실습을 통해 교직에 대해 엄청난 매력을 느껴서 어쩌면 교직이 나의 길일 수도 있겠다고 조금은 진지하게 생각했다.

대학교 4학년, 진로에 대해 고민이 많은 시기. 나 역시 진로에 대한 고민이 많았다. 당시 계획은 대학원에 진학하여 피리 공부를 더 하고 이후 입대하는 것이었다. 중학교부터 대학교까지 국립학교에 다니며 많은 혜택을 누렸다는 점은 늘 감사로 남아 있었다. 언젠가는 사회에 보탬이 되는 사람이 되어야겠다는 마음을 자연스레 품고 있었다. 그런데 내가 국악 연주를 계속하는 일이 과연 사회에 이바지하는 것인지에 대해 생각해 보았을 때, 쉽게 답을 찾을 수 없었다. 고민은 꼬리에 꼬리를 물어 국악을 전문적으로 공부한 사람으로 음악교육을 공부하면 어떨까 하는 생각에 이르렀다. 당시만 해도 국악을 전공한 사람들이 음악교육을 전문적으로 공부한 경우가 많지 않았다. 국악을 기반으로 한 음악교육 전문가가 된다면 음악교육과 국악 저변 확대에 이바지할 수 있을 거라는 생각이 들었다. 그러자 순간 가슴이 뛰며 행복한 마음이 들었다. 그 생각을 한 날이 일요일 아침이었는데 온 세상이 환하게 빛나는 느낌이었다. 아직도 그날의 그 순간이 생생하다.

행복한 마음도 잠시. 10년 동안 국악을 공부했는데 음악교육으로 진로를 바꾸는 것이 맞는 것인지 고민이 들었다. 국악을 공부한 것은 10년이지만 앞으로 살아갈 날은 더 많이 남았다는 생각으로 문제 해결! 앞서 언급한 것처럼, 당시만 해도 국악을 전문적으로 공부한 사람들이 음악교육을 공부하는 경우가 많지 않았기 때문에 과연 비전이 있는가에 대한 고민도 있었다. 그런 고민을 하던 중 운명처럼 우리 대학 캠퍼스에서 국립국악고등학교 영어 선생님을 만났다. 대학원 수업 때문에 학교로 오시던 길이었다. 선생님께 진로에 대한 고민을 털어놓으니 음악교육에서 국악교육 분야는 오히려 블루오션이 될 수 있다며 응원해 주셨다.

그다음 내가 맞닥뜨린 문제는 어떻게 음악교육을 공부해야 하는지에 대한 막막함이었다. 음악교육 방법론을 수업해 주신 장기범 교수님께 이런 고민을 이야기했다. 교수님께서는 매우 반가워하시며 국악을 전문적으로 하는 음악교육 학자가 되면 좋겠다며, 미국 유학을 추천해 주셨다.

거의 같은 시기 우리 대학 국악이론 교수님이셨던 오용록 교수님께서 수업 중에 "국악을 전공한 사람 중 음악교육을 전문적으로 공부하는 사람들이 있어야 한다. 특히 미국에 유학 가서 공부하고 오는 사람이 있어야 한다."라고 말씀하셨다. 반가운 마음에 수업이 끝나고 교수님 연구실에 가서 그동안 나의 고민에 대해 털어놓고 유학을 생각한다고 말씀드리니, 기특하다고 하시며 강력하게 추천한다고 하셨다.

교수님들의 공통된 말씀은 내 진로 방향을 정하는 데 큰 동기가 되었다. 또한 미국 대학 합격증서를 받으면 장기범 교수님과 오용록 교수님께 바로 찾아가야겠다고 강하게 다짐했다.

1 전반전 '오늘부터 1일'

 1기 졸업생에서 모교 교사로

진로를 정하고 나니 국악과 대학원 진학이 아닌 졸업 후 군 입대가 선행되어야 한다는 생각이 들었다. 마침 국방부 군악대에 피리 대원으로 지원할 기회가 생겼다. 졸업을 앞둔 2000년 가을에 시험을 보았고, 합격하여 졸업 후 입대가 결정되었다. 2001년 2월 졸업, 3월 입대 그리고 2003년 5월 제대했다. 제대한 지 한 달이 채 지나지 않았을 때 반가운 소식을 접했다.

"국립국악고등학교 피리 기간제 교사를 뽑습니다."

졸업 후 군 입대를 결정한 것은 음악교육 전공으로 유학을 가기 위함이었다. 그런데 내가 가고자 하는 학교에 지원하려면 3년 이상의 교사 경력이 필요했다. 그러던 중에 국립국악고등학교 피리 기간제 교사를 뽑는다는 소식을 들었다. 마침 교사 경력이 필요하던 차에 기간제 교사에 지원했고 출근하라는 연락을 받았다. 계약기간은 3개월이었다.

학생들과의 수업은 교생 때의 수업과는 큰 차이가 있었다. 교생 때 한 달

동안 딱 한 번 했던 수업이 아닌 하루에 3~4시간씩 매일 진도를 나가야 하는 수업이었다. 게다가 피리 전공 수업뿐 아니라 장구 반주 수업까지 해야 했다. 수업 준비로 바쁜 나날이었지만 학생들과 선생님들의 도움으로 3개월의 기간제 교사 생활을 무사히 마쳤다.

그때쯤 국립국악중학교 피리 정교사 임용 예정 공고가 났다. 기간제 교사 생활은 딱 3개월. 유학을 위해 필요한 3년 경력 중 아직 나에게는 2년 9개월의 교사 경력이 더 필요하기에 국립국악중학교 교사 자리는 꼭 가야만 하는, 가고 싶은 자리였다. 임용 시험을 치기까지 매일 6시간 이상 연습하며 시험을 준비했다. 참고로 국립국악고등학교와 국립국악중학교는 모두 국립학교이다. 국립학교는 공립학교와는 달리 학교 자체에서 주관하는 임용 시험이 있어 해당 시험을 통과한 사람이 교사가 될 수 있다. 대입 준비만큼 열심히 준비한 결과 2004년 3월 국립국악중학교 교사가 되었다. 국립국악중학교 1기 졸업생이었던 내가 모교 교사가 된 것이다.

교사로 임용되어 학교에 가보니 나의 중학교 시절 선생님들이 여전히 근무하고 계셨다. 국립국악중학교 1기 학생들은 선생님들의 특별한 사랑을 받았었다. 선생님들은 우리를 첫사랑이라고 부르시기도 하셨다. 그렇게 우리를 사랑하셨던 선생님들과의 근무라니!

특히 앞서 언급한 강덕수 선생님과 함께 근무하는 것이 무척 기대되었다. 강덕수 선생님은 많은 학생이 존경하고 사랑하는 선생님이셨기 때문에 선생님의 비법이 궁금했다. 특히 3학년 전체를 대상으로 하는 합주 수업을 함께 진행했는데, 학생들과 호흡하는 선생님의 일거수일투족은 초보 교사인 나에게 중요한 관찰 대상이었다. 선생님의 모습을 관찰한 결과 선생님은 아이들을 있는 그대로 사랑하고 계셨다. 학생이었을 때 보았던 선생님과 동료로서 보는 선생님의 모습이 (긍정적이든 부정적이든) 다른 경우가 종종 있었다. 그러나 강덕수 선생님은 학생 때 보았던 모습 그대로셨다. 학창 시절 나를 진심으로 대해 주셨던 선생님은 여전히 학생 모두를 진심으로 대하고 계셨다. 그렇게 초보 교사로서 선생님을 배워 가던 어느 날, 선생님이 갑자기 쓰러지셨다. 그리고 선생님은 병원에 입원하셨다. 선생님 없이 3학년 전체 합주를 진행하는 것은 내게 큰 부담이었다. 선생님의 자리가 크게 느껴졌다. 아직 선생님께 배워야 할 것이 많은데…….

선생님께서 무사히 학교로 복귀하신 뒤 예전만큼 에너지를 보여 주시지 못했지만, 그래도 사랑으로 제자를 감싸 주시고 교육자의 길을 하나씩 천천히 안내해 주셨다. 만약 지금 선생님과 직접 대면하여 이야기를 나눌 수 있다면 끝없는 수다로 밤을 새울 것 같다. 하지만 그것이 불가능하다는 것이 아쉽고 속상하다. 초보 교사 김경태를 이끌어 주신 강덕수 선생님에게 감사드린다.

교사 2년 차. 드디어 담임을 맡았다. 1학년 2반 담임이었다. 나도 국립국악중학교 1학년 2반이었는데……. 새 학기가 시작하기 전에 내가 만날 우리반 아이들의 명단을 보았다. '김도희'로 시작하여 '최혜정'으로 끝났던 내 첫 아이들. 기대도 되었지만 두려움도 컸다. 첫 담임이라는 큰 무게. 입학식이 있던 날 아이들과 처음으로 대면했다. 간단하게 나를 소개하고 학교생활 안내를 한 뒤 학생들을 귀가시켰다. 퇴근길에 나의 중학교 시절 1학년 2반 담임이셨던 심창만 선생님께 전화를 드려 질문을 던졌다.

"선생님, 저 1학년 2반 담임이 되었어요. 어떻게 해야 선생님 같은 담임 선생님이 될 수 있을까요?”

사실 국립국악중학교 1학년 시절 약 한 달간 학교생활이 매우 힘들었다. 새로운 환경, 새로운 친구들, 새로운 교과목에 적응하는 게 쉽지 않았다. 언젠가는 집에 돌아와 엄마 품에서 울었던 기억도 있다. 그런 상황에 담임 선생님이셨던 심창만 선생님께서는 내가 학교에 적응할 수 있도록 물심양면으로 도움을 주셨다. 그랬기에 내가 담임이 되었던 첫날 심창만 선생님이 떠올랐나 보다. 전화기 너머 선생님께서 말씀해 주셨다.

“경태야, 니가 왜 나한테 전화를 한 것 같아? 내가 너희에게 어떻게 대한 것 같아? 난 솔직하고 진솔하게 너희에게 나의 부족함을 다 이야기했던 것 같아. 그렇게 진심으로 학생을 대해 봐. 그거면 충분할 거야.”

20년도 넘게 지난 지금까지도 선생님과 통화했던 그 장면이 또렷하게 기억이 난다. 대학 시절 마음속 깊이 새겼던 “일만 스승은 있으되 아버지는 많지 아니하니.”와 선생님께서 말씀하신 “진심으로 학생을 대해 봐.”는 같은 선상에 있는 느낌이었다.

담임 2일 차. ‘나는 교사고 너는 학생이야.’ 대신 나의 진심을 아이들에게 보여 주려고 노력했고 모든 친구에게 관심을 주고자 노력했다. 그렇게 하루 이틀 지나니 자연스레 우리 반 아이들 모두에게 관심을 가지게 되었고, 각자의 장점들이 크게 보이기 시작했다. 심창만 선생님만큼은 못하더라도 선생님이 강조하신 ‘진심을 다하기’를 지키려 했다. 스승의 날, 학생들에게 편지를 받았다.

“선생님은 모든 학생을 사랑하시는 것 같아요.”

“그 어떤 친구도 소외시키지 않고 잘 챙겨 주세요.”

편지에는 이런 내용이 가득 있었다. 너무 놀랐다. 왜냐하면 평소 마음속으로 다짐했던 것들을 아이들이 적어 주었기 때문이었다.

'모든 학생을 사랑하고 싶다. 소외되는 학생 없이 모두 사랑하고 싶다.'

그 마음을 입 밖으로 낸 적이 없는데 아이들은 어떻게 알았을까? 편지를 읽으며 나도 모르게 펑펑 울었다. 사실 갑자기 터진 그 눈물의 의미를 아직도 정확히 모른다. 다만 아이들이 내 마음을 읽어 주고 있다는 생각에 나도 모르게 눈물이 났던 것 같다. 진심은 통한다.

그 이후 매년 새 학기 첫날, 반에 들어가기 전 교실 문 앞에서 주문을 외웠다.

"진심은 통한다."

◉ 레퍼토리 확장 중

국립국악중학교 교사를 하며 피리 수업 때는 〈도드리〉, 〈평조회상〉, 〈정재국류 피리 산조〉를 지도했다. 합주 시간에는 정악 합주는 물론 산조 합주, 국악관현악도 지도했다. 1학기 봄에 있는 초등학생 대상 공연을 위해 국악동요, 국악가요, 고가신조를 지도했고 12월에 있는 정기연주를 위해 다양한 국악관현악을 지도했다. 기존 교육 내용 외에도 1학년 신입생을 위한 피리 연습곡 만들기 프로젝트, 학생들이 직접 만드는 음악극 프로젝트처럼 학교에서 예전에 진행한 적 없는 수업도 진행했다.

특히 기억에 남는 것은 바로 학생들이 직접 만드는 음악극 프로젝트였다. 1학기 기말고사가 끝나고 여름방학이 시작하기까지는 2~3주 정도 시간이 있었다. 그중 방학 전 마지막 한 주는 청소년수련관 등에서 전공수련회라는 이름으로 음악 캠프를 진행한다. 기말고사와 전공수련회 사이 2주는 진도 나갈 내용이 없기에 학과 수업 때 주로 독서 혹은 영화 감상을 했다. 이 기간을 의미 없이 사용하는 것 같아 아쉬운 마음이 컸다. 그래서 이 기간을 의미 있게 활용하는 방안으로 프로젝트 수업을 제안했다.

목표		학급별로 음악극을 만들어 전공수련회 때 발표하기 주제: 사랑
조건	1	반드시 학급 모든 학생이 참여해야 함. 역할은 다양함 (예: 연기, 작곡, 무대 진행, 조명, 의상 등)
	2	연주곡, 노래곡, 무용이 모두 포함되어야 함, 새로운 곡 창작 가능
	3	10분 이상 15분 이하의 길이
준비	1	국악공연 전문 PD 선생님을 모셔서 공연에 대한 강의 진행
	2	주제에 맞는 대본 작성 후 담당 교사 피드백 받기
포상		전공수련회 발표한 팀 중 한 팀을 선정해 연말에 있는 정기연주회 무대에서 공연, 공연 준비를 위해 전문 작곡가, 연기자 선생님 투입

정기연주회 무대에서 공연할 수 있다는 것이 학생들에게는 큰 동기부여가 되었던 것 같다. 기말고사가 끝나자마자 반별로 공연을 위한 회의, 연습, 진행을 위해 시간을 쓰기 시작했다. 보다 완성도 있는 공연을 만들기 위해 국악공연 전문 PD선생님을 모셔서 국악 공연에 대한 강의를 진행했다. 또한 반별로 1차 대본이 모두 완성된 후 나와 함께 읽으며 개선 및 보완 방향을 잡고 수정했다. 평소 같으면 무의미하게 흘러갔을 시간인데 아이들은 그 시간에 공연을 제작하기 위해 스스로 회의하고 준비했다. 휴일도 없었다. 일요일까지 학교에 나와 스스로 연습하고 또 연습했다. 이 과정을 통해 학생들은 무대 위뿐 아니라 보이지 않는 곳에서 수고하고 계신 분들에 대한

중요성과 감사함을 알게 되었다고 했다.

드디어 전공수련회. 발표 전 반별로 20분씩 비공개 리허설 시간을 주었다. 리허설이 모두 끝났다. 이제 진짜 반별 프로젝트 발표다. 선생님은 물론 구경하는 학생들 그리고 특별히 학생들의 공연을 보러오신 국악공연 PD 선생님까지 감탄사를 연발했다. 우리 아이들이 이런 공연을 만들 수 있구나!

모든 반이 다 잘했지만 어쩔 수 없이 하나의 반만 정기연주회 무대에 설 수 있었다. 해당 반은 3학년 3반이었다. 공연 제목은 'FAMILY(Father And Mother I Love You)'. 우리 학생들, 부모님 그리고 가족 이야기였다. 2학기에는 전문 작곡가, 연기자 선생님을 모셨고, 아이들은 전문적인 도움을 받아 더욱 완성도 높은 공연을 준비할 수 있었다.

드디어 공연 당일. 아이들이 직접 만든 가족의 사랑에 대한 공연을 본 관객들은 감동의 눈물을 흘리며 기립 박수를 쳤다. 공연이 모두 끝나고 많은 학부모님들께서 학생들이 직접 공연을 만들었다는 것에 크게 감동했고, 학

정기연주회 공연 모습

생들이 부모님에 대한 감사의 마음을 표현했다는 것에 또 한 번 감동했다고 고백하셨다.

학생들의 가능성은 무궁무진하다. 교사의 역할은 아이들이 성장할 수 있는 기회를 제공하고 조력자로서 앞에서 뒤에서 도와 주는 것이다. 그 진리를 경험했던 순간이었다.

국립국악중학교에서 다양한 도전을 하던 어느 날 국립국악고등학교로의 전출을 통보받았다. 국립국악중학교에서의 생활이 너무 좋았다. 하고 싶었던 것도 많았다. 그리고 국립국악중학교에서의 생활이 익숙해졌다. 그런데 국립국악고등학교로 전출이라니…….

2010년 3월 1일자로 국립국악고등학교 피리 전공 교사가 되었다. 고등학교는 수업 때 다루는 곡들이 중학교와는 다르다. 〈여민락〉, 〈도드리〉, 〈현악영산회상〉, 〈관악영산회상〉, 〈평조회상〉, 〈수제천〉 등등. 산조도 중학교 때 배우는 〈정재국류 피리 산조〉가 아닌 〈서용석류 피리 산조〉를 배운다. 고등학교 교사가 되었기 때문에 새로운 레퍼토리를 다시 연마해야 했다. 물론 고등학교, 대학 시절 모두 익힌 곡들이지만 내가 연주하는 것과 가르치는 것은 또 다르지 않은가? '그래, 내 연주 레퍼토리를 확장하는 기회로 삼자.'라고 생각했다.

◉ 늦깎이 유학생

이렇게 숨 가쁘게 국립국악중학교, 국립국악고등학교 교사 생활을 하다 보니 유학 생각은 어느덧 저 멀리 사라지고 있었다. 결혼하고 귀여운 두 딸을 키우며 너무나도 안정적인 삶을 살고 있었기 때문에 유학이라는 도전에 대한 두려움도 있었다. 그래서 대학 시절부터 나의 꿈을 나누었던 전 여친이자 현 아내에게 물어보았다.

"유학 가지 말까?"

아내는 이미 미국에서 공부했던 경험이 있었고, 친언니가 미국에 살고 있어 미국의 삶이 생각만큼 쉽지 않으며 현실적인 어려움도 많다는 것을 알고 있었다. 그런 이유로 유학을 반대하기도 했었다. 그런데도 오랜 나의 꿈 중 하나가 유학인 것을, 음악교육자가 되는 것임을 알고 있었던 터라 그녀는 시원하게 한마디를 던졌다.

"후회할 텐데?"

그 말이 나를 다시 눈뜨게 했다. 그리고 본 책에 다 담을 수 없는 놀라운 과정을 통해 1년 반 뒤 장기범 교수님께서 석사과정을 하신 Eastern Michigan University(EMU) 음악교육과로부터 합격 통지서를 받았다.

여기서 퀴즈! 합격 통지서를 받으면 어떤 분께 가장 먼저 갈 거라고 했죠? 정답은 장기범 교수님과 오용록 교수님! 합격 통지서를 받음과 동시에 장기범 교수님께 연락을 드렸다. 너무나 기뻐하셨다. 그러나 오용록 교수님께는 연락을 드리지 못했다. 연락을 드렸으면 "그래, 잘했다. 드디어 꿈을 이루는구나.”라고 해주셨을 것이다. 그런데 내 합격 소식이 생각보다 너무나도 늦었다. 언젠가 하늘나라에서 오용록 교수님을 다시 만날 수 있는 날이 온다면 “저 유학 다녀왔어요!”라고 이야기할 것이다.

정들었던 국립국악고등학교에 유학휴직계를 내고 정든 이들과 작별을 고한 뒤, 2011년 8월 우리 네 식구는 미국행 비행기에 올랐다. 유학길에 올랐을 때 내 나이는 이미 서른이 넘었다. 비행기 안에서 여러 걱정이 들었다.

‘공부는 잘할 수 있을까? 나이가 많은데 영어는 잘 할 수 있을까? 우리 가족은 미국 생활 적응이 힘들지는 않을까? 월급도 본봉의 50%만 나오는데 유학생활 비용은 잘 감당할 수 있을까?’

부푼 꿈을 품고 비행기에 올랐지만, 막상 미국으로 가는 길은 두렵고 떨리기만 했다.

개강 1주일 전. 유학생 오리엔테이션이 있었다. 오리엔테이션 참석을 위해 학교로 가는 길에 ‘유학 결정…… 잘한 결정인가?’ 하고 의문이 들었다. 답이 떠오르지 않았다. 오리엔테이션에 가기까지 수많은 일이 있었기 때문이다. 햄버거 가게에 들어갔는데 점원의 영어를 이해하지 못해 햄버거를 두 개나 먹을 뻔한 일, 아파트 입주할 때 아파트 오피스에서 30분 동안 아파트 생활에 대한 설명을 들었는데 알아듣지 못해 “Yes.”만 반복했던 일, 아직 차가 없어 아파트에서 버스를 타고 학교 가는데 길을 못 찾아 미아가 될 뻔한 일 등.

‘유학을 오지 않았다면 지금쯤 학교에서 즐겁게 지내고 있었을 텐데…….’ 생각은 꼬리에 꼬리를 물었다.

‘엇, 내가 하던 그 프로젝트 이제 누가 하지? 그거 내가 맡은 일인데…….

내 일인데. 다른 사람이 하는 거야? 나중에 한국에 돌아가면 내가 할 일은 없어지는 거 아니야?'

이런 고민이 가득한 채로 도착한 오리엔테이션.

오리엔테이션 시작. 학교 부총장님이 해적 분장하고 등장하여 인사말을 전했다.

"아들이 유학 갔는데 부모로서 사실 많이 걱정되었다. 어려운 일들도 많았지만 결국 그 아이는 유학 시간을 통해 용감한 'New son'이 되어 돌아왔다."

유학 생활의 시작을 하는 지금은 두려움이 많이 생기겠지만 분명 자기 아들처럼 용감하고 새로운 사람으로 변화될 것이라고 응원해 주었다. 이상하게도 그 이야기가 큰 위로가 되었다. 지금은 두렵지만, 그것은 당연한 일. 유학이 끝날 때쯤 나는 새로운 사람이 되리라고 다짐하고 다짐했다.

유학생 오리엔테이션은 매우 재밌었다. 한국 학생은 아무도 없었다. 동양인은 중국과 대만 학생들이 많았다. 평소 내 얼굴이 중국 스타일이라는 이야기를 많이 들었다. 그래서인지 중국 학생들이 내 주위에 몰려들었다. 그리고 그들은 너무나도 자연스럽게 중국말로 내게 말을 걸었다. 이렇게 나의 유학 생활은 시작되었다.

유학 시절 가장 많이 들었던 질문은 "국악 전공자가 왜 미국으로 유학을 왔어요?"였다. 유학을 마치고 귀국했을 때 받은 질문은 "가장 기억에 남는 것은 무엇이었나요?"였다. 이 대답을 하며 유학 생활을 소개하고자 한다.

미국에서 유학한 이유는 국악을 기반으로 음악교육 공부를 제대로 해보고 싶어서였다. 특히 내가 다녔던 EMU는 미시간 지역의 교사를 배출하는 대학으로 유명했다. 유학 시절 만난 교수님의 말씀으로는 한때 미시간 전역의 교사 70% 이상을 배출했다고 한다. 그런 이유로 학교 곳곳에 'Education First'라고 적힌 것을 어렵지 않게 볼 수 있었다. 그런데 유학을 가기 전 교과서 작업으로 가까워진 한 교수님께서 말해 주셨다.

"미국에 가도 새로운 지식을 많이 배우지 못할 수도 있어요. 이미 한국에서 배운 것이 많잖아요. 그럼에도 가야 하는 이유는 그들이 어떻게 공부하는지, 어떻게 연구하는지 배우기 위해서입니다."

물론 유학 기간 동안 음악교육심리, 음악교육평가, 테크놀로지와 음악교육, 세계음악교육, 바로크음악, 고전음악, 피아노, 플루트, 합창, 서양음악이론, 독립연구 등 서양음악 및 음악교육에 대한 폭넓은 지식을 경험했다. 그런데 더 의미 있었던 것은 학문을 대하는 태도를 배운 것이었다. 특히 보다 좋은 교육자, 연구자가 되기 위해 매사에 비판적 사고(critical thinking)를 강조하던 교육 시스템이 의미 있었다.

사실 나는 비판적 사고보다는 수용적 사고가 더 강했던 것 같다. 그런데 유학 기간 모든 수업에서 비판적 사고를 엄청나게 강조했다. 논문이나 책에 적혀 있는 한 문장, 한 문장에 대한 의미를 되새기며 비판적으로 바라보고 문제점은 없는지, 더 좋은 대안은 없는지, 논리적 오점은 없는지를 분석하고 또 분석했다. 비판적 사고가 있어야만 문제를 잡아낼 수 있고 논리적으로 해결할 수 있다. 교사에게 꼭 필요한 역량이다.

유학 기간 동안 있었던 많은 일 중 음악과 관련된 기억에 남는 일화가 있다.

❶ 두 학기 동안 합창 수업을 들었다. 수업 첫날. 교수님께서 악보를 나눠 주셨다. 중학교 때부터 대학 때까지 처음 보는 악보를 보고 바로 노래를

부르는 '시창 훈련'을 충분하게 받은 덕분에, 악보를 처음 보고 노래하기가 그다지 어렵지 않았다. 그런데 내 양옆에 있는 스티브와 마이클, 뒤에 있는 엘사와 안나는 악보를 잘 보지 못하는 것이다. '음대생이 이 정도도 못한다고?'라고 비웃었다.

3주 정도 지나니 정확한 음정과 박자로 노래하지 못하는 친구들은 하나도 없었다. 수업 시간에 노래를 반복하고, 반복하고 또 반복했기 때문이다. 그리고 몇 주 더 지나니 다른 친구들은 나와는 너무나 다른 노래를 하고 있었다. 내가 여전히 음정과 박자에 신경을 쓰며 노래를 하고 있을 때, 다른 친구들은 이 단어에는 어떤 표현을 넣어야 하고 저 단어에는 어떤 마음으로 소리를 내야 하는지 고민하며 노래하고 있었다. 나는 첫날 수업과 다를 것 없이 음정과 박자에 집중하여 초견 수준의 노래를 하고 있다면, 그 친구들은 처음부터 음악적 표현에 집중한 것이다. 엄청난 깨달음을 얻어 그때부터 나도 그들처럼 표현에 집중하는 노래 연습을 했다.

❷ 음악교육심리학 수업이었다. 교수님께서 "외국어를 배울 때 가장 먼저 하는 것이 무엇일까?"라고 질문하셨다. 내가 "Reading a book."이라고 말하려던 순간, 교수님께서 "Listening and then imitation(모방)."이라고 하셨다. '엇! 나는 영어를 배울 때 책을 먼저 보았는데…….' 교수님께서 이러한 질문을 하신 이유는 "음악을 배울 때도 악보를 보기 전에 듣고 모방하는 연습을 해야 한다."라고 이야기하기 위해서였다. 그 뒤로 소리에 집중하고 그대로 따라 하는 연습을 했다. 이것이 우리나라 전통 교수법인 '구전심수(口傳心授)'와 일맥상통한 것은 단지 우연일까?

❸ 크리스와 쉐비 그리고 나는 자주 만나 수다도 떨고 숙제도 함께 했다. 그날도 여느 때처럼 음대 카페에서 그 친구들과 수다를 떨었다. 신나게 놀다 플루트 레슨이 1시간 남은 것을 깨달았다. (당시 나는 플루트를 부전 공으로 배우고 있었다.)

"나는 플루트 연습하러 가야 해."

내 말에 쉐비가 말했다.

"경태, 너 플루트 연주할 수 있어? 나도 할 수 있는데!"

"오, 그래? 그럼 같이 듀오 연주해 보자. 얼마나 배웠어?"

"아, 3년 전 고등학생 때 1년 정도 배웠어."

앗! 대한민국에서는 플루트를 연주할 수 있다는 말은 '최소 수년 동안 배 우고 무대 경험도 있는 것'으로 생각하는데, 쉐비는 1년 배웠던 것으로 "나는 할 수 있어."라고 한다. 그래, 맞아. 할 수 있는 것이 맞지.

❹ 합창 수업 파트 연습이 있던 날이다. 내가 포함된 테너 파트의 파트장인 제프가 피아노 칠 수 있는 사람이 있는지 질문했다. 나는 초등학교 때부터 피아노를 쳤고 대입 때도 피아노를 쳤다. 하지만 프로 연주자는 아니기에 손을 들지 않았다. 그때 알렉스가 번쩍 손을 든다. "내가 할 수 있어". 피아노 앞으로 가는 알렉스. 오른손 검지, 중지로 테너 파트 음을 연주한다. 그렇다. 테너 파트 가락을 연주할 정도의 수준은 오른손 검지, 중지만으로 피아노를 칠 수 있을 정도면 되는 것이었다. 알렉스와 아직도 SNS로 소통하는데 그는 점점 성장하여 지금 학교에서 합창을 지도하는 유능한 교사가 되었다.

유학. 그동안 내가 정의했던 음악, 음악성, 음악교육, 음악 재능, 음악적 성장과 자신감의 틀이 조금씩 천천히 다른 형태로 변화하는 시간이었다.

또한 국악인으로서 많은 것을 느낄 수 있었던 시간이었다. 유학 동안 국

뉴욕 링컨센터 공연

악을 연주할 기회는 없을 거라고 생각했다. 그런데 거의 한 달에 한 번씩 공연했다. 내가 살던 미시간에서 수차례, 뉴욕 3회, 애틀랜타 1회, 라스베이거스 1회. 미시간에서는 한인 커뮤니티, 학교, 사물놀이 동아리, 한국학 연구소, 지역 교회들, 미국 커뮤니티에서 연주 기회가 있었다. 또한 뉴욕에 계신 한국무용 선생님께서 초대해 주셔서 무용팀과 함께 뉴욕, 애틀랜타, 라스베이거스에서 공연했다.

미국에서 국악을 공연하며, 미국인들은 '한국 전통', '한국의 고유한 문화'에 대해 관심이 있고 존중감을 가지고 있다는 것을 느꼈다. 퓨전음악을 연주하면 "아니, 그거 말고 대한민국 고유의 곡을 연주해 주세요."라고 요청했다. 그래서 그들 앞에서는 〈상령산〉, 〈수제천〉, 피리 산조, 태평소 시나위 등과 같이 '찐국악'을 연주했고, 공연이 끝나면 수많은 사람이 찾아와 한국음악의 전통에 대해 존경심을 전하고 많은 질문을 했다.

이름을 통해서도 비슷한 경험을 했다. 영어를 배울 때 우리는 무엇을 가장 먼저 할까? 대체로 영어 이름 만들기이다. 나도 영어 이름이 있어서 미국에서의 첫 수업 때, 나의 영어 이름을 이야기했다. 그때 교수님께서는 "아니, 너의 진짜 이름을 알려 줘."라고 했다.

Kim Kyoungtai, 내 이름이다. 대체로 미국 교수님들은 출석부에 있는 내 이름의 스펠링을 보고 '크여웅타이'라고 부르고, 맞는지 물어보았다. '경태'라고 알려 주면 미안하다고 하며 열심히 연습한다. 그리고 다음 수업 때는 정확하게 경태라고 부르고는 "발음 맞아?"라고 꼭 물어보았다. 내가 미국에서 만난 모든 교수님은 나의 진짜 이름을 알고 싶어 했고, 정확한 발음으로 내 이름을 부르기 위해 노력했다. 그들은 미국화나 세계화된 것이 아닌 그 원류를 궁금해했다. 우리 국악, 한글 이름, 우리 문화, 그 자체로 너무나 자랑스러운 것이구나!

　유학 시절 동안 신나고 재밌는 일도 많았지만, 어려운 순간도 많았다. 어떤 날은 영어가 너무 잘 들리는데, 또 어떤 날은 영어가 들리지 않아 힘들기도 했다. 어느 날은 이런저런 고민하는 나를 걱정스러워 하시던 남미애 교수님께서 연구실로 부르셨다. (남미애 교수님은 한국에서 대학을 졸업하신 뒤 미국에서 학업을 이어 나가셨고, 현재 EMU에서 성악 교수님으로 재직 중이시다.) 어려운 일이 있냐고 나에게 물어보셨다. 언어, 학업, 삶에 대한 고민 더 나아가 내가 유학 온 것이 잘한 것인지에 대한 고민을 이야기하기도 했다.

　그때 교수님께서는 "인생에 실패는 없습니다. 단지 경험만 있을 뿐이에요."라고 말씀해 주셨다. 그 말씀은 내 유학 생활, 아니 평생에 매우 중요한 지표가 되었다. 한국에 돌아가 담임 교사를 할 때 학생들에게도 버릇처럼

2016년 Pease Auditorium에서의 국립국악고등학교 소리누리예술단 공연

하는 이야기가 되었다. 2,934,752개의 에피소드를 뒤로하고, 석사 공부를 무사히 마쳐 한국으로 귀국했다.

2016년 가을 국립국악고등학교 소리누리예술단 학생들과 내가 공부했던, 나를 사랑해 줬던 EMU의 Pease Auditorium에서 공연했다. 감사하게도 지휘자로 무대에 섰다. 공연을 준비하며 간절히 기도했다. 내가 그랬던 것처럼 국립국악고등학교 학생들이 조금은 더 넓은 세상을 보기를 바라며. 또한 미시간에 있는 분들이 국악을 깊게 경험하길 소원하며.

◉ 왜 거짓말하세요?

햇수로 4년, 만 3년간의 유학 생활을 마치고 국립국악고등학교로 돌아갔다. 피리 전공 수업에 들어가서 학생들의 연주를 듣는데 너무나 잘하는 것이 아닌가? 국립국악고등학교 학생들이니 얼마나 잘하겠는가? 물론 부족한 것이 보여 피드백을 준다.

"이정아! 이정이는 음악 표현이 너무 좋아. 특히 첫 음을 내고 다음 음을 넘어가는 부분에서 호흡을 잘 쓰고 있어……. (칭찬 중략) 그런데 너무 서를 꽉 물고 불어서 고음에서 음이 깨지는 부분이 두세 차례 있었어, 그 부분만 주의하면 될 것 같아."

1주일 정도 지난 후 한 학생이 긴급 상담을 요청했다. 상담이 시작되고 그 학생의 첫 발언이 너무 놀라웠다.

"선생님, 왜 거짓말하세요?"

"내가 무슨 거짓말을 했어?"

"저는 지금까지 피리 연주하면서 칭찬을 받아 본 적이 없어요. 항상 지적만 당했어요. 그런데 선생님은 제가 잘한다고 이야기하세요. 거짓말하지 마세요!"

그러고 보니 나도 유학 가기 전에는 학생들의 부족한 점만 지적하는 교사였다. 그게 스승의 연주를 그대로 따라서 연주해야 하는 도제식 교육에서는 당연했다. 그런데 유학 시절 내가 만난 교수님들은 대체로 나의 장점을 쭉 이야기하시고, 부족한 점을 마지막에 살짝 이야기하셨다. 유학 기간 그 모습이 내게도 흡수되었는지 학생들의 잘하는 부분을 먼저 언급하고 이후 부족한 부분을 이야기하는 사람이 된 것이다. 사실 의도적인 것은 아니었다. 그런데 긍정적인 점을 더 잘 보게 되었다. 알렉스, 쉐비 덕분인가?

"칭찬을 먼저 해주시고 이후에 부족한 부분을 지적하시니 기분 나쁘지 않아요. 그리고 부족한 부분을 더 연습해야겠다는 생각이 들었어요."

그날 상담은 내가 학생들을 대할 때, 수업할 때, 피드백을 주고 평가할 때 어떻게 해야 하는지 많은 깨달음을 주었다. 다시 돌아보면 그 학생이 "선생님, 앞으로 이런 선생님이 되셔야 합니다."라고 나를 상담해 준 것 같다.

 예비교사와 국악 편견 깨기 챌린지

한국에 돌아온 뒤 교수법, 교육방법론에 대해 더 공부하고 싶었다. 단국대 일반대학원 교육학과 김민정 교수님을 만나 교육공학을 공부했다. 교수님을 통해 체계적 교수설계, 학습동기 이론, 다양한 교수 모형을 배울 수 있었고, 이를 바탕으로 국악교육과 교육공학을 융합하는 방법에 대한 아이디어를 가지게 되었다. 특히 김민정 교수님은 미디어 활용 연구를 많이 하셨는데, 교수님의 지도로 'VR을 활용한 국악 감상 수업'을 주제로 한 박사논문을 썼다. 영광스럽게도 2018년 2월 박사 학위를 받았는데, "열심히 쓴 내 논문이 순삭(순간삭제)되지 않게 해주세요."라고 기도했다. 많은 박사논문이 짧은 시간 안에 흔적도 없이 잊히는 것을 보았기 때문이다.

2019년 서울시 중등음악 교사 직무연수를 시작으로 서울, 경기, 강원, 충청, 경상, 전라, 제주 교육청의 다양한 연수에서 'VR을 활용한 대취타 감상 연수'를 현재까지도 진행하고 있다. 이 논문과 연수는 감상의 세 단계인 '감각적 감상 - 분석적 감상 - 창의적 해석' 단계를 통해 대취타를 감상하는 활동으로 진행된다.

감각적 감상 단계는 음악에 대해 직관적인 반응을 표현하는 과정으로 특별한 정보 없이 대취타를 감상한다. 분석적 감상 단계는 음악을 분석하는 과정으로 집사가 외치는 부분을 반복해서 들으며 나만의 악보를 만들고 대취타 장단을 분석하는 활동을 한다. 마지막인 창의적 해석 단계는 자기화 과정으로 태평소를 제외한 대취타 악기를 함께 연주한다. 이 단계에서 VR을 활용해 각 악기 연주자들의 연주법을 학생 스스로 익히고 모둠별로 합주 발표하는 과정이다.

대취타 연주 발표까지 끝나고 다시 대취타를 감상하면 "으아! 음악이 들려요."라는 간증이 터져 나온다. 많은 선생님으로부터 연수 때 배운 내용으로 수업을 진행하셨다는 이메일, 동영상, 사진, 수업 자료들을 받고 있다. 학생들이 국악과 더 친해졌다고, 국악을 즐거워서 한다고 말씀하신다. 내가 개발한 수업이 국악교육에 조금이나마 긍정적인 역할을 하고 있음이 기쁠 따름이다.

언젠가부터 교사가 될 학생에게 국악 교수법을 제대로 가르치고 싶다는 꿈을 꾸었다. 교육대학이나 사범대학에서 공부하는 학생들이 국악 활동을 재미있어 하고 국악교육에 대한 자신감이 높아지면, 그들이 교사가 된 이후에도 각자의 학교에서 국악을 신나게 지도할 수 있을 것이다. 그렇게 되면 결국 초중고 학생들에게 더 다양한 국악교육이 제공될 것이고, 국악을 사랑하는 사람들이 더 많아지리라. 그 꿈이 이뤄져 2023년 2월 정든 국립국악고등학교를 떠나 대학으로 자리를 옮겼다. 현재는 춘천교육대학교에서 미래의 초등 교사가 될 학생들을 만나고 있다.

"이 친구들이 국악을 좋아하고 잘하게 되면 학교 현장에서 국악을 잘 가르치고, 즐겁게 가르치는 교사가 더 많아지겠지?"라는 기대와 "이 친구들이 국악을 싫어하게 되면 학교 현장에서 국악을 쳐다보지도 않겠지?"라는 두려움도 생긴다. 그래서 더욱 열심히 연구하고 실험하고 적용하고 있다. 이 친구들과 국악에 대한 편견을 깨고 국악은 멋있는 것, 아름다운 것, 가르쳐야 하는 것, 가르칠 수 있는 것, 즐겁게 익힐 수 있는 것임을 나누고 있다. 다양한 교육프로그램을 개발하여 '국악 편견 깨기 챌린지' 중이다.

첫 번째 챌린지, 단소 어려워하지 않기

단소는 정확한 자세와 입 모양을 하면 누구나 연주할 수 있다. 다 함께 소리 내며 따라 해 보자. '아에이~'에서 '이' 소리를 낼 때의 입 모양을 만든 뒤, 그 상태 그대로 입을 다문 후 단소의 취구를 입술에 붙여 자연스럽게 불어 보자. 이때 '이' 소리의 입 모양을 절대 바꾸지 않는 것이 가장 중요하다. 허리를 쭉 펴고! 시김새도 어렵지 않다. 시김새 하나만 넣으면 당신은 단소왕. 식후단(소)! 하루에 3번 이상 단소 연습하면 연주하지 못할 곡이 없다.

학기 말마다 강의 평가에 이런 이야기가 가득 올라온다.

"식후단만 하면 단소 끝!"

"단소가 이렇게 재미있는지 몰랐어요."

"단소 소리를 못 내던 내가 단소를 이제 자유자재로 불 수 있다니!"

학교 현장에서도 열심히 단소를 지도하는 여러분이길.

두 번째 챌린지, 율명과 정간보 어려워하지 않기

국악을 어려워하는 이유 중 하나는 국악의 음계를 글로 배웠기 때문이다. 수업 때마다 3~5분 정도 창작동요 〈황태중임남 노래〉를 함께 부른다. 〈황태중임남 노래〉는 국악 작곡가 김여진의 작품으로 율명을 익힐 수 있다. 〈도레미송〉의 국악 버전이라 생각하면 된다. 한 달 정도 지나면 노래를 거의 외우고 학생들은 황태중임남 음을 익히게 된다. 율명만 보아도 '황'이 어떤 음인지, '태'는 어떤 음인지가 들려서 악보를 읽게 된다. 〈수제천〉 감상을 위해 정간보를 나누어 주었다. 학생들과 악보를 보며 음악을 듣는데 "음악이 잘 들려요!"라고 한다.

세 번째 챌린지, 대취타, 종묘제례악 어려워하지 않기

국악을 글로만 배워서는 안 된다. 대취타 연주를 직접 해야 한다. 대취타 악기가 있다면 대취타 악기로, 없다면 비슷한 소리가 나는 악기로 연주한다. 연주 방법은 VR을 통해 학생들 스스로 확인하고, 조별 발표까지 하면 대취타가 너무 잘 들린다. 블록 코딩 프로그램 스크래치에 편종, 편경, 박, 축, 어, 절고 소리를 다 넣어 두었다. 정간보를 읽을 수 있는 학생들이기에 전문 연주자가 사용하는 종묘제례악 〈보태평〉 중 〈희문〉 악보를 나누어 준다. 학생들은 악보를 보고 스크래치를 활용하여 〈희문〉을 연주한다.

스크래치 활용 국악 수업 자료

그 외에도 스크래치로 국악창작하기, 국악기 엑스포 열기, 판소리 팩트 체크하기 등 더 많은 챌린지들. 오늘도 학생들과 국악 편견 깨기 챌린지 중이다. 아는 만큼 보인다고 했다. 알면 알수록 국악은 재밌고 또 재밌다는 것을 우리 학생들과 경험하는 중이다.

◉ 온도가 같은 제자들

국악을 많은 학생에게 전하기 위해 오늘도 최선을 다해 국악을 보여 주고 알려 주고 함께 경험한다. 어쩌면 이 수업이 그들 평생의 마지막 국악수업일 수도 있다는 생각을 늘 한다. 특히 새로운 국악 교수법 개발 연구를 꾸준히 수행하여 학생들에게 제시하곤 한다. 이전에 하지 않던 교수법이라 '지금 내가 맞게 가고 있는 것인가'라는 두려움이 들 때도 있다. 그런 고민이 들 때마다 고마운 제자들을 만나 마음속 위로를 받는 기적을 경험하고 있다. 바로 내가 전하는 국악 교수법을 본인 학교 현장에 적용하는 제자들이다. 나는 이들을 '온도가 같은 제자'라고 부른다.

그중 기억에 남는 제자가 있는데 대학원 수업으로 만난 정혜원 선생님이다. 국악기 실음으로 창작 수업을 할 수 있는 도구가 많지 않아, 스크래치에 가야금의 실음과 시김새를 넣어 창작 도구로 활용하는 수업을 설계하던 중이었다. 우연히 그 연구 이야기를 나누었다. 그런데 갑자기 정혜원 선생님이 눈을 반짝거리더니 "어! 너무 재밌을 것 같은데요. 저희 반 수업에 적용해 볼게요."라고 하셨다. 선생님이 담임을 맡은 5학년에 맞게 수업 설계를 수정한 뒤 수업을 진행해 주셨다. 그리고 얼마 후 수업 결과물(수업 영상, 학생들 결과물, 활동지 결과물, 학생들 소감 등)을 전해 주셨다. 해당 내용은 논문으로 작성되어 누구든지 검색해서 볼 수 있다. 〈스크래치를 활용한 초등 국악 창작 수업 방안 탐구〉를 검색해 보시라!

감사하게도 온도가 같은 제자들이 많아지고 있다. 점점 많은 제자가 국악 교수법을 수업에 적용한 사진, 영상, 글들을 공유해 주고, 나아가 더 발전된 교수법에 대해 제안까지 해준다. 같은 길을 함께 걷는 제자들이 있다는 것, 국악수업에 관한 관심이 있는 제자들이 많아지는 것, 또한 배울 점이 있는 제자들이 많다는 것은 그 무엇과도 바꿀 수 없는 기쁨이다. 이 글을 읽고 '같은 온도'가 무엇일까 궁금한 마음이 드는 학생이 있으면 바로 춘천교육대학교 음악교육과(학부 과정)로, 현직 선생님 혹은 학부 음악·국악 전공하신 분들은 춘천교육대학교 대학원 초등음악교육전공(석사과정) 혹은 문화예술 전공(석사과정)으로 진로를 정해 보면 어떨까?

춘천교육대학교 제자들과 함께

Old School → Global Cool

◉ 16세기 구음 교수법, 지금도 유효함

국악교육 철학은 널리 사람을 이롭게 한다는 홍익인간 정신, 백성을 사랑하는 세종대왕의 애민 정신뿐만 아니라 〈여민락〉(조선 세종 때 창작되어 전승되는 궁중음악)의 '백성과 함께 즐긴다'는 사상을 모두 관통하고 있는 것 같다. 특히 구전심수 교수법은 악보를 보지 못하더라도 누구나 스승의 구음•을 따라 하며 음악의 숨결과 맛을 체득할 수 있게 하는 전승 방식으로, 이러한 철학을 가장 잘 구현하는 교육 방법이라 할 수 있다.

학생 시절 당시 국립국악원에 재직하셨던 곽태규 선생님께 피리를 배울 때의 일이다. 레슨 중에 내가 피리 연주를 잘하지 못하면, "경태야, 악기를 내려놓고, 내 노래를 따라 해 봐."라고 하시며 악기로 연주해야 하는 가락을 노래로 불러 주셨다. 선생님을 따라 구음으로 해당 가락을 어느 정도 잘 따라 하면 "그래, 이제 피리로 연주해 봐. 가락을 노래할 수 있으면 그 가락을 악기로도 연주할 수 있어."라고 하셨다. 정말 신기하게도 악기 연주가 잘 안 되는 부분을 익숙해질 때까지 노래로 연습하고 나면, 악기로 연주할 수 있게 된다. 이러한 교수법은 지금 나의 수업에서도 적용 중이다. 학생들과 장구 장단을 익히기 전에 해당 장단들을 구음으로 신나게 노래한다. 노래가 익숙해지면 그때 장구로 연주한다. 해당 장단을 연주해 본 적 없는 학생도

• 구음(口音)이란 악기별 음색을 모방한 소리로 음높이, 장단, 표현법은 물론 음색과 연주법까지 대규모의 정보를 포함하고 있다.

구음이 익숙해지면 대체로 정확하게 연주할 수 있다. 어떤 학생은 "입으로 노래가 되면 손이 움직여요."라고 말하기도 했다. 그렇다면 구음은 한국 사람에게만 적용할 수 있는 것일까?

2024년 가을, 대만의 한 대학 영어교육 전공 학생들이 문화 교류 목적으로 춘천교대에 방문했다. 나는 대만 학생을 대상으로 사물놀이 수업을 진행했다. 국악을 전혀 모르고, 한국악기를 연주해 본 적 없는 학생들이 100분 만에 사물놀이 별달거리장단을 완벽하게 연주할 수 있었다. 그 비법은? 맞다. 구음 활용 수업! 악기별 기본 연주법과 구음법을 익히고 사물놀이 악기별 장단을 구음으로 신나게 반복하며 노래했다. 노래가 익숙해질 때쯤 사물악기로 연주했더니?? 예상대로 대만 학생들은

사물놀이를 연주할 수 있었다. 그것도 매우 신나게!

2025년 여름에는 호주에서 열린 환태평양 음악교육학회(APSMER)에서 이러한 구음 교수법을 발표했다. 2026년 여름에는 캐나다에서 열리는 세계에서 가장 큰 음악교육학술대회인 ISME World Conference에서 구음 교수법 워크숍을 진행했다. 뜻이 맞는 분들과 이 교수법을 체계화한 뒤 전 세계에 전파하는 것이 나의 새로운 꿈이 되었다. K-컬처에 이어 K-국악교육이 전 세계에 전파되는 날을 기대하며!

◉ 선생님의 격려가 내게 펼쳐 준 세계

누군가의 한마디가 한 사람의 인생을 바꾸기도 한다. 그런 의미에서 교사라는 직업은 학생의 인생에 긍정적인 역할을 하기도, 안타깝게도 부정적인 영향을 주기도 한다. 운이 좋게도 나는 좋은 선생님을 많이 만났다. 지금까지의 내 삶을 돌아보았을 때 중요한 분기점마다 선생님의 한마디가 있었다. 그 한마디들이 모여 더 큰 꿈을 그릴 수 있었다. 그리고 언젠가부터 제자들의 한마디가 내 삶을 풍요롭게 해주고 있다. 이런 온도가 맞는 제자들이 있다는 것은 큰 행운이다.

이 책을 읽는 많은 분들이 소중한 한마디를 학생에게 전할 수 있는, 누군가의 삶을 비춰 주는 역할을 하는 교사의 길을 함께 걸어가면 좋겠다.

"국악(國樂)이 아니라 양악(兩樂)을 배워야 해."
– 강덕수 선생님 –

"음악 교사 자질이 있으니, 교사를 해보면 어때요?"
– 박영실 선생님 –

"국악을 전문으로 하는 음악교육학자가 되면 좋겠어."
– 장기범 교수님 –

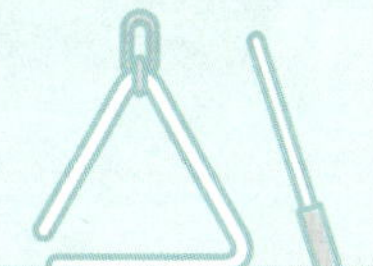

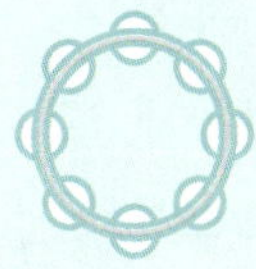

"국악을 전공한 사람들 중 음악교육을 하는 사람들이 있어야 한다.
특히 미국에서 공부한 사람이 있어야 한다."
– 오용록 교수님 –

"진심으로 학생을 대해 봐. 그거면 충분할 거야."
– 심창만 선생님 –

"너의 진짜 이름을 알고 싶다."
– 유학 시절 만난 교수님들 –

"인생에 실패는 없습니다. 단지 경험만 있을 뿐이에요."
– 남미애 교수님 –

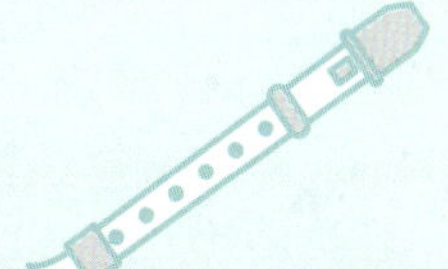

"가락을 노래할 수 있으면, 악기로도 연주할 수 있어."
– 곽태규 선생님 –

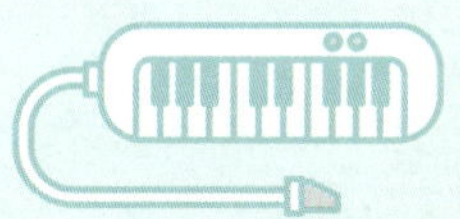

"입으로 노래가 되면 손이 움직여요."
– 김예림 학생 –

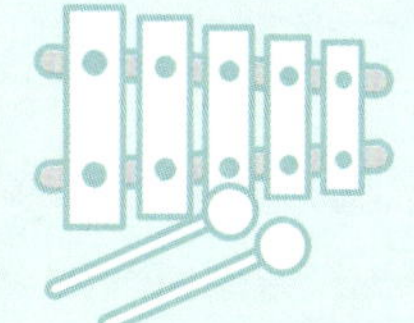

"칭찬을 먼저 해주시고 이후에 부족한 부분을 지적하시니
기분 나쁘지 않아요.
그리고 부족한 부분을 더 연습해야겠다는 생각이 들었어요."
– 김이정 학생 –

　고3 담임을 할 때면 매주 금요일 저녁 학생들에게 내 마음을 담은 장문의 톡을 보냈다. 어찌 보면 연애편지 같은 것이었다. 고3 담임의 역할은 학생들이 "우리 반은 내가 지내기 안전하고, 편안하고, 행복한 곳이다."라고 느끼게 만드는 것이라 생각했기 때문이다.

　졸업식 전날 보냈던 톡을 살짝 공개한다.

밴드 안음 with 멜로디 정, 〈각자의 속도〉

졸업을 앞둔 저녁.

고3 담임이라. 언제나 성적, 등급, 대학, 진학, 연습, 성취, 이런 이야기들을 너희에게 주야장천 했던 것 같아. 그런데 졸업을 앞둔 지금 꼭 해주고 싶은 이야기가 있어.

사람은 각자 가진 게 다르고 잘 할 수 있는 것도 다르며 관심 있는 것이 달라서, 사람마다 다른 '각자의 속도'를 가졌어. 하지만 고3으로 살아간 세상은 누군가 정해 놓은 속도에 맞춰 살아야만 하고, 그렇지 못하면 패배자가 되는 세상이었던 것 같아. 그래서 많이 힘들었을 거야.

그동안 고생했고. 고등학생의 신분을 벗는 내일부터는 '각자의 속도'를 찾았으면 좋겠어. 다른 사람의 기준이 아닌 너희의 속도로 사는 삶을 누렸으면 좋겠어.

삶의 기준을 다른 사람으로 잡지 않는 너희들이길 바라. 다른 사람의 속도(성취)를 보고 두려워하거나 놀라거나 떨지 말고, 너희의 속도에 맞춰 너희에게 맞는 속도의 삶을 살면 좋겠어.

그리고 걷다가 힘들 때, 뛰다가 쉬고 싶을 때, 쉬었다 달리고 싶을 때 연락해.

먼저 그 길을 걸어간 사람으로 위로하고 용기를 주고 힘을 줄 수 있지 않을까?

너희를 볼 때마다 꼭 해주고 싶었던 이야기였어. 각자의 속도로 사는 여러분이길.

그런 맘으로 가을에 몰래 만들었던 곡을 이제야 나눈다. 잘 자고 내일 보자.

행동 발달 및 특기 사항

좌우로 구르면서 봐도 찐 ENFP 성향으로, 수업은 재미있어야 한다는 철학이 확고함. 꿈은 없고 놀고만 싶다고 외치면서도 학교 일과 수업 모두 열정적으로 해냄. 아이들이 좋아한다면 힘들어도 OK! 항상 새로운 것에 도전하고 아이들과 함께 하는 음악 무대 공연 프로그램을 기획하는 것에 큰 흥미를 보임. 자기 주도적이면서도 창의적인 예술가로 성장시키기 위해 매번 프로젝트 수업을 도전함. 음악수업을 고민하다가 유튜브까지 운영하게 된 '일 벌이기 대장'임. 이것저것 시도하다 보니 에듀테크 분야에서 주목받아 전국의 음악 선생님들과 함께 수업 나눔을 실천하는, 이 시대의 보기 드문 부지런한 베짱이임.

매일 즐거운 ENFP

윤진

별명

음플릭스 두목님

유튜브 〈음플릭스〉 채널의 운영진 두목을 맡고 있다.

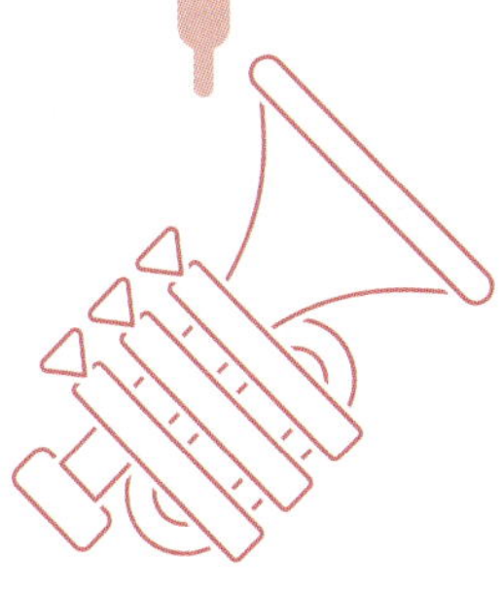

음악 교사의 꿈을 꾸기까지

1 운명이었나?

 동네 노래자랑 인기스타

곱씹어 보니, 날 때부터 운명이었나 싶은 순간들이 있었다. 3살인가 4살 무렵 피아노가 갖고 싶다던 손녀딸을 위해 외할아버지가 영창 피아노를 사 주셨다. 당시 업라이트 피아노만 하더라도 상당한 고가였는데 그걸 턱 하니 피아노도 못 치는 아기 선물로 주신 것이다. 혼자 뚱땅거리면서 내가 이렇게 말했단다.

"외할머니! 내가 나중에 음악 선생님 돼서 할머니 더 좋은 피아노 사 줄게!"

사 준 건 외할아버지신데 말이다. 여하튼 외할머니께서 그 이야기를 해주시는데 '이거 운명이었나?' 싶었다.

피아노가 생기고 멜로디라도 연주하기 위해 네다섯 살 무렵부터 동네 피아노학원을 찾았다. (우리 엄마도 참 대단하시다. 분명히 내가 졸라댔겠지만, 아무렴 그 어린아이를 피아노학원에 보내다니.) 스스로 좋아서 다니는 학원이니 매일 하루를 빠지지 않고 다녔다. 학원에 다니던 학생 중 내가 가장 어렸고 언니들의 사랑을 듬뿍 받았던 기억이 있다. 피아노학원 가서 배워온 멜로디를 집에서 뚱땅거리면 아빠께서 무척 좋아하셨다. 어쩌다 음악을 그렇게 좋아하게 된 건지 모르겠지만 그냥 자연스러웠던 것 같다. 그렇게 스며들었다.

어릴 적 나는 별명이 '똑순이'였다. 또래랑은 말이 안 통한다며 동네 아주머니들과 수다 떠는 것을 즐겼다. 어딜 가도 기 죽지 않았고 남들 앞에 나서기도 그렇게나 좋아했다. 나는 외모와 성격 모두 아빠를 쏙 빼다 닮았는데, 외향적이고 사람을 좋아한다.

우리 집은 항상 아빠 손님들로 저녁 늦게까지 시끌시끌했고, 엄마는 음식을 빠르게 준비했다. 집은 전원주택이라 거실에서 마당으로 창이 나 있었는데. 창문을 열고 거실에서 피아노를 연주하면 마당에서 얼큰하게 친목을 도모하고 있는 어른들 앞에서 나만의 독무대가 펼쳐졌다.

피아노 위에는 한 곡씩 피스(piece)로 파는 얇은 가요 악보들이 빼곡했다.

어릴 적 거실에서의
피아노 연주

부모님께서 우리 딸이 연습해서 연주해 줬으면 하는 곡들을 사서 야금야금 하나씩 끼워 놓았기 때문이다. 어르신들 맞춤 선곡으로 신명나게 피아노를 연주하면서 노래까지 부르는 꼬마 아가씨를 어떻게 예뻐하지 않을 수 있을까? (흥이 빠질 수 없지!) 기분 좋은 어르신들의 지갑이 열리고, 어렸을 때부터 나는 그렇게 자본의 맛을 알아 버렸다.

우리 집 거실인 작은 무대에서 영역을 확장하게 된 계기는 음악에 대한 열정이 아니라 지극히 우리 부모님의 물욕 때문이다. 어린이날을 맞아 동네 마트에서 노래 경연대회를 연다는 전단지를 본 부모님은 눈을 반짝이셨다.

"1등 상품보다 2등 상품이 더 쓸모 있지 않아?"

"진이 나가서 상품 타 오면 좋겠다."

그렇게 처음, 빅마트 어린이 동요 부르기 대회를 나가 효도를 했다. 이후 비슷한 행사가 있을 때마다 여기저기 많이 나가 집안 살림에 보탬이 되었다. 노래를 곧잘 한다는 이야기를 들으니 자신감이 생겨 호남예술제, KBS 어린이 동요 대회 등 굵직한 대회들도 나가 입상했다. 그때부터 '나 음악 잘하나?', '성악가가 될까?' 하는 생각이 조금씩 들었다. 친구 따라 가끔 나가던 교회에서는 전국 찬송 대회를 나가 1등을 하기도 했다. 다양한 무대에서 두각을 보이니, 주변에서 전공의 길을 가보지 않겠냐는 권유를 받았다.

어린 마음에 혹했던 나는 엄마를 쳐다봤는데, 단칼에 거절하셨다. "헛바람 들지 말고 공부해." 이게 엄마의 대답이었다. 소질 있고 잘하는 사람은 운명처럼 나중에라도 그 길을 가게 되어 있으니, 공부나 하라고 하셨다. 엄마의 선견지명이란!

◉ 인생은 드라마지!

어릴 때는 지금과는 다르게 책도 좋아하고 많이도 읽었다. 학교에서는 소위 말 잘 듣는 모범생이었다. 사고를 쳐도 선생님 모르게, 얍삽하게, 안 걸리게 쳤다. 진로 희망은 계속 선생님이었고, 교과는 그 시기에 따라 영어가 되었다가 국어가 되었다가 오락가락이었지만 학교에 들어가서 선생님들을 보니 나도 나중에 꼭 선생님이 되고 싶었다. 칠판 앞에 서서 분필로 무언가 적어대는 것도 좋아했고 반장이랍시고 나가서 나대기도 많이 했다.

중학교 시절 음악 선생님은 항상 우아한 드레스를 입고 오셨고 교양 있는 말투를 사용하셨다. 음악 시간에 노래를 부르는데 음악 선생님이 나를 따로 불러 중창 동아리에 들어오지 않겠냐며 권유를 해주셨다. 노래하는 것을 좋아하니까 거절할 이유가 없어 중창 동아리에 들어갔고, 그렇게 음악 선생님의 애제자 1호로 활약했다.

원래 음악을 좋아했고, 노래하는 것도 좋아했는데 음악 선생님이 나를 예뻐해 주시니까 음악 교과가 더 매력적으로 다가왔다. 그 당시 우리 음악 선생님은 '전남중등음악사랑연구회' 사이트를 활용해 수업 자료를 만들고 연구하셨는데, 수업 자료를 연구하고 재구성해서 만드는 선생님의 열정을 바로 옆에서 보면서 자연스럽게 나도 나중에 선생님이 되면 이렇게 해야겠다는 마음가짐이 생겼던 것 같다. 선생님은 "진아, 이런 수업은 어때? 재미있을까?" 하면서 학생들에게도 열린 마음으로 수업에 대한 의견을 물으셨다. 일주일에 한두 번뿐인 음악 시간이었지만, 그때 배웠던 그리그의 〈페르귄트 모음곡〉 이야기나 오페라 이야기들은 아직까지 기억에 생생하게 남는다.

장래 희망은 어릴 때 잠깐 성악가를 생각했던 시기 말고는 초등학교 때부터 쭉 '선생님'이었다. 온 교과 선생님이 다 되고 싶었는데 왜 음악 선생님이 될 생각을 못 했을까? 중학교 음악 선생님처럼 나도 저렇게 인자하고 온화한 선생님이 되고 싶었다. 마침 선생님도 내 생각과 같아서 음악 선생님이 되어 보는 건 어떻겠냐고 물어보셨다. '띠로리~ 데스티니~!!' 하는 배경음악이 깔려야만 할 것 같은 운명적 상황이었다. 그 당시에는 음악 선생님이 되려면 뭘 준비해야 하는지, 어떻게 하면 될 수 있는지 이런 건 하나도 몰랐다. 선생님께서는 우선 노래를 배워 보라고 하셨고, 성악 레슨 선생님을 소개해 주셨다. 그렇게 귀한 인연이 새롭게 시작되었다.

'귀한 인연'인 나의 레슨 선생님은 천사가 따로 없었다. 꼼꼼하게 알려 주시는 것은 물론 나를 사랑으로 품어 주셨다. 제대로 배워 보려니 성악이라는 것은 어려운 학문이었다. 새로운 학문에 낯설어할 나를 위해 선생님께서 눈높이에 맞게 알려 주셨고 칭찬으로 내 용기를 북돋아 주셨다. 그렇게 선생님이 가져야 할 자질을 자연스럽게 배웠다. 항상 느끼는 거지만 나는 인복이 많다.

중학교 3학년 때 음악 선생님을 꿈꾸고 고1부터 레슨을 시작했다. 음악 전공을 반대하던 엄마는 어떻게 설득했을까? 나는 전국의 음악교육과 정보를 탈탈 털었다. 그중 부모님이 좋아하실 만한 학교인 한국교원대학교를 골라 입시요강을 출력하고, 앞으로 나의 고등학교 3개년 목표를 세워 엄마 앞에서 브리핑을 했다. 사실 음대를 간다고 했으면 엄마께서는 계속 반대하셨을 거다. 쭉 선생님이 되고 싶다던 딸이었고, 그게 본인이 잘하고 좋아하는 음악 교과였으니 이제는 반대가 아닌 응원을 해주셨다. 다니던 영어 학원을 그만두고, 그 학원비로 레슨을 받았다. 우리 엄마는 '대문자 T유형(사고형)'

이 틀림없다. 딱 그 액수 안에서만 레슨 횟수를 정했다. 융통성 있는 증액이 되질 않았다. 큰 액수로 뒷바라지를 못 하는 가정 형편을 아시는 레슨 선생님께서 레슨비도 받지 않고 추가로 더 가르쳐 주시기도 했다. 인생을 되돌아보면 지천에 감사할 분들이 많다. 그렇게 고등학교를 다니는 동안 음악교육과를 가기 위해 공부와 실기를 병행했다.

K-고딩의 하루는 예나 지금이나 다르지 않다. 일반고에 다녔던 나는 학교 정규 수업이 끝난 뒤에야 연습이나 레슨을 할 수 있었다. 당시에는 아침 자습도 있어서 등교 시간이 빨랐다. 고1 무렵, 이유 없이 몸이 아파 고생을 많이 했다. 병원 신세를 오래 지기도 했고, '토실토실 윤진'이 살이 쪽쪽 빠지면서 말라갔다. 공부도 해야 하고 레슨도 받아야 하는데 몸이 아프니 성적은 뚝뚝 떨어지고 소리 내기도 버거웠다. 그렇게 힘든 시기를 견뎌 내고 정상 컨디션을 회복했을 때는 고1의 끝자락이었다. 교원대는 당시 음악교육과 전형이 정시밖에 없었다. 컨디션을 회복한 만큼, 못 했던 공부를 빨리 채워 넣어야 했다.

몸이 다 낫자마자 한 일은 모든 교과서와 문제집을 캐리어에 가득 넣고 독서실에 콕 박힌 일이다. 그때 진짜 엄청난 집중력을 발휘했던 것 같다. 수업 때는 눈을 반짝였고 교과서 지문을 아예 통째로 외울 정도로 공부했다. 어릴 때 책을 가까이했던 좋은 습관이 큰 도움이 되었다. 남들보다 글을 빠르게 읽고 이해하는 학생이었기에 짧은 시간 안에 진도를 따라갈 수 있었던 것 같다. 정상 컨디션 복귀 후 성적이 수직 상승해서 나와 우리 담임 선생님은 눈이 튀어나올 뻔했다. 역시 노력은 배신하지 않는다.

노는 게 제일 좋았던 ENFP의 고군분투

◉ 스무 살, 자유로운 대학 라이프

평소 야무지다는 이야기를 많이 들어왔는데, 이건 정말 대반전이었다. 나름 중학교 3학년 때부터 학교 홈페이지를 다 뒤지고 입시요강도 달달 읽어 통달했는데! 교원대가 이렇게 시골 한가운데, 논밭 사이에 있을 줄이야. 상상도 못 했다. 추운 겨울 입시를 치르기 위해 엄마와 난생처음 '청주'라는 도시에 방문했다. 나는 충청도 방문이 처음이었는데, 교원대에 도착하자마자 너무 놀라 '원서를 무를 수는 없을까?' 하는 생각도 잠깐 했다. 그때는 청주가 다 그렇게 시골인 줄 알았다. 스무 살이면 뭐든 할 수 있는 자유가 생길 줄 알았고, 청춘 시트콤에 나오는 주인공들처럼 추억을 많이 만들며 대학 생활을 할 수 있을 줄 알았다. 그런데 이 시골에서? 최종 합격을 확인했을 때도 '논밭에서 뭘 하지?' 하는 생각이 들었다. 근데 지금 생각해 보면 난 그 시골로 간 게 천만다행이었다. 서울로 갔으면 아직까지 노느라 이 책을 쓰지도 못 했을 거다.

전국 팔도의 낯선 사람들이 모여서 기숙사 생활을 하고, 과 활동을 하면서 친해지는 대학 생활이라니, 이 얼마나 신선한 도파민인가! 대인관계를 어려워하는 성격은 아니었기에 입학 전 '새내기 배움터'에서부터 나의 파워 E 성향(외향성)을 분출했다. 금방 친구들과 친해졌고, '스무 살'이라 가능해서 처음 해보는 것들에 푹 빠져 버렸다. 이제 잔소리하는 엄마도, 교복과 생활 규정 기준을 달달 외우고 다니는 학생부장 선생님도 안 계신다. 오롯이 내 세상이었다. 아침 수업은 9시부터 시작한단다. 7시 반까지 등교하던 나날은 안녕이다. (그런데 그 9시 수업을 계속 못 가게 되었다. 교수님, 죄송합니다.)

스무 살이 되니 어른이라 이것저것 해볼 수 있었고 친구들과 선배들과 마냥 노는 것에 푹 빠져 버렸다. 당연히 공부는 뒷전이었고 음악이론이나 국악처럼 새롭게 배워야 하는 전공 교과들은 진도를 따라갈 수가 없었다. 수능 공부할 때는 문제집이 넘쳐났고 EBS 무료 인강도 언제든 들을 수 있었는데 대학교의 학문은 그렇지 않았다. 놓치다 보니 더 어려워졌고, 어려워지다 보니 자신감을 잃고 종국엔 포기하게 되었다. 그렇게 난 대학 생활 동안 학문에 매진하지 않고 그냥 놀기만 한 학생이었다. 4학년이 되어 1학년 신입생들과 같이 수업을 듣기도 했다. 구멍 난 학점을 채워 졸업해야 했기 때문이다. '임용고시를 내가 볼 수 있을까? 다시 마음 잡고 공부할 수 있을까?' 점점 꿈과는 멀어져 갔다.

그래도 매주 친구들의 연주를 듣는 것과 종합 발표회 무대에 오른 것, 난생처음 배운 정악 가야금으로 〈천년만세〉 합주에 참여한 것 등 대학 생활에서 기억에 남는 활동들이 많이 있다. 돌이켜 보면 학교의 교육과정은 훌륭한 음악 교사가 되기 위해 반드시 배워야 하는 것들로 촘촘하게 짜여 있었는데 바보같이 그 쉬운 길을 따라가지 못하고 뱅뱅 돌아 고생스럽게 교사가 되었다. 중고등학교나 대학교나, 학교의 교육과정은 그냥 착실히 받아들이고 따라가는 게 정답이다. 나는 늦게 깨달았지만, 여러분은 그런 실수를 하지 않길 바란다. 뭐, 나를 다시 스무 살로 돌려 놓는다 해도 매일 공부만 하지는 않을 것 같지만.

임용고시 공부를 진득하게 준비하지 않았다. 겨우 졸업시험을 치르고 졸업했는데, 다시 수험생처럼 공부할 엄두가 나질 않았다. 현실 도피성으로 초등학생 영어 과목을 가르치는 학원에서 일하며 그냥 사람 만나기를 좋아하는, 놀기 좋아하는 20대로 살고 있었다.

그런 나를 독서실로 다시 앉힌 사람은 우리 엄마였다. 엄마랑 통화할 때는 공부하고 있다고 대충 둘러댔다. 타지에서 딸이 열심히 공부하고 있겠거니 생각하셔서 고향으로 내려오라는 얘기도 하지 않으셨던 걸로 알았다. 그런데 갑자기 아빠가 쓰러지셨고, 엄마는 기댈 큰딸이 필요하다며 엄마 옆에서 공부를 진득하게 딱 1년만 해보는 게 어떻겠냐고 하셨는데, 그때 깨달았다. 엄마는 다 알고 계셨다. 아빠는 혈액암으로 병원에 입원해 계셨고 침울한 상황이지만, 큰 충격에 '공부해야지.' 하고 마음먹으며 정신을 다시 차릴 수 있었다. 정신 차리는 것에 대한 대가가 너무 혹독했다.

◉ 다시, 수험생 모드

놀 만큼 놀았으니 이제 공부 좀 하라고 하늘이 꾸짖는 것 같았다. 고등학교 졸업 후 처음으로 독서실에 갔다. 대학 수업을 열심히 좀 들을걸, 혼자 처음부터 시작하려니 막막했다. 그래도 4년 동안 흘려들은 것이 있기에 전공 교과 내용들과 교육학을 차근차근 읽어 내려갔다. 내 공부 방법은 내가 완전히 이해해서 나만의 언어로 다른 사람에게 전달할 수 있을 때 다음 스텝으로 진도를 나가는 것이다.

임용고시는 그 시험범위가 방대하다. 교과 수도 상당하고 전공 공부만 해서는 안 되고, 1차 시험은 지엽적인 내용도 다룰 수 있기에 주요 내용만 학습해서는 안 된다. 악보나 악곡은 또 얼마나 많은지! 물론 훌륭한 음악가들이 계셨기에 지금 우리의 삶이 아름다운 음악으로 충만한 것이라 감사해야 하지만, 공부할 때는 얘기가 다르다. 작곡가가 너무 많다. 게다가 아무리 마음먹었다고는 하지만, 하루 24시간 공부만 한다고? 내가? 어림도 없다. 효과적으로 공부할 계획을 세워야 했다.

1차로 전공 책을 쭉 읽었다. 이해가 되는 부분과 안 되는 부분을 나눠서. 2차로 다시 읽으면서 또 이해가 되는 부분과 안 되는 부분을 따로 표시했다. 3차로 읽고 나서는 정리가 필요했다. 전공 책에 나온 내용을 나만의 노트로 재구성했다. 국악의 경우 시기를 넘나드는 문장들이 많아서 시기별로 흐름이 눈에 들어오지 않았다. 내가 다시 시기별로 정리하는 과정이 필요했다. 왼쪽엔 전공 책을, 오른쪽엔 노트북을 놓고 내가 나만의 전공 책을 쓰기 시작했다. 오로지 나를 위한 책이다. 내가 보기 쉽게 시대별 흐름을 넣고 언제든 추가 내용을 넣을 수 있게 편집 가능한 한글 문서로 작성했다. 사진 자료나 악보도 추가하고 '이건 중요해!'라는 식으로 강조하기도 했다.

얼추 개념이 잡혔다는 생각이 들었지만 내가 어느 정도 이해하고 있는지, 실제 임용고시에서 경쟁력이 있을지 의문이 들었다. 고등학교 때도 한 번도 인터넷 강의를 돈 주고 들어 본 적이 없었는데 독서실에서 혼자 끙끙대고 있자니 우물 안 개구리 같아서 처음으로 모의고사 강의 하나를 결제했다.

노량진의 자료는 그 양이 어마어마했다. 첫 모의고사는 대참패.

'아니, 이런 것까지 공부해야 한다고? 이 악보는 도대체 어디에서 나온 건데? 책 모서리에 작은 글씨로 지나가는 부분까지 문제로 낸다고?'

내 첫 모의고사 도전은 정말 황당함의 연속이었다. 방법을 강구해야 했다. 전공 책을 정리하는 노트에 이제 모의고사 자료들도 추가되었다. 페이지가 많아졌지만 난 빠르게 읽어 낼 수 있기에 문제는 없었다. 원체 낯설던 고악보들도 자꾸 보니 이제 '선법'이 보이고 '청'이 보였다.

아직도 가지고 있는 내 전공 정리본은 서양음악사 80페이지, 한국음악사 50페이지, 기타 국악 이론과 키워드가 각각 10~20페이지 정도 된다. 두꺼운 개론서들을 그렇게 줄여 내기까지 책을 몇 번씩 정독했을지 추측해 보시라.

그렇게 공부했고 모의고사도 계속 도전했다. 노량진 모의고사는 사실 임용고시 직전까지도 익숙해지지 않았다. 나는 임용고시가 그렇게 지엽적일 리가 없다고 생각했고, 잠깐 듣던 인터넷강의에서 벗어나 다시 나만의 공부를 시작했다.

이론 공부는 얼추 되었는데 화성학이나 악곡 분석이 발목을 잡았다. 일단 악보를 보면 이게 어떤 곡인지 바로 알아야 하는데 악곡이 너무 많았다. 그래서 온라인으로 악곡 스터디를 참여했다. 스터디 멤버들이 악곡을 올리면 어떤 악곡인지 댓글을 다는 식으로, 함께 악곡 아카이브를 만들어 가는 형태로 공부했다. 밴드를 개설하고 그 밴드에 계속 악보 사진을 올려 나중에는 사진첩만 쭉쭉 넘기다가 '이 악곡이 뭐였지?' 싶으면 확인하는 형태로 악곡 공부를 했다. 전 곡을 다 듣고 이해하고 깊이 있게 공부해야 맞겠지만 시간이 없었다. 일단 주제 선율을 중심으로 눈으로 익혔다.

그렇다고 눈으로 대충 익힌 게 내 머릿속에 들어오지는 않았다. 공부하는 동안 계속 배경 음악을 틀어 놓았다. 살면서 음악을 가장 많이 들었던 때가 시험 공부를 하던 시절이었다.

공부를 하다 보면 집중이 안 되는 날이 있다. 오늘은 진짜 공부하기 싫은 날도 있고. 그럴 때는 음악 영화를 한 편씩 봤다. 〈불멸의 연인〉, 〈파가니니〉, 〈샤넬과 스트라빈스키〉, 〈아마데우스〉 등 음악가들을 다루는 영화를 보면

직접 만든 한국음악사 키워드 전공 정리본

서 머리를 식히고 동시에 그 작곡가들에 대해 이해하고 작품에 호기심을 키

울 수 있었다.

노는 데 진심인 나는 공부만 하지는 않았다. 오랜만에 고향에 내려왔으니

친구들도 자주 만나야 했고 아빠 병원도 자주 들러야 해서 독서실에 그리 오래 있는 편은 아니었다.

당시에는 태블릿 PC가 없어서 스마트폰에 모든 자료들을 넣었다. 스마트 폰 하나로 공부한 내용을 언제든 확인할 수 있도록 내 전공 정리본과 밴드에 있는 악보 사진들도 모두 PDF 파일로 만들었다. 친구들이랑 만나서는

공부 팁

1. 순공(순수공부) 시간 정하자

하루에 순공으로 7시간은 꼭 채웠다. 럭키 세븐! 7시간을 채우고 나면 밖으로 나가 놀았다. 그냥 꾸역꾸역 앉아 있는다고 내 머릿속에 들어오지 않았다. 이건 내가 나의 성향을 잘 알기 때문에 시도한 방법이다. 순공이 진짜 순공이 아니라면 망하는 지름길이다.

2. 내가 설명할 수 있어야 진짜다

헥사 코드나 귀도의 손, 경안법이나 역안법 등 여러 이론들은 내가 이해했다고 착각하기 쉽다. 그러나 남들에게 설명할 수 없으면 진짜 이해한 게 아니다. 이야기를 풀듯 자꾸 내가 설명하려고 노력해야 한다. 그러다 막힌다면? 공부를 더 해야 한다.

3. '이것만 보면 돼!' 하는 알짜 노트가 필요하다

막바지에 가서는 내가 정리한 전공 정리본만 달달 외고 들여다 봤다. 최대한 양을 줄여 놓고 줄줄 읊을 정도가 돼야 한다.

4. 교육학은 무조건 많이 써 보자

이론을 공부하고 외우는 것도 중요하지만 풀어낼 수 있어야 한다. 임용고시는 키워드 채점이다. 어쨌든 정확한 키워드들을 담아 글을 완성해야 한다. 많이 써 보는 것밖에 답이 없다.

5. 공부하기 싫을 때? 놀면서 공부하자

음악을 듣는 것, 음악과 관련된 영화나 오페라를 감상하는 것. 이것 또한 공부다. 놀면서 하는 공부로 부담도 덜하니, 조금 쉬어 가면서 자연스럽게 익혀 보자. 너무 달리다 보면 금방 지친다. 지치지 않고 꾸준히 공부할 수 있는 방법을 모색해야 한다.

근황 얘기를 하기보다 내가 공부한 내용을 풀어 설명했다. 술안주로 한국음악사라니, 친구들에게 다시 한번 고맙게 생각한다. 이동할 때나 침대에 누웠는데 잠이 안 올 때도 그냥 요즘 릴스 넘기듯이 악보를 보거나 전공 정리본을 읽어 봤다.

그냥 삶에서 뗄 수 없게 어디서나 공부한 내용이 보이도록 설계했다. 어려운 전공 내용들이 내 언어로 설명되어 있어, 계속해서 반복하다 보니 이해가 되었다. 이해가 되니 응용이 되었으며, 악곡과 연결하다 보니 새로운 것을 알아 가는 재미가 생겼다. '됐다!' 공부에 재미가 붙었으니, 시험에 붙을 수 있다는 자신감이 생겼다. 그해 나의 합격 소식은 나, 엄마, 병원에 계신 아빠도 울렸다.

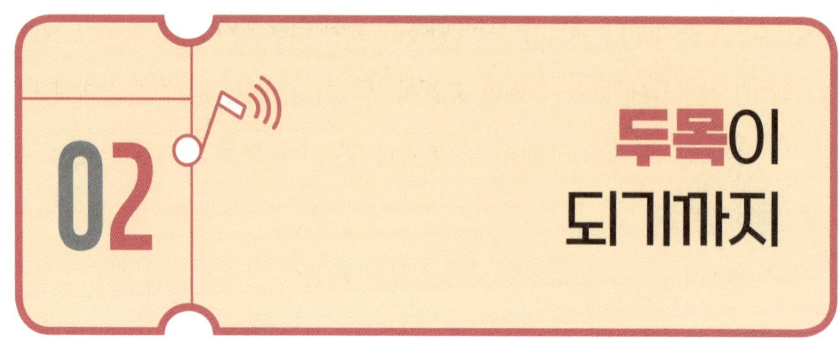

1 우당탕탕 신규 교사 도전기

 **첫 발령, 신규가 나 혼자라고?**

황송하게도 충북에서 그해 수석을 했다. 고생한 보람이 있었다. 부푼 꿈도 있어서 이제 아이들을 만나면 진짜 야무지고 재밌게 수업해야지 생각했다. 청주는 신규 선생님이 갈 자리가 없다고 그 근처 지역을 쓰는 것을 추천해 주셨다. 고등학교에 지원하고 싶었고 청주와 가까운 곳을 가고 싶었다. 바로 네이버 지도를 켜서 청주 옆에 붙어 있는 지역을 찾아보았다. 여기다! 증평에 있는 인문계 고등학교를 희망했다. 인터넷으로만 검색해서 교원대에 처음 당도했을 때의 기분을 두 번째 느낄 수 있었다. 증평에는 인문계 국공립 고등학교가 없었고, 괴산 증평 교육지원청으로 두 지역이 묶여 있어서 괴산고등학교로 발령이 났다. 내 선택을 존중해 준 발령이었지만 나는 괴산 증평 교육지원청의 존재 사실도 몰랐으니, '충북이 이렇게나 넓구나!'를 새롭게 깨달았다. 어쩔 수 없이 일단 이사 준비를 해야 했다.

난생처음 괴산이라는 곳을 가 보았다. 급하게 방을 구해야 했는데 그 시절엔 시골에 원룸 같은 게 있을 리가. 부동산에 가서 원하는 조건을 말했더니 '아가씨, 그런 방은 여기서 구할 수가 없어요.'라는 대답을 들었다. 내가 조건을 내세울 처지가 아니었던 것. 있으면 감사해야 할 수준이었다. 당장 출근도 해야 하는데 방을 못 구하니 발만 동동 구르고 있었다. 아이들과 어떤 수업을 하지 고민해야 할 시간에 일단 거취 문제가 먼저이니 머리가 안 돌아갔다. 학교에 처음 인사 갔을 때 이사와 거취에 대해 고민이 많다고 했다. 그런데 이게 웬일인가. 교사를 위한 신축 관사가 그해 처음 문을 연단다. 게다가 신규 우선! 역시 난 운이 좋은 사람이다.

그해 괴산고등학교에는 신규 교사가 나 혼자였다. 선생님들께서는 신규가 왔다며 너무 신기해 하셨고 귀엽게 여겨 주셨다. 젊은 음악 선생님 등장에 학생들의 반응도 좋았고, 모두에게 사랑받는 기분에 연예인병 걸릴 뻔했다. 교사가 되니 수업도 수업이지만 '업무'가 주어졌다. 나이스라는 업무관리 프로그램도 쓸 줄 알아야 했고 공문서 기안하는 법도 알아야 했고, 예산을 사용하려면 품의라는 것도 할 수 있어야 했다. 하나씩 차근차근 배워가며 선배 선생님들을 뒤쫓아 갔다. 막내 한 명이라 많은 도움을 받을 수 있었고, 괴산고에는 교직 경력만 20년이 넘어가는 대선배님들이 많이 계셔서 옆에서 보고 배울 것들이 넘쳐났다. 당시 괴산고에는 미술 선생님이 안 계셔서 예술 관련 업무는 음악 교사인 내가 맡았고, 음악과 미술 동아리들을 맡게 되었다. 미술실과 음악실 관리도!

학생들은 내 예상보다 너무 사랑스러웠고, 착했다. 모든 수업이 나에게는 처음이니 매시간 수업할 것들을 고민하고 수업 자료를 만드는 일도 매일 반복되었지만 그저 행복했다. PPT 애니메이션에 공을 들이고 아이들이 좋아할 만한 영상 자료를 찾는 일에도 많은 시간을 할애했다. 아이들은 내가 〈영산회상〉을 수업할 때도, 쇼팽 왈츠를 수업할 때도 똘망똘망한 눈망울로 들어 주었고, 〈보리수〉 2부 합창을 할 때는 진짜 감동의 눈물을 흘릴 뻔했다. 교가 뮤직비디오를 만들어 보겠다면서 학생들을 데리고 야외 수업을 한다거나 수능 응원 영상을 학급별로 만들겠다고 핸드폰 가방을 가져와 학교를 돌아다닐 때도 신규 선생님이 수업을 재밌게 하시려나 보다 하고 흐뭇하게 지켜봐 주시던 선배님들께 너무 감사하다.

당시 나는 스마트폰으로 영상을 촬영하고 편집하는 수업을 자주 했다. 스마트폰으로 음악을 만들어 보는 수업도 했다. 지금이야 에듀테크가 보편화되고 이런 수업 사례들이 많아졌지만, 그 시절 시골에서는 아마 잘 없었을 거다. 아이들에게 영상 편집하는 애플리케이션 사용법, 음악 편집하는 법을 알려 주어 직접 뭔가를 만들어 보는 수업을 많이 도전했다. 기존과 다른 음악수업 방식에 아이들도 신기해했다. 진짜 음악이 완성되고 영상이 완성되었을 때 나의 보람찬 기분이란 이루 말할 수가 없었다. 물론 첫 교사 도전기

아이들과의 야외 수업

라 지금 돌이켜 보면 엉성하기 짝이 없지만. '신규 선생님, 하고 싶은 수업 자유롭게 다 하세요.' 하면서 응원해 주셨던 선배님들과 우당탕탕이지만 선생님이 하자는 대로 잘 따라와 준 학생들에게 다시금 감사의 인사를 전한다.

◉ 윈드 오케스트라요?

첫 발령, 나의 업무는 축제와 관악부 그리고 예술 관련 업무였다. 가장 부담이 되었던 것은 윈드 오케스트라인 '관악부' 운영이다. 교육청에서 따로 지원받은 예산도 있었고 강사도 써야 했으며 관악제도 나가야 했다. 일단 악기라고는 피아노밖에 연주하지 못하는 내가 관악부를 지도한다니, 엄청난 일이었다. 사진으로만 보던 악기들도 얼마나 많은데, 나는 악기에 대해 모르는데, 걱정이 앞섰다. 강사 선생님이 계셨지만 연습도 시켜야 하고 지휘도 하려면 내가 악곡에 대해서도 알아야 했다. 교사가 되어도 공부는 끊이지 않는다.

일단 관악실의 환경은 그리 좋지 않았다. 학교 건물 옆 컨테이너가 관악실이었고, 그 습한 곳에 악기들이 있었다. 학교가 개교한 지 오래돼 음악실도 관악실도 시대극 찍기 딱 좋은 배경 같았다. 음악실에는 골드스타(LG의 옛날 이름) TV가 있었는데, 이 TV가 있다는 것 하나만으로 〈응답하라〉 시절로 돌아갈 만한 풍경이었다. 이전 선생님께 인수인계를 받으면서 관악부 운영에 관한 자료들도 받아 살펴보았다. 악기 수량도 체크해야 했고, 악장도 만나 인사를 해야 했다. 그런데 그것보다 더 시급한 일이 있었으니 바로 3월 2일 개학날 지휘를 해야 한다는 것이었다. 내 발령일은 3월 2일이지만, 2일날 가서는 지휘를 할 수가 없었다. 빠르게 아이들의 연락처를 확보하고 연습 날짜를 정해 2월달에 먼저 만났다. 그렇게 관악부 아이들과의 동고동락 5년이 시작되었다.

아이들과 관계를 형성하고 관악부 학생들이 합주에 재미를 붙일 수 있도록 선후배 간의 소통 프로그램을 만들었다. 보상으로 간식도 자주 쥐여 줬고, 무대에 재미를 들일 수 있도록 학교 내 행사에서나 외부 행사에서 스포트라이트를 받을 수 있도록 했다. 지역 축제나 행사에 나가 무대에 서고 박수를 받는 일에 아이들이 뿌듯함을 느꼈고, 관악제도 참여해 함께 음악을 만들어 가는 과정에서 자라는 모습을 보며, 가르치는 나도 뿌듯했다.

첫술에 배부를 수 없었으니 우여곡절 또한 많았다. 악기는 예민해서 관리가 중요한데, 악기 전공이 아닌 나는 책에서만 보던 악기들을 다루는 방법

관악부 학생들과 관악제 참가

관악제 참가 사진

을 몰랐다. 악기 상태를 점검하고 관악부 강사 선생님께 악기에 대해 배워 가며 악기 관리 규칙을 다듬었고, 정박 지휘밖에 못 하는 내가 무대 위에서 지휘하기 위해 지휘법 연수도 들으러 다녔다.

학교를 대표해 여러 행사에 참여하다 보니, 지역사회의 지원도 받을 수 있었고 학교에서도 관심을 가지기 시작했다. 이때다 싶어 관악부의 열악한 교육 환경을 어필했고, 4년에 걸쳐 탄탄하게 다져 놓은 떡밥을 5년 차 말에 회수할 수 있었다. 컨테이너를 허물고 교육청 지원을 받아 새롭게 관악부를 지도할 수 있는 1층짜리 콘크리트 건물을 세울 수 있었다. 그때의 감동이란 이루 말할 수 없다. 눈발이 휘날리는 추운 겨울이었는데 낡은 수레에 잡동 사니들을 내다 버리고 악기를 이리 옮겼다 저리 옮겼다 하는 중노동을 하면 서도 우리는 새 건물이 생긴다는 생각에 즐거웠다. 공립은 최대 재직기간이 5년이라 아쉽게도 나는 새 건물을 지어 놓고 다른 학교로 옮겨가야 했지만, 내 노력으로 좋은 교육 환경을 다지고 나왔다는 사실이 몹시 뿌듯했다. 아 직도 괴산고 관악부 소식이 들리면 괜히 반갑고 그렇다.

"얘들아, 힘들었지만 우리 참 재미있었지?"

2 뭘 자꾸 만드니?

 자꾸 늘어나는 업무, 그런데 다 내 탓인 것

학교 안에도 각종 부서가 있고 담당 업무가 하나가 아니라 여러 가지다. 음악 교사는 다양한 분야에서 업무를 해야 한다. 음악수업만 하는 것이 아 니라 담임을 하면서 행정 업무 또한 맡아야 한다. 담임 교사로서는 우리 반 아이들을 살펴야 했고, 음악 교사로서는 음악수업에 전념해야 했으며 학교의 여러 업무도 수행해야 했다.

열정 가득한 신규 교사가 해를 거듭하면서 노하우를 쌓다 보니 신규의 패기와 경험이 더해져 새로운 활동들을 도전해 보고 싶었다. 일단 학교의 예술 활동이나 축제 등은 보통 음악 선생님들이 주로 맡는다. 축제 업무를 맡았을 때, '이건 내 일이다!' 하는 확신이 있었다. 노는 것은 자신 있었고 신나게 놀 판을 까는 것 또한 적성에 딱 맞았다. 학교 축제는 그냥 노는 것으로 끝나지 않는다. 하나의 교육 활동이고 한 학기 혹은 1년의 교육 성과를 나누는 큰 행사이다. 그 시기에는 평소 조용하던 학생들도 무대 위에서 자신의 끼를 펼치고, 특히나 예술에 관심이 많은 학생은 물 만난 고기마냥 팔딱거린다. 개인이나 팀으로 가요를 부르거나 K-pop에 맞춰 춤을 추는 단발성 무대들도 좋지만, 좀 더 의미 있는 축제를 만들고 싶었다. 음악 교과와 축제를 연계해 모두가 무대에 설 수 있는 프로그램을 기획했다. 음악 교과에서는 뮤지컬의 구성 요소와 주요 작품, 뮤지컬 넘버(musical number)에 대해 배우고 이를 바탕으로 우리 모둠만의 창작 뮤지컬을 만들어 축제 무대에 세우는 프로젝트 수업을 기획했다.

대본을 쓰는 일은 국어 선생님들과 연계해 융합수업으로 방향을 정했다. 마침 국어 교과에서는 희곡을 배우고 있어서 대본을 쓰는 활동은 국어수업 시간에 국어 선생님의 도움을 받아 완성하게 했다. 음악 시간에는 주요 뮤지컬 넘버를 개사해 학생들이 주제에 맞는 음악을 선곡하고 연습할 수 있도록 지도했다. 분명 선생님 손이 많이 가고, 팀별로 지도해야 할 일들이 많았다. 그러나 아이들이 성장하고 무대 위에서 성취를 이루는 것을 보는 기쁨이 있었기에 그 당시에는 힘든지도 몰랐다.

모둠별로 각각 역할을 나누고 음악 선정, 개사, 대본, 무대 소품 제작 등 모두가 각자의 역할에 충실히 참여해 만든 무대는 그야말로 감동이었다. 아이들의 멋진 모습을 나 혼자 볼 수는 없었다! 영상은 QR코드로 만들어, 무대영상 외에 대본과 아이들의 활동 소감까지 담아 학부모와 교사가 언제든 감상할 수 있도록 제작했다. 물론 연습 과정에서 우여곡절이 많았지만, 함께 완성한 무대로 성취감을 느낄 수 있었고, 끼 많은 몇 명의 아이들이 중심이 되어 이끌어 가던 분위기가 모두가 참여하는 축제로 변했다. 이런 축제의 기획 의도는 학교를 옮겨서도 계속되었는데, 학급 구성원 모두가 참여하는 축제로 학급 공연, 동아리 공연, 개인 공연까지 하루를 꼬박 할애해 다채로운 프로그램이 진행될 수 있게끔 확장했다.

코로나19 팬데믹 이전에는 DJ와 장비까지 섭외해 뛰어놀 판을 신나게 깔

학교 축제 중 〈복면가왕〉 프로그램

점심 도시락 공연

아 주기도 했으니, 그 열기가 대단했다. 축제 공연 업체에서는 이렇게 다양한 무대는 처음 봤다고 어려움을 호소하기도 했지만, 학생들을 위해 기꺼이 도와 주셨고 학생들도 활동의 취지를 이해하고 적극 참여해 해마다 멋진 축제를 완성할 수 있었다.

근무하는 학교마다 예술 동아리 지도교사는 오롯이 내가 맡았다. 축제 업무를 담당하다 보니 공연을 올려야 하는 일도 나를 거쳐야 했고, 예술 관련 업무를 맡았다 보니 예술 관련 동아리들도 내 손을 거쳐야 했다. 학교마다 오케스트라, 댄스 동아리, 밴드 동아리, 뮤지컬 동아리, 연극 동아리, 힙합 혹은 랩 동아리, 심지어 패션 동아리까지 맡았었는데 이 모든 것은 나의 큰 그림이었으니 동아리 활동의 결과를 축제에 잘 녹여 내기 위함이었다.

그런데 축제는 한정된 시간에 무대에서 일회성으로 보이는 것들이 많아

생활 속에서 자연스럽게 경험할 수 있는 예술을 추구하기에는 한계가 있었다. 그래서 생각한 것이 상설 버스킹이다. 나뿐만 아니라 대부분 음악 선생님들이 버스킹 코너를 계획하고 멋지게 운영하고 있다. 나는 매 프로그램에 테마를 선정하는데, 꼭 예술 동아리 학생들만이 아니라 누구나 희망하는 사람은 참여할 수 있도록 점심시간을 할애한 매일 버스킹을 운영했다. 이름은 '점심 도시락'이었다.

'도'와 '시'는 계이름에서, '락'은 즐거울 락(樂)을 써서 음악을 뜻하는 네이밍이다. 점심시간에 짤막하게 운영하기도 하고, 내가 가져온 장기를 보여준다는 뜻에서 '도시락'이라고 이름 붙였다. 점심 도시락 코너는 학생만 참여하는 것이 아니라 선생님도 참여가 가능했다. 학교의 구성원 누구나 희망하는 사람은 참여할 수 있도록 기획했고 처음에는 망설이던 선생님들도 하나둘씩 참여하면서 점심시간에 매일 식단표만 보던 아이들이 식단표와 함께 그날의 공연 라인업도 함께 살피기 시작했다.

학교를 옮겨서도 점심시간을 알차게 버스킹에 사용했다. 청원고에는 아고라 광장이란 야외무대가 있어서 좀 더 멋스럽게 진행할 수 있었다. 학교 상황과 날씨에 따라 실내와 실외에서 진행했고, 크리스마스 시즌에는 등굣길 캐럴 음악회로, 수능이 얼마 남지 않았을 때는 수능 대박을 기원하는 응원 음악회로 성격을 달리해 음악으로 가득한 학교 공간이 될 수 있도록 했다.

자꾸 새로운 프로그램을 만들다 보니 기존 업무에서 일이 하나씩 하나씩 늘어나며 매일 바쁜 나날의 연속이었다. 동아리 업무도 담당하다 보니 동아리 체험 부스 프로그램도 운영해야 했는데, 축제와 연계해 기말고사 후 이틀을 학술제 프로그램으로 꾸미기도 했고 지역사회의 도움을 받아 진로 프로그램과 연계하기도 했다. 운영하면서 부족한 점들을 보완하기 위해 해마다 조금씩 방법을 달리해 보고 주제를 바꿔 보고 하면서 조금씩 발전하려고 노력했다. 혼자서는 도저히 못 했을 일이다. 학생들과 함께 머리를 맞대고 고민하면서 어떤 프로그램을 원하는지, 어떤 방식이 참여율을 더 높일 수 있을지 방향성을 설정했다. 학교 차원에서도 이러한 열정을 높이 사서 시간과 공간을 자유롭게 사용할 수 있게끔 배려해 주셨다. 덕분에 두 번째 학교에서는 음악실 리모델링으로 내 맘에 쏙 드는 음악실을 꾸밀 수도 있었다.

일을 하면서 느끼지만, 몸이 고달픈 것은 나의 업보이다. 자꾸 새로운 것을 만들어 내니까. 그래도 그 도전의 연속에서 가장 뿌듯한 것도 나 자신이다. 지방의 아이들이 서울로 공연을 보러 갈 기회나 시간이 부족한 것이 아쉬워, 유명 예술인이나 단체를 어렵게 섭외해 초청 공연을 거창하게 운영하기도 했다. 예술의 전당에 가야 볼 수 있는 공연을 학교 강당으로 섭외해 오는 것은 쉽지 않았다. 잦은 섭외 거절로 상처를 받기도 했는데, 초청 공연이 끝나고 학생들로부터 톡이 쏟아졌다. "선생님 덕분에 평생 기억에 남을 멋진 무대를 경험했다."라면서 연신 감사인사를 남겨 주는데, 그걸로 충분하다. 좀 더 힘들어도 될 것 같다.

🔵 유튜버 도전기

2020년도였다. 학교를 옮긴 후 첫 출근을 해야 하는데, 이게 무슨 일인지 갑자기 코로나19 팬데믹으로 인해 등교가 미뤄졌다는 뉴스가 나왔다. 사상 초유의 사태에 나뿐만 아니라 전국의 선생님들이 놀랐을 거다. 2월부터 새 학교로 나가 3월 개학 후 수업을 준비하고 있었는데 갑자기 등교가 미뤄지다니. 갑작스레 원격 수업 준비를 해야 했고, 국영수 등 교과와 달리 음악은 EBS나 다른 교육 플랫폼에도 수업에 활용할 마땅한 콘텐츠가 없어 직접 만들어야 하는 상황이었다.

원래 나는 다른 음악 선생님들과 함께 '음.오.아.예(음악 선생님이 들려주는 오페라, 아리아, 예술가곡)'라는 예술교육 프로그램을 운영하고 있었다. 우리 음악 선생님이 무대 위에서 해설과 함께 교과서 속 노래들을 직접 불러 주고 피아노로 연주해 주는 프로그램이다. 충북 도내에 있는 여러 학교를 방문해 그 학교 음악 선생님과 함께 무대를 꾸몄다. 나름 성공적으로 운영하고 있었고 음악 선생님들과 교류도 활발해지고 있었다. 그런데 코로나19 팬데믹으로 오프라인에서 진행하는 프로그램이 잠정 중단되면서 우리도 온라인으로만 소통할 수밖에 없었다. 원격 수업의 어려움을 토로하다가 함께 음악교육 콘텐츠를 만들어 보자는 이야기가 나왔고, 각자 단원을 택해 음악수업 영상을 제작하기 시작했다.

처음 내 얼굴을 마주하고 수업을 촬영하려니 너무 떨렸다. 화면 속 내 얼굴은 어색했고 목소리도 '이게 내 목소리가 맞나?' 싶을 정도로 낯설었다. 긴장을 좀 덜어 내기 위해 그 당시 집에 있던 대왕 키티 인형을 붙잡고 촬영했는데, 그게 학생들 사이에서 'BJ 키티'로 불리며 반응이 괜찮았다. 촬영도 자꾸 하다 보니 익숙해지고, 편집도 지금 보면 '오 마이 갓'을 외치겠지만 당시에는 나름 심혈을 기울여 한 것이었기에 만족스러웠다. 무엇보다 수업을 영상으로 만들어 놓으니, 언제든 활용할 수 있는 수업 아카이브를 만들면 좋겠다는 생각이 커졌다. 얼마 지나지 않아 실시간 화상 수업으로 원격 수업을 진행했고, 음악 교과의 특성상 학생들이 직접 참여하고 활동할 수 있는 실시간 수업이 더 효과가 컸기에 메타버스 음악실을 만들어 수업의 실재감을 높였다. 그러면서도 교육 콘텐츠를 만들어 보면 어떨까 하는 생각이 머리를 떠나지 않았고, 조금 늦은 감이 있었지만 '음.오.아.예' 선생님들끼리 모여 유튜브 채널을 개설했다. 음악교육계의 넷플릭스를 꿈꾸며 이름은 '음플릭스'로 지었다. 당시 메타버스 공간에 음악실 만들기 콘텐츠나 실시간 원격 수업 방법 등 음악 선생님들에게 도움이 될 만한 팁들을 콘텐츠로 제작하기도 했다. 내가 직접 내 수업에 쓰기 위한 콘텐츠를 만들다 보니 현장 선생님들이 많이 공감해 주셨다.

그렇게 나의 부캐릭터인 '두목'이 만들어졌다. 리더의 느낌인데 조금의 유머를 가미해 두목으로 이름 붙였다. 절대 나이순이 아니라 그냥 이끌어 가는 동아리 부장 정도의 느낌이다. 처음에는 이렇게 오랜 기간 운영할 거라고 생각도 못 했다. 초반에 함께하던 선생님들도 학교 업무와 병행하기에 어려움이 있어 점점 인원수가 줄어들어, 현재는 나를 포함해 3분의 선생님이 함께 운영하고 있다. 가창 수업을 흥미롭게 할 수 있게 '교과서 노래방' 콘텐츠를 제작하고 학생들의 음역대를 고려해 다양한 키로 음원을 제공했다. 학생들에게 낯선 오페라를 애니메이션으로 제작해 줄거리를 이해하고 주요 아리아를 감상할 수 있도록 만든 콘텐츠는 학교뿐만 아니라 음악 교사를 꿈꾸는 예비 교사들에게도 큰 사랑을 받고 있어 감사할 따름이다. 전문 유튜버가 아니다 보니, 이것도 만들어 봤다가, 저것도 도전해 봤다가 시행착오를 아직까지도 겪고 있고, 학교 일이 우선이다 보니 콘텐츠 업로드가 주기적으로 꾸준하지도 않지만, 애정을 가지고 운영하고 있다. 감사하게도 너무 과분하게 사랑해 주셔서 오프라인 연수에서도 음악 선생님들을 자주

뵐 수 있는 기회가 많아졌고 이렇게 책도 쓸 수 있게 되었다.

　다른 교과는 인터넷 강의 영상이 잘 만들어져 있는데, 음악은 부족한 것이 항상 아쉬웠다. 내가 만든 콘텐츠들이 아직 많이 부족하지만, 학교 현장에서 수업의 보조 자료로 활용될 수 있다는 생각에 채널 운영을 지속할 수 있었다. 지금은 음악교육 채널들도 많아졌고 현장 선생님들의 개인 채널에서도 양질의 음악교육 콘텐츠들을 많이 발견할 수 있어 존경스럽고 뿌듯하다. 요즘은 1인 1채널 시대라는데, 음악 선생님들이 자신만의 수업 노하우를 적극적으로 온라인에서 공유하면서 서로 긍정적인 방향으로 전문성을 키워 나가는 문화가 더욱 확산되었으면 하는 바람이다.

〈음플릭스〉 대문 사진

〈음플릭스〉 콘텐츠 썸네일

03 함께 자라 보자, 나 좀 키워 줘라

1 음악수업은 즐거워야 제맛

 노는 게 제일 좋아, 게이미피케이션 음악수업

〈무한도전〉의 박명수 짤로 유명한 "꿈은 없고요. 놀고만 싶습니다."를 혹시 아시는지? 매일이 즐거웠으면 하는 파워 ENFP인 나에게 아주 적절한 표현이었다.

일반고에 근무하며 학업에 지친 학생들을 많이 보았다. 음악실은 숨통이 트일 수 있는 공간으로 만들어 주고 싶었다. "음악은 수능도 안 보는데, 왜 배워야 해요?"라며 심통 부리는 학생들이 스스로 재미있게 참여할 수 있는 음악수업을 만들고 싶었다. 너희를 위해서라면 내가 광대가 되어 보리라.

대학 생활에 경험한 숱한 게임들과 예능 프로그램에서 얻은 아이디어들로 음악 퀴즈 게임들을 많이 만들었다. 빙고, 스피드 퀴즈, 인물 퀴즈 등등 각종 게임에 음악수업 내용을 접목했다. 그렇게 파다 보니 '게이미피케이션(gamification)'이라는 용어가 있었다. 게이미피케이션이란 '게임(game)'과 '~화하다(~ification)'의 합성어로 게임의 매커니즘, 사고방식, 디자인 요소

174

등을 적용해 재미와 보상을 제공하는 기법이다. 이걸 그대로 수업에 가져온 다면? 그것이 바로 게이미피케이션 교육인 거다. 게임 요소를 활용해 학습 흥미와 동기를 유발하고 집중력과 몰입도를 높인다. 약간의 보상이 있다면 보다 적극적인 참여가 가능하다. 또한 게임 진행을 위해 학생 스스로 공부 하는 열정을 보이니 이보다 좋은 수업이 어디 있을까! 수업에 자주 쓰는 게 임 몇 가지를 소개한다.

1. 리듬 게임

리듬 게임은 시계를 기준으로 1~12까지 시각에 맞춰 12가지의 4박 리듬 을 익힐 수 있는 게임이다. 공격자는 4박에 맞춰 이름과 시각을 외치고 4박 을 센다. 이름이 불린 사람은 해당 시각의 리듬을 박자에 맞춰 읽은 후, 공 격자가 되어 게임을 이어 간다. 공격은 정각과 5분 단위로만 가능하다. 예 를 들어 "내 친구 ○○아, 한 시 십오 분!"이라고 공격하면, 1과 3에 해당하 는 리듬꼴 두 개를 연속해 읽어야 성공이다. 게임 진행을 위해서는 12가지 리듬꼴을 정확히 알아야 하며, 리듬은 '코다이 리듬법'으로 읽는다.

2. 멜로디 게임

멜로디 게임은 '부루마블'이라는 보드게임에서 착안한 게임이다. 사실 부 루마블 그 자체라고 해도 무방하다. 게임 진행을 위해 게임판과 개별 학습 지가 제공된다. 학습지에는 빈 오선지가 있고, 그 아래는 다장조의 주요 화 음 기호들이 적혀 있다. 게임으로 획득한 리듬꼴을 주요 화음 구성음에 맞 춰 입력해 음악을 완성해 가는 게임이다. 모든 말은 게임판의 'START'에서 시작하고, 주사위를 굴려 나오는 수만큼 말을 이동한다. 게임판에는 숫자와 공격, 교환, 무인도, 황금열쇠 등 게임 요소들이 섞여 있다.

함께 해요, 멜로디 게임

1. 게임판

- 온라인에서 '게임말'을 검색하면 귀염 뽀짝한 말들을 저렴하게 구입할 수 있음.
- 게임판과 주사위만 모둠별 책상 위에 올려 두어도 아이들이 신나함.
- 배경음악으로 '모두의 마블 1시간'을 유튜브에서 재생해 주면 더 실감난 수업 가능함.

2. 학습지

- 8마디 한 도막 형식은 중학생 기준, 화음 구성음은 보조 자료로 제공함.
- I는 도, 미, 솔 중 선택해 내가 고른 리듬꼴에 맞춰 입력 가능함.
- 학습지인 종이와 연필을 제공함.
- 노테이션 프로그램으로 수업을 주로 진행하다 보면 기보법을 놓치기 쉬움.
- 실제로 음표를 그려 보는 활동을 통해 기초 음악이론을 재정비할 수 있음.
- 난이도에 따라 고등학생은 16마디 학습지를 제공하고 비화성음을 포함하는 규칙을 더해도 됨.

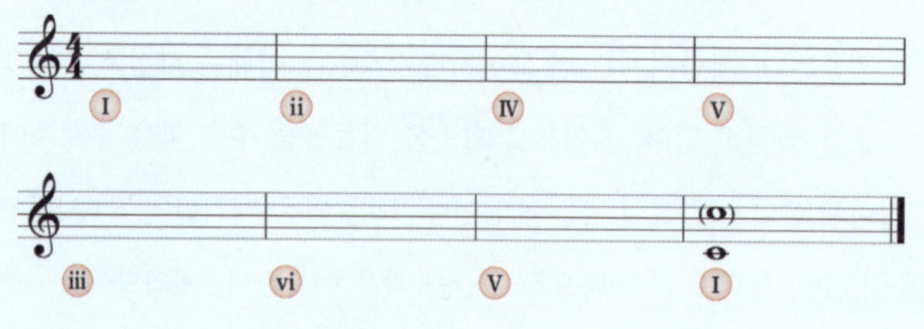

　게임판에는 1~6의 숫자가 무작위로 섞여 있는데, 이 숫자는 리듬 게임에서 익혔던 12가지의 리듬꼴 중 6개를 선별해 번호를 매긴 숫자이다. 주사위 수만큼 말을 옮겨 게임판 위에 도착했다면, 게임판 위의 숫자에 해당하는 리듬꼴을 선택한다. 입력해야 할 마디의 화음 구성음을 찾아 악보를 채워 먼저 완성하는 사람이 승리한다.

3. 데시벨 챌린지

　소음을 측정할 수 있는 무료 애플리케이션을 활용한다. 가창수업 때 활용이 가능하고, 모둠별로 '최고 데시벨은 누구?' 혹은 '기준 데시벨을 넘겨라!' 등의 미션을 제시해 게임이 가능하다. 음악실에 나름의 무대를 꾸미고, 가운데 데시벨 측정 애플리케이션을 켜 놓는다. 모둠별로 순서를 정해 참여하고, 순간 최고 데시벨을 측정해 경쟁하는 간단한 게임이다.

4. 장단 게임

　감사하게도 국립국악원에서 '국악놀이터'라는 애플리케이션을 제작하고 무료로 배포해 주었다. 민요의 다양한 장단을 익힐 수 있는데, 그중 '장단 게임'이라는 기능이 탑재되어 있다. 장단 게임을 누르면 장구의 북편과 채편을 터치할 수 있도록 화면이 바뀌고, 민요에 맞춰 장단을 정확히 연주해 점수를 획득하는 게임이다.

5. 교과서 음악 퀴즈

　tvN 예능 프로그램 〈신서유기〉에서 클래식 음악을 들려 주고 작곡가와 제목을 맞히는 게임이 인기를 끌었을 때, '바로 이거지!' 하면서 문제를 만들었다. 1단계는 음악을 들려 주면 작곡가와 제목을 빠르게 외쳐 점수를 획득하는 것이다. 2단계는 작곡가 사진을 보여 주면 빠르게 정답을 외쳐 점수를 획득하는 인물 퀴즈로 진행된다. 문제는 교과서에 나오는 제재곡으로 자유롭게 구성할 수 있다. 정악과 민요, 가곡과 가요까지 교과서의 다양한 곡들을 섞어 어떤 장르가 나올지 모르게 긴장감을 유발할 수 있다. 3월 첫 만남 때 '자리 선정'에 활용해 보시라. 학생들의 반응이 폭발적이다.

#3월 개학 #음악실 #첫인상 #재밌는데?

이런 해시태그를 바로 완성할 수 있다.

◉ 생활기록부는 써야 하니, 프로젝트 수업이다!

일반고 선생님들은 학기 말이 되면 가장 두려운 것이 '세특(세부능력 특기사항의 줄임말)', 생활기록부 기록이다. 음악 교과는 일주일에 수업하는 시수는 적은데, 한 학년 전체 혹은 두 학년을 걸쳐 수업하다 보니 기록해야 할 학생 수가 어마어마하다. 음악 선생님들끼리 "나는 200명 쓴다.", "저희는 300명 넘어요."라면서 고통 배틀(?)을 하기도 한다. 물론 수업 중 학생들을 면밀히 관찰하고 개별적 특징을 꼼꼼하게 기록해야 하는 것은 교사의 당연한 자세이다. 하지만 같은 제재곡을 부르고 감상하고 하는 일반적인 음악수업에서 몇백 개의 개별적인 특기사항이 나오기란 정말 어려운 일이다. 그렇다면? 개별 특성을 더 잘 파악할 수 있는 수업을 구상해야 한다.

내 수업은 철저히 학생 중심이다. 일단 해야 하는 환경에 던져 놓으면 학생들은 스스로 알아서 잘한다. '뭔가 만들어 보자, 같이 완성해 보자.' 하는 수업활동들에 큰 대주제를 얹어 프로젝트 수업으로 구성해 보았다. 창작 뮤지컬을 만들어 축제에 올리는 수업 또한 그랬다. 아이들이 함께 머리를 맞대고 주제 선정부터 대본 작성, 개사, 음향 편집 등 여러 역할을 수행하면 학생 개별 활동이 넘쳐날 수밖에 없다. 음악수업 시간에 직접 음악을 만들거나 친구들과 함께 합주에 참여한다면 고등학교 음악수업의 소중한 추억으로 평생 기억에 남지 않을까? 그렇게 엮은 프로젝트 수업들을 소개한다.

1. 고전시가를 노래하다

문학 선생님과 손을 잡았다. 고전시가는 원래 선율이 있는 음악이었다는 점을 강조하고, 고전시가의 핵심 정서를 중심으로 우리가 새롭게 음악을 만들어 붙여 보자는 프로젝트 수업이었다. 문학수업 시간에는 문학 활동지 '고전문학 톺아보기'를 중심으로 고전시가에 대해 학습한다. 그리고 어려운 고전시가 단어들을 이해할 수 있게 풀이하고 다듬는 개사 작업을 진행한다. 고전시가 가사에 어울리는 음악을 함께 만들고 모둠별로 역할을 나눠 부른다. 이때 미디 프로그램을 활용해 각자 맡은 부분을 녹음하고 하나의 음원으로 완성한다. 음악에 어울리는 영상까지 더해 최종 작품은 영상 파일로 제출한다. 이후 기존 작품과 창작품을 감상하고, 문학 교과 관점에서 바라본 작품과 음악 교과 관점에서 바라본 작품에 대해 논의하는 과정을 거친다. 프로젝트 수업 후 자기 평가 및 상호 평가를 진행한다. 작품의 창작 의도와 과정에서의 특이점은 상세하게 기록해 자료집으로 제작하고, 완성된 영상은 QR코드에 담아 해설과 함께 감상할 수 있도록 한다.

2. AI와 함께 만드는 음악, '너의 이야기를 들려 줘'

AI 음악 생성 업체인 '크리에이티브 마인드'와 교육 협약을 맺었다. 2022년 당시 한창 인공지능이 핫한 키워드로 떠올랐고, 클릭 한 번으로 음악이 뚝딱 만들어지는 새로운 시대가 열렸다는 사실에 바로 수업에 접목해 보자는 아이디어가 떠올랐다. 그 방면으로 유명한 교수님께 수업의 의지를 보이며 도움을 구했고, 결국 학교와 교육 협약을 맺어 AI 음악 생성 프로그램인 '뮤지아'를 무료로 사용할 수 있었다.

학생들은 생활 속에서 '주제'를 선택해 음악을 만들 계획을 세운다. 어떤 내용을 담아 내고 싶은지 음악 장르는 무엇인지 구체적으로 계획하고 인공지능을 활용해 해당 장르 음악을 생성한다. 생성한 음악을 들어 보고 자신의 원래 의도에 맞게 선율을 수정하거나 반주 코드를 바꿔 편집한 뒤, 음악에 어울리는 영상을 만들어 완성한다. 마찬가지로 작품의 창작 의도와 과정에서의 특기사항은 상세하게 기록해 자료집으로 제작하고 완성된 영상은 QR코드에 담아 감상할 수 있도록 한다.

3. 창의예술융합 프로젝트 수업 '우리들의 뮤직케이션'

리듬 게임과 멜로디 게임을 거쳐 직접 음악을 만들어 보았다. 이번에는 인공지능을 사용하지 않고 철저히 학생들이 스스로 음악을 만들어 냈다. '뮤직케이션'은 뮤직과 커뮤니케이션을 합성해 내가 만든 용어로, 커뮤니케이션이면서 에듀케이션의 의미 또한 가지고 있다. 음악으로 소통하자는 큰 의미를 담아 보았는데, 음악이 가진 언어적 가치와 음악을 통한 소통에 중점을 둔 수업이다.

학생들은 범교과(혹은 SDG's 17가지 목표) 중에서 주제를 선택하고, 해당 주제를 널리 알릴 캠페인 음악과 영상을 만드는 활동을 수행한다. 노테이션 프로그램을 활용해 선율을 만들고, 미디 프로그램으로 옮겨 반주를 추가한다. 조성과 악기의 음색, 빠르기와 박자 등 음악의 구성 요소들을 폭넓게 학습할 수 있는 수업이라 나름 긴 시간을 투자했다. 디자인 템플릿을 활용해 슬라이드를 제작하고 완성한 음악을 더해 캠페인 영상이 탄생하면, 학교의 창의적 체험활동 프로그램과 연계해 실제 소개하고 발표할 수 있는 자리까지 마련했다. 모든 수업이 그렇듯 활동 기록과 작품을 감상할 수 있는 QR 코드는 책자로 제작해 배포한다.

4. 내가 K-뮤직 홍보대사

학생들이 국악에도 관심을 가지고 다양한 국악곡들을 찾아 들었으면 좋겠다는 마음에서 출발한 수업이다. 학생들이 스스로 국악 홍보대사가 되어 국악의 계승 및 현대화를 위한 아이디어를 담은 영상을 제작하는 프로젝트 활동이다. 국악이 낯설고 어려운 이유를 함께 탐색한다. 그리고 국악의 원형 그대로를 보존해야 하는지 아니면 요즘 시대에 맞춰 새로운 모습으로 변화해 발전시켜야 하는지에 대해 토론하는 것부터 시작한다. 정악과 민속악, 퓨전 국악까지 장르와 중심 악곡을 선택해 국악이 대중들에게 친숙해질 수 있는 아이디어를 기획한다. 남학생들은 롤이나 배틀그라운드 스킨, 아이템 등에 접목하는 아이디어들을 많이 내고, 여학생들은 K-뷰티 산업에 주로 적용했는데 정말 참신한 아이디어들이 쏟아져 나온다. 결과물은 아이디어 제안서 혹은 광고 영상의 형태로 제작할 수 있으며 마찬가지로 활동 기록

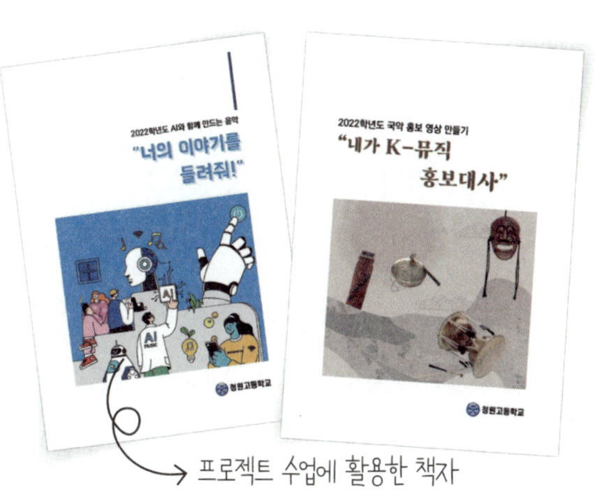

프로젝트 수업에 활용한 책자

과 작품 감상의 QR코드를 책자로 제작해 배포했다.

끝나지 않은 도전

◉ 예술고 오케스트라라니!

오케스트라는 신규 교사때부터 쭉 동아리를 운영했으니, 처음보다는 덜 부담스러운 일이라고 생각했다. 하지만 예술고등학교 오케스트라는 이야기가 다르다. 악기를 '전공'하는 학생들이 모두 모인 오케스트라다. 쉽게 편곡된 스코어만 보다가 원곡의 풀 스코어를 보자니 눈앞이 핑 돌았다. 악기 전공이 아닌 선생님이 오케스트라를 맡아 운영한다는 상황이 학생들에게 낯설게 다가올 수도 있을 거고, 시작하기도 전에 걱정이 앞섰다. (항상 새 학교로 옮겨 가면 경력과 무관하게 신규의 그 느낌이 다시 떠오른다. 예술고등학교 또한 그랬다.) 예술고등학교의 수업은 일반고의 음악수업과 확연히 다르다. 전공 시간이 수업에 포함되어 있고 전문 강사 선생님들과 코티칭으로 학생들 실기를 지도한다. 학생 1명당 전공 강사 선생님 1명이 붙는 형태라 학생 수만큼 강사 선생님들과도 관계를 형성하고 소통해야 한다. 거기에 각각 전공 악기가 다른 오케스트라 학생들의 입시와 실기 역량을 관리하고 상담해야 한다. 그러하니 동아리 형태로 오케스트라를 맡아 운영하던 것과는 차원이 다르게 일이 커진 셈이다.

무려 전공 수업인데! 게임에 접목하면서 즐겁게 하는 기존 수업은 고이 접어 넣어 두어야 했다. 대신 학생들이 악보를 보고 기계적으로 연주하는 기술만을 익히는 것이 아니라 작품에 담긴 깊은 이야기를 이해하고 자신만의 해석으로 연주할 수 있도록 방향을 잡아 주었다. 작품 분석과 연주 의도, 연주 후 자기 평가 및 상호 평가를 꼼꼼하게 기록하고 매일 연습기록일지를 적게 했다. 처음에 학생들은 입이 튀어나와 볼멘소리를 했지만, 나는 첫 음을 4시간 동안 쳐서 마음에 드는 소리 하나를 찾아내는 임윤찬 피아니스트와 '연주 전부터 음악은 시작된다'는 명언을 남긴 조성진 피아니스트의 사례를 들며 일단 한번 시작해 보자고 했다. 서울대 음악 노트도 전공 학생들과 함께 보며 공부했다. 요즘 세상이 정말 좋다는 걸 새삼 느꼈는데, 서울대 교수님들의 레슨을 인터넷 클릭 한 번만으로 보고 배울 수 있다는 사실이 놀랍지 않은가? 더블베이스 학생과도 '반할'의 '더블베이스 협주곡' 레슨 영상을 함께 보면서 자연스럽게 음악과 전공 이야기나 악곡 이야기를 하며 금방 친해졌다.

음악 선생님이라고 모든 클래식 악곡을 다 꿰고 있는 건 아니다. 특히 더블베이스 실기곡, 호른 실기곡 등 교과서에서 다루지 않는 악곡은 나조차도 낯설다. 또 공부의 시작이다. 처음 만난 아이들에게 함께 잘 해보자며 솔직한 나의 심경을 고백했다. 공부가 필요하고 같이 할 거라고. 악보를 함께 보며 연필을 쥐고 연주를 찬찬히 따라갔다. 1학기에 정기연주회 무대를 올려야 했는데 교향곡 1곡, 오페라 서곡 1곡, 협연곡 2곡에 앵콜곡까지 총 5곡이었다. 스코어에 빨간펜, 형광펜으로 요란스럽게도 표시하면서 지휘자가 사인 보내야 하는 악기, 포지션을 바꿔야 하는 부분, 액션을 과장해야 하는 부분, 무릎을 좀 숙여 자세를 낮춰야 하는 부분까지 거의 마디 단위로 쪼개서 표시한 것 같다.

지휘를 배워 가며 학생들과 음악을 맞춰 가는 나의 노력이 가상했는지

"선생님이 저렇게 열심히 하시는데, 힘들다고 누가 얘기하냐."라면서 학생들도 잘 따라와 주었다. 매일 밤늦게까지 합주 연습하는 학생들이 안쓰러워 어미 새가 먹이 주듯 간식도 자주 먹이고 우쭈쭈 응원했다. 드디어 정기연주회 날! 30분 조금 넘어가는 연주 시간이 어떻게 지나갔는지도 모르겠다. 우리는 큰 실수 없이 해냈고(정확히는 나만 안 틀리면 된다는 느낌이었다.) 무대가 끝나고 눈물을 흘리는 학생들도 있었다. 조금 더 잘할 걸 하는 후회의 눈물일 수도 있고 큰 무대를 끝낸 후련함일 수도 있는 각각의 사연이 있겠으나, 우리는 좀더 단단해졌다.

스스로 고생을 자처하는 일은 예술고에서도 여전하다. 청주 소재 초등학교, 중학교 학생들을 초청해 우리 오케스트라를 중심으로 한 공연을 하나 만들어 보자고 기획했다. 축제 때 자주 쓰던 LED 배경도 있으면 실감 나는 연주가 될 것 같았다. 학생들이 예술고에 직접 방문한다면? 학교 홍보도 되고 일석이조 아니겠는가. 초중등학생들이 좋아할 만한 곡들이 뭐가 있을지 학생들과 머리를 맞대고 고민했다. 온갖 애니메이션 OST가 등장했고 지브리와 디즈니, 마블 등 작품들을 이야기하면서 우리 아이들이 더 신이 났다. 테마는 '영화 음악의 향연'으로 정했다.

청주교육지원청의 사업과 연계해 참가학교에 버스를 지원했고 팸플릿과

작은 기념품까지 마련할 수 있었
다. 작지만 LED 배경도 세워 선
명한 영상과 함께 음악에 몰입
할 수 있도록 했다. 연습 때마다
녹음해서 음원 싱크에 맞게 영
상 전환점을 맞추느라 주말을 할

오케스트라 예술 재능 기부 프로그램

애해 편집 프로그램만 붙잡고 있을 때는 힘들기도 했는데, 막상 공연날 관
객들의 반응이 엄청났다. (무대는 이 맛에 하는 거지!) 힘든 일은 금방 다 잊힌
다. 아이들도 연습할 때는 볼이 통통, 입술이 앞으로 튀어나왔다가 본 공연
때 초중등학생들의 열화와 같은 환호에 어깨가 으쓱 올라가고 한껏 기분이
들떴다. 내년, 내후년에도 연주할 수 있는 무대를 계속 만들어 줘야겠다.

◉ 교학상장, 나는 너희와 함께 자란다

임용시험 2차에서 면접을 볼 때, "선생님 교직관은 무엇인가요?"라고 질
문하셨다. 그때나 지금이나 항상 나는 '교학상장(敎學相長)'을 이야기한다.
가르치고 배우며 서로 성장한다는 뜻이다. 교사는 교사가 된 이후에도 부단
히 전문성을 키워야 한다. 음악 교사는 특히 자신의 세부 전공이 아닌 실기
에 대해 익히느라 항상 새로운 도전을 마주해야 하고, '음악'이라는 이유만
으로 '예술' 혹은 '창의' 등이 들어간 낯선 업무에 배정되기도 한다. 그렇게
부딪히며 단단해지고, 그 과정에서 학생들과 동고동락하면서 함께 성장한
다. 수업 후 학생 결과물을 보면 그렇게 뿌듯할 수가 없다. 어쩜 이렇게 참
신한 아이디어를 냈을까 싶어 대견하기도 하고, 아이들이 만들어 낸 작품에

감탄한 적이 한두 번이 아니다. 나는 판을 깔아 주고, 아이들은 거기서 자신을 마음껏 드러낸다. 그런 판을 깔아 주며 자꾸 도전할 기회와 자신감을 북돋아 주는 역할이 나의 역할이다.

선생님도 선생님이 처음인 해가 있다. 교직에 입성하자마자 베테랑 교사처럼 잘할 수는 없다. 시행착오를 거치고 학생들을 돌아보면서 다음 해에, 그다음 해에 좀 더 나은 선생님이 되려고 노력한다. 학생들에게서 나를 비춰 보고 한 해의 수업을 돌아보며 교사도 그렇게 성장한다. 신규 때의 나를 돌아보면 이불을 한 오십 번은 차야 할 정도로 부족한 것이 많았다. 처음 학급 운영을 할 때도 학급을 고루 살펴야 하는데 터진 문제를 대처하기에 급급했다. 집 나간 학생을 쫓느라 말 잘 듣는 남은 학생들을 좀 더 보살펴 주지 못했다. 울고불고하며 나를 찾는 아이를 먼저 챙기느라 티 안나게 조용히 고민을 가지고 있던 아이들을 좀 더 보듬어 주지 못했다. 해마다 아쉽고 미안한 감정이 생긴다. 내년엔 좀 더 줄여 보자, 내후년엔 더 줄여 보자.

교직은 수평적인 문화를 가지고 있다. 나보다 한참 선배 교사지만 같은 교사로 나를 존중해 주신다. 그래서 좀 더 편하게 대화의 물꼬를 틀 수 있는 것 같다. 답답한 상황이 닥치면 무조건 물어봤다. 선배님들은 다양한 케이스의 경험담을 보유하고 있는데, 진짜 기가 막히고 코가 막힌 일이 한두 가지가 아니다. 그런 일들을 숱하게 겪고 교직에서 살아남은 진짜배기들의 이야기와 노하우는 인터넷 검색으로 절대 찾을 수 없다.

학교에서는 전문적 학습 공동체(aka. 전학공)를 운영한다. 수업과 평가, 행정 업무로 바쁜 선생님들이 서로 모여 이야기하고 함께 역량을 강화할 시간이 부족해 정책 차원으로 적극 장려하는 프로그램이다. 학교에서 선생님들이 모이면 자연스럽게 나오는 이야기는 바로 '학생'과 '수업' 이야기이다. 선생님들은 자연스럽게 공통 주제를 가지고 대화를 이어 갈 수밖에 없다. 같이 근무하는 선생님들은 공통 주제가 '우리 학교 학생'이다. 내 수업 시간에는 볼 수 없었던 색다른 모습을 이야기로 듣기도 한다. 선생님들과 많이 이야기하고 수업에 대해 함께 고민하는 시간은 교직 생활에 있어 큰 자산이 된다.

수업을 재미있게 하려다 보니 지금은 사라진 인급동(인기 급상승 동영상)을 자주 보고 트렌드를 좇았다. 학생들 눈높이에서 대화하려고 인기 있는 콘텐츠를 OTT에서 찾아 감상하기도 했다. 그렇게 수업에 적용할 자료들을 하나씩 모으다 보니 새로운 아이디어가 샘솟았다. 원격 수업을 재미있게 하기 위해 에듀테크에 눈을 돌렸을 때는 그 새로운 도전 덕분에 메타버스, 인공지능도 남들보다 빠르게 접하고 수업에 적용할 수 있었다. 새로운 수업에 전혀 당황하지 않고 충분히 예술적 역량을 발휘해 준 학생들 덕분에 수업이 더 촘촘해지고 다듬어져서 전국 음악 교사들에게 연수로 전달될 수 있었다.

나는 우당탕탕 신규 시절을 거쳐 조금씩 성장해갔고, 지금도 꾸준히 성장하고 있다. 가끔 신규 때 같이 근무하던 부장님들을 만날 때면 "저 많이 자랐죠?"라고 질문한다. 어느새 10년을 훌쩍 넘긴 세월 탓에 외모도 많이 자랐겠지만(?), 교사로서 많이 성장했는지 아직도 확인받고 싶은 어린 마음이 남아 있다. 나는 해마다 가르치던 학생들과 함께 자랐다. 아이들이 한 뼘씩 자랄 때 나도 반 뼘씩은 자라는 것 같다. 돌이켜 보니 애들이 날 키운 느낌이네?

"애들아, 앞으로도 나 좀 잘 키워 줘라. 함께 자라 보자!"

4살 때 만난 피아노와 헤어지기도 했지만 돌고 돌아 결국 작곡가의 길을 선택함. 교생 실습 중 '1년에 300명을 가르칠 수 있는 음악가'로 전향함. 에듀테크와 음악교육과의 접점을 탐구 후, 무엇이 음악수업의 본질인지 찾아가는 중임. 에니어그램은 예술가와 조력가의 혼합형, MBTI는 변함없는 INFP로 타고난 음악 교사가 천직임. 오늘도 교실에서 학생들의 선율을 만들며 인생의 화음을 연주하는 중임.

아이들의 하루를 작곡하는
김형국

별명

마법사 꿈쌤

절대음감 연주와 음치클리닉 수업을 통해 붙은 별명이다.

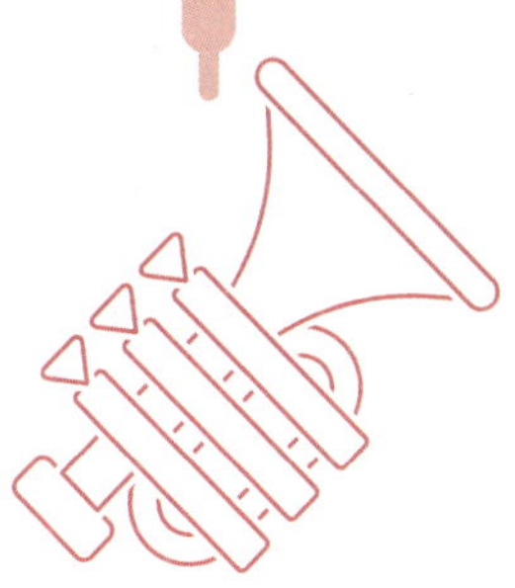

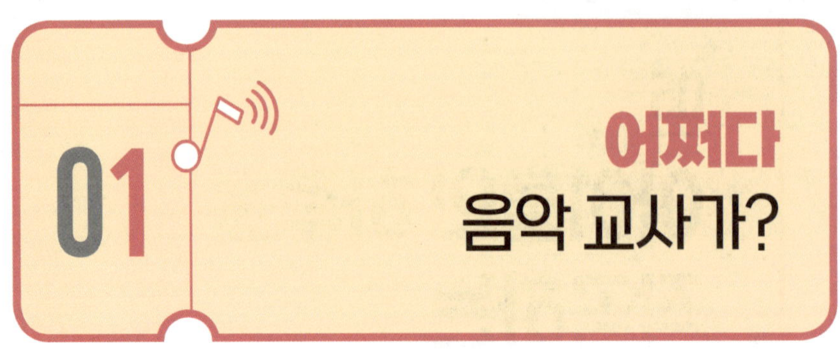

1 대치동 방목형 학생, 작곡가를 꿈꾸다

 **대치동 방목형 학생 생존기**

처음 피아노를 만져 본 기억은 4살 때다. 맞벌이가정에서 자라다 보니 집에서 내가 혼자 보내야 하는 시간을 줄이고자 부모님께서 보내 주신 피아노 학원에서였다. 피아노는 내게 가장 친한 친구이자 어린 시절 감성을 풍만하게 채워 준 최고의 동반자였다. 내성적인 성격이라 간단한 부탁도 하기 부끄러웠지만, 음악을 할 때만큼은 남들 앞에서 자연스럽게 내 이야기를 들려주는 그 느낌이 좋았기 때문이었다. 처음 경험한 콩쿠르에서 저학년부 1등을 했을 때는 '정말 피아니스트가 되는 걸까?' 하고 월드 투어를 꿈꾸던 시기도 있었다.

나는 언제나 배움을 즐겼다. 초등학교 1학년 방학 때는 피아노는 물론, 성악, 수영, 태권도, 탁구, 바둑, 서예, 웅변까지……. 초등학교 3학년 여름 방학 때 대치동으로 이사하고 나서도 방과 후 여가 시간을 통한 다양한 배움은 계속되었다. 초등학교 고학년 때에는 컴퓨터, 볼링, 영어 회화까지 이

190

어졌다. 지금 생각해도 참 신기할 정도로 부모님이 시키지도 않았는데 나는 이것저것 다 배우고 싶다고 말했고, 부모님께서는 그걸 허락해 주셨다. 그런 부모님께 감사한 마음을 전하고 싶다. 초등학교 6학년 때 에피소드가 생각난다. 어느 날 어머니는 다른 학부모로부터 "아니, 계모도 아닌데 자식 교육에 관심이 없냐?"라는 말을 들었다고 하셨다. 그때까지 부모님에게 학업 스트레스를 받아 본 적이 없는 나는 그 사람이 유별나다고 생각했지만, 지금에 와서 생각해 보니 우리 부모님이 매우 유별난 분들이셨다. 성적 상승을 위해 국·영·수 학원을 권유해서 보내지 않고, 고등학교를 졸업할 때까지 한 번도 성적에 관한 잔소리 없이 학업과 진로 사항을 내게 모두 일임했기 때문이다. 그것도 대치동 한가운데서.

이처럼 스스로 희망해서 놀이처럼 다양한 배움의 경험을 지녔기 때문에 대치동에서 자라면서도 남의 시선에 얽매이지 않고, 자라면서 내가 추후 음악이라는 학문으로 갑자기 장래희망을 바꿨을 때도 학습에 몰입할 수 있는 원동력이 되었다고 생각한다. 다만 초등학교 3학년을 마칠 무렵 피아노 선생님이 내준 《체르니 연습곡》 숙제가 지겨운 나머지 1번만 치고 10번을 동그라미 치는 기간이 길어지면서, 한때는 세계적인 피아니스트를 꿈꾸던 내가 이대로 피아노를 미워하게 될 것 같아 스스로 레슨을 그만두고 말았다. 그 후로 내가 음악을 전공하리라고는 꿈에도 생각하지 못하면서.

고등학생이 되자, 나는 중학교 때 다니던 국·영·수 학원도 과감하게 정리했다. 학교에서는 즐겁게 수업을 들었지만 학원에서는 집중하지 못하고 딴짓하거나 숙제에 치여 살았던 중학교 시절. 내 시간과 비용이 안타까웠고, 그 시간에 오히려 휴식하는 게 낫다고 느꼈다. 그래서 여유로운 방과 후

어릴 때 치던
《체르니 연습곡 40》의 흔적

시간을 활용해 틈만 나면 좋아하는 음악을 감상하거나 독서를 즐기고 여러 가지 사색에 빠지는 등 자유로운 1학년을 보냈다. 2학년을 앞둔 겨울방학, 더욱 의미 있고 생산적인 여가생활이 없을까 고민하다, '피아노가 아닌 새로운 악기를 배워 보자.'고 결론냈다. 그 우연한 선택이 나의 인생을 이렇게 바꿔 놓을 줄이야…….

◉ 우연히 발견한 절대음감이 운명으로

음악학원을 찾아가 처음에는 클라리넷을 연주하고 싶어서 상담했다. 그러다 왜 갑자기 악기를 배우고 싶었고 이전에 어떤 악기를 배웠는지, 가벼운 이야기를 나누던 중 자연스럽게 청음에 관한 이야기를 나누었다. 나는 음악을 듣고 피아노로 멜로디와 간단한 화음을 쉽게 따라 칠 수 있는 능력이 있었는데, 이것이 대단한 소질이라는 것을 전혀 생각하지 못하고 살아왔다. 그런데 청음 테스트를 해보니 내가 다성부를 바로 들을 수 있는 매우 뛰어난 절대음감이라는 것을 알려 주셨다. 게다가 성적이 받쳐 주면 대학 진학에 유리하다는 유혹의 말에 흔들려서, 나는 한 번도 생각하지 않던 '음악 대학 작곡과'라는 진로에 대해서 고민했다.

당시 내게 음악가라는 이미지는 음악을 직접 '연주'하는 연주가, 즉 가수나 피아니스트로서의 모습이었지, 음악을 만드는 작곡가의 삶은 그려본 적이 없기 때문이다. 평소에 즐겨 듣던 류이치 사카모토, 조지 윈스턴, 유키 쿠라모토와 같은 피아니스트 혹은 김동률, 유희열, 이적 같은 싱어송라이터가 있어 그나마 '작곡가'에 대한 상상을 이어 갈 수 있었다. 그럼 나도 그런 사람들처럼 될 수 있는 걸까? 약간은 설렘과 들뜬 마음으로, 전문 음악가의 삶에 대한 준비를 시작했다. 당시에 유행한 PC통신을 통해 '뉴에이지 음악' 동호회에 참가하면서 사람들 앞에서 아름다운 피아노곡을 연주하곤 했는데, 그러한 경험을 통해 더욱 전문 음악가로서 사람들과 소통하는 것이 매력적으로 다가왔던 것 같다.

고등학교 수업을 마치고 나면 방과 후 시간이 나름 자유로웠기에 비교적 음대 입시 준비 과정은 수월했지만, 생각보다 많은 과목을 준비해야 했다. 처음 배우는 음악이론과 음표를 손으로 삐뚤빼뚤 그리는 '기보' 과정도 처음에는 생소했거니와 대학 진학 요강을 보니 필요한 과목이 작곡, 화성학, 청음, 피아노, 대위법, 건반화성까지 너무나 방대했고, 그 외에도 수능과 내신까지 어느 것 하나 놓칠 수 없는 상황이었다. 준비하는 과정에서 콩쿠르에서도 낙방하고, 지도해 주시는 선생님들의 기대에 비해서 내가 능력이 안

되나 힘든 순간도 있었다. 하지만 다행스럽게도 좋은 결과를 받아 볼 수 있었다.

대학 입학 후 1학년을 마치는 순간까지 '전문 음악가'의 삶만을 꿈꾸던 나는 2학년 초, 1학년 성적 상위자에게 우선권을 주는 '교직 이수'를 하며 전혀 생각하지 못한 '음악 교사'로서의 삶과 운명적인 만남을 시작했다.

2 교수의 길에서 교사의 길로

◉ 좋아하는 일이 어려운 일이 돼버렸다

대학교 시절 군 휴학을 포함해 4년간 휴학하며 진로를 고민했다. 특히 현대음악•을 공부하는 것에 '과연 내가 잘할 수 있는 일인가?'라고 의문을 가졌다. 나 자신도 제대로 이해하고 즐기지 못하는데 다른 사람들을 잘 설득하고 듣게 만들 수 있을까? 내가 원했던 건 음악을 통해 타인과 소통하는 것인데?

내가 제일 좋아하고 힘이 되어 주던 음악이 나를 가장 어렵게 만들었다는 사실이 나를 힘들게 했다. 분명히 어린 시절에는 음악만 생각하면 힘들고 우울한 순간에도 힘이 나고, 나를 위로해 줬던 음악인데, 지금은 내게 큰 벽처럼 느껴지고 막막하게 만들다니…….

화성학, 대위법, 청음, 음악사, 관현악법 등 다른 교과 성적은 늘 좋았음에도 전공 실기인 '작곡' 성적은 한 끗 모자랐다. 지금 그때의 나를 떠올려

• 20세기 초부터 전통 화성의 조성 체계가 약해지고 쇤베르크의 무조음악 등 난해한 기법과 양식으로 인해 보통 일반 대중들이 이해하기 어려워하는 것으로 여겨진다.

194

보니 현대음악 작곡가들의 작품을 온전히 즐기거나 소화하지 못한 상태에서 나만의 음악으로 재창조하기에는 현대음악 공부가 부족했기 때문이었다. 부족한 실력으로 콩쿠르를 준비하니 당연히 안 좋은 결과만 계속되었다. 그저 다른 선배나 친구들처럼 유학을 가야 할지, 가서 공부하면 뭐가 달라질지 하는 고민만 늘어 갈 뿐이었다.

유학 정보를 알아보면서 준비에 필요한 금전적, 시간적 노력에 1차로 놀랐고, 그 힘겨운 유학 생활을 마치고 돌아온 뛰어난 선배 음악가들의 삶이 그들의 능력에 비해 불확실하다는 것을 깨닫고 나니 2차로 놀랐다. 그런데 나는 감히 그것조차 해낼 수 있다는 자신이 없었다.

'내가 과연 그 어려움을 이겨 내고 음악계에 전문가로서 발자취를 남길 수 있을까?'

이런 식으로 고민만 하고 행동은 하지 않으며 허송세월하고 말았다. 엎친 데 덮친 격으로 당시 가정에 경제적인 어려움이 겹치면서, 내가 당장 무언가 이뤄 내야만 할 것 같은 불안이 생겼다. 그러다 보니 불확실한 미래를 선택하는 데 더욱 망설여졌다.

◉ 1년에 2~3명보다 300명에게 영향을 줄 수 있어!

그러던 와중 학교에 복학하고 4학년이 되어 교생 실습을 나갔다. 하필이면 실습 기간을 앞두고 발목 인대를 다쳤다. 깁스한 상태로 엘리베이터도 없는 학교 계단을 오르내리며, 교생 실습에 참여하기 버거운데도 2주 동안 총 40차시의 수업을 마쳤다. 지금 생각해 보니 무리한 일정이었지만, 수업을 통해 새로운 지식을 배우고 성장하며 행복하게 시간을 보내는 학생들의 모습을 통해 어디서도 느껴 보지 못한 보람을 느낄 수 있었다. 무엇보다 교생 실습을 마칠 때쯤 지도 선생님께서 해준 말이 가슴에 와 꽂혔다.

"김형국 선생님은 작곡가로서 유학을 가고, 전문가로서 대학교수가 되어 학생들에게 음악을 가르치는 것을 통해 세상을 변화시키는 게 목적이라고 하셨죠? 그런데 음악 교사가 더 영향을 많이 줄 수도 있다는 걸 생각해 보셨나요? 그런 방향도 매력적인 삶이 될 수 있답니다."

나는 깨달았다. 음악대학 전공 교수로서 1년에 2~3명의 전공 학생을 가르치는 것보다 중·고등학교 음악 교사로서 1년에 300명의 학생에게 음악이라는 언어를 통해 더 깊은 영향력을 미칠 수 있다는 것을…….

그때까지 스쳐 지나가는 대학 시절 학습 과정의 하나로만 생각했던 교직 이수 과정은, 내가 '교사'라는 직업을 진로로 진지하게 고민하는 계기가 되었다. 그렇지만 여전히 졸업을 앞둔 시점까지도 나처럼 유학을 준비하거나 이미 유학을 떠난 친구와 선후배들을 바라보며 무엇을 준비해야 할지 알아보고 고민하고 있었다. 현실적으로는 장학금이 없는 이상은 초기 유학 자금이 필요했고, 이를 위해서 최소한 1년 정도는 일하며 돈을 모으며 유학 준비와 병행해야겠다고 생각했다. 졸업식을 앞두고 서너 곳 학교에 이력서를 넣었다. 졸업식 날 한 학교에서 연락을 받아 다음날 바로 급하게 면접을 진행한 후, 얼떨결에 나는 교사로서의 첫발을 내딛었다.

1 천직을 발견했다

 월요병이 뭐예요?

첫 학교는 ○○ 여자중학교였는데 생각해 보면 지금까지 내가 교사로 살아올 수 있도록 한 가장 큰 원동력을 준 학교였다. 아마도 젊은 남자 선생님이라 그렇다고 생각하지만, 교사에게 호의적이고 수업 참여도와 집중력이 높은 학생들이 많았다. 무엇보다 팬클럽처럼 수많은 학생이 스승의 날이나 생일 같은 기념일에 찾아와 축하해 줬던 순간에는 '마치 연예인이 되면 이런 기분일까?' 하고 흐뭇하게 웃음 지으며 남 부러울 게 없었다. 직장인이라면 쉽게 상상하기 어려운, 하루하루가 보람으로 가득 찼던 시절이었다. 출근이 설렌 나머지 월요일이 빨리 오면 좋겠다고 생각했던 추억이 떠오른다.

대학을 갓 졸업하고 맡은 근무였지만 담임교사로서 해야 할 역할을 이곳에서 많이 배우게 되었다. 상담을 통해 학생들의 순수한 열정과 꿈을 향한 노력에 대견함과 놀라움을 느끼고, 때로는 가정사와 같은 개인적인 아픔을 함께 나누면서 학생에게 공감해 주고 힘을 북돋아 주어야 하는 교사로서의 삶이 무엇인지 차츰 배웠다.

선배 교사들과의 첫 식사자리에서 생각보다 교사 업무가 바쁘고 힘들다고 이야기했다. 그러자 교사는 주어진 시간을 자기가 조절하기보다 학생들에게 맞춰서 항상 준비가 되어 있어야 하므로 업무의 집중도가 높아 에너지 소모가 많다며, 밖에서 보기에 쉬워 보였다면 착각이라고 이야기해 주셨다. 나름 베테랑 교사가 된 지금도 느끼지만, 교사는 언제나 아이들을 따뜻하게 맞이할 준비가 되어 있어야 하기에 업무에 치이지 않는 것이 중요하다고 생각한다. 내가 바쁘고 힘들면 아이들에게 소홀해지고 따뜻한 말과 행동으로 대해 줄 수 없기 때문이다.

또한 오케스트라 동아리 담당 교사를 맡았다. (그날 이후 지금까지 단 1년도 쉬지 않고 15년 동안 오케스트라 동아리를 맡게 될 줄이야!!) 바이올린과 플루트 위주의 소박한 악기 편성이었지만 악기별 지도 강사가 따로 없었다. 기술적인 부분보다 표현 방법에 대해 이리저리 나만의 방법으로 설명하며, 방과 후까지 남아 연습하던 순간은 무모했지만 참 즐거웠다. 생각해 보면 오케스트라·밴드·합창단 등과 같은 음악 공연 동아리 지도는 음악 교사로서 가장 전문 음악가다운 활동이다. 몸은 고되지만, 연주회 곡을 선곡하고 편성에 맞게 편곡하고, 학생들을 연습시키는 멘토이자 지휘자로서 무대에 서는 순간까지. 학교에서 전문 음악가의 역할을 온전히 수행하는 행복한 일이라고 생각한다. 물론 행정적인 업무까지 함께 해내야 하는 것은 안 비밀!

어쩌다 보니 유일하게 경험해 본 합창대회도 첫 학교가 처음이자 마지막이었다. 학급별로 학생들이 직접 곡을 골랐다. 수업 시간뿐 아니라 점심 시간 및 방과 후까지 남아 열심히 연습하는 학생들에게 최선의 무대를 만들어

출근이 기다려지던
시절

주기 위해 열정적으로 도와 주었다. 합창대회 날, 학생들이 무대 위에서 조화로운 화음을 노래하는 모습을 보았다. 그 순간 학생들과 함께 쏟았던 노력에 대한 보상을 아름다운 음악으로 경험할 수 있어 정말 짜릿하고 감동적이었다.

1등 학급을 학교 대표로 지역구 합창대회까지 이끌고 나가, 입상하여 학생들과 함께 울고 웃던 순간은 정말 잊히지 않는다. 최근에는 합창대회가 점차 없어지는 추세인데, 합창대회를 할 순간이 언제 또 오게 될까?

◉ 선생님은 왜 여기 계세요?

아쉽게 첫 학교를 떠나, 이어서 ○○외국어고등학교에서 근무했다. 첫 학교에서도 제대로 된 음악실이 아닌 시청각실에서 수업해 아쉬움이 있었다. 그런데 놀랍게도 이 학교는 음악실도 제대로 갖춰지지 않았을 뿐더러 옥탑방 같은 공간에 임시 건물(컨테이너)을 활용해 음악실로 썼고 (건반도 삐

걱대던) 매우 오래된 피아노만 덩그러니 놓여 있었다. 당연히 음악 교구는 그 무엇도 준비되어 있지 않았다. 다행히도 관리자 선생님들에게 부탁해 미디어를 활용할 수 있는 장비를 설치하고 피아노도 새로 살 수 있었다.

그렇지만 무엇보다 이 학교의 교육 방향이 대학 진학에 맞춰져 있었기 때문에 내가 무엇을 할 수 있을지에 대한 깊은 고민이 시작되었다. 학생들에게 가장 필요한 것은 무엇일지 그리고 내가 주어진 상황 안에서 무엇을 할 수 있을지……. 결국 가창, 기악과 같이 기본적인 음악 활동에 충실하면서도 학생들이 자신의 열정을 뽐내는 활동을 통해 학업으로 받는 스트레스를 줄이고, 감상 수업을 충실히 준비해 학생들이 올바른 지식을 습득하고 음악으로 위로받을 수 있도록 계획했다. 이따금 전공자의 역량을 발휘하여 학생들을 위해 유명한 피아노곡을 연주하거나 노래를 불러 '우리 선생님이 이렇게 뛰어난 사람이구나!'라는 생각을 갖게 해주었다. 다행히도 학생들은 나를 매우 호의적으로 대해 주었고, 언제나 기다려지는 수업으로 음악수업을 뽑아 주었다.

혹시나 하는 마음을 가지고 방과 후 수업으로 '싱어송라이터' 과정을 개설했는데 의외로 많은 학생이 신청해 강좌가 열렸다. 외고에서 주요 교과가 아닌 '음악' 교과 방과 후 수업을 열다니, 지금 생각해 봐도 참으로 무모했고 신기한 경험이다. 너무 열심히 가르친 나머지 4년 동안 2명의 학생을 음악대학 작곡과로 진로를 바꾸게 해버렸다. 학부모님들과 상담하며 걱정하시는 그 마음도 이해가 되었다. '원망 섞인 소리를 들으면 어쩌나?' 하는 마음으로 제발 잘 되기를 마음 깊이 기도했다. 다행히 결과적으로는 학생들이 원하는 학교에 잘 진학해서 작곡 공부를 시작했다는 기쁜 소식을 들었다.

하루는 한 학생이 수업 후에 "선생님은 왜 여기 계세요?"라고 질문했다. 무슨 말인가 싶어 다시 물어봤더니 "선생님은 음악의 전문성이 뛰어나니 전문 현장에 있어야 하는 것 아닌가요?"라고 했다. 그래서 교생 실습 때 들었던 이야기를 해주었다.

"선생님은 이렇게 선생님의 한마디에 변화하는 너희 모습을 볼 때 오히려 더 의미 있는 일을 하는 것 같다."

음악수업 추천 교구악기

음악수업에서 사용할 교구악기로, 61건반 포터블 피아노(야마하 NP-15)와 어쿠스틱 기타 (야마하 F310, Cort AD810, Crafter HT-100 등)를 추천한다.

피아노의 기본적인 역할에 충실하면서도, 부가 기능(음색, 메트로놈, 녹음 등)을 지니고 있어 다양한 수업에 활용할 수 있다. 어댑터와 AA배터리 6개를 사용해 공간의 제약이 적으며, 한 학급에서 건반 수업을 하기에 적당한 크기와 무게를 지니고 있다. 배터리의 경우에는 충전지를 사용하여 일과 후에 충전하는 방법을 추천한다.

또한 기타와 동시에 악기 연습을 시킨다면, 학생 2명이 각각 피아노 1대, 기타 1대를 번갈아 사용할 수 있어 적당한 시간 배분도 가능하다.

▲ 61건반 포터블 피아노(야마하 NP-15)

▲ 어쿠스틱 기타(야마하 F310)

한 걸음 더 도약하기 위해

◉ 윈드 오케스트라 동아리 창단 프로젝트

외국어고등학교라는 특수성으로 인해 음악 교사로서의 활동에 제약받고 한계를 느끼고 있을 때 좋은 기회가 생겨 학교를 옮겼다. 새로 옮긴 학교에 근무하기 전 교장선생님과 첫 면담을 했을 때 갑자기 부여된 첫 번째 임무! 그것은 바로 윈드 오케스트라 동아리(관악부)를 창단하는 것이었다. 그때까지 학교에서 일하면서 제대로 음악과 예산을 구경해 본 적도 없는데, 갑자기 윈드 오케스트라의 편성에 필요한 악기 구매와 악기별 강사 섭외에다 생각해 본 적도 없던 엄청난 금액의 예산을 스스로 계획하고 집행까지 해야 하는 임무라니! 한꺼번에 던져진 엄청나게 막중한 임무에 정신이 어지러웠다.

이 프로젝트를 간절히 희망했던 교장 선생님을 비롯해, 학교에 방문한 동창회 선배들까지 "무려 50여 년 전인 1960년대 학교에 '취주악부'라는 이름의 관악부 동아리가 있었고 전국 음악경연대회를 섭렵했다."라며 진정한 부활을 기대한다고 하시는 상황까지 벌어졌다! 그야말로 엄청난 압박으로 다가왔지만 이제 진짜 내가 제대로 된 오케스트라 연주를, 전문적인 음악 활동을 할 수 있다는 설렘도 함께 느꼈다.

윈드 오케스트라 편성은 솔직히 조금 생소했는데, 자료를 찾아보며 '오히려 학교 현장에 적합할 수도 있겠네?'라고 생각했다. 문제는 정해진 예산 내에서 좋은 악기를 구매하고 보관할 방법을 생각하고, 또 좋은 강사를 구해야 한다는 것. 어느 하나 쉬운 게 없었다.

무엇보다 가장 어려웠던 일은 바로 단원 모집이었다. 악기를 다뤄 본 학

생들을 섭외하는 것도 힘들었고, 처음 악기를 다뤄 본 학생들이 과연 얼마나 빨리 성장할지 그리고 성실하게 참여해 줄지 도저히 가늠할 수 없었다. 하지만 나는 정말 운이 좋은 사람, 특히 인복이 많은 사람이라고 생각한다. 노력을 게을리하지 않는 성실함과 지치지 않는 근성 그리고 재능까지 갖춘 학생들이 찾아와서, 그를 중심으로 동아리를 구성할 수 있었다.

비록 처음에는 쉽지 않았지만, 인고의 시간을 견뎌 내고 마침내 학교 축제 무대를 비롯해 지하철역 연주, 실버타운 연주와 같은 사회봉사활동 무대 등으로 경험을 쌓았다. 이를 바탕으로 창단 2년 차부터는 꾸준하게 5년 내내 서울시 청소년 동아리 한마당에서 예선을 통과해 본선에 진출했다. 2020년 코로나19 팬데믹으로 온라인 대회가 진행되었을 때 동영상 분할 편집하는 노력을 기울인 끝에 우수동아리를 수상하는 유종의 미를 거둘 수 있었다.

2019년 고교학점제 선도학교를 운영하면서 학생들에게 전문계(예술계 등)고등학교에서 운영하는 과목을 포함해 학생들이 과목 최소 인원수를 구성하면 모든 수업을 시간표로 개설하도록 했다. 그야말로 획기적이었다.

나는 그해 2, 3학년을 담당하면서 한 학기당 4과목씩 1년 동안 8과목의 음악 교과를 수업했다. 처음 해봐서 막막했지만, 오히려 예고가 아닌데도 전문적인 음악수업을 시도해 볼 수 있다는 생각에 흥미롭다고 생각했다. 학생들과 공연을 계획하고 올리는 '공연실습' 수업, 청음을 훈련하고 화성이론을 깊게 탐구해 보는 '음악이론' 수업, 본인의 전공 실력을 갈고닦아 개인 독주 프로그램을 준비하는 '음악전공실기' 수업까지 '혹시 내가 대학교수가 되어도 이렇게 다양한 수업을 준비할 수 있을까?' 라는 생각과 함께 미소가 지어졌다. 지금은 고교학점제 때문에 현실적으로 힘든 이야기들이 많이 들려오지만, 당시에는 소수 학생을 대상으로 절대평가를 시행하거나, P/F(Pass or Fail)의 형태로 수업을 진행하다 보니 오히려 평가에 대한 부담 없이 원하는 방식으로 즐겁게 수업을 운영할 수 있었다.

이렇게 음악을 전문적으로 하는 학생들을 가르치는 것에 흥미를 느껴 교육지원청에서 운영하는 영재교육원 수업 강의도 맡았다. 그전에도 영재교육원 수업을 담당하기도 했지만, 서양음악사 혹은 시창·청음 수업과 같은 교양과목을 맡았다. 2019년에는 '작곡 전공 실기' 강사를 맡아 학생을 가르치면서, 음악을 전공하기로 마음먹은 시절 꿈꿨던 대학교수가 된 기분도 조금이나마 맛볼 수 있어 즐거웠다.

오케스트라 편곡 팁과 동아리 운영 팁

1. 오케스트라 편곡 팁

1) 단원 구성에 알맞은 제작

학교 오케스트라 편곡에서 가장 중요한 것은 단원 구성(파트별 인원, 실력 등)의 자세한 파악이다. 학생들의 연주 실력에 수준 차이가 크게 나기 때문에 이를 고려하여 편곡을 진행하는 것이 연주의 수월함에 도움을 준다. 파트별로 강사 선생님이 물론 공연 당일에 도와주기도 하지만, 대회에 참가해야 하는 일도 있기 때문에 기본적으로는 학생들이 능숙하게 소화할 수 있는 수준의 악곡으로 편곡해야 한다.

2) 멜로디의 평등한 분배

수준이 높은 학생들이 많지 않다면 전통적인 클래식 악곡보다는 영화나 드라마, 애니메이션의 OST나 가요, 팝송을 편곡하여 연주하는 경우가 많을 것이다. 이런 경우 주 멜로디 외에 화음이나 대선율을 배치하는데 보통 고음 악기에 멜로디를 자연스럽게 배치하고 중저음 악기가 화음을 담당한다. 이때 반드시 의도적으로 멜로디를 중저음 악기에 배치해야 연주하는 학생들이 악곡에 흥미를 느끼고 연습에 참여하게 된다는 점을 기억하자.

2. 오케스트라 동아리 운영 팁

1) 당근과 채찍

학교 오케스트라는 결코 음악을 정말 좋아하고 악기 연주에 희열을 느끼는 학생만 참가하지 않는다. 그러므로 적절한 당근과 채찍이 필요하다. 가장 효율적인 당근은 역시 간식과 연주 후 회식!

채찍이 필요한 경우는 바로 출결(근태)이다. 운영 중 가장 어려움을 겪는 점이다. 수업이 아닌 시간에 연습을 하다 보니, 다른 일정과 겹치거나 연습 시간을 까먹었다는 핑계로 빠지는 일이 비일비재하다. 이를 명확하게 관리하고 상벌을 주는 것이 필요하다.

2) 꾸준히 연습하되, 연주회 앞두고 몰아치기

학생들은 가시적인 목표가 없으면 아무래도 연습에 매진하지 않는다. '연주회가 가을(겨울)인데, 왜 봄부터 열심히 하지?' 이렇게 생각하는 것이 자연스러운 일! 그러므로 꾸준히 연초부터 연습할 동기를 심어 줘야 한다. 초보자는 초보자 나름대로, 경력자는 경력자 나름대로 과제와 목표를 심어 줘야 한다.

가장 좋은 것은 여름방학을 앞두고 향상 음악회를 운영하는 것이다. 쉬운 악곡으로 개인 연주회를 진행하며 가벼운 긴장감을 심어 주는 것이 적절하다.

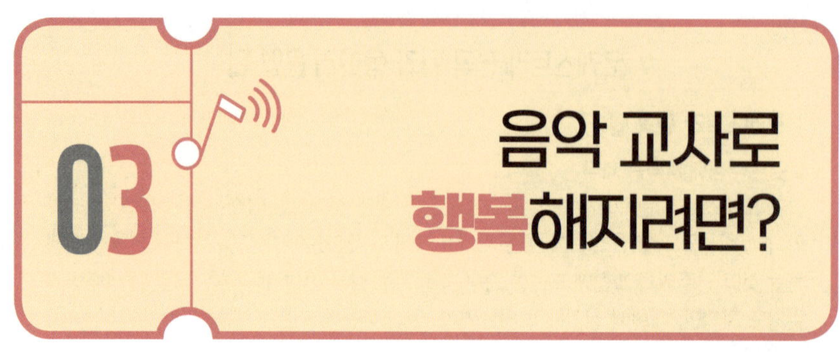

1 변화가 필요하다

 에듀테크와 만나다

코로나19 팬데믹 시기를 거치며 내 삶에 큰 영향을 준 것이 바로 AI·에듀테크다. 처음에는 오선보도 모르고 '도레미파솔라시도' 음계도 모르는 아이들에게 어떻게 하면 작곡 수업을 가르칠 수 있을까 고민했다.

강제로 온라인 환경에서 학생들을 지도하면서, 반강제적으로 나는 컴퓨터를 활용한 음악수업을 연구할 수밖에 없었다. 무엇보다 고등학교에서 '음악전공실기'와 같은 실습 과목을 운영하는 상황에서 일방적 강의나 전달식 수업은 상상할 수 없었다. 결국 구글(Google)의 클래스룸(Classroom)을 활용해 학생이 실기 영상을 촬영하고 업로드하면, 내가 직접 실기 영상을 촬영하고 다시 피드백하여 알려 주는 방식으로 진행했다. 그러다 보니 영상 촬영 각도라거나 좋은 소리를 얻기 위한 음향에 관해서 공부했는데, 또 다른 배움의 기회가 되었다.

온라인수업에서 가장 활발하게 진행할 수 있었던 내용의 수업은 바로 감상과 창작이었다. 특히나 창작은 오선보를 그리는 방식에서 벗어나 구글의 송메이커(Songmaker)를 활용해 악보를 그리는 수업을 진행한 것이 내 인생 최고의 에듀테크와의 만남이었다고 생각한다. 송메이커를 쓰면 쓸수록, 도구보다 중요한 것은 가르치는 수업 내용과 이를 함양시키는 교사의 역량이라고 생각한다. 도구의 기능적 측면에서 접근하는 것이 아니라 내가 가르치고 싶은 수업 내용의 본질적 측면을 기준에 두고, 이를 어떤 기능으로 활용하여 가르칠 것인가로 접근한다면 에듀테크를 쓰는 당위성 측면에서 자기 자신 스스로 만족하게 된다. 그러기 위해서는 교과의 핵심을 파악하는 본질적인 역량(실기, 이론 등)이 밑바탕이 되어야, 이를 기술로 연결하는 아이디어 역시 더욱 활발하게 일어나게 된다. 무엇보다 오선보 수업 때 헤매던 학생이 송메이커로 뛰어난 수준의 악곡을 창작하는 걸 보고, 학생의 역량을 끌어내기 위해선 다양한 접근이 필요하다는 생각을 많이 했다.

　생성형 인공지능을 통한 음악수업이 연구가 막 시작되던 때에는 크리에이티브 마인드(Creative Mind)의 뮤지아 플러그인(Musia Plugin)이라는 제품을 만나 볼 수 있었다. 현재 뮤지아 원(Musia One)이라는 제품으로 더욱 버전을 업그레이드하여 운영 중인 프로그램이다. 그동안 일반적인 생성형 인공지능으로 작품을 만들 때 가장 큰 문제점은 작품 창작 과정에 대한 사용자의 학습이 효과적으로 일어나지 않는다는 것이다. 그런데 뮤지아 원(Musia One)은 에듀테크를 사용하지 않고 창작하는 일반적인 작곡 과정을 그대로 따라가면서 음악 창작에 필요한 음악 요소들(멜로디, 화음, 리듬, 악기 구성, 마디 구성)을

구글 송메이커 활용법

1. 송메이커는 사보 프로그램

Songmaker를 처음 활용하는 경우 가장 기피할 점이 그림을 그리거나 글씨를 쓰는 방법으로 활용하는 것이다. 그러한 작곡법은 거의 현대음악 기법에 가깝다. 오선보를 보기 힘들어하는 학생들에게 색깔과 블록이라는 단순한 기보법을 통해 음악의 요소나 원리를 이해시키는 것을 목적으로 삼는 사보 프로그램으로 활용한다면 무궁무진한 여러 가지 학습 활동이 가능하다.

2. Range 설정은 3 octave, Scale 설정은 Major부터 시작해서 Chromatic으로

피아노 악보에 높은음자리 보표와 낮은음자리 보표를 동시에 그리듯이 송메이커도 음역을 구분하여 멜로디와 화음을 구별되도록 그리는 것이 학생들이 이론을 쉽게 익히는 데 도움이 된다. 또 음계는 흰 건반만 사용하는 Major 스케일을 학습하고 검은 건반을 추가하는 것이 적절하다.

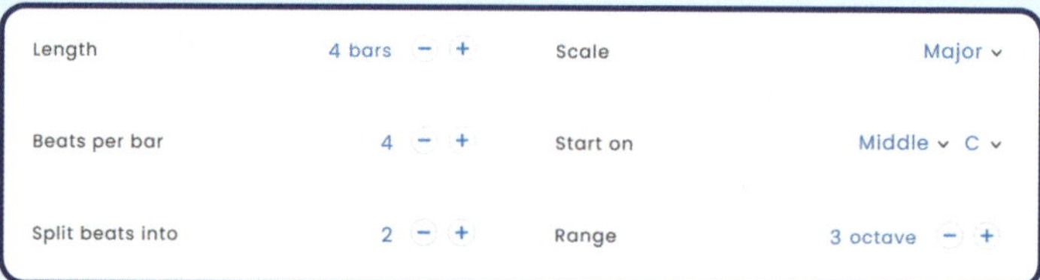

3. Money Chords(머니 코드) 활용

기존 음악을 듣고 그려 보는 것이 많은 도움이 되며, 선곡할 때는 되도록 코드 패턴이 반복적인 악곡과 멜로디 음역이 넓지 않은 것을 골라서 쉽게 따라 그려 보도록 한다. 이후 Money Chords 진행을 기초로 화음을 아래에 배치하고 선율을 창작하는 원리(순차-도약 등)를 활용한 화성음과 비화성음의 원리를 가르쳐 주면 창작 수업을 수월하게 진행할 수 있다.

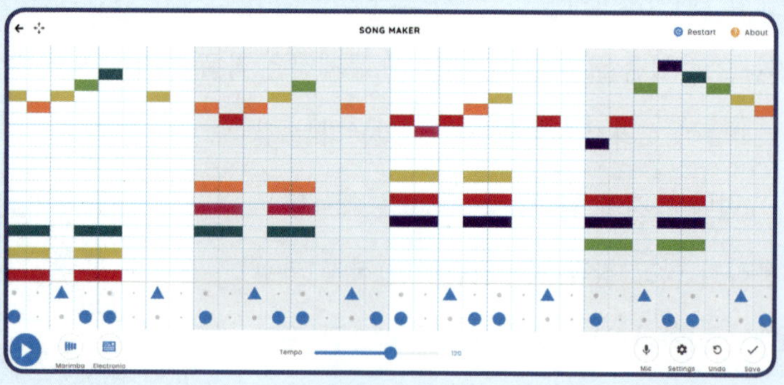

골고루 학습한다. 그리고 이를 사용자가 의도적으로 배치할 수 있다는 점이 좋았다. 인공지능의 도움을 받으면서도 사용자의 주도적인 의견이 반영되고, 무엇보다 교육적으로 활용할 수 있다는 점을 높게 평가해 수업에서 활용했다.

◉ 음치클리닉 마법사

2021년 또다시 큰 변화를 거치는데, 가장 철이 안 들어 힘들다는 남자중학교로 발령났기 때문이다. 특히 남자중학생들을 대상으로 가창 수업을 할 때 공포의 '변성기'가 찾아와 학생들이 과연 노래를 제대로 할 수 있을까 걱정되었다. 코로나19 팬데믹이었지만, 함께 모였을 때는 어떻게든 아이들에게 실기 수업을 진행하고 싶은 마음이 컸다. 실시간 줌(Zoom)을 활용한 온라인수업에서는 이론이나 감상을 위주로 진행하고, 등교 수업에서는 창문을 활짝 열고 학생들과 함께 마스크를 쓰고 노래를 불렀던 기억이 생생하다.

코로나19 팬데믹이 조금씩 진정되자 학생들에게 노래 수업을 더욱 적극적으로 진행했다. 남자 단성 학교라는 특성에도 불구하고, 학생들은 남들 앞에서 목소리를 크게 내는 것에 대해 기본적으로 부끄러운 성향을 보이고 있었다. 하지만 교사의 우렁찬 선창으로 학생들의 개별 발성 연습을 도와주면서, 학생들이 소리 내는 것 자체를 흥미로워하고 자신의 목소리를 찾아가는 과정을 즐기고 있는 것을 발견했다. 목소리가 작은 학생들도 다양한 발성 훈련을 통해 생각보다 자신 목소리가 크다는 것을 발견하자 일상생활에서 더욱 자신감을 가지게 되는 모습을 보았다.

음악을 통해 학생들이 전인적으로 성장하는 모습에 또다시 내가 음악 교사라는 점을 행복하게 여긴 순간이었다.

무엇보다 나는 충격적인 사실을 발견했다. 음치라고 생각한 학생마저 그에게 알맞게 으뜸음을 잡아 주기만 한다면, '도레미파솔라시도'의 스케일을 거의 모든 학생이 무리 없이 진행한다는 점이었다. 자기 목소리를 낼 수 있다는 자신감이 없는 음역을 노래하는 순간, 음치처럼 소리를 내는 것 자체를 두려워하는 것이 핵심 문제였다.

"저는 고음 불가라서 목소리가 이거밖에 나지 않아요."

"저는 원래 목소리가 작아서 이게 제일 커요."

이를 해결하기 위해서 나의 장기를 활용할 수 있었다. 어느 음을 으뜸음으로 잡더라도 나는 모든 조성으로 이조(移調, 악곡 전체를 다른 조로 바꿈)하여 피아노로 반주할 수 있었다. 이렇게 음을 잡고 가능한 음을 조금씩 끌어올리면서, 스스로 음치라고 여긴 자신감 없던 학생들이 문제를 해결하는 것

보컬 트레이닝 지도법

1. 발성과 시범

"야호~!"와 같이 최대한 자연스럽고 긴 소리를 뻗어 내게 한다. 또다른 방법은 하품을 길고 자연스럽게 하면서 몸에 긴장을 빼고, 이완한 상태로 호흡을 길게 쉬면서 복식호흡의 자연스러운 느낌을 알게 해야 한다. 그리고 반드시 노래수업에서는 교사의 실연 선창을 곁들여야 한다. 음원을 통해서 듣는 소리로는 학생들이 자신감 있게 소리 내는 것을 어렵게 생각한다.

2. 반주

피아노로 음계를 12개 Key에서 전부 연주하는 것은 물론이고, 반주가 'Ⅰ도-Ⅳ도-Ⅴ도'인 기본적인 화음은 모든 조성(Key)에서 가능하도록 연습해 두어야 한다. 학생이 반주를 듣고 음정을 잡으려고 노력하여, 학생의 음치 탈출에 많은 도움을 준다.

을 도와 주었다. 옆에서 지켜보던 학생들은 나에게 "선생님은 마법사예요!"라며 음치클리닉 마법사라는 별명을 붙여 주기도 했다. 역시 위기를 성장의 기회로 삼는 것은 어떤 것보다 뿌듯한 일이다.

2 인정과 겸손 사이에서

◉ 인공지능 시대를 살아가며

인공지능 시대에서 가장 화두로 떠오른 것이 바로 생성형 인공지능이다. 지금까지 인간만이 가지고 있는 능력이라고 생각한 것이 창작 영역, 즉 창의성 분야였다. 그런데 패턴 학습을 통해서 생성하는 인공지능의 창작 결과물을 보면서 사람들은 많은 당혹감을 느꼈을 것이다. 이것은 미술, 음악, 문학 작품과 같은 창작 분야에서도, 학습하고 사고하는 능력을 가르치는 교육 분야에서도 거센 폭풍과 철학적 담론을 가져올 수밖에 없었다.

이러한 흐름 속에서 나는 AI·에듀테크를 활용하는 수업의 핵심에 대해서 더욱 깊이 공부해야겠다고 생각하던 찰나, 대학원에서 AI융합교육학과를 운영한다는 소식을 듣고 부리나케 지원해 운이 좋게 합격했다. 생성형 인공지능을 활용한 다양한 예술 작품들이 쏟아져 나오는 현실 속에서 학교 교육은 어떤 방향으로 가야 하고, 무엇이 학습의 본질인가를 이해하기 위한 치열한 고민이 이제는 대학원 공부로 이어졌다.

15년 만에 하는 대학 공부는 반갑기도 했지만 너무나 어렵고 힘들었다. 학교에서 주어진 수업과 업무를 마치고 주 2~3회 3시간의 야간 수업이라니. 그나마 시간이 나는 주말에 아이들과 놀아 주는 시간을 보내고 나면, 밤에야 졸린 눈을 비비며 과제에 매달렸다. 그야말로 대학 입시 때보다 훨씬 힘든 치열한 삶의 현장이라고 해야 할까? 2년간 온갖 노력 끝에 어찌저찌 겨우 생성형 AI를 활용한 음악 창작과 관련된 논문을 쓰고 졸업할 수 있었다. 과연 이것을 내가 해낸 것이 맞는지, 지금 생각해 봐도 믿어지지 않는다.

이러한 인공지능 공부를 통해서 디지털 역량을 기르게 되자 학교에서 정보 선생님의 추천을 받아 '디지털 새싹' 프로그램에 강사로 함께 참여했다. 여기서 마이크로비트를 활용한 피지컬 컴퓨팅 등으로 학생들이 멜로디를 숫자로 계산해 음계를 만들어 보는 활동을 진행하는 것을 관찰할 수 있었다. 이를 통해 학생들이 음악이 숫자로 되어 있는 체계라는 것을 학습할 수 있다는 것을 깨달았다. 역시 배움은 각 과목에서 끝나는 것이 아니라 모든 것이 전이되고 연계되어 있다는 것을 학생들에게 늘 상기시켜 줘야겠다고 생각했다.

◉ 무엇을 향해 가고 있을까?

음악 시간은 학생들과 학부모들에게 대학 진학에 필수적으로 배워야 하는 중요한 과목이 아니라 그저 쉬어 가는 시간으로 여기는 경우가 많다는 걸 자주 경험했다. 예를 들면 "선생님! 대학 입시에 음악은 반영되지 않고 수능에도 출제되지 않는데, 이거 배워서 뭐 해요?", "선생님! 시험 기간인데, 자습 시간 주시면 안 돼요?"와 같은 질문을 학생들이 한다. 학원 숙제를 수업 시간에 하는 일도 비일비재하다. 도대체 학교 교육 그리고 음악교육은 어떤 방향으로 가야 하는 걸까?

삶에서 의미를 찾아가고 다른 배움과 연계되기 위해서는 어떤 교육이 필요할지 고민했다. 평생교육 개념을 알아보기도 하고, 개념 기반 탐구교육과 IB(국제 바칼로레아) 교육과정까지 호기심이 생겼다. 도대체 음악이 삶 속 그리고 학교 교육과정에서 어떤 역할을 담당하고, 다른 교과와의 융합과 연계는 어떤 방식으로 일어나야 할까? 그리고 이를 구현하려면 어떤 수업 방식으로 수업을 준비해야 할까? 이러한 고민을 해결하기 위해 연간 AI·에듀테크와 IB·개념 기반 탐구교육 등을 포함해 연간 250시간을 넘는 연수를 듣고 현재는 IBEC 과정(국제 바칼로레아 교사 자격증)을 이수하고 있다. 이모든 것이 음악수업이 학교 교육 안에서 근본적으로 살아남는 주춧돌이 되기를 바라는 마음으로.

물론 나의 탐구만으로 모든 것이 바뀔 수 있다고 생각하진 않지만, 언제나 그랬듯이 내 주변부터라도 작은 변화를 시도하고 싶다. 작은 물줄기가모여 큰 강을 이루듯이 우리 사회에 작은 변화의 씨앗을 뿌리는 것이 지금내가 할 수 있는 일, 해야만 하는 일이라고 생각한다.

학교 축제의 오케스트라 지휘

어느덧 16년 차 교직 생활을 맞이하며 근본적인 질문을 던지게 된다. 도대체 음악 교사는 무엇일까? 공교육을 책임지는 교사로서 담임 교사로서 학생들을 챙기고, 부장 교사로서 행정적인 것을 챙긴다. 그러다 보면 내게 '음악'을 전공한 능력보다 다른 역량이 더 필요한 것일까라는 생각을 한다.

한편으로는 음악 교사는 그 어떤 음악 전공자보다도 다양한 음악적 역량을 요구한다. 서양음악과 국악이라는 큰 틀에서 균형 잡힌 역량을 갖춰야 하며, 피아노를 중심으로 악기도 다양하게 다룰 수 있어야 한다. 그뿐인가? 노래도 잘해야 하고 창작 역량까지 갖춰야 한다. 또한 현장에서 음악 교사에게 요구하는 역량은 밴드나 오케스트라, 중창 동아리 운영(악기 지도, 행정 업무)이다. 학교 축제에서 공연 무대를 책임지거나, 교내 합창대회를 운영하기 위해 노래를 가르치고 다른 교사들에게 협조를 구하거나, 외부 음악 축제 출전을 위해 대표 학생들을 지도해야 할 때도 있다. 그 어떤 업무 하나도 단순히 한 줄로 표현할 수 없이 손이 많이 가지만, 음악 교사들은 모든 걸 해내고야 만다. 그것도 학교에 음악 교사가 혼자인 경우가 많아, 질문할 곳이 없어 다른 학교의 음악 교사들에게 묻고 물어서. 모차르트가 살아 돌아와도 현재의 음악 교사보다 잘 할 수 없을 것이다. 음악 교사는 뛰어나지만 외롭다.

▲ 음악 교사에게 필요한 육각형 역량

214

아무리 뛰어난 교사라도 혼자는 어렵다. 그러므로 음악 교사는 함께 모여야 한다. 교류하며 자신의 지식과 정보를 나누고, 서로의 아픔과 힘듦을 위로하고 응원하며, 여러 가지 이벤트(공연, 축제 등)를 함께 만들어 가야 한다. 나는 현재 '서울중등음악교육교과연구회'을 비롯한 몇몇 연구회에 소속되어 있다. 이 외에도 지역 단위 교사모임을 비롯한 전국 단위 음악교사모임이 존재한다. 이러한 연구회는 의미 있고 수준 높은 음악교육을 위해 진취적이고 뜻있는 교사들이 모인 만큼, 많은 분이 함께하고 소속감도 느끼길 바란다. 이미 우리에겐 함께 모여서 노래와 악기 연주, 창작도 하는 수준 높고 알찬 모임을 할 수 있는 토대가 갖춰져 있다.

ABBA의 〈Thank you for the music〉 속 가사처럼 인생에 없어서는 안 될 '음악'의 행복을 일깨워 주는 '음악 교사'로 살아가기에 행복하다. 이 인생의 진리를 가르치는 이들과 함께하기에 더욱 행복하다.

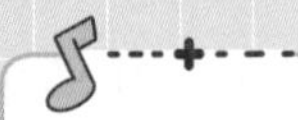

나의 플레이리스트

1. 류이치 사카모토(Ryuichi Sakamoto), 〈Merry Christmas Mr. Lawrence〉

내가 작곡가가 된다면 이 사람처럼 되고 싶다고 롤모델로 삼았던 아티스트이다. 〈Rain〉, 〈Aqua〉, 〈Bring them Home〉, 〈The Last Emperor〉, 〈The Sheltering Sky〉, 〈High Heels〉, 〈Energy flow〉, 〈Tong Poo〉 등 모두를 최고의 곡으로 꼽고 싶다. 그래도 가장 대중적이면서도 그를 대표하는 이 곡은 모두 꼭 한번쯤 들어 봤으면 하는 마음이다.

류이치 사카모토, 〈Merry Christmas Mr. Lawrence〉

2. 구스타프 말러(Gustav Mahler), 〈교향곡(Symphony) No. 3〉

내가 작곡가로 표현하고자 하는 천상의 소리를 예시로 보여 준 곡이다. 자연과 인간, 천사(신)를 거쳐 결국 '사랑(아가페)'이 인간의 아픔을 해결해 줄 수 있다는 주제를 너무나 아름답게 표현했다. 특히 6악장에서 현악기부터 시작되어 모든 악기가 합쳐져 장엄하게 마무리되는 빌드업은 들을 때마다 눈물을 흘리지 않을 수 없게 만든다.

구스타프 말러, 〈교향곡 3번(Symphony No. 3)〉

3. 황종택 시, 김형국 작곡, 〈그리움〉

2024년 서울중등음악작곡가회 '아트팝 가곡 프로젝트' 활동을 통해 작곡한 가곡이다. 특별한 일이 없으면 작품을 창작할 일이 없다 보니, 전공을 살리기 위해 다양한 활동 기회(대회 참가, 작품발표회 등)에 참여하는 것이 필수적이다. 전문 음악가로서의 활동은 음악 교사로서 정년까지 살아남는 힘을 주는 중요한 요소라고 생각한다.

(아트팝 가곡) 황종택 시, 김형국 작곡, 〈그리움〉

골목에서 함께 놀며 자란 감수성을 바탕으로, 교실에서 음악을 관계의 언어로 활용함. 남들이 보지 못하는 세세한 부분을 발견하는 강점을 지녔으나, 꼼꼼한 성격 탓에 가끔 속도가 느릴 때도 있음. 예산과 환경의 제약 속에서도 어디선가 방법을 찾아 음악 활동을 만들어 내는 추진력이 돋보임. 말주변이 화려하지 않아 가끔 썰렁한 개그를 던지지만, 학생들은 이를 친근하게 받아들여 다양한 별명을 붙임. 작은 성장의 순간에 의미를 발견하고, 그 여정을 학생들과 함께 나누는 것을 가장 큰 보람으로 삼음.

06

함께 배우는

김근애

별명

친근애쌤

학생들에게 친근하게 다가가 함께하여 붙은 별명이다.

초등학교 방과 후 국악의 길로

 놀다, 연주하다, 꿈꾸다

휴대폰도 노트북도 없던 초등학교 시절, 수업이 끝나면 발걸음은 언제나 가벼웠다. 무거운 책가방을 집 현관 앞에 벗어 두고 동네 골목으로 향하던 그때, 골목길은 우리 세상의 전부였고, 단층집과 이층집들이 옹기종기 모인 작은 마을에서 아이들은 언제나 함께였다. 동네의 피아노 교습소가 유일한 학원이고, 집 앞 공터와 골목은 우리들의 놀이터였다.

가장 인기 있는 놀이는 '얼음땡'이었다. "얼음!", "땡!" 하고 소리치며 골목 사이를 누비며 뛰어다니다가, 지치면 친구들과 골목에 앉아서 수다를 떨었다. 학교에서 있었던 일부터 시작해 무서운 귀신 이야기, 썰렁한 개그, 상상의 모험담까지 그 시절 우리의 상상력은 끝이 없었다.

그렇게 시간이 가면 어스름한 저녁, 집집마다 저녁 준비하는 냄새가 골목에 퍼졌다. "밥 먹어라!" 하는 어머니의 목소리가 들리면, 아쉬운 마음에도 놀이를 정리하고 집으로 향해야 했다. 하지만 내일이면 또다시 친구들을 만날 수 있다는 기대감으로 발걸음은 가벼웠다.

음악을 사랑하시고 교회에서 오랫동안 성가대로 봉사하셨던 부모님의 영향으로, 나는 어려서부터 자연스럽게 다양한 음악을 접할 수 있었다. 언니를 따라 자연스럽게 피아노학원에 갔고, 그런 환경 속에서 자란 덕분에 그 당시 우리 반에서는 음악시간이 되면 반주는 항상 나의 차지였다.

학교 교실마다 있던 풍금(예전 교실에서 피아노 대신 비치된 악기)은 피아노와는 다른 매력을 가지고 있었다. 일단 양발로 부지런히 페달을 밟아 바람을 넣어야 소리가 나고, 중간에 계속 페달을 밟아 주어야 했다. 음색과 건반 감각도 피아노와는 달랐지만, 나름의 매력이 있었다.

특히 나의 최애는 조회나 학급회의 때마다 불렀던 〈애국가〉 연주였다. 이 곡을 연주할 때는 특히 맨 앞 '동해물과 백두산이' 부분에서 '도솔미솔'의 형태로 하는 알베르티 반주 방법이 잘 어울리지 않는다고 생각했다. 그래서 찾은 방법은 텔레비전에 나오는 〈애국가〉의 오케스트라 연주를 따라 하는

풍금©국립중앙박물관 e뮤지엄

것이었다. 그때는 요즘처럼 24시간 방송하는 시대가 아니었기 때문에, 밤 늦은 시간이 되면 공중파 방송 종료 전에 어김없이 〈애국가〉가 흘러나왔다. 자기 전 부모님과 함께 잠자리에 누워 〈애국가〉를 듣는 것이 나의 일상이었다. 단순히 듣기만 하는 것이 아니라, 선율 하나하나를 귀담아들으면서 머릿속으로 이를 기억하고, 학교에서 연주할 때는 미리 익힌 왼손 선율을 오른손 선율에 대위적으로 맞추어 반주하곤 했는데, 친구들도 내가 치는 반주에 맞춰 노래 부르는 것을 좋아해 주었다. 이는 내가 음악을 듣고 그대로 따라 연주한 최초 경험이다. 이러한 다소 엉뚱한 습관들이 음악 감각을 기르는 데 큰 도움이 되었던 것 같다.

그렇게 보낸 어린 시절은 지금 생각해도 소중했던 기억으로 남아 있다. 화려하지 않고 어찌 보면 보잘것없을 수 있으나, 그 안에서 경험하고 찾아낸 즐거움과 행복들은 무엇과 바꿀 수 없는 유년의 기억이다. 친구들과 함께 놀고 노래 부르는 시간들이 너무나 즐거웠기에, 어린 마음에도 '앞으로도 계속 아이들과 함께하는 일을 하면 좋겠다'라고 생각했다. 그래서 자연스럽게 꿈꾼 직업은 학교 선생님이었다. 부모님께 이를 진지하게 말씀드린 적은 없었지만, 마음속 한 켠에는 늘 그런 꿈을 키워 나가고 있었다.

◉ 신기한 국악의 세계

처음 국악을 접한 것은 초등학교 방과 후 수업이었다. 정든 마을을 떠나 대전 둔산 지구로 이사를 했는데, 전학을 간 학교는 특이하게도 국악기를 연주하는 수업이 많았다. 사물놀이반, 정악 합주반, 가야금 등의 수업이 있었다.

예전에 텔레비전에서 국악 합주를 보았을 때 무슨 음악인지도 모르고 한복을 단정하게 차려입은 악사들이 우아하게 연주하는 모습에 '멋있고 신기하다'라고 생각했을 뿐, 국악 지식이 전무했던 나는 악기 외형만 봤을 때는 해금이 좋아 보였다. 그러나 신실한 기독교인이셨던 부모님께서는 가야금 병창을 하면서 국악 찬양을 하면 좋겠다며 나를 설득하셨다. 국악에 대한 정보가 별로 없었기에, 나는 부모님의 뜻을 따라 가야금 병창반에 들어갔다.

열두 줄의 가야금은 신기한 악기였다. 이미 익숙하던 피아노, 풍금과는 또 다른 세계였다. 피아노는 하얀 건반 위에 검은 건반이 두 개, 세 개의 규칙적인 간격으로 있어 금세 '도'의 위치를 찾을 수 있다. 그런데 가야금은 어느 음이 무엇인지 도무지 알 수 없이, 다 똑같이 생긴 안족 위에 줄이 하나씩 걸쳐져 있었다. 심지어 안족은 움직일 수 있어, 잘못 건드리면 '퍽' 소리를 내며 줄에서 이탈하곤 했다. 처음에는 이러다가 악기를 망가뜨리는 것이

가야금의 조율음

어렸을 때 가야금 연주 모습

안족(雁足, 기러기발이란 뜻의 받침목)

아닐까 하고 겁이 났다. 그러나 시간이 지나자 나는 연주 중에 안족이 넘어져도 아무렇지 않은 척 집어 다시 줄에 끼워 세우게 되었다.

또한 음계가 다섯 음으로 구성된 것도 신기했다. 더욱이 분명 내 귀에는 '솔·라·도·레·미'에 더 가까운데 악보에는 '레·미·솔·라·시' 중심으로 적혀 있어 이것을 악보를 보며 바로 연주하는 것은 절대음감인 나에게 너무 어려운 일이었다. 소리와 악보의 불일치 현상은 머리를 복잡하게 했다. 더 신기한 것은 안족을 움직여서 음을 바꾸는 것 말고도 줄을 누르면서도 음이 바뀌는 점이었다. 이는 나를 국악의 세계로 몰입하게 했다. 앞서 말한 악보와 듣는 음의 불일치에도, 가야금을 연주하느라 오른손에 물집이 생겨도, 초등학생 키보다도 큰 악기를 들고 다니면서도, 나는 가야금에 재미를 느꼈다. 나의 굳은살만큼 연주 실력도 조금씩 늘어갔다.

또한 정겨운 가사로 된 여러 민요를 가야금 반주와 함께 노래 부르며, 국악이 주는 넉넉함과 아름다움에 흠뻑 빠졌다. 명주실로 된 가야금의 포근하고 넉넉한 음색, 자유롭게 움직이는 듯한 우리 음악은 내가 마음껏 즐기는 나의 음악 도구였다.

가야금 병창반은 가야금 연주와 노래를 함께하는 합주단이었다. 공연이 있을 때면 연두색 저고리에 분홍 치마를 입고, 머리에는 예쁜 코사지까지 꽂고, 무대에 올라갔다. 사춘기가 되어서 소심해진 성격 탓에 혼자서 무엇을 하는 상황은 매우 부담스러웠지만, 가야금을 연주할 때는 용감해졌었다.

여럿이 연주하다 보니 작은 실수는 자연스럽게 묻혀 한결 부담이 덜했고, 무엇보다 함께 만들어 내는 시너지에 힘입어 즐겁게 연주할 수 있었다. 당시 어린이 합창단도 하고 있었는데, 그 시절 두 개의 음악 단체 생활을 한 셈이었다. 노래와 연주 공동체 활동을 모두 누린 나의 유년기는 풍요로웠다.

가야금 병창 〈풍년노래〉, 〈꽃타령〉

6학년 2학기가 시작될 무렵, 인생의 전환점이 될 만한 일이 일어났다. 방과 후 수업 담당 선생님께서 안내문을 가져오셨는데, 바로 국립국악학교 입학 안내문이었다. '국비장학생 모집'이라는 문구를 보니 아무나 할 수 없는 '선택받은 사람들의 집단'으로 느껴졌다. 집에 돌아가 부모님께 안내문을 보여 드렸더니, 부모님께서도 긍정적인 반응을 보이며 한번 응시해 보자고 하셨고, 나도 별다른 고민 없이 동의했다.

시험 요강에는 초등학교 성적과 신체검사와 함께, '시창'과 '청음'을 본다고 했다. 나는 시창과 청음이 무슨 말인지 알 수 없었다. 다행히 교회 집사님 중 클래식 성악을 전공하신 분이 있어 궁금증을 해결할 수 있었다. 집사님은 청음은 음을 듣고 그것을 악보에 적는 것이라 설명해 주셨다. 음을 듣고 다섯 줄이 길게 그어진 오선보에 선율을 적는다는 것 또한 신기했다. 이전에는 노래하거나, 악기로 연주만 했지, 음악을 들으며 동시에 선율을 악보에 적는 경험을 해본 적이 없었기 때문이다. 그렇게 2주 동안 급하게 시험을 준비했고, 시험일은 다가왔다. 이를 위해 평생 일어나본 적 없는 꼭두새벽부터 부모님과 함께 서울을 이틀 연속 당일치기로 오갔다.

국립국악학교에 도착한 날, 학교 안에서의 생경한 모습은 아직도 기억에 강하게 남아 있다. 첫째는 우리 지역의 중·고등학생들에게서는 결코 찾아볼 수 없는 도우미 선배들의 모습이었다. 무릎 밑 15cm라고 하지만 사실상 바닥을 쓸고 다니는 붉은 체크 치마와 곱게 빗어 하나로 묶어 땋은 긴 머리는 매우 단정하게 보였다. 둘째는 학교의 시설물이었는데, 마치 호텔을 방불케 하는 멋진 구조와 인테리어가 되어 있었다. 우륵당이라는 공연장, 교실, 모든 것이 신기했다. 지금까지의 내가 우물 안에 있었던 것처럼 완전히 새로운 세상이었다. 그렇게 입시를 보았고, 합격했다.

국립국악학교 학생들은 입학 후 전공 악기를 정한다. 초등학교 때 해금을 해보고 싶었으므로 이번에는 못다 한 꿈을 이루리라 생각하고 있었는데 생활한복 차림에 남다른 키와 풍채의 한 선생님께서 교실에 들어오셔서 학생들 한 명 한 명을 살펴보셨다. 내 차례에서는 나의 손가락을 이리저리 만져 보시더니 대뜸 "자네는 거문고를 할 손이야."라며 거문고를 전공할 것을 권유하셨다. 거문고는 가야금과 비슷한 크기의 악기인 것만 알았지, 자세히 알지 못했다. 이후 선배들의 연주 시범을 통해 접한 거문고는 가야금에 비해 깊고 묵직한 저음이 매력적이었다. 무엇보다 술대라는 대나무 막대로 현을 내려칠 때 나는 둔탁한 소리는 강한 인상을 남겼다.

나는 이미 해금을 신청하기로 마음 먹었기 때문에 1순위 해금, 2순위 거문고, 3순위 가야금으로 전공희망배정서를 작성하여 제출했다. 하지만 안타깝게도 거문고에 배정되었고, 음악 전공생으로서의 삶이 시작되었다.

나의 중학교 시절 거문고 전공 선생님은 악기를 정할 때 처음 만난 풍채가 좋으시고 생활한복을 즐겨 입으시는 강덕수 선생님이셨다. 초등학교 때부터 희망했던 해금 지망에 떨어진 것에 대한 씁쓸함과 뭔가 선생님께 포섭당한 게 아닌가 하는 근거 없는 음모론이 한동안 머릿속에서 떠나지 않았다. 이 음모론에 대한 진실은 한참이 지나서야 알게 되었다. 국악학교의 악기 배정은 누군가 임의로 하는 것이 아니라 입학 고사 점수로 배정되는 시스템이라는 것을. 그때 선생님께 가서 따지거나 질문했다면 그런 찜찜한 의문 따위는 털어버리고 깔끔하게 마음을 다잡았을 텐데. 이유를 묻지 못한 채 마음에 남겨 둔 감정은 중학교 시절의 나를 점점 말수 없는 학생으로 만들어 갔다.

거문고 전공 실기 시간에는 8명이 함께 클래스 수업을 진행하는 형태로 정악과 산조를 배웠다. 초반에 그렇게 멋지고 카리스마 있어 보였던 거문고는 막상 배우기 시작하니 손가락만 아프고 어려웠다. 선생님은 "손가락뼈가 튼튼해서 잘 휘어지지 않아 거문고 줄을 잘 밀 수 있다."라며 위로해 주셨지만, 술대로 내려치는 거문고의 대점, 카리스마 있는 소리를 내는 것은 나에게 높은 장벽이었다. 연주가 잘되지 않으니 나는 거문고에 향한 관심이 없어지고 노력도 잘하지 않았다.

전공실기 과목은 매 학기에 두 번씩 시험을 보았다. 평소 수업할 때는 나쁘지 않게 연주하는 것 같은데, 시험장에 들어가기만 하면 평소와는 전혀 다른 요상한 소리가 나왔다. 너무 높았던 긴장과 연습의 부족이 만들어 낸 결과였다. 그런 내 모습을 보며 점점 자신감을 잃어 갔고, 실기시험 때마다 나는 작아진 마음에 쥐구멍에만 숨고 싶은 심정이었다.

그렇게 해를 넘어 시간은 흐르고 내 은둔의 사춘기는 더 심해졌다. 중학교 2, 3학년의 시기로 넘어가 재기 발랄한 친구들이 무대에서 빛나는 모습을 볼수록 나는 더 삐딱하게 행동했다. 외부 경연대회에서 입상해 오는 친구들에게는 부러움과 질투가 났고, 연습을 잘 하지도 않았으면서 속으로 핑계를 대며 투덜대기 일쑤였다. 반항의 의미로 학교에 만화책을 가져와서 돌려보다가 선생님들께 혼나기도 했다. 강덕수 선생님께서는 그런 나를 지도하실 때 때론 따끔하게, 때론 무심하게 장난처럼 대하며 가까이 이끌어 주셨다. 그 덕분에 선생님 앞에서는 시시콜콜한 농담들도 나눌 수 있었고, 고슴도치같이 가시를 세우던 마음도 좀 내려놓을 수 있었다. 악기 연주가 쉽사리 풀리지 않자 부담되서 포기하고 싶을 때도 거문고를 놓지 않았던 것은 선생님 덕분이었다.

수업 시간에 선생님께서 가장 많이 하신 이야기가 있다. 거문고를 연주할 때는 모든 욕심과 잡념을 내려놓고 편하게 연주할 것을 권면하시면서 종종 공자의 《논어》〈옹야편〉에 나오는 말씀을 자주 해주셨다.

> 知之者 不如 好之者
> 好之者 不如 樂之者
> (아는 사람은 좋아하는 사람만 못하고, 좋아하는 사람은 즐기는 사람만 못하다.)
> - 공자, 《논어》〈옹야편〉 -

아는 것보다 좋아하는 것보다 즐겨야 한다니……. 그때는 전혀 와닿지 않았다. 지금에 와서야 조금씩 거문고 연주를 즐기면서 이를 조금씩 이해하고 있다. 무언가에 욕심 부리고 동동거리는 나의 모습을 발견할 때마다 선생님께서 이야기해 주셨던 이 문구가 떠오르며 결과에 주목하는 마음보다 즐겁게 과정을 겪어 내자는 다짐으로 마음을 정돈하곤 한다. 그리고 그 가르침은 이후 나의 음악수업 목표에서 중요한 요소로 자리 잡았다.

강덕수 선생님께서는 격동의 중학교 3년 동안 내가 마음을 다잡고 거문고를 열심히 할 수 있도록 물심양면으로 도와 주셨다. 대학교와 대학원에 가서도 종종 찾아뵐 때마다 반갑게 맞이해 주시고, 어려운 문제나 고민되는 일이 있을 때는 좋은 조언을 주셨다. 퇴직 후 건강이 좋지 않으신 와중에도 방황하는 제자에게 모든 길에는 이유가 있을 거라는 말씀으로 내 삶의 의미를 찾도록 격려해 주셨고 스스로 찾을 때까지 기다려 주셨다.

2015년 내가 교사로 발령을 받고 교편을 잡기 시작한 그해 여름, 선생님

강덕수 선생님을 그린 캐리커처
ⓒ강상미

께서는 몇 년의 투병 생활 끝에 세상을 떠나셨다. 선생님의 책상 위에는 내가 중학교를 졸업하며 감사의 마음으로 그려 드린 캐리커처 액자가 놓여 있었다고 한다.

지금도 종종 선생님을 생각하면 예전의 철없던 모습으로 인해 속 썩인 점을 사죄드리지 못한 것, 받을 줄만 알았지 선생님께 무엇을 대접하거나 보답하지 못한 것이 못내 마음에 걸린다. 열등감 덩어리였던 나에게 따뜻한 마음의 품을 내어 주셨던 선생님을 기억한다. 제자들의 작은 감사 표현에도 기꺼이 기뻐해 주셨던 그 모습이, 지금도 여전히 그립다.

교사가 된 지금, 혹여나 아직 마음이 자라지 못한 학생들을 만나면 선생님의 가르침을 생각한다. 누군가의 마음이 여물 때까지 기다려 주고, 학생들의 현재 모습을 있는 대로 바라보는 것이 선생님께 조금이라도 보답하는 길이 되리라 생각하며 그리운 마음을 달래 본다.

2 ▶ 돌고 돌아 교사의 길로

 방황의 시간

고등학교 때 뒤늦게 정신을 차린 나는 대학교 입시를 위해 다른 활동을 모두 끊고 거문고 연습에만 몰입했다. 틈만 나면 연습실에 틀어박혀 연습하며, 모든 과정을 녹음하고 이를 반복해서 들으면서 끊임없이 전문연주자들의 음원과 비교하며 연주를 갈고 닦았다. 그래서 원하던 대학에 입학하게 되었다.

그러나 몇 년 후 대학교 졸업을 앞두고 나는 진로 때문에 밤잠을 설치곤 했다. 국악 관현악단에 취업하여 연주 단원이 되고 싶었으나, 이는 낙타가 바늘귀를 통과하듯 정말 어려운 일이었다. 꼭 실력만의 문제가 아니라 온 우주의 기를 끌어모아야만 가능한 일같이 느껴졌는데, 국악 전공 졸업생 극소수만이 어렵게 악단에 들어갔기 때문이다. 나의 동기들과 후배들은 이러한 척박한 환경에서 음악대학원에 진학하거나, 교육대학원으로 방향을 돌리거나 했다.

그 시기에 교사가 되는 길도 여러 번 고민했지만, 끝내 선택할 수는 없었다. 무엇보다 나는 참스승이 되기에는 거리가 멀다고 생각했다. '내가 다른 사람을 품을 수 있을까?'라는 물음 앞에서 자신이 없었다. 다른 사람 앞에 서서 말하는 일도, 상대를 설득하며 이끌어 가는 일도 자신이 없었다. 지금까지 연주를 해왔으니, 조금만 더 노력하면 되리라 스스로를 다잡으며 음악대학원 진학을 선택했다.

음악대학원에서는 학부에서 다루는 정악, 산조, 창작 국악곡을 넘어, 현대음악의 다양한 장르들까지 다룬다. 외골수처럼 국악만 공부했던 나는 현대적인 음악 어법, 미분된 음과 리듬, 즉흥 음악, 혹은 잘 알지 못하는 여러 세계의 음악들을 잘 이해하지 못했다. 작곡가의 의도나 곡 설명을 아무리 읽어도 선율을 연주할 때, 이 음악이 무엇을 말하고자 하는지 잘 와닿지 않았다. 이러한 고민을 담고 연주하는 나의 모습은 소극적이고 부족함이 여과 없이 드러났다. 이럴 때마다, 마치 길을 잃은 사람처럼 연습실에서 멍하니 앉아 있곤 했다. 곡을 잘 연주하고 싶었지만, 이는 쉽지 않았고 더욱 나는 위축되었다.

한번은 현대음악 합주 수업에서 중간 과제로 친구들과 앙상블을 했다. 연주 발표 후 같이 참여한 친구가 무심코 한마디를 던졌다.

"너는 처음 연습할 때 연주랑 발표 때 연주가 별 차이가 없네?"

그 말은 그냥 스쳐 가는 농담, 아니 어떻게 보면 나의 초견 실력이 나쁘지 않았기에 하는 말이었겠지만, 이는 내 마음에 깊은 상처로 남아 버렸다. 그 후로도 고민은 이어졌다. 잘할 수 있다고 생각한 거문고 연주에서도 자신감이 점점 떨어졌다.

그래도 시작했으니 버텼다. 연주 석사를 할 때 반대하셨던 부모님께 고집을 피우고 지금까지 왔으니, 이를 후회한다고 말할 용기도 없었고, 나의 좌우명이었던 '고진감래'를 생각하며 고등학교 때처럼 노력하면 언젠가는 극복할 수 있다고 믿었다. 아침에 눈을 뜨면 '오늘도 연습실로 가야 한다'라며 의무감으로 몸을 일으켰다.

하지만 마음은 점점 지쳐 갔다. 그렇게 꾸역꾸역 버티며 연주자의 진로를 마냥 따라가는 사이, 나는 독주회 오디션, 협연 오디션에서 떨어지고, 관현악단의 인턴 오디션에서도 고배를 마셨다. 무대의 스포트라이트를 받지 못하고 돌아가는 길, 발걸음은 유난히 무거웠다. '나는 왜 이 자리에 있는 걸까? 나는 왜 이 길을 택했을까?' 하는 질문이 가슴 깊이 파고들며 한없이 쪼그라들었다.

결정적인 순간은 마지막 졸업 학기에 있었던 악단 입단 오디션이었다. 응시 원서까지 제출해 놓고, 정작 시험장에는 가지 못했다. 아니, 가지 않았다. 또 실패할 거라는 불안이 나를 눌러 버렸기 때문이다. 참아 왔던 마음이 터진 듯 도망치듯 피했고, 그 순간 나는 연주자로서의 길에서 한발 물러나고 말았다. 겉으로 보면 나는 이십 대의 중반까지 시간과 학비를 들였으나 결국 실패한 사람이었다. 스스로 기회를 걷어찬 셈이었기 때문이다.

하지만 시간이 지난 지금 돌이켜 보면, 그때의 나는 내가 어떤 사람인지, 무엇을 원하는지 알아 가는 과정에 있었다. 연습을 더 하고 나를 몰아붙이기보다 마음 다잡고 문제를 해결한 방법을 찾는 일이 더 필요한 시기였다. 나는 내가 좋아하는 음악을 사람들과 나누고 싶었고, 그 길은 하나가 아니라 다양한 모습으로 이어질 수 있었다. 그리고 그 길은 다른 누가 정해 줄 수 없는 것이기에, 결국 내가 선택해야 하는 길이었다. 실패라고 여겼던 그 시간들은, 아주 비싼 값을 치르고 얻은 나의 경험이 되었다.

◉ 나보다 네가 빛나기를

대학원을 졸업하고 잠시 다른 일자리를 가졌으나 여건이 좋지 못했다. 어머니 건강이 좋지 않으셨고, 아직 자립하지 못했다는 부담감이 컸다. 생활비를 더 벌기 위해 레슨 자리를 알아보았지만, 쉽지 않았다. 다행히 국립국악학교에서 방과 후 강사로 일하며 중학생들과 일대일 개인 수업을 진행하게 되었다.

예전의 나도 그랬지만 학생이 50분을 내내 꼬박 가부좌 자세로 앉아 거문고를 연주하는 것은 다리도 저리고 매우 고된 일이었다. 수업 중에 학생이 다리가 저려 연주가 어려울 때면 잠시 쉬면서 학교생활이나 진로에 관한 이야기를 나누곤 했다. 주로 학생의 이야기를 들어 주고 관심사에 대해 함께 이야기를 나누었다. 어른이 된 뒤의 모습이나 외모를 가꾸는 일, 연애 이야기까지 화제는 자연스럽게 이어졌다. 교복과 두발 규정이 엄격한 학교였기에, 학생들 저마다 마음속으로 그려 보던 이야기들이었다.

학생들 대부분이 국악고 진학을 목표로 하고 있었기에 수업은 학교에서 배우는 음악을 복습하고 입시를 준비하는 데 초점이 맞춰져 있었다. 정악과 산조, 두 장르의 가락을 표현력 있게 연주하는 것이 주요 목표였는데, 나는 경험을 바탕으로 표현력뿐 아니라 멘탈 관리도 정말 중요하다고 생각했다. 나의 경험을 바탕으로, 나는 연주할 때 느꼈던 불안에 대해 학생들과 이야기를 나누었다. 무대에서 불안해하는 것은 누구에게나 자연스러운 일이라는 것을 전하고 싶었다. 긴장을 해소하기 위해 연주자가 가져야 할 자세와 마음가짐, 상황에 따른 전략, 이를 위한 연습 방법 등에 대해서도 구체적으로 이야기했다. 또한 연주자의 길만이 모두에게 정답은 아니라는 것을 보여 주기 위해, 다른 분야에서 멋지게 활동하는 선배들의 사례를 통해 진로에 관한 이야기도 했다.

경험에서 나온 지도 덕이었을까? 시간이 흐를수록 안정되고 성숙해 가는 학생들의 모습이 눈에 보였다. 그런 변화를 지켜보는 것은 나에게 큰 보람이자 기쁨이었다. 학교에 근무하시는 선생님들도 마주칠 때마다 내가 지도한 학생들이 성장하는 모습이 보기 좋다고 칭찬해 주셨고, 그 말에 더욱 더 뿌듯함을 느꼈다.

또 이때 교회에서 고등학생들을 지도하는 봉사활동을 함께하고 있었다. 해외선교를 위해 사물놀이나 아카펠라, 성가대 등을 지도했는데, 학생들이 열심히 준비한 활동을 완성하고 발표하여 박수 받을 때 내가 직접 공연한 것보다 더 큰 기쁨을 느꼈다.

예술을 전공하는 학생은 저마다 감수성이 풍부하고 조금씩 예민한 부분이 있다. 어린 시기에는 더욱이 이런 부분이 다듬어지지 않아서 서툰 모습으로 드러날 수 있다. 이를 어떻게 다듬어 나가는지, 누구를 만나 어떠한 영향을 받는지에 따라 이후의 삶에 많은 영향을 미치게 된다.

돌이켜 보면 내가 약점이라 여겼던 것은 흔들리는 마음과 자신을 믿지 못했던 시간이었다. 그 경험은 학생들을 지도할 때 공감과 이해라는 강점으로 작용할 수 있다는 생각으로 정리되었다. 그래서 교육대학원 진학을 선택했다.

대학원에 재학하며 교수님의 보조로 사범대 학생들의 수업을 참관하는 기회가 있었다. 이 과정에서 수업에 대한 관점과 여러 아이디어를 얻을 수 있었다. 건국대학교에는 학부에 음악교육과가 있어, 음악 교직 과목에 대한 선택권이 넓었다. 다양한 과목들을 수강하며 음악교육에 대한 이해를 넓혀 갔고, 이 과정에서 음악교육계의 대부이신 최은식 교수님께 지도받는 행운을 누렸다. 교수님께서는 학생들에게 애정과 관심이 매우 많으셨고, 모든 학생을 인격적으로 대해 주셨다. 수업 시간에는 늘 학습자의 인지 발달과 지식 구성을 위한 수업을 계획할 것을 강조하셨다.

> "내가 생각하는 음악은 무엇일까?"
>
> "학생들에게 한 번에 하나씩 가르쳐야 해. 그래야 그것을 분명히 이해하고 자기 것으로 만들 수 있어. 교사가 한 번에 너무 많은 것을 이야기하면 배움이 일어날 수 없어."

이러한 교수님의 말씀은 수업을 바라보던 내 생각을 바꾸어 놓았다. 교사의 마인드가 수업의 방향성과 학습자에게 미치는 영향이 얼마나 큰지 깨달은 것이다.

학습자가 도달할 목표지점을 먼저 생각하고, 그에 이르기 위한 전략을 차례로 구성하는 일, 학습자가 학습과정 가운데 성취감을 맛보며 수업에 참여하도록 돕는 일. 교육대학원 수업을 받으며 나는 나의 수업관을 세워 갔고 교사가 되고 싶다는 목표 의식을 더욱 단단하게 다질 수 있었다.

논문 작성, 임용 준비, 아프신 어머니 병간호로 대학원 과정이 결코 쉽지는 않았지만, 이전보다 많이 단단해진 마음으로 그 시기를 헤쳐 나갈 수 있었다. 다행히 학기에 맞춰 무사히 졸업한 뒤, 교사의 길을 준비했다.

 **두 마리 토끼 잡기**

교육대학원 졸업을 앞둔 나는 서른에 접어들며 다시 소속 없는 상태인 이른바 '백수' 신분으로 돌아가는 것에 대한 많은 부담과 불안이 있었다. 마침 그해, 남자친구는 갑작스럽게 결혼을 재촉했다.

치열한 논의 끝에 양가 부모님의 허락을 받아 빠르게 결혼식을 치렀고, 4월부터는 곧바로 임용 준비에 들어갔다. 수험생 모드로 전환하여 아침에는 교육학 논술, 오후부터는 음악교육학과 교과내용학을 공부했다.

시부모님께서는 내 나이를 염려하며 바로 아이를 갖기를 바랐고, 그로 인한 압박 속에서 '올해 임용에 실패하면 다음 기회는 없을지도 모른다.'라는 절박함이 커져 갔다. 재수는 없다는 각오로, 무작정 열심히 할 수밖에 없었다.

여름과 가을을 지나 1차 시험일이 가까워졌고, 연말이 다가올수록 남편은 나이에 대한 불안인지 자녀 계획의 시기를 다시 이야기하기 시작했다. 예전에 어느 선생님의 2차 시험날 출산을 하고도 임용에 합격한 무용담을 들은 기억이 있어, 이것에 대한 오기가 생긴 나는 무모하게 1차 시험이 끝나자마자 임신했다. 집안 내력에서 임신 기간 동안 크게 입덧을 한 사람은 없었고, 2차 시험 과목은 비교적 마음의 부담이 덜했다. 그래서 임신 초기의 몸으로 수업 실연과 면접, 음악 실기시험을 보았다.

다행히 체력적으로 큰 어려움 없이 시험을 보았고 임용에 합격했다. 지금 생각하면 너무 무모한 선택이었지만, 나의 합격 그리고 임용 경력과 똑같은 나이의 아들을 만나, 기쁨이 두 배로 찾아온 시기였다. 즐거운 초등학생 시기를 보내는 이 친구를 만나지 않았다면 학생들에 대한 이해의 정도가 지금과는 많이 달랐을 것 같다. 인생이 항상 계획대로 되는 건 아니지만, 때로는 이런 과감한 결정이 뜻밖의 새로운 길을 열어 주는 것 같다.

◉ 공부가 안 될 때는 스터디로 나아가라

임용고시를 준비하는 과정에서 나에게 가장 힘이 되었던 것은 스터디였다. 상반기에는 집에서 혼자 공부했지만, 7월부터는 임용고시학원에 다니며 사람들과 함께 수업을 듣고 공부를 시작했다. 냉정하게 생각하면 서로를 경쟁자로 볼 수도 있었지만, 동병상련의 마음으로 서로 모르는 부분을 묻고 답하며 개념을 정리했다. 틈틈이 수다를 나누거나, 쉬는 시간마다 작은 사탕과 껌을 나눠 먹으며 졸린 강의를 버티기도 했다.

또한 교육대학원에서 함께 임용을 준비하던 대학원생 세 명이 모여, 함께 서로 모르는 부분을 설명해 주기도 하고, 자신이 정한 범위의 공부를 체크하고 매일 퀴즈를 교차로 풀어 보며 스터디를 했다. 당시 모임 멤버는 음악이론 전공자 한 명, 작곡 전공자 한 명, 국악 전공자인 나 하나였다. 나는 스스로를 거문고 전공이라고 생각했지, 국악을 다 아우르고 있다고 여기지 않았다. 그런데 여기서는 국악의 모든 부분을 내가 맡아 설명해야 했다. 자연스레 다른 이들이 이해하기 어려워하는 국악 영역을 풀어 설명하는 일은 내 몫이 되었다. '내가 국악 분야에서는 한발 먼저 간 사람이다.'라고 생각하고 최대한 서양음악 이론 전공자들의 눈높이에 맞춰서 설명하려고 애썼다. 그래서 붙은 별명은 '국악엄마'였다.

임용고시는 서술형과 논술형으로 진행되었기에, 자신이 알고 있는 내용을 키워드 중심의 문장으로 풀어내는 연습이 필요했다. 설명을 거듭하는 과정에서 나는 국악 지식을 자연스럽게 정리하고, 말로 다시 다듬으며 그것을 나만의 언어로 만들어 갈 수 있었다. 특히 매일 새벽 시간에 서로 문제를 내며 진행한 퀴즈는 많은 도움이 되었다. 상대방이 모를 법한 부분을 찾는 것은 결국 내가 놓치고 있는 부분을 돌아보게 되는 경험이었다. 다양한 영역에서 문제를 만들면서 고사에서는 어떤 문제가 나올지 가늠하는 시간도 가졌다. 2차 준비부터는 한 명이 더 합류하여 4명이 시간을 정해 꾸준히 만나며 수업 실연과 면접을 준비했다. 그 결과 우리는 그해 서울, 경기, 인천, 충남 지역에 각각 임용되는 기쁨을 누렸다.

앞서 학원에서 간식과 수다를 함께 나눈 멤버들 중 여섯 명은 나와 같이 경기 지역에서 임용 동기가 되었다. 경기 각 지역에 흩어진지라 자주 만나지는 못하지만, 지금도 안부를 나누고, 수업 아이디어를 공유하며 서로의 기쁨과 슬픔을 함께하는 소중한 동료로 남아 있다.

"혼자 가면 빨리 가지만 여럿이 가면 멀리 간다."라는 말이 있다. 마음은 힘들었지만, 함께 버텨 보기로 했던 작은 시도들은 시간이 지나며 나를 다시 움직이게 하는 힘이 되었다. 그때 만난 인연들이 계속 이어져 전우애, 동료애를 나누는 이들이 생겨났다. 혹시 어떤 일을 할 때, 같은 마음을 가진 사람을 만난다면 손을 내밀고 같이 가자고 말해 보기를 추천한다. 힘들 때 버팀목이 되어 꾸준히 그 길을 걷게 해줄 것이다.

◉ 누가 누굴 챙기는지

교사가 되어 처음 발령받은 곳은 경기도 화성시 읍면 지역 고등학교였다. 경기도는 24개의 교육지원청*이 있는 큰 규모의 도 단위 교육청이기에, 신규 교사가 주거지에서 가까운 학교에 배정받는 일은 거의 기적에 가까웠다. 실제로 경기도 남부에 살던 교사가 의정부나 연천 같은 북부로 발령을 받아, 발령 통지를 확인하자마자 짐을 싸 급히 이사 가는 일도 흔했다.

당시 내가 살던 곳은 용인이었는데, 화성까지의 출퇴근길이 쉽지 않았다. 용인에서 화성으로 접어들면 화성의 동쪽에서 서쪽으로 가는 길에 확장되지 않은 편도 1차선 도로가 길게 있었다. 막히지 않으면 40분이지만, 퇴근길에 교통체증이 심하면 두 시간 반이나 걸린 적도 있었다. 선생님들 사이에서는 우스갯소리로 이 길을 '귀양길'이라 불렀다.

지금은 문과와 이과의 구분이 희미해졌지만, 당시만 해도 고등학교는 문과와 이과로 뚜렷이 나뉘어 있었다. 나는 1학년에서 '음악', 2학년 문과반에서 '음악과 진로', 3학년 이과반에서 '음악의 이해'를 가르쳤다. 전 학년의 음악수업을 혼자 맡았는데, 초임 교사로서 세 과목을 가르치는 부담이 컸다.

---

* 수원교육지원청, 용인교육지원청, 분당교육지원청, 화성오산교육지원청 등등으로 나뉜다.

국어, 영어, 수학 등의 주지 교과 선생님들은 수업 시수가 많아 보통 한 학교에 두세 명씩 배치되지만, 음악, 미술, 윤리 등의 교과는 대체로 한 명의 교사가 배정된다. 그래서 수업장학을 받거나 동료로부터 피드백을 얻기 어려웠고, 경력이 부족한 나는 그 점이 더욱 큰 부담으로 다가왔다.

첫 학기가 시작될 무렵, 나는 임신 16주 차에 접어들었다. 출산 예정일은 8월이었고, 그 때문에 담임 업무에서는 배제되었다. 점차 나는 임산부의 태가 나기 시작했는데, '3월에 학생들과 관계를 잘 맺어야 1년이 편하다.'라는 말을 들었던 터라 걱정이 앞섰다. 배가 불러 오면서 학생들과 적극적이고 활발하게 활동하는 데 신체적 제약이 생겼기 때문이다. 하지만 곧 예상치 못한 반전이 찾아왔다. 학생들의 눈에 '임산부 선생님'은 낯설고 신기한 존재였다. 특히 고3 이과반의 큰 키와 좋은 풍채를 가진 학생들 태도는 놀랍도록 달라졌다.

당시 이과반의 수업은 아카펠라, 사물놀이, 음악 감상 활동을 하고 있었다. 아카펠라 시간에 내가 교실 사이를 오가며 화음을 지도할 때마다 아이들은 무거운 내 발걸음을 눈여겨보며 조심스럽게 챙겨 주었다. 혹시 놓친 것은 없는지, 잘 걷고 있는지 살피는 친구들이 하나둘 늘어났다. 수업시간 이후에도 사람들이 많은 식당 같은 곳을 지나갈 때는 친구들이 앞장서서 길을 터주고 내가 잘 지나갈 때까지 지켜 주는 등 엄청난 배려를 받았다.

이들의 배려는 사물놀이 수업에서 절정을 이루었다. 더 자신 있고 신나게 연주하라는 나의 지도에도 아이들은 꽹과리, 북, 장구의 큰 소리가 혹시 뱃속 아기에게 해롭지는 않을까 걱정했고, 아이의 태명을 외워 두었다가 내가 지나갈 때마다 "○○아! 사랑해! 건강히 자라라!" 하고 너나 할 것 없이 사랑의 태교 덕담을 해주었다. 다시 말하지만, 이 학생들은 고등학교 3학년 남학생이 대다수이며, 그들의 덩치는 마치 유도부나 씨름부 학생들처럼 컸다.

사물놀이 수업을 정신없이 하던 중, 영남 농악의 별달거리 합주 발표에서 잊을 수 없는 장면이 펼쳐졌다. 가락을 반복하다 악기를 멈추고 비나리(농악에서 안녕과 복을 기원하며 부르는 소리)를 하는 부분에서, 학생들이 깜짝 이벤트를 준비해 온 것이다. 모둠별로 태교 덕담을 가사로 지어 와서, 힘찬 목소리로 외치며 연주를 이어 갔다. 그 따뜻한 울림과 마음은 지금도 기억에 남아 있다.

그 시절 정 많고 배려심 깊던 제자들은 지금도 종종 소식을 전해 온다. 어느새 어엿한 회사원, 연구원으로 자기들의 삶을 살아가고 있다. 담임도 아니었고, 단 한 학기만 함께한 서투른 신규 음악 선생님으로 만났을 뿐인데 나를 챙겨준 사랑 많은 아이들, 지금도 안부를 전하는 제자들.

"고맙다, 애들아. 선생님은 그때의 너희 덕분에 교단에 서는 일의 행복을 평생 간직할 수 있을 것 같아."

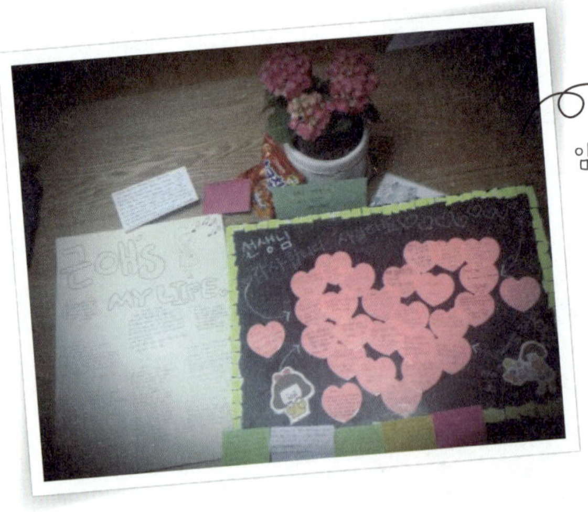

임용 첫해 제자들에게 받은 편지

2 경험은 버릴 것이 없다

◉ 음악실 없는 첫 학교

공립 학교 음악 교사는 학교를 옮길 때마다 학교의 음악실이 어떻게 생겼는지, 악기는 무엇이 있는지 악기 준비실은 따로 있는지 살펴봐야 한다. 특히 악기가 무엇이 있는지에 따라 음악수업은 많은 영향을 받기에, 학교를 옮기기 전 미리 정보를 알 수 있다면 좋고, 그렇지 않다면 수업 준비 기간인 2월에 이를 파악하는 일이 중요하다.

학교 관리자의 마음이 예술 교과에 대해 열려 있으면 학교에서 음악 교구 구입 및 관리에 대하여 예산을 사용하는 일이 순탄하겠으나, 안타깝게도 첫 근무지에서는 그렇지 못했다.

2015년 2월 첫 학교에서 음악수업을 하게 되어 안내받은 장소는 경사길이 쭉 이어지는 긴 형태의 낡은 시청각실이었다. 음악 준비실은 따로 없고, 시청각실 왼쪽 통로에 쌓여 있는 낡은 악기들……. 이 중 비교적 접근하기 쉬워 보였던 우쿨렐레를 중심으로 수업을 구상했다. 자료들을 찾아보면서 쉬우면서도 아이들이 좋아할 만한 악곡을 골라 가창, 기악, 감상 각 영역의 수업을 계획했다. 예산은 너무 적었고, 당시에는 추경*이라는 개념도, 이를 협의하는 것도 몰랐기에 주어진 대로만 써야 하는 줄 알았다. 고민 끝에 교장 선생님께 예산이 부족하다고 이야기했지만 '예산이 없으면 감상 수업을

---

* 추가경정예산의 줄임말로, 예산의 부족이나 특별한 사유로 인해 이미 성립된 본예산을 변경하여 다시 정하는 것이다.

위주로 하면 되지요!'라는 말이 돌아왔다.

그래도 수업은 해야 했다. 2월부터 3월까지 내내 팔을 걷어붙이고 모둠 북 위에 뽀얗게 쌓인 먼지를 털고, 기타를 닦고, 쌓여 있는 거대하고 요상한 책상과 정체불명의 녹슨 음향 장비들을 버리며 고생 끝에 수업 공간을 마련했다. 완벽하지 않지만, 정리된 음악실에 조금씩 애착이 생겼다.

넓은 시청각실은 의외로 장점도 있었다. 모둠 활동을 할 때 아이들이 흩어져 활동하기 좋았고, 아카펠라 수업에서는 모둠별로 거리를 두고 연습하여 서로의 소리에 영향받지 않고 화음 연습을 하기 좋았다. 우쿨렐레 악기 연습 때는 앞의 학생들과 한 줄씩 간격을 두고 연습하며 내가 돌아다니면서 개별적 지도를 하기도 했다.

시청각실의 무대 앞 작은 문은 밖으로 나갈 수 있었다. 무대 왼쪽의 작은 철문을 열고 밖으로 나오면 바로 앞에 작은 무대공간같이 꾸며진 마루가 있었고, 그곳을 통해 교문 앞 행사, 작은 연주회 등을 할 때 악기를 나를 수 있었다.

그 공간을 활용해 아침 등교맞이 버스킹 음악회 '음악이 흐르는 등굣길'을 운영했다. 밴드부 동아리 학생들을 주축으로 참가 희망자들을 모아 학기별 두 차례씩 시험 기간을 피해 진행했다. 초반에는 본인이 좋아하는 가요를 음원 반주에 맞춰 부르는 것이 대부분이었다면, 후반으로 갈수록 본인이 피아노 연주를 하거나 직접 기타나 우쿨렐레를 함께 연주하면서 노래 부르는 친구들, 드럼 · 건반 · 일렉기타 · 베이스의 합주를 하는 친구들도 있었다.

버스킹에 성실하게 참여했던 친구 중 실용음악과를 희망하는 친구들이 꽤 있었다. 학교에 이들을 위한 음악 전문교과가 개설되어 있지 않아 큰 도움을 줄 수는 없지만, 이들을 위해 작게나마 실용음악 면접지도, 화성학 등의 특강을 진행하기도 했다. 이 학생들은 점심시간, 방과 후 자투리 시간을 활용하여 틈틈이 학교에서도 연습했고, 행사가 있는 날이면 새벽부터 와서 준비하며 성실하게 행사에 참여했다. 그 중 네 명의 학생이 백석예대를 비롯한 여러 대학의 실용음악과에 입학했다.

그중 범상치 않았던 한 학생이 있었는데, 예전부터 학교에서 친구들 사이에서는 늘 과묵했고 자신만의 세계에 빠져 있었다. 그러다가도 동아리 시간이나 음악 시간에 만나면 보컬, 가창력에 관한 이야기를 할 때 눈을 반짝이며 진지하게 이야기하던 모습에서 '이 친구는 나중에 무언가 해내겠다'라고 느꼈었다. 이 학생은 졸업 후 부단한 노력 끝에 케이블 TV 주최 길거리 경

'음악이 흐르는 등굣길'
행사 모습ⓒ전예찬

연대회에서 우승하고 드라마 OST 가수로 참여하기도 하며 자기 경력을 쌓아 가고 있다. 종종 인터넷 매체 등에서 높은 조회수를 기록하며 꾸준하게 활동하는 모습을 보면 앞으로의 날들을 더욱 응원하게 된다.

그때의 음악실은 너무도 열악했다. 여름이면 빗물이 새어 곰팡이와 싸워야 했고, 봄과 가을에는 종종 바퀴벌레와 쥐가 출몰하여 곤혹스러웠다. 그럼에도 불구하고 그 시절, 그곳에서 함께한 날들은 여전히 그리움으로 남아 있다. 학교를 옮기기 전에 음악실 증축 허가를 막 받은지라 음악실 증축의 구체적인 계획을 세우거나, 새로워진 모습을 직접 보지는 못했다. 지금은 그곳에 근무하시는 선생님과 학생들이 더 나은 환경에서 다양한 음악수업을 하기를 바란다. 좋은 악기와 음악 자료를 효과적으로 활용할 수 있는 환경은 학생들의 음악 경험을 풍부하고 행복하게 만들어 줄 것이기 때문이다.

◉ 우당탕탕 엔터테이너

아직 새내기 교사의 티를 벗지 못했을 때, 음악수업의 시수가 늘어 음악교사가 두 명 근무하는 상황이 있었다. 이때 나는 밴드부가 아닌 뮤지컬 동아리를 맡았다. 동아리 이름은 'Someday'이고, 선후배 중심으로 학생들의 참여도가 매우 높고 가족 같은 분위기의 전통과 자부심이 있는 동아리였다.

학생들은 매해 경기청소년연극제와 화성청소년연극제, 학교 축제를 위해 작품을 크게 두 편씩 준비해 무대에 올렸다. 경기청소년연극제를 준비하며 선택한 작품은 청소년 연극 대본집에 수록된 〈꺼지지 않는 촛불〉이었다. 이 작품은 금산여고의 김창용 선생님과 학생들이 공동으로 만든 작품으로, 친구들에게 괴롭힘을 받으면서도 밝음을 잃지 않으려 했던 한 소녀가 지하철

화재 사고로 죽음을 맞이하며 남기고 싶었던 말들을 전하고, 장례식에서 친구들이 뒤늦은 후회를 하는 이야기였다.

나는 연기를 배워 본 적이 없었기에 세밀한 연기 지도는 어려웠다. 다만 무대 동선과 장치 속에서 배우들이 움직이고 말해야 하는 방법, 연극과 드라마의 차이점, 멀리 있는 관객들에게 전달되기 위해서는 말과 동작을 크게 써야 한다는 점 등을 알려 주었다. 학생들은 매주 모여 대본을 함께 읽으며 배우, 연출, 음향, 무대감독으로서 각자의 역할에 최선을 다했다. 무언가를 향해 몰입하는 그 모습은 학생들을 한층 반짝이게 했다. 특히 무대 뒤 조명과 음향을 맡은 학생들 또한 묵묵히 책임을 다하며 동아리를 이끌어 가는 성숙한 태도는 교사인 나에게 감동을 주었다. 결국 우리 동아리는 단체 금상, 연기대상, 우수연기상, 스태프상, 지도교사상 등 5개의 상을 받는 성과를 거두었다.

그전까지 나는 예산이 부족하면 부족한 대로 주어진 상황에 따르는, 다소 수동적인 교사였다. 그러나 프로젝트 공연에 열심히 참여하는 학생들을 만나면서 생각이 달라졌다. 학생들을 위해 필요하다면 어떻게든 예산을 마련해야겠다고 마음 먹었고, 그 결과로 소정의 예산을 사용할 수 있게 되었다. 선배 교사들의 조언을 듣고, 예산 항목별 표를 하나하나 확인하며 협조를 구해 학생들의 활동비를 확보했다. 학교 본예산과는 별도로 교육청에서 운영하는 목적사업비나 지원사업비가 있다는 사실도 새롭게 알았다.

마침 학생들의 음악수업 활성화를 위한 '1인 1악기' 지원사업 공문이 내려왔고, 학생들에게 꼭 경험하게 해주고 싶었던 가야금이 떠올랐다. 서툴렀지만 열심히 사업 신청서를 작성하여 지원 대상교로 선정되었고, 기존 가야금

보다 가격이 낮고, 관리가 쉬워 보이는 개량 가야금 17대의 수량을 확보할 수 있었다. 다만 예산 대부분을 악기 구입에 사용하다 보니 매트를 마련하지 못해 처음에는 맨바닥에 악기가방을 깔고 연습해야 했다.

구입한 악기는 1학년 음악수업과 자율 동아리 활동에서 사용했다. 1학년 수업에서는 방학 전 교육활동 기간에 우리나라 문화에 대해 체험하는 수업을 계획했고, 자율 동아리는 여섯 명의 소수 정예 학생이 모여 경기 민요를 연주했다. 연습 과정에서 다리가 저리고 손가락에 물집과 피가 맺히기도 했지만, 학생들은 반창고와 살색 테이프를 감아 가며 연습을 이어 갔다.

교내 연주에 그치지 않고 화성시 창의지성동아리축제에서도 학생들은 악기 체험 부스를 운영했다. 가야금의 역사와 연주법을 직접 조사하여 게시물로 제작하고 찾아오는 방문객들에게 설명하는 모습은 무척 인상 깊었다. 이

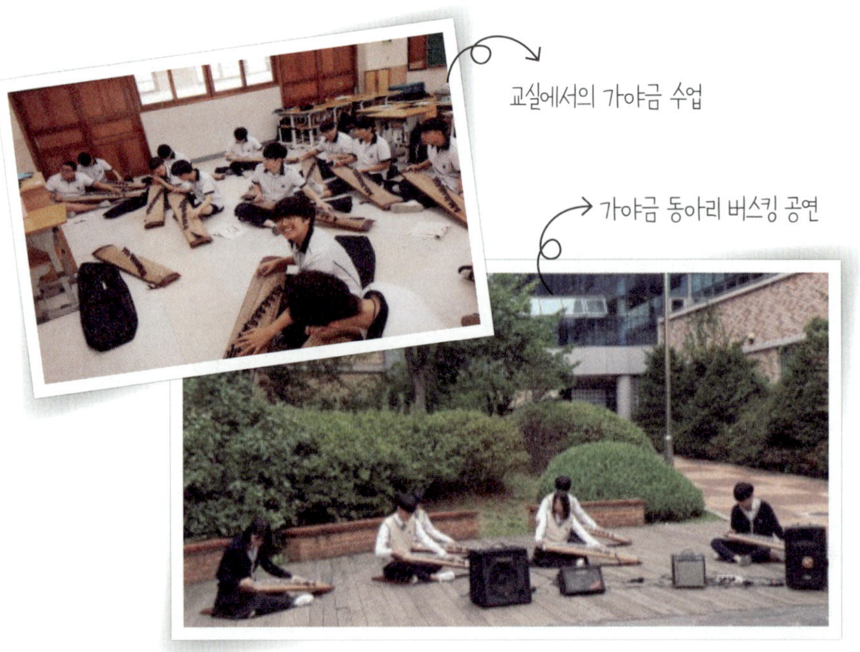

교실에서의 가야금 수업

가야금 동아리 버스킹 공연

학생들이 전공자가 아니었지만, 우리나라 대표 악기를 직접 경험하고 이를 다른 사람들에게 소개한 일은 스스로에게 값진 배움이었을 것이다. 더욱이 K-콘텐츠 열풍을 통해 우리나라 전통문화를 향한 관심이 높아진 오늘날, 이러한 경험은 더 의미 있게 작용한다고 느꼈다.

돌이켜 보면, 뮤지컬 동아리 'Someday'와 1인 1악기 사업을 도입한 경험은 나에게 교사로서의 중요한 전환점이었다. 학생들은 무대 위와 무대 뒤에서 각자의 역할에 몰입하며 책임과 협력을 배웠고, 나는 학생들의 가능성을 위해 교사가 먼저 길을 열어 주어야 한다는 사실을 깨달았다. 무엇보다도 지역과 학교, 전통과 현대가 연결될 때 교육은 더욱 살아난다는 확신을 얻었다.

1 아직도 배우고 있습니다

전문성 쌓기

근무하던 학교에서 계속 국악교육을 더 확장해 보고 싶었지만, 세종으로 직장을 옮겨야 하는 사정이 생겼다. 이듬해 전출 관련 공문에는 특별전형 전국 공모로 세종예술고등학교의 각 과 전임교사를 모집한다는 내용이 담겨 있었다. 애석하게도 나의 전공인 국악은 모집 계획이 없었고 실용음악과에 한하여 음악 교사도 지원이 가능했다. 이전에 세종예술고등학교에 대하여 들은 적이 있어 학교에 좋은 인상을 가지고 있었고, 이런 기회는 앞으로 다시 오지 않을 것 같다는 생각이 들었다. 지푸라기라도 잡고 싶은 심정으로, 겁도 없이 실용음악과에 지원했다.

이를 준비하기 위해 다른 예술고등학교에 출강하는 전문 강사들을 찾아가 도움을 요청하고, 학교에서 전임교사가 해야 하는 역할에 대하여 공부했다. 이후 면접을 거쳐 합격명단에 들어가 전입 허가를 받았다.

원하던 결과였지만, 막상 현실이 되자 감당해야 할 몫에 대한 불안이 밀려왔다. 이후 학교에 방문하여 업무 안내를 받으면서 부담감은 더욱 커졌다. 그럼에도 불구하고 어떻게든 수습해야 했다.

일반적으로 교사는 수업에서 겪는 어려움을 장학이나 컨설팅, 교과연구회, 각종 연수를 통해 해결할 수 있다. 그러나 우리의 상황은 달랐다. 도움을 청할 곳이 마땅치 않았기에, 같은 시기에 발령받은 선생님과 동병상련의 마음으로 함께 연주 스터디를 시작했다. 세종 지역에는 직장인 밴드 모임이 활성화되어 있었고, 우리의 상황과 함께할 수 있는 밴드를 찾아 합주와 공연 활동을 이어 갈 수 있었다. 다행히 함께한 밴드 멤버들은 뛰어난 연주 실력을 갖추고 있어 다양한 레퍼토리를 소화할 수 있었다. 코로나19 팬데믹이 겹쳐 자주 모이지는 못했지만, 곡을 직접 카피하며 여러 장르의 음악을 연주했고, 상설 및 정기 공연 무대도 여러 차례 경험했다. 이러한 경험을 바탕으로 합주수업에서는 음악수업과 공연 준비 과정, 팀워크의 중요성을 학생들과 함께 나눌 수 있었다.

다음 해에는 학생들이 졸업 후 지역에서 예술가로서 살아가는 방법과 기회를 안내하는 진로 지도의 필요성을 느꼈다. 마침 문화재단에서는 지역문

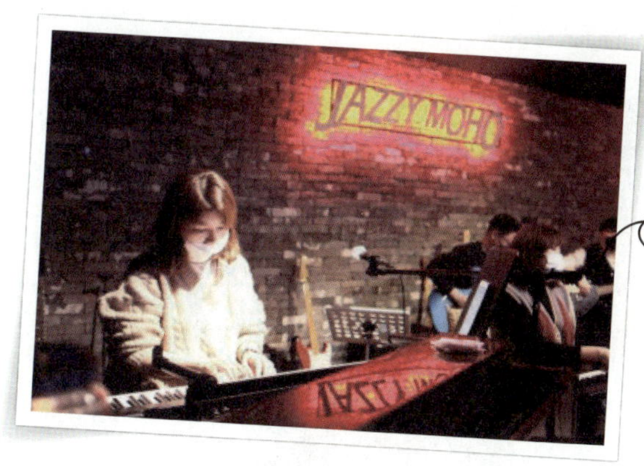

세종 직장인 밴드 band day 행사 중 연주 모습ⓒ세종직장인밴드

화를 활성화하는 다양한 사업들을 운영하고 있어서, 지역문화예술가 양성과정에 참여하여 지역문화를 이해하고 문화 사업을 기획하는 방법을 배웠다.

또한 교사들로 구성된 싱어송라이터 모임에 들어가 직접 곡을 만들기도 했다. 이전까지 나는 작곡에 대한 막연한 동경만 있을 뿐 창작에 대한 시도는 하지 못했다. 그러나 무엇이든 긍정적으로 받아 주는 이 모임 안에서 '잘해야 한다'는 부담은 내려놓고 편안한 마음으로 음악을 만들 수 있었다. 그렇게 나온 가사와 노래를 모아 함께 앨범을 제작했다.

특별하지 않지만, 하루를 행복하게 보낸다는 의미를 담아 각자의 의미 있는 시간을 주제로 곡들을 썼다. 그렇게 완성된 4곡의 음원은 〈찬란한 하루〉라는 제목의 디지털 앨범으로 세상에 나왔다.

유치찬란, 〈호수가 있는 공원(04:30PM)〉

〈유치찬란〉 디지털 앨범 2집 〈찬란한 하루〉
앨범자켓과 프로필 사진 ©유치찬란

음악수업에서의 활용을 위한
음원 발매용 체크리스트

1. 기획 & 준비

- ☐ 곡 선정(자작곡/작곡가 위탁)
- ☐ 가사 및 편곡 확정
- ☐ 참여자 섭외(보컬, 연주자, 엔지니어 등)
- ☐ 예산 및 일정 계획 수립

2. 제작(녹음~마스터링)

- ☐ 스튜디오 섭외
- ☐ 보컬/악기 녹음
- ☐ 튠 · 에디팅(음정 · 타이밍 보정)
- ☐ 믹싱(파트 밸런스, 공간감 조절)
- ☐ 마스터링(최종 음량 및 음질 완성)

3. 저작권 등록

- ☐ 작사 · 작곡 등록(KOMCA/KOSCAP 중 선택)
- ☐ 실연자 권리 등록(보컬, 연주자)
- ☐ 음반제작자 권리 등록(발매 주체 명시)

4. 유통 준비

- ☐ 디지털 유통사 계약(예: 미러볼뮤직, 포크라노스, TuneCore 등)(유통사마다 수익 배분이 다름)
- ☐ 앨범 커버 제작(3000×3000 이상 JPG)
- ☐ 곡 소개글, 크레딧 작성

5. 발매

- ☐ 유통사에 음원 · 커버 · 메타데이터 제출
- ☐ 발매일 지정
- ☐ 음원 사이트 업로드(멜론, 지니, FLO, 벅스, 스포티파이, 애플뮤직 등)

6. 홍보

- ☐ SNS/유튜브 홍보
- ☐ 공연 · 행사와 연계

연주자로 활동하던 시절에도 음악 무대에 객원으로 선 적은 있었지만, 프리랜서 연주자로 공연을 기획하거나 지원 사업에 도전하고, 창작곡을 만들 용기는 없었다. 오히려 교사가 된 이후에야 그러한 일들을 하나씩 시도하게 되었으니, 돌이켜 보면 아이러니한 일이다. 이러한 경험은 학생들에게 음악 활동의 한 과정을 보여 주는 실제 사례가 되었다. 이후 학생들은 신인 인디 밴드, 지역 아티스트 등으로 활동하며 다양한 방식으로 음악활동을 하고 있다. 그 과정에서 학교에서의 경험이 하나의 참고 지점으로 남았다면 그것으로 충분하다고 느낀다.

◉ 지역자원 활용하기

실용음악과에서 부장교사 보직을 맡았던 해, 일 년을 준비하며 교육과정 운영계획을 수립하고 있었다. 정기공연과 진로특강, 체험 프로그램 등을 구상하던 중 학생들에게 지역과 연계한 문화활동 및 교육을 제공하면 좋겠다는 생각이 들었다. 이에 세종문화관광재단 대중문화진흥팀에 찾아가, 함께 협업할 수 있는 프로그램을 기획했다. 이 논의는 세종예술고등학교와 세종문화관광재단의 업무협약으로까지 확대되었다.

이후 실용음악과에서는 재단과 협력해 총 세 차례의 교육 프로그램을 운영했다. 상반기에는 1학년 학생들과 함께 음악창작소를 탐방했다. 학생들이 직접 기획하는 교내 예술제를 준비하는 데 참고할 수 있도록 공연장을 방문하여 무대와 객석, 음향부스 등을 살펴보고, 하나의 공연이 완성되기까지의 기획과정을 주제로 한 강연도 들었다. 스튜디오 부스에서 녹음을 해보는 체험도 했다. 공연장 운영과 공연기획과정에 관한 설명을 실무자에게 직접 들을 수 있는 자리였기에, 학생들은 특강에 더욱 집중했다.

하반기에는 세종보헤미안락페스티벌(현재 세종보헤미안뮤직페스티벌)에 진행 스태프로 참여하는 봉사 프로그램과 이후 공연기획자에게 듣는 공연기획 특강을 운영했다. 이 프로그램의 목적은 두 가지였다. 첫째, 예비 뮤지션으로 성장하고 있는 학생들이 무대 위의 공연뿐 아니라 리허설과 준비 과정을 함께 살펴보며 자신의 진로를 구체적으로 그려 보는 것이었다. 둘째, 연주자 외에도 공연 운영과 기획이라는 또 다른 진로 영역을 직접 체험하는 데 있었다. 봉사 활동은 실제 축제 일정에 맞춰 주말 이틀 동안 야외에서 진행되는 고된 일정이었지만, 학생들은 축제의 분위기를 즐기며 성실하게 프로그램에 참여했다.

공연기획 특강은 방학 중에 운영되어 실제 페스티벌 기획자가 공연을 전반적으로 운영하면서 겪은 사례를 생생하게 들을 수 있는 시간이었다. 많은 학생들이 해당 페스티벌에 안전 요원으로 참여한지라 아이들의 집중도와 만족도는 매우 높았다. 특강에 참여한 학생들은 이후 예술제 운영진으로 활동하며 더욱 주도적으로 무대를 기획하고 이끌어 갔다.

세종예술고등학교 실용음악과 예술제

◉ 다시 배우다

운이 좋게 평소 존경하던 선생님들과 함께 음악 교과서를 집필하게 되었다. 나는 국악 분야를 맡아 집필하던 중, 국악수업에 대한 아이디어가 충분하지 않다는 한계를 느꼈다. 국악을 전공했음에도 '국악수업은 이거다'라는 것을 선뜻 자신 있게 이야기할 수 없었다. 판소리나 민요를 학생들과 함께 부르고, 국악기를 지도하는 것에는 큰 어려움이 없지만, 이를 현장에서 적용할 수 있는 교수법이나 수업 전략, 학습자료는 충분하지 않다고 느꼈다.

이 생각은 국악수업에만 머물지 않았다. 음악을 전공하지 않는 학생들에게 음악수업은 어떤 의미를 가질 수 있을지, 학교 음악교육만이 제공할 수 있는 경험은 무엇인지에 대한 질문으로 이어졌다. 이미 이러한 고민을 연구와 수업 사례로 풀어내는 선생님들의 수업을 보며, 음악수업이 학생들의 지적 자산으로 확장되려면 어떤 경험으로 자리 잡아야 할지 고민하게 되었다.

그 무렵, 학교를 옮기게 되었다. 산 위에 자리한 전교생 100여 명의 작은 중학교. 그동안 고등학생들만 접한 나에게 중학생들은 너무나 밝고 어리고 사랑스러웠다. 학생들은 호기심 가득한 눈으로 새로온 교사를 바라보았고, 궁금한 점들을 끊임없이 질문했다.

그들의 태도에 감동하여, 나는 더욱 열심히 수업 준비에 몰두했다. 그러나 어느 날 활동지에 적은 내용을 점검하던 중 학생들이 학습 내용을 절반도 따라오지 못하다는 것을 발견하고 적잖이 충격을 받았다. 고등학생과 중학생의 간극은 컸다. 아이들에게는 내가 사용하는 말과 개념이 낯설어 이해하기 어려웠던 것이다. 어떤 반에서는 학생들의 이야기 욕구가 커 수업 진행이 쉽지 않은 날도 있었다. 마치 뽀로로 같은 이 아이들이 수업에 관심이 없는 듯 보일 때면 마음이 상하기도 했다.

그러다가도 복도에서 마주칠 때마다 수업 시간에 부른 노래를 흥얼거리고 반갑게 인사하는 아이들을 보면 마음이 풀어졌다. 그리고는 내가 아이들을 가르치는 이유가 무엇인지, 음악수업을 통해 어떤 배움이 일어나야 하는지 다시금 스스로에게 물었다.

실용음악과에 오래 근무하면서 대중음악과 전자음악에 대한 이해는 깊어졌지만, 그만큼 일반 음악 교과에 대한 자신감이 떨어졌다. 그래서 국악을 더 깊이 연구해야겠다는 생각을 하다가 우연히 대학원 음악교육과 박사과정 모집 홍보글을 접했다. 결과를 알 수 없지만 도전해 보고자 준비했다. 다행히 합격 통지를 받았다.

현재 박사 과정에는 초등학교 교사, 중학교 교사, 예술강사 등 다양한 배경의 대학원생들이 있다. 이들과 함께 수업을 들으며 음악교육에서 학교급

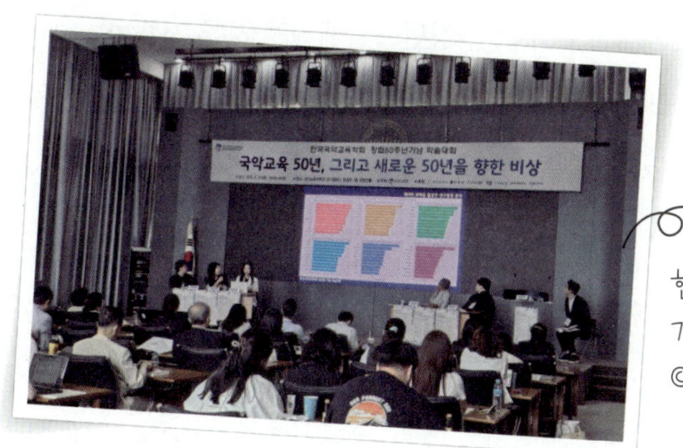

한국국악교육학회 창립50주년 기념 학술대회에서의 공동발표 ⓒ한국국악교육학회

간 연계의 중요성을 새삼 깨닫고 있다. 고등학교에 근무할 때는 '중학교에서는 무엇을 배우고 왔기에 학생들이 이렇게 어려워할까?'라는 생각을 했고, 중학교에 와서는 '초등학교에서는 어떤 경험을 했을까?'라는 질문이 이어졌었다. 그 이유를 이 곳에서 알게 되었다.

학교 업무와 대학원 공부, 육아를 병행하는 일은 결코 쉽지 않다. 스트레스와 피로가 쌓여 체력적 한계를 느낄 때도 있고, 애써 준비할 일이 별것 아닌 것처럼 느껴져 마음이 지칠 때도 있다. 그럴 때마다 처음 이 길을 선택한 이유와 학생들의 얼굴을 떠올리며 다시 힘을 내본다. 내가 선택한 길이니, 그 과정에서 배움에 감사하는 마음을 갖자고 되뇌인다. 잘하려는 욕심 대신 배운다는 자세로 하루하루를 살아간다.

◉ 음악으로 잇는 마음

학교에 매일 출근하여 만나는 아이들은 저마다 다른 고민과 이야기를 가지고 있다. 멀리서 달려와 인사를 건네며 "선생님, 제 이야기 좀 들어 보세요!"라며 하소연하는 1학년 아이들, "애근쌔앰~", "친근애쌤~", "포근애샘~~~!!!" 등등 수많은 애칭으로 부르며 장난스럽게 반항하는 사춘기 2학년 아이들, 멀리서 눈빛을 보내고 씨익 웃으며 조용히 인사하고 지나가는 어른스러운 3학년 아이들까지. 겉으로 드러나는 모습은 제각각이지만, 그 안에는 모두 따뜻함과 반가움 그리고 자신의 이야기를 품고 있다.

이런 아이들에게 음악수업은 어떤 의미일까? 나는 음악이 아이들의 마음속 이야기를 표현하는 통로가 되기를 바란다. 말로는 설명하기 어려운 복잡한 감정과 세상의 다양한 변화를 음악을 통해 느끼고 공감할 수 있다면, 그것만으로도 충분히 의미 있는 시간이 될 것이다.

특히 국악수업은 아이들에게 특별한 경험이다. 평소 접하기 어려웠던 우리의 소리를 통해 '나'와 '우리'를 새롭게 발견하는 과정이기 때문이다. 국악은 단순한 전통이 아니라 우리가 미처 알지 못했던 정서적 자산이며, 미래를 살아갈 아이들이 자신의 뿌리를 이해하고 이를 창의적으로 활용할 수 있도록 돕는 소중한 도구가 될 수 있다.

Echoes of Korea, 〈Gyeongsang〉

특히 평소 조용하던 아이가 음악으로 자신을 표현하는 순간을 마주할 때면, 모든 아이가 저마다 보물 같은 감성을 지니고 있음을 다시금 깨닫는다. 그래서 악기 연주나 노래 평가에 앞서 학생들에게 늘 이런 말을 건넨다.

발표회에서 가야금을 연주하는
1학년 학생들

교내 정자에서 장구 반주에 맞춰
〈진도아리랑〉을 부르는 학생

"지금 연주하는 이 순간은 누구보다 네가 최고의 연주자야. 그러니 자신 있게 노래하렴."

현재 근무하는 학교 역시 넉넉한 예산은 없지만 꾸준히 음악 발표회를 하고 있다. 교육청의 악기 대여 지원사업을 활용해 여러 악기를 음악수업에 도입했다. 학생들은 학기 말 발표회, 축제 등을 통해 무대에 서는 소소한 경

국악놀이터

국악놀이터는 국립국악원에서 개발하여 서비스하는 애플리케이션이다. 국악교육의 활성화를 위해 현장에서 활용하도록 구성했다. 이용 대상은 초등학교이나, 중학교에서도 활용 가능하다. 크게 가락 만들기, 장단 배우기, 합주 등의 학습 활동으로 구분된다.

1. 가락 만들기

토리, 장단, 민요를 차례로 설정하여 제시된 민요 가락 중 두 장단의 가락을 변형하는 형태이다. 가락을 만들고 나면 왼쪽의 악기 선택에 제시된 악기(소금, 단소, 가야금, 해금, 양금, 대금, 거문고, 피리) 중 원하는 국악기를 선택하여 작곡한 음악을 국악기의 음색으로 들어 볼 수 있다. 그리고 이를 음원으로 저장하여 공유할 수 있다.

2. 장단 배우기

사물놀이 악기(장구, 꽹과리, 징, 북) 중에 하나를 선택한 후 장단을 익히는 기능과 장단꼴을 만드는 기능으로 나뉜다. 악기별로 자진모리 장단, 중중모리 장단, 굿거리 장단, 세마치 장단을 들어 보고 이를 태블릿으로 연주하도록 구성되었다. 게이미피케이션(gamification) 기능이 있어 장단 게임을 하면서 재미있게 장단을 학습할 수 있다.

3. 합주

혼자 연주하기 기능과 같이 연주하기 기능으로 설정되어 있다. 다만, 이를 실행하기 위해 로그인을 해야 하는 등 현재 서비스 제약이 있다.

험을 한다. 일상 속에서 무대 경험을 통해 박수를 받고 또 다른 사람에게 박수를 보내는 격려의 경험들이 아이들에게 따뜻하고 의미 있는 기억이 될 것이라 믿는다.

학생들이 만나는 음악수업이 단순한 지식 전달을 넘어 마음을 어루만지고, 서로를 이해하며 소통하는 도구가 되길 바란다. 그리고 우리의 전통 속에서 발견한 아름다움이 아이들의 삶을 더욱 풍요롭게 만들어 주기를 소망한다.

국립국악원의 국악 디지털 음원 서비스

대부분 디지털오디오편집 프로그램(DAW)에는 여러 서양 악기 기반의 음원들이 풍부하게 있으나, 국악 관련 디지털 음원은 현저히 부족하다. 이로 인해 국악 창작을 시도하는 작곡자들은 실제 작업에서 많은 어려움을 겪는다.

이러한 문제를 해결하기 위해 국립국악원은 디지털 음원 샘플링 서비스를 제공하고 있다. 이 홈페이지에서는 각 악기별로 단음, 악구, 확장 음원을 비롯해 연주법과 시김새까지 충실히 담은 자료를 다운로드할 수 있다. 이를 활용하여 질 높은 국악 사운드를 가지고 창작 활동을 할 수 있고, 디지털기기 교육활동에도 활용할 수 있다.

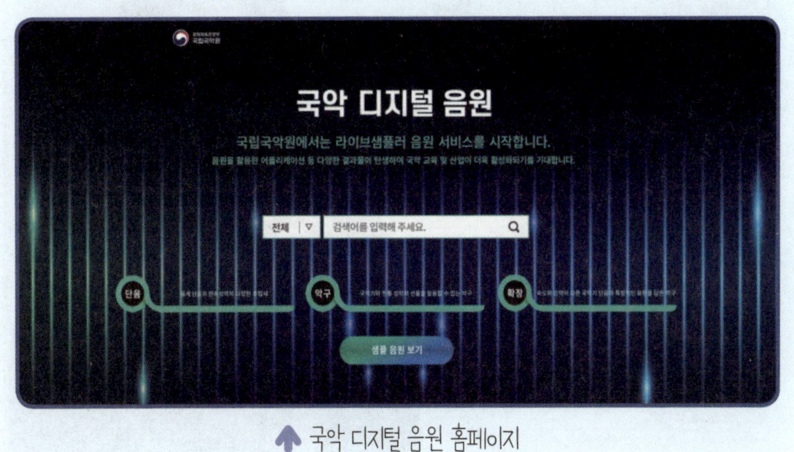

⬆ 국악 디지털 음원 홈페이지

어린 시절부터 노래에 대한 뜨거운 열정을 지녔음. 인생의 암흑기를 두 번이나 겪었으나 모두 이겨 내고 교직에 도전하여 인간 승리를 이룸. 이러한 개인적 경험을 바탕으로 타인의 아픔을 이해하는 공감 능력을 갖추게 되었고, 학생들에게 어려운 현실 속에서도 희망을 잃지 않도록 이끌어 주는 인생의 등대 역할을 수행함. 학생들과 소통하고 음악적 성장이 있는 수업하기를 좋아함. 에듀테크 및 디지털 교육에 관심이 많아 수업에 적용하는 열정을 보임. 앞으로도 교직생활 중 어려움이 생기면 '맨땅에 헤딩 정신' 으로 도전하고 함께 협력적 성장을 이루는 모습을 지금처럼 꾸준히 실천하기를 기대함.

감성과 성장의 순간을 노래하는

강민지

별명

랄랄라 음악샘

랄랄라 노래를 잘 부른다고 아이들이 붙여 준 별명이다.

1 꿈을 향한 순간들

 노래의 날개 위에

내가 기억하는 어린 시절은 아마도 다섯, 여섯 살 무렵인 것 같다. 나는 유난히도 목소리가 우렁찼다. 말하라고 하면 어디론가 부끄러워서 숨어버리곤 했지만, 노래하라고 하면 앞에 나서는 걸 좋아했던 아이였다.

나는 지방의 한 교육대학 부설 초등학교에 입학했다. 그 학교는 3월 말이면 MBC 창작동요대회에 나갈 아이를 뽑기 위한 교내 심사를 했었는데, 초등학교 1학년 담임 선생님께서 나를 추천하여 노래 연습을 시켜 주셨다. 그때 나는 처음으로 생각했다.

'아, 내가 장기자랑 수준이 아니라 노래를 잘하는 편이구나…….'

아주 열심히 연습했지만, 아쉽게도 교내 예선 사흘 전에 감기에 걸려서 예선을 통과하지 못했다. 지금 생각해 보면, 담임 선생님께서는 나의 음악 재능을 한눈에 알아봐 주셨던 것 같다. 초등학교 1학년을 마치고, 아버지의 회사 본사 발령이 나서 수도권으로 이사를 갔다.

다시 음악 활동을 한 것은 초등학교 4학년 때였다. 옆 반 선생님의 권유로 합창단 동아리 활동을 시작했다. 노래 부르는 것이 좋아서 열심히 했는데, 그때부터 고등학교 3학년까지 모든 학창 시절의 동아리 활동은 합창부였다. 그렇게 노래는 내 삶 위로 날아들어 왔다. 노래를 부르면 늘 즐거웠고, 너무 행복했다.

나의 학창 시절 음악 활동들을 돌이켜 보면, 그 기로마다 선생님들의 역할이 컸다. 초등학교 1학년 담임 선생님의 따뜻한 시선, 4학년 때 옆 반 선생님의 권유 같은 순간들이 모여 한 아이의 꿈을 키워 냈다. 당시에는 선생님들의 권유가 결국 나를 음악 교사의 길로 이끌 줄은 전혀 예상하지 못했는데, 마치 나비효과 같았다. 나의 어린 시절에 만났던 선생님들은 단순히 음악을 가르쳐 주신 분들이 아니었다. 그분들은 내 안에 숨어 있던 음악적 가능성을 믿었고, 그 믿음은 오늘날의 나를 만들어 주었다. 그렇기 때문에 아이들의 재능을 발견하면 나는 놓치지 않고 칭찬을 해주는 편이다. 교사는 누군가의 인생에 터닝 포인트를 만들 수 있는 사람이기도 한 것 같다.

혹시 지금 이 글을 읽고 있는 여러분 중에도 음악 교사를 꿈꾸는 이들이 있다면, 기억해 두었으면 한다. 우리가 아이들에게 건네는 한마디, 무심코 던지는 격려의 말 한마디가 그 아이에게는 평생의 방향을 결정짓는 나침반이 될 수 있다는 것을. 음악 교사가 된다는 것은, 결국 내가 받은 관심처럼 아이들의 꿈에 날개를 달아 주는 것이 아닐까?

노래는 내 삶에 날개를 달아 주었고, 나는 이제 다른 아이들에게도 그 날개를 선물해 주고 싶다.

뜻이 있는 곳에 길이 있다

시간이 흘러 중학교 3학년이 되었다. 나는 예술고등학교에 진학하고 싶었으나 아버지의 극심한 반대에 부딪혔다. 순종적인 성격이었던 나는 어쩔 수 없이 일반계 고등학교에 진학했다. 그러나 노래를 향한 나의 열망은 사그라지지 않고 점점 더 커져만 갔다. 이렇게 노래를 좋아하는 딸을 보며 어머니는 제안하셨다.

"그럼, 얼마나 가능성이 있는지 교회 성가대 솔리스트 선생님께 테스트나 받아 보자. 오늘 테스트를 받고 성악을 시작해도 될 가능성이 없다고 하시면 그냥 취미로 노래하며 즐겁게 살면 되는 거야."

하지만 결과는!

"타고난 음색이 워낙 좋아요. 고음을 아주 잘 내는군요. 레슨을 받으면 음대 진학이 충분히 가능하겠어요."

처음으로 전공자로부터 음악적 재능이 있다는 이야기를 들었는데, 얼마나 기뻤는지 모른다. 너무 행복해서 며칠간은 잠을 못 잘 정도로 마음이 두근거렸다. 하지만 완고한 성격의 아버지는 비교적 성적이 괜찮았던 내가 음악하는 것에 대해 반대가 심하셨고, 어머니의 설득에도 그 뜻을 굽히지 않으셨다.

이제는 내가 결단해야 하는 시기가 되었다는 생각이 들었다. 나의 의지가 그 어떤 때보다 중요했다. 아버지께 처음으로 "음대에 가고 싶어요. 음악 공부를 할 수 있게 허락해 주세요."라고 간절한 마음을 담아 말씀드렸으나, 예상대로 강하게 반대하셨다.

'그렇다면 나도 이제 행동으로 보여 드리겠어. 내 뜻이 얼마나 강한지를!'

나만의 소소한 시위를 시작했다. 평소 아침 아버지께서 학교 앞까지 태워 주시며 출근하셨었는데, 아버지와의 등교를 거부했다. 아버지와 눈도 마주치지 않았다. 뭐라도 물어보시면 대충 대답하기 등으로 찬바람을 휘날리며 '완전 고집부리기 모드'로 한 달 동안 생활했다. 인생 첫 반항을 고1에 한 것이다.

'나~ 강 씨라고~~ 강 씨 고집~! 아빠로부터 물려받은 거라고요~~'

그러던 어느 날, 여느 때처럼 아버지의 말을 대충 흘려듣고 내 방으로 쓱 들어가려는데, 와서 앉아 보라고 하셨다.

"왜 음대에 들어가고 싶어? 그 길이 얼마나 힘든 길인지는 알고 있어?"

아버지의 질문에 나는 한 치의 망설임도 없이 대답했다.

"공부하는 것도 괜찮지만, 음악이 너무 좋아요. 노래할 때 너무 행복해요. 아빠도 딸이 행복하게 사는 게 좋지 않겠어요? 힘든 길인 줄 알지만, 한 번 도전해 보고 싶어요."

아버지께 살짝 가스라이팅을 해가며 당차게 드리고 싶은 말씀을 전했다. 나의 대답에 아버지는 생각에 잠기셨다. 그러고 나서 알겠다고 하시며 방으로 들어가셨다. 며칠 뒤, 어머니께서 레슨 선생님을 여기저기 수소문하시는 통화 내용을 우연히 들었다.

아마도 아버지는 주변 지인을 통해 예술을 하는 부모님들의 이야기를 이미 들어 보셨던 것 같다. 뒷바라지뿐 아니라, 예술을 하는 자녀들의 내적 고통과 갈등의 길이 얼마나 힘든지, 그저 철부지의 고집만으로는 음악을 시키기엔 마음의 고민이 있으셨던 것 같다.

음악뿐만 아니라 학창 시절에 예체능계로 진로를 설정한 모든 사람은 공감할 수 있을 것이다. 평생 끊임없는 노력을 해야 하는 점, 보장되지 않은 미래, 가정의 경제 상황 등 예술가의 길을 시작할 때 고려해야 하는 많은 것들이 문턱이 되어 도전을 하지 못하는 경우가 상당수이다. 그러나 다소 진부할지 모르지만, '뜻이 있는 곳에 길이 있다.'라는 말이 나에게는 큰 힘이 되었다.

만약 누군가가 음악을 하고 싶은데 여러 환경 요인 때문에 시작을 못 하고 있다면 아래와 같은 질문을 해보라고 조언해 주고 싶다.

> '정말, 간절히 나는 음악을 하고 싶은가?'
>
> '왜 나는 음악을 하고 싶은가?'
>
> '나는 (전문가가 인정하는) 음악 재능이 있는가?'

'정말, 간절히 나는 음악을 하고 싶은가?'라는 것은 간절함이 있어야 최선을 다해 입시를 준비할 수 있다는 의미이다.

'왜 나는 음악을 하고 싶은가?'는 진로에 대한 근원적 질문과 연결된다. 이 질문이 없다면, 너무나 쉽게 지치게 되기 때문에 예술가로서 숙명적으로 늘 생각해야 한다.

'나는 (전문가가 인정하는) 음악 재능이 있는가?'는 예술은 '타고나야 하는 재능'의 영역을 간과할 수 없기 때문이다. 재능은 사실 필수 요소다. 98% 연습으로 어느 정도 한계를 채울 수 있지만, 완벽한 2%는 재능이 채워 주는 영역이기 때문이다.

이 세 가지 질문에 아주 강력한 'YES'로 대답하지 못한다면 나는 음악을 시작하는 것을 다시 고민하라고 말하고 싶다. 아주 강력한 'YES'의 대답에도 불구하고, 때때로 찾아오는 슬럼프, 항상 비교되는 실력 차이, 연습을 해도 잘되지 않을 경우의 좌절, 바늘구멍과 같은 음악계·진로 취업 등 다양한 현실 상황들은 음악을 즐길 수 없게 만들기 때문이다. 나의 어머니 말씀처럼, 그냥 취미로 음악을 하며 즐겁게 사는 편이 더 음악을 즐길 수 있을지도 모른다.

좋아하는 일을 직업으로 하며 살아가는 것은 가장 행복한 일이고, 누구나 꿈꾸는 상황일 것이다. 하지만 좋아하는 일을 취미로 한다고 해서 행복하지 않은 것 또한 아니다. 내가 음악을, 예술을 평생 할 수 있다면, 그것만으로도 충분히 우리의 인생은 빛날 수 있다.

◉ 합창은 내 운명

내 음악 인생은 합창 음악과 함께 시작되었다고 해도 과언이 아니다. 초등학교 4학년 때부터 6학년까지, 이어 중학교 3년 합창부, 고등학교 3년 중창단, 대학 생활 4년 동안 총 13년간 합창단원으로 음악 활동을 했다.

요즘은 합창대회, 오케스트라 대회가 거의 사라졌지만 나의 학창 시절에는 정말 많이 있었다. 아직도 기억이 생생한데, 중학교 합창부 활동을 하면서 합창대회를 위해서 방과 후에 일주일에 3번 이상, 2시간씩 연습을 했다.

사실 중학생이 감당하기에는 연습 과정이 많이 힘들었다. 한 곡의 같은 부분을 여러 번 반복해야 했고, 음정, 리듬, 박자, 다이내믹 등 그 하나라도 잘못된 부분을 그냥 넘어가지 않는 선생님의 성향으로 인해 때로는 지칠 때도 있었다. 하지만 워낙 노래하는 것이 좋았기에 견딜 수 있었다.

하지만 그러한 연습 과정은 나에게 인내심을 기르고, 다른 파트와의 하모니를 맞추는 과정은 협업 능력을 키워 주는 계기가 되었다. 반복되는 연습은 음악적 디테일의 중요성을 몸소 체험하게 만드는 시간이었다.

고등학교 시절에는 동아리 활동으로 중창단 활동을 했다. 고2 시절에는 중창단의 지휘자로 활동했다. 그러면서 합창 지휘의 매력을 느끼게 되었다. 노래만 하다가 지휘를 해보고, 음악을 선후배들과 함께 만들어 가고, 화음으로 표현해 가는 그 과정이 너무 즐거웠다. 지휘를 제대로 배운 적도 없었고 그저 박자(beat)를 카운팅하는 정도 수준이었지만, '지휘자'라는 리더의 경험은 나를 성장시키기에 충분했다.

우리 학교 축제일이 되면 연극부와 중창단의 공연이 가장 많은 사람들로 북적이곤 했었다. 많은 사람 앞에서 공연을 한다는 것의 의미, 사소한 것부터 준비해야 한다는 것을 그때부터 자연스럽게 체득했다.

합창부 선배 두 명은 현재도 음악 활동을 하고 있다. 한 사람은 현직 작곡가로, 한 사람은 뮤지컬 배우로. 그 시절 우리의 꿈은 현실이 되어 각자의 자리에서 음악을 하고 있다. 작곡가가 된 선배는 그 시절, 점심시간에 늘 음악실에서 살았는데, 새롭게 작곡해 본 곡이라며 피아노로 종종 들려 주곤 했다. 내 귀에는 가요의 어느 멜로디에서 어디선가 들어 본 것 같은 느낌이었다. 지금 돌이켜 생각해 보면 히트곡 작곡 코드 진행이라는 것이 유사한 것이라, 비슷할 수밖에 없었는데 그걸 잘 몰랐다. 그렇게 그 시절부터 열심히 몰입할 수 있는 성실함이 현재의 그 선배를 만든 씨앗이지 않았을까 생각한다. 음악에 빠진다는 것은 그런 것이다. 하지 않고서는 못 배기는…….

음악을 하는 과정 중에 만나는 소중한 인연들이 있다. 그 인연들은 단순히 함께 음악을 한다는 공통분모를 넘어서, 서로의 꿈을 응원하고 격려하는 동반자가 된다. 때로는 경쟁자이기도 하지만, 더 자주는 서로를 이해해 주는 유일한 존재들이기도 하다.

드디어 대학생이 된 나는 대학 합창단(현재 한국대학합창단)에 들어갔다. 대학 합창단은 서울 소재 성악을 전공하는 기독교 선교 합창단으로 1966년에 창단되어 현재 3대 신승용 지휘자가 지휘하는 60년 전통을 가진 합창단이다.

대학 합창단의 레퍼토리는 대학생들이 쉽게 접할 수 없는 곡들이 상당히 많았다. 르네상스 시대 마드리갈부터 고전주의, 낭만주의 시대 미사곡들과 현대의 불협화음으로 작곡된 곡들까지 음악사 시대를 대표할 수 있는 다양한 합창곡들을 연주할 수 있었던 것은 나에게 정말 큰 행운이었다. 시립 합창단 수준의 어려운 멜리스마 구간을 구사해야 하는 곡도 제법 많이 경험할 수 있었다. 대학 생활을 하며 전공 합창 시간에 배울 수 있는 내용들보다 훨씬 더 많은 합창 레퍼토리를 쌓을 수 있는 좋은 기회였다. 나는 음대생들에게 학교 내 활동들도 좋지만, 학교 외부 활동으로 합창단, 오케스트라 활동을 해보는 것을 권유하고 싶다.

대학 합창단의 초대 지휘자 최훈차 선생님에 대해 잠시 이야기를 하고자 한다. 내가 대학생일 때 최훈차 교수님께서는 이미 60대셨는데, 전혀 권위적이지 않으시고 학생들의 눈높이에 맞춰서 소통해 주시려고 노력하셨다. 무엇보다 음악을 대하는 순수한 마음을 일깨워 주셨다. 같은 레퍼토리를 오랫동안 연습했지만, 늘 새롭다는 선생님 말씀은 평생 음악을 대하는 마음을 어떻게 가지고 살아가야 할지 방향점을 제시해 주는 것 같았다.

선생님께 음악적 능력뿐만 아니라 리더로서, 교사로서 '지휘자'의 역할에 대해서도 많은 것을 보고 배울 수 있었다. 어느 날 나는 최훈차 선생님께 지휘자가 갖추어야 하는 능력이 무엇인지 여쭤본 적이 있었다.

"학생들과의 라포르 형성이 가장 중요하단다. 마음이 열리지 않으면 지휘자의 지시 사항들이 힘든 과정으로만 여겨 금방 그만두게 된다."라고 말씀해 주셨다.

그 말씀에 나는 머리를 한 대 맞은 것 같았다. 음악적 표현력 등과 관련된 이야기를 해주실 줄 알았는데, 그 무엇보다 중요하게 생각하신 것이 '학생들과의 관계성'이라니……. 이 말씀은 내가 교사가 되어서도 결코 잊지 못하는 말씀이자 나침반 같다.

교사로서 학생들과 관계성이 좋으면 수업이든, 생활지도 측면이든 모든 것이 술술 풀려나간다. 학생들과 관계성을 좋게 한다는 것은 사실 참 어렵다. 실력이 좋은 선생님 또는 아이들과 소통만 잘하는 선생님, 이 중의 한 가지를 잘하는 사람은 종종 있다. 그러나 두 가지 모두를 겸비하는 것은 매우 어렵다. 교사는 수업의 '내용학적'인 요소에 대해 늘 분석해야 한다. 그런데 학생들의 눈높이를 맞추려는 대화는, 교사가 권위적이면 절대로 시도할 수 없다. 교사는 늘 생각이 유연해야 한다는 의미까지도 확장할 수 있는 말씀인 것 같다.

　최훈차 선생님께서 보여 주신 것은 단순한 지휘 기법이 아니었다. 그분은 연습마다 우리 한 명 한 명을 바라보시며, 각자의 성장과 변화를 세심하게 관찰하셨다. 때로는 개별적으로 조언을 해주시기도 하고, 때로는 전체 앞에서 한 사람의 좋은 점을 칭찬하며 모두가 배울 수 있도록 하셨다. 나는 그런 모습을 보면서 깨달았다.

　진정한 교육자는 학생 개개인의 잠재력을 믿고, 그것을 끌어내기 위해 끊임없이 소통하려 노력하는 사람이라는 것을. 음악 지식을 일방적으로 전달하는 것이 아니라, 학생들이 스스로 발견하고 성장할 수 있도록 길을 열어주는 것이 바로 교사의 역할이었다.

　지금 내가 교실에서 아이들을 만날 때도 최훈차 선생님의 그 따뜻한 시선을 떠올린다. 아이들 각자가 가진 음악적 개성과 가능성을 인정하고, 그들이 음악을 통해 자신만의 색깔을 찾아갈 수 있도록 돕고 싶다. 때로는 엄격하게, 때로는 부드럽게, 하지만 언제나 진심 어린 마음으로…….

대학합창단 제36회 정기 연주회 포스터

폭싹 속았수다

◉ 나의 어머니

'자녀의 인생길 방향성은 부모가 절반은 제시해 준다.'라는 말을 들은 적이 있다. 나는 지혜로운 어머니 덕분에 그 말의 최대 수혜자라고 생각한다.

대학 입시를 준비했던 고3 시절, 나는 갑자기 레슨 선생님이 바뀌는 상황이 발생했다. 입시가 얼마 남지 않았는데 얼마나 마음이 불안했을지, 상상하는 그 이상이었다. 엄마께서는 모든 인맥을 동원하여 선생님을 수소문하셨다. 사실 주변에 음악하는 사람이 많지 않기 때문에 막막하셨을 텐데, 딸을 위해 선생님을 섭외하셨다.

그리고 12월이 되었다. 개인적으로 수능은 매우 잘 보았기 때문에 실기에만 집중하면 되는 상황이었다. 어머니께서는 음대 성악과 입시와 함께 서울 소재 유일한 음악교육학과가 있었던 건국대학교 음악교육학과도 준비해 보자고 방향을 제시해 주셨다. 이미 그때부터 어머니는 연주자의 길뿐만 아니라 음악 교사가 되는 길도 있다는 것을 알려 주셨다. 자연스럽게 나는 마음속에 연주자와 교사라는 두 길을 놓고 음악 인생길을 걸어가게 되었다.

당시에는 수시와 비슷한 '특차'라는 대입 전형이 있었는데, 정시보다 한 달 먼저 지원할 수 있었다. 특차 입시 날, 시험을 보고 나오는데 전년도 음대별 경쟁률이 적힌 전단을 우연히 받아 왔다. 어머니께서는 그 표를 유심히 보시며 분석하기 시작하셨다.

가, 나군은 내가 가고 싶은 음대를 지원했고, 다군은 안전 지원을 했고, 라군은 건국대학교 음악교육학과에 지원했다. 당시에 건국대 음악교육학과는 필기 논술 시험도 있어서 실기시험과 함께 준비했다. 음대 입시생이면 누구나 그렇듯, 12월과 1월은 정말 정신없이 바쁘게 레슨을 받으러 다녔고 반주자 선생님과 연습을 혹독하게 했다. 그 결과 나군의 중앙대학교 음악대학 성악과와 라군의 건국대학교 음악교육과 두 곳에서 합격 소식을 들었다. 연주자의 길에 대한 열망이 그 시절에는 더 컸기 때문에 많은 고민 끝에 노래 부르는 것이 좋아서 음악대학 성악과 진학을 결정했다.

음악을 하는 길에서 부모님들의 뒷바라지를 다시 한번 생각해 본다. 음대 진학을 반대하셨던 아버지를 함께 설득해 주셨고, 고3에 입시 선생님이 바뀌는 불안한 상황 속에서도 의연하게 대처해 주셨다. 음대 진학 후에도 어머니는 종종 꽃다발을 들고 공연장에 쫓아다녀 주셨다. 전폭적 지지를 해주는 어머니가 계시지 않으셨다면 나는 지금 이 자리에 있지 못했을 것 같다.

특히 기억에 남는 것은 크리스천이셨던 어머니께서 항상 "음악하는 것 자체가 하나님께서 주신 큰 축복"이라고 말씀해 주신 점이다. 입시의 스트레스와 경쟁 속에서 음악 자체의 즐거움을 잃어버릴 뻔할 때마다, "음악을 즐길 수 없다면, 잠시 쉬어 가도 된다."라고 어머니는 나에게 음악을 대하는 여유로운 마음을 갖게 해주셨다. 성과에만 매몰되지 않고 음악을 사랑하는 마음을 잃지 않을 수 있었던 것도 어머니의 이런 가르침 덕분이었다.

나의 부모님과 모든 예술가의 길을 뒷바라지해 주시는 어머니, 아버지께 존경의 마음을 전하고 싶다.

◉ 꿈에 그리던 음대 입학

아버지의 반대에도 불구하고 시작하고, 고3에 입시 선생님이 바뀌어 마음 고생을 했지만, 우여곡절 끝에 음대 생활이 시작되었다. 입학 후 첫 수업은 '음악 기초 이론'이라는 전공 기초 수업이었다. 그 첫 수업이 얼마나 좋던지 '내가 하고 싶은 음악을 정말 이제는 할 수 있는 거구나.' 하는 생각에 너무나도 설레고 즐거웠던 기억이 아직도 생생하다.

4월에는 학교 교정에 벚꽃이 흐드러지게 피었는데 연습실에서 연습하고 집으로 가던 길에 올려다보았던 벚꽃이 핀 밤하늘은 너무도 아름다웠고, 눈물이 날 정도로 행복했다. 누가 MBTI의 F성향(감정형) 아니랄까 봐……. 내 인생에서 가장 빛났던 순간은 음대에서 교수님께 레슨을 받고 연습하고, 선배들과 노래에 대한 고민을 나누고, 작은 오페라 공연을 올리기도 했던 그 시절이다.

나는 공연을 하기 전에는 매우 긴장도가 높은 편이라서 주변 사람들까지 긴장되게 만들어 버리곤 했다. 그런데 무대에 올라가면 하나도 떨지도 않고 노래를 하고 내려와서 동기들에게 핀잔을 듣곤 했다. 확실히 무대 체질인 것 같다. 무대에서 노래를 부를 때는 내 영혼의 자유함을 누릴 수 있는 유일한 순간이었다.

나의 음역은 소프라노 중에서도 하이 소프라노인 '콜로라투라 소프라노'였다. 3학년 2학기에는 모차르트의 오페라 〈마술피리〉 중 〈밤의 여왕 아리아〉를 실기 곡으로 불렀다. 이 아리아는 하이 F 음정(미들 C 음정으로부터 2옥타브 위의 F 음정)을 노래해야 하므로 고도의 집중력이 필요하다. 노래를 잘하려면 결국 호흡을 어떻게 쓰느냐, 소리의 길을 어떻게 잘 공명시키느냐가 중요하다. 성악은 사람의 몸이 악기이기 때문에 성대를 잘 컨트롤할 수 있어야 한다.

성악은 레슨을 받을 때 그 전달 방식이 매우 추상적인 경우가 많다. 예를 들면 "소리를 멀리 던져 봐." 같은 표현을 들으면, '소리를 어떻게 던져? 공이야? 소리가 눈에 보여? 어떻게 해?'라는 질문을 할 수 있다. 소리의 방향성을 멀리 보내 보라는 뜻이다. 목소리를 내면서 내 목에서 나오는 소리를 잘 들어야 하고, 잘 듣는 귀는 다시 내가 목소리로 표현할 수 있게 만들어 준다. 그래서 성악은 더욱 도제식 1:1 레슨 방법으로만 모델링이 되고 전달될 수밖에 없는 듯하다.

음악 교사가 되고 보니, '성악 전공'은 아주 큰 장점이 있다. 요즘 아이들은 수업 중에 노래를 잘 부르지 않는다. 하지만 선생님이 노래를 불러 주면(모델링), 입을 열지 않는 아이들도 입을 하나둘씩 여는 모습을 수없이 보아 왔다. 학생들은 말로 설명하는 것보다 직접 들려 주는 노래에 훨씬 잘 반응한다. 내가 수업 시간에 "이렇게 불러 보세요."라고 말하며 직접 시범을 보여 주면, 처음에는 "우와, 선생님 진짜 잘하신다."라며 감탄하던 아이들이 점차 '나도 저렇게 불러 보고 싶다.'라는 마음을 갖게 된다고 이야기해 주었다. 그리고 발성과 호흡법에 대한 전문적 지식을 갖고 있어서, 학생들이 목이 아프거나 소리가 안 나올 때 정확한 해결책을 즉각적으로 제시해 줄 수 있다.

특히 콜로라투라 소프라노의 고난도 기교를 익히는 과정에서 끊임없는 연습과 인내가 필요했다. 처음부터 하이 F 음정을 냈던 것이 아니었기 때문이다. 교사가 되어서도 하나의 곡을 완성하기까지 학생들에게 연습을 꾸준하게 하는 것의 중요성을 강조하고 있다. 그래서 노래든 악기든, 연습을 시킬 때 학생들에게 "자, 이 부분을 조금만 더 연습해 보자."라고 말하는 것은 단순한 격려가 아니라 내가 직접 경험한 성장의 비밀을 나누어 주는 것이다.

성악을 전공하면서 깨달은 것은 음악이라는 것이 단순히 기술적인 부분만이 아니라는 점이다. 몸과 마음 그리고 영혼이 모두 조화를 이루어야 비로소 진정한 음악이 나온다는 것을 배웠다.

노래를 잘하기 위한 기본 발성과 복식 호흡 연습 방법

1. 발성 연습

1) 립트릴(Lip trill)

- 방법: 입술을 가볍게 붙이고 공기를 내쉬며 '브르르' 소리를 낸다.
- 효과: 성대의 불필요한 긴장을 풀고, 숨의 흐름을 자연스럽게 조절할 수 있다.
- 팁: 목에 힘을 주지 않고, 배에서 호흡을 밀어내는 느낌으로 진행한다. (음성 치료를 할 때도 성대의 긴장을 풀어 주는 연습법으로 많이 사용된다.)

2) 허밍(humming)

- 방법: 연구개(입천장 뒤쪽 근육)의 공간을 가로로 좁게 만들지 말고, 세로 방면으로 연다. 위아래로 마치 입을 다물고 하품하는 것처럼 공간을 열어 준 상태로 음계를 천천히 오르내린다.
- 팁: 코 주변(비강)에 울림(진동)이 느껴지도록, 소리의 방향성을 위로 보낸다는 느낌으로 연습한다.

2. 복식 호흡 연습

- 방법: 일반적으로 숨을 들이쉬면 배가 들어가는데, 복식호흡은 일반적인 호흡의 반대로 숨을 쉰다. 숨을 들이쉴 때, 내 몸이 풍선이 된다는 느낌으로 몸을 순간적으로 팽창시킨다. 어깨나 가슴을 과도하게 들썩이지 않고, 허리둘레 전체가 부드럽게 팽창한다는 이미지를 가지면 좋다. 숨을 내쉴 때는, "스—"라고 발음하며 아주 천천히 몸속의 공기를 천천히 일정하게 빠져나가도록, 성대에 불필요한 압력이 걸리지 않게 조절하며 내쉰다.
- 팁: 코로 숨을 한 번에 빠르게 들이마시고, 입으로 내쉬도록 한다. 몸의 감각을 익히기 위해 등을 벽에 붙이고 연습하면, 횡격막의 움직임을 더 쉽게 체감할 수 있다.

인생을 살다가 누구에게나 암흑기는 올 수 있다. 하지만 그 암흑기가 대학 시절에 찾아온 것은 나에게는 너무나 불행이었고, 지금의 내가 그 시절의 나를 돌아봐도 가엽게 느껴진다. 지극히 개인적인 이야기이지만, 누군가에게 작은 희망이 되길 바라며 공유하기로 결정했다.

21살, 대학 생활의 행복을 느끼며 지내던 어느 날, 왼쪽 팔에 작은 콩알만 한 덩어리가 만져지기 시작했다. 작은 종기이려니 하고 크게 신경을 쓰지 않았다. 그런데 실기시험을 준비하다가 찌를 듯한 통증이 간헐적으로 발생했다. 학기가 끝나자마자 병원을 가서 1차 수술을 받았다.

그러나 수술 후 6개월 만에 1차 수술 부위만큼 종양은 전이되었다. 22살 여름, 다시 2차 수술을 받게 되었다. 사실 팔에는 종양이 생기지 않는다고 한다. 그리고 조직 검사상으로 종양은 양성을 띠고는 있으나, 전이한다는 측면에서는 악성을 보이고도 있었다. '섬유종증'이라는 병명이었는데 단순한 '섬유종'과는 이름만 비슷할 뿐, 사실상 난치성 질환이었다.

2차 수술을 할 때는 1차 수술 부위보다 훨씬 넓은 부위로 공격적 수술을 감행했다. 그러나 불행히도 그해 겨울, 왼쪽 팔 안쪽 전체와 겨드랑이 안쪽, 왼쪽 가슴 위쪽까지 급속도로 전이가 되었다. 의사 선생님께서 3차 수술은 심장외과 선생님과 함께 협진 수술을 해야 할 것 같은데, 수술 시간은 20시간 이상이 될 수도 있을 것 같다고 말씀하셨다. 이제 고작 22살의 대학생이 감당하기에는 너무나 청천벽력 같은 말이었다. 집으로 돌아오는 길에 눈물이 빗물처럼 쏟아졌다.

'왜 나에게 이런 일이 생기지? 나는 착하고 성실하게 살았는데……'

일단 수술을 할수록 종양이 번지고 있는 상황에서 3차 수술은 겁이 나서 보류했다. 졸업 연주를 앞두고 있었고, 4학년 2학기 직전에 휴학할지 고민도 있었다. 졸업 연주 때 정말 하고 싶은 곡이 있었는데 오페라 〈라끄메〉 중 〈종의 아리아〉였다. 그러나 종종 찾아오는 통증으로 연습에 온전히 집중할 수 없었다. 졸업을 해야 했기에 다른 곡으로 졸업 연주를 마치고 졸업했다. 너무나 속이 상했지만, 어쩔 수가 없었다.

연주자의 길을 선택하고 싶었고, 유학을 떠나고 싶었으나 갈 수 없었다. 하지만 아프다며 아무것도 하지 않고 손을 놓고 싶지는 않았다. 그때 다시 교직의 길을 떠올렸다. 내가 다닌 대학의 음악대학에서는 교직 과목이 학부에 개설되어 있지 않았기 때문에 교육대학원을 가야 했다. 음대 성악과를 졸업하고 교육대학원 시험 준비를 했고, 건국대 교육대학원 음악교육과에 합격했다.

대학원을 가고 일상생활을 한 것처럼 보이겠지만, 나의 생활은 정녕 지옥과 같았다. 무엇보다 힘들었던 것은 통증이었다. 감기가 밤에 더 심해지는 것처럼 이 통증도 밤에 더욱 심하게 찾아왔다. 하루에 2~3시간을 겨우 자는데, 3기 암 환자들이 먹는 모르핀 계열의 진통제와 수면제 없이는 이마저도 잘 수 없었다.

심리적으로 매우 힘든 시간이었다. 나는 모태 신앙인이며 크리스천이다. 통증으로 인해 뜬눈으로 수없이 많은 밤을 보냈다.

그날의 이야기를 하려고 한다. 그 주간은 부활주일 새벽기도 주간이었는데, 갑자기 통증이 너무 심해져 왔다. 새벽기도를 가려다 말고 불쑥 생각이 들었다.

‘내가 이렇게 살아서 뭘 하나? 꿈꾼다고 이룰 수 없는 현실 속에 있는데……. 언제 나을지도 모르는데……. 주변 친구들은 다들 너무 잘 살고 있는데……. 너무 아파서 몸도 마음도 이제는 너무 힘들다……. 모든 것을 놓고 싶을 뿐이다…….’

그때 베란다에 빨랫줄이 있었는데 가위로 끊어 내고 내 목에 감았다. 그런데 그 순간, 엄마의 얼굴이 스쳐 지나갔다. 아침마다 내 방문을 열어 보시며 “오늘은 좀 잤니?”라고 물어보시는 엄마께 딸의 마지막 모습이 그토록 비참한 모습으로 기억되고 싶지는 않았다. 침대 이불에 얼굴을 묻고 엄마가 깨실까 봐 소리 없이 또 엉엉 울었다.

그 시절 심리적으로 가장 힘들었던 것은 ‘나 혼자 정지된 화면 속’에 갇힌 듯했고, ‘앞이 보이지 않는 터널 속 한가운데 있는 것’ 같았던 나의 마음이다. 내 인생을 스케치한다고 해도 마음대로 색칠할 수 없었고, 언제 좋아질지도 모르는데 내가 뭘 하며 살아갈 수 있을지 아무것도 알 수 없는 암담했던 현실을 직시하는 것이었다. 그래도 비교적 밝은 성격이었기에 ‘나는 괜찮아질 거야, 좋은 날이 올 거야.’ 하며 나를 다독일 수 있었다.

몸이 아팠지만, 대학원 생활은 통증을 잊을 수 있는 몰입의 요소가 되기도 했다. 수술로 인해 왼팔을 자유자재로 사용하기가 다소 어려웠고, 오른손 한 손만으로 키보드 자판을 두들기며 졸업 논문을 작성하고 완성했다. 힘든 상황에서도 내가 다 낫고 나서 뭘 하면서 살아야 할지를 늘 고민했고 준비하고 싶었다.

몇 년 후 기적처럼 나에게 맞는 치료법을 만나게 되었다. 아직도 완치되지는 않았지만, 일상생활을 하며 임용고시에 합격하고 아픈 것을 이해해 주는 좋은 사람과 결혼까지 했다. 나는 이 이야기를 우리 학생들에게도 학기 말에 꼭 전해 준다. 그리고 다음과 같이 이야기한다.

애들아, 사람마다 모양과 크기는 다르지만, 아픔을 하나씩은 다 안고 살아가고 있단다. 선생님은 신체의 통증으로 아픔을 겪었지만, 너희들 중에는 상황적 아픔을 가지고 있는 사람들도 있을 거야.

하지만 그 상황에서 스스로를 가장 사랑했으면 좋겠어.

'왜 우리 엄마 아빠는 이혼하셨지?'

'우리 집은 왜 이렇게 경제적으로 힘들지?'

이런 생각들은 하지 말았으면 해. 부모님이 그런 결정을 하셨다면 아직 너희가 이해는 못하더라도 그럴 만한 이유가 있으셨을 거야. 경제적으로 부족한 것은 절대 창피한 일이 아니야.

'지금 그리고 앞으로 나는 뭘 해야 행복해질 수 있을까?'

그것만을 기억하고 살아가길 바라.

'자살'을 거꾸로 읽으면? '살자'야. 죽음을 생각하는 그 마음이었다면, 다시 살 수도 있어.

언젠가 살다가 힘들어지는 어느 날이 오면 선생님 이야기를 꼭 한번 기억해 주길 바라. 선생님은 무려 10년의 세월을 고통 속에 살았지만, 선생님 스스로를 사랑했어. 언젠가 선생님만큼 아픔이 찾아온다면, 선생님처럼 아픔을 씩씩하게 이겨 내길 바란다.

교사는 수업과 생활지도만을 하는 사람이 아니라, 아이들의 마음속에 작은 등대 하나 심어 주는 역할을 하는 것, 갈 곳을 잃어 방향을 놓치더라도,

희미하더라도 그 등대의 불빛을 따라 인생을 살아갈 수 있도록 해주는 사람이 아닐까 생각한다.

무엇보다 그 경험을 통해 나는 '아픔의 의미'에 대해 생각해 보게 되었다. 아픔은 분명 고통스럽고 피하고 싶은 것이지만, 동시에 타인의 아픔을 이해할 수 있는 공감 능력을 길러 주기도 한다. 지금 내가 학생들의 작은 고민도 진심으로 들어줄 수 있는 것은, 나 자신도 깊은 절망을 경험해 봤기 때문이다.

이런 경험담을 학생들과 나누는 이유는 동정을 얻기 위해서가 아니다. 인생에는 예상치 못한 어려움이 찾아올 수 있지만, 그 어려움 속에서도 희망을 잃지 않고 자신만의 방법으로 극복해 나갈 수 있다는 것을 보여 주고 싶기 때문이다. 그리고 무엇보다, 혼자가 아니라는 것을 알려 주고 싶다. 누구에게나 힘든 시기가 있고, 그것을 함께 나누고 이겨 낼 수 있다는 믿음을 학생들에게 전하고 싶다.

황가람, 〈나는 반딧불〉

3 임용고시 소소 꿀팁

나는 임용고시를 3수 만에 합격했다. 임용고시를 준비했던 경험은 학생들에게 효과적인 학습법을 가르쳐 줄 수 있는 계기가 되기도 했다. (그래서 인생에서 의미 없는 경험은 하나도 없다고 생각한다.) 임용고시를 준비하면서 공부했던 방법을 나누고자 한다.

1. 개념 정리가 되지 않는 경우, 고등학교 선택 교과서를 분석하라!

공부도 뭔가 알아야 재미있어지고, 더 깊이 공부하고 싶은 마음이 생긴다. 첫해는 정말 너무 몰라서 임용고시학원의 인터넷 강의를 듣기에 바빴다. 특히 서양음악 전공인 나는 국악 공부가 너무 어려웠다. 처음 들었던 국악 개론 기초반 수업에서 '삼분손익법'부터 시작했는데 너무 어려웠다. 국악 용어의 낯섦으로 인해 나에게 국악은 마치 '벽'과 같았다. 그래서 이대로는 안 되겠다 싶은 마음에 교과서부터 살펴보자는 생각이 들었다. 당시에는 고등학교 선택 교과서 중 《음악사》 교과서가 있었는데, 국악 파트를 요약하고 정리하기 시작했다. 이것이 국악을 처음으로 쉽게 이해하는 데 아주 큰 계기가 되었다. 국악 용어들을 이해하고 나니, 그다음부터 국악 강의가 귀에 들리기 시작했다.

2. 재수 이상의 장수생들은 스트레스 해소 시간을 꼭 가져라!

임용고시 3수를 하던 때였다. 스트레스가 극에 달해 해소법이 필요했다. 그래서 토요일 오전마다 핸드드립 커피를 배우기 시작했다. 커피를 내리고 있는 순간만큼은 일명 '멍 때리기'를 하며 뇌에도 휴식 시간을 주었다. 그 순간만큼은 불안이 조금은 내려갈 수 있었던 시간이었다. (이번에도 떨어지면 '카페를 열어야지~!' 하는 마음으로 열심히 커피를 배웠다.) 3수쯤 하다 보면, 어떤 시기에 어떤 공부를 해야 하는지, 어떤 부분을 '가지치기'해야 하는지 그런 것들이 보이기 시작한다. 잘하고 있을 테니, 나 자신을 믿고 나만의 스트레스 해소법을 꼭 찾아야 한다.

3. 국립국악원 '토요 명품 공연'으로 국악 공부를 마스터하라!

임용고시를 준비하며 아주 잘했다고 생각하는 일은 국립국악원의 '토요 명품 공연'을 보러 다닌 것이다. '토요 명품 공연'을 보며 책으로만 보았던 모든 국악 장르가 정리되기 시작했다. 〈수제천〉, 종묘제례악, 특히 다양한 궁중 정재(포구락, 검무, 오양선, 춘앵전 등)를 무용과 함께 볼 수 있었고, 남·여 가곡, 생소병주 〈수룡음〉 연주, 사물놀이, 판소리, 창작 국악곡 등 궁중 음악과 민속음악 모두 섭렵할 수 있었다. 특히 강강술래 공연을 잊을 수가 없다. 무용단의 무용과 강강술래 노래, 국악 반주의 조화는 황홀하기 그지없었다.

토요 명품 공연의 프로그램은 그날 저녁, 집으로 돌아와 나의 국악 공부 주제가 되었다. 이론으로 배웠던 다양한 국악 장르를 직접 감상하니 정말 쉽게 쏙쏙 이해되었다. 글로 이해하고 그저 외웠어야만 했던 부분들이 이제는 너무 재미있는 국악 공부가 된 것이다.

4. 기출문제를 똑똑하게 파악하라! – 큰 숲과 작은 나무를 동시에 바라보자.

세 번의 임용고시를 치르며 시험장에 들어가던 가방의 무게도 점점 달라졌는데, 첫해에는 뭘 그렇게 바리바리 이것저것 가방을 가득 채워서 갔는지 모르겠다. 어차피 쉬는 시간에 다 볼 수도 없는 분량을……, 아마도 내 마음의 불안함을 채우기 위함이었던 것 같다.

두 번째 해에는 첫해보다 절반의 자료를 들고 갔고, 마지막 세 번째 해에는 서양음악, 국악, 교과 교육론을 정리한 딱 세 권의 노트를 들고 들어갔다. 결국 그 많은 분량을 어떻게 핵심 정리를 잘 해내는가, 키워드를 잘 잡아 내는가가 매우 중요한 시험이다.

임용고시를 준비하며 아무리 바빠도 스스로 꼭 해보았으면 하는 일이 있다. '기출문제 분석'이다. '기출문제 분석'에도 팁이 있다. 나는 당시 최근 10년 사이의 모든 기출문제를 출력했고 서양음악, 국악, 교과 교육론으로 세 권의 노트를 준비했다. 그리고 영역별로 그룹화를 하기 시작했다. 예를 들면, 서양음악에서 출제연도 순서대로 분야를 나누었다. 화성학과 대위법 분야, 바로크 음악 분야, 고전주의 음악 분야, 낭만주의 음악 분야 등으로 나누고 문제를 살펴보았다. 국악, 교과 교육론도 마찬가지로 주제별로 섹션을 나누어 연도 순서대로 정리를 했다. 그렇게 문제들을 다시 정리하고 흐름을 파악하며 다시 풀어 보았다. 그리고 이것을 기준으로 임용고시 일주일 전, 결론적으로 '신의 한 수'와 같은 활동을 하게 되었다.

B4용지 두 장을 가로로 붙이고 2009년 기출문제부터 모든 내용주제를 서양음악, 국악, 교과 교육론으로 나누어 직접 써보았다. 그랬더니 일종의

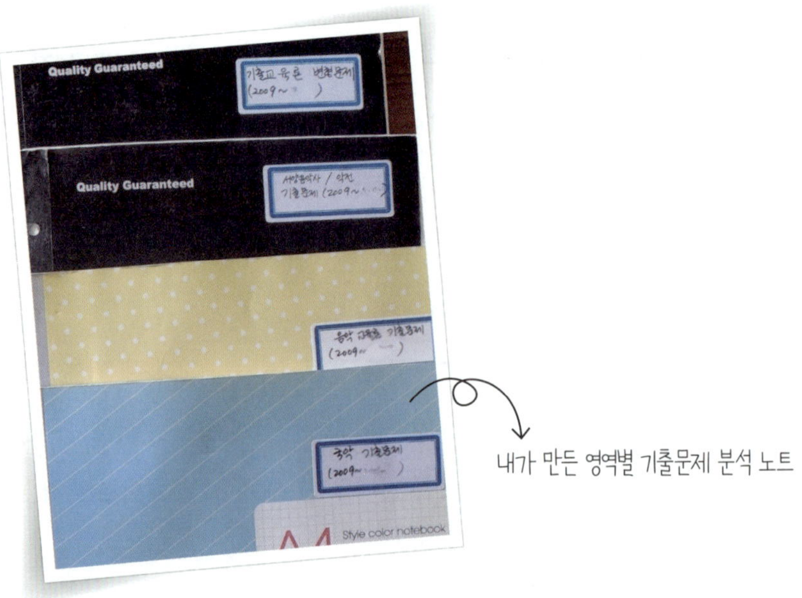

내가 만든 영역별 기출문제 분석 노트

흐름이 보였다. 3~4년에 한 번씩 계속 반복되어 출제되고 있는 패턴이 있었다.

이 활동을 통해 서양음악, 국악, 교과 교육론에서 대략 10문제 정도를 예상해 보았다. 그런데!! 그 예상 문제에서 영역별로 한 문제씩 나와, 시험 3문제 모두 완전 100% 명중했다. 세세한 문제들을 푸는 활동, 즉 나무만을 바라보다가 시험 직전에야 큰 숲의 흐름을 살펴보았다. 결국 임용고시는 큰 숲과 작은 나무를 동시에 볼 수 있는 안목을 가져야 한다는 것을 깨달았다.

◉ 나 자신을 믿어 주자

내가 '삼수를 한 이유'이기도 한 그날을 나는 평생 잊지 못할 것 같다. 두 번째 임용고시에서 교육학 시험을 보던 때 일이다. 9시부터 10시까지 1시간 교육학을 풀고 있는데, 논술형 문제이다 보니 열심히 집중해서 개요도를 작성하고 옮겨 적으려고 준비하고 있었다. 그런데 갑자기 시간이 10분 남았다는 것이다. 이럴 수가! 아날로그 손목시계가 멈춰 버린 것이다! 내 시계는 9시 35분쯤에서 멈춰 있었다. 정말 그 순간 눈앞이 깜깜해져 왔다.

'일단 쓰는 데까지는 써보자.'라는 마음으로 옮겨 적고 내려갔지만, 결국 세 단락 정도밖에 작성할 수 없었다. 쉬는 시간에 정말 많은 생각들이 스쳐지나갔다. 넋이 반쯤은 나갔던 것 같다.

'그냥 전공 시험은 패스하고 고사장을 나갈까? 어차피 망했는데?'라는 생각이 들었다. 하지만 이내 마음을 고쳐먹고, '1년간 오늘을 위해 수고했으니 어떤 문제가 나왔는지 구경이라도 하자.'는 마음으로 1교시의 상황은 잊고 전공 시험을 보기 시작했다.

그런데 비교적 난이도가 낮아서 문제가 술술 풀려나갔고, 그러면 그럴수록 1교시의 상황이 순간순간 떠올랐다. 정신없이 전공 시험까지 모두 마치고 집으로 돌아오는 차 안에서 눈물이 마구 쏟아졌다.

'어쩌면 나에게는 이런 일들만 일어나지? 남들에게는 한 번도 일어나지 않을 것 같은 이런 상황이 왜 일어나는 걸까? 나는 참 운이 없는 걸까?'

시험 상황에 대해 부모님께 말씀드렸더니, 그래도 결과가 나올 때까지는 기다려 보자시며, 1차 발표일까지 얼마나 내 눈치를 살피시던지……. 지금 생각해도 참 죄송하다.

시험 이후, 임용고시학원에서 문제 풀이를 해주는데, 애매했던 문제를 다 틀렸다고 하더라도 전공 시험 예상 점수가 비교적 높은 편에 있다는 것을 확인할 수 있었다. 그 사실을 알고 나니, 더 미쳐 버릴 것만 같았다. 한 일주일간은 눈물로 시간을 보냈던 것 같다. 그렇지만 어느 날 마음을 고쳐먹었다. 교육학은 '과락'이 예상되었지만, '1차 발표일까지 앞으로 한 달간을 우울하게 지내지 말자. 이렇게 매일 울고 있지 말고 아무 일 없었던 것처럼, 남들처럼 똑같이 지내 보자.'라고.

그래서 나는 2차 실기 준비에 들어갔다. 경기도 임용을 준비했었기 때문에 장구와 민요, 단소, 피아노 실기, 시창·청음까지 정신없이 준비했다. 시간적 여유만 생기면 마음이 또 힘들어져 왔기 때문에 바쁘게 지내는 것을 선택했다. 지금 생각해 봐도 그때 실기 연습을 했던 것은 매우 잘했다. 집중적으로 실기를 준비했던 그 한 달간 실기 역량이 크게 신장되었다.

그리고 1차 발표날, 예상처럼 교육학 '과락'으로 두 번째 시험에서 낙방하고 말았다. 그때 다시 한번 더 배웠다. 인생을 살다 보면 내 의지와는 상관

없이 일어나는 일들이 많다는 것을……. 다시 1년이라는 세월을 더 공부했고, 세 번 만에 임용고시 최종 합격을 했다. (참고로 세 번째 시험날은 아날로그 시계를 두 개를 가져갔다. 준비성 있는 사람이 된 것이다.)

임용고시를 준비하며 가장 중요한 것은 '마인드(멘탈 잡기)'이다. 때로는 지치고 힘들고, 여러 번 도전할수록 자신감은 낮아지고 스트레스는 쌓인다. 그렇지만 나를 믿고 긍정적으로 생각하는 것, 그것만이 유일한 답이다. 인생도 마찬가지인 것 같다. 길이 보이지 않고 답답하더라도, 나를 믿을 수 있는 것은 오직 나 자신뿐이다.

심지어 나는 3차 수업 실연 테스트를 위해 시험 하루 전날에 임용고시학원으로 연습하러 갔다가 "선생님, 그렇게 하시면 어렵겠는데요? 너무 평범해요!"라는 악평까지 들었다. 시험 하루 전날 그런 이야기를 들었는데, 그 누가 담담할 수 있을까? 나 역시 마인드가 매우 흔들렸지만, 애써 외면하려고 노력했다. "에잇, 괜히 왔어! 그냥 나를 믿고 열심히 해보자!" 라고 마음을 다독였다. 나 자신을 믿고 다음 날 수업 실연 시험에 임했고, 나는 지금 아이들과 아주 즐겁게 수업하고 있다.

임용고시 준비 소소 꿀팁

1. 개념 정리가 되지 않는 경우, 고등학교 선택 교과서를 분석하라!
2. 재수 이상의 장수생들은 스트레스 해소 시간을 꼭 가져라!
3. 국립국악원 '토요 명품 공연'으로 국악 공부를 마스터하라!
4. 기출문제를 똑똑하게 파악하라—큰 숲과 작은 나무를 동시에 바라보자.
5. 그 어떤 최악의 환경을 겪게 되더라도, 나 자신을 믿어 주자.

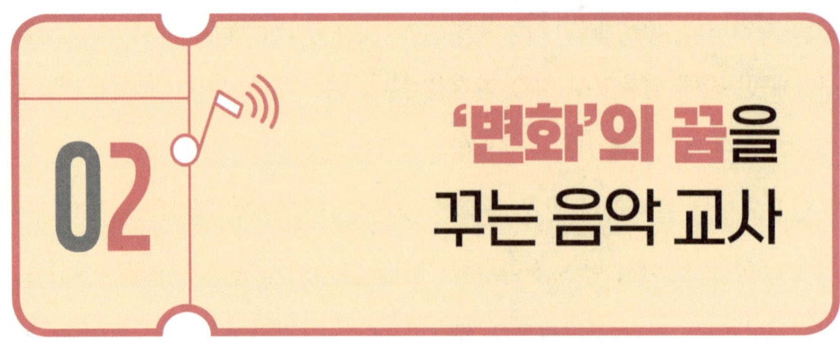

1 새로운 꿈을 꾸는 여정의 순간들

◎ 작은 학교, 큰 배움

합격 통보를 받고, 설레는 마음으로 2월에 학교를 찾아갔다. 하지만 교직 생활의 시작은 예상과 달랐다. 경기도 외곽 지역인 포천의 작은 학교, 2층 건물에 학년별 한 학급씩 총 45명의 학생이 전부였다. 솔직히 처음에는 실망했지만, 그곳에서의 경험은 내 교직 생활의 원동력이 되고 있다. 그 작은 시골 학교는 2기 혁신학교 시기에 포천에서 매우 적극적으로 활동했다.

그곳에서 나는 인생의 멘토 부장님을 만났다. 지금의 나로 성장한 배경에는 부장님께 보고 배운 것들이 많다. 수업을 대하는 마음, 아이들을 바라보는 시선 그리고 학교 내에서 동료 교사들과 소통하는 방법까지.

첫 발령지에서 나의 화두는 수업적 성장과 생활지도 그리고 아이들의 행복이었다. 이 화두와 관련된 에피소드들을 하나씩 이야기해 보려고 한다.

첫 번째, 수업적 성장에 관한 이야기이다. 저(低)경력 때는 수업을 많이 시도하며 깊이 고민하는 것이 중요하다. 하지만 학급수가 적었기 때문에 한 번

하고 나면 끝이 나는 수업이었다. 1학년에 2시간, 2학년에 2시간 주당 수업 시수가 4시간밖에 되지 않았다. (그나마 다른 학교에 순회 수업을 10시간 정도 나가게 되어 조금이나마 수업에 대한 고민을 더 할 수 있었다.)

어느 날 한 도막 형식 창작 수업 중 한 학생이 "선생님, 수학보다 음악이 더 어려워요!"라고 말했다. 충격이었다.

'내가 어렵게 가르치고 있는 걸까?'

'어떤 부분에서 수학보다 음악이 더 어렵다고 느끼게 되었을까?'

내 수업을 성찰하면서, 이런 고민을 부장님께 털어 놓았는데 명확한 조언을 해주셨다.

"학습은 원래 어려운 거예요. 익숙하지 않은 주제라면 아이들이 더욱더 그렇게 느끼지 않았을까요? 아이들 스스로 그 단계를 겪어 내게 해야지요. 선생님은 아직 저경력이잖아요. 선생님이 옳다고 생각하는 방향대로 수업 을 설계해 보세요. 한 학기 또는 1년을 마치고 나서 평가를 통해서나 다양 한 학생들의 피드백을 들어 보면서 수업을 수정해 가도 늦지 않을 것 같은 데요?"

그 말씀에 용기를 얻었다. 2년 차 스승의 날, 한 학생의 롤링 페이퍼에서

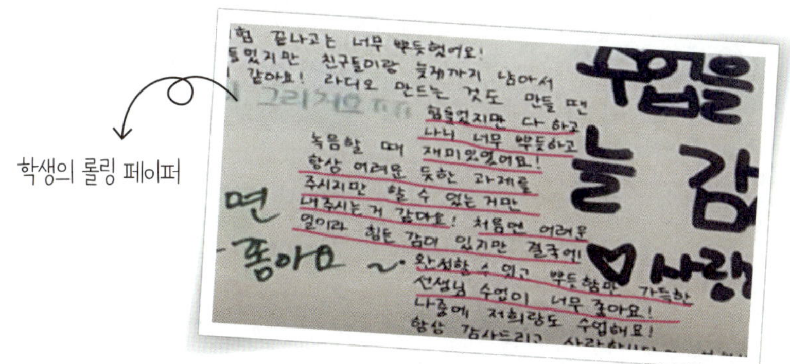

학생의 롤링 페이퍼

답을 찾을 수 있었다.

"항상 어려운 과제를 주시지만, 할 수 있는 것만 수행평가 과제로 주시는 것 같아요. 처음엔 어려운 일이라 힘든 감이 있지만, 결국엔 완성할 수 있고, 뿌듯함만 가득한 선생님 수업이 너무 좋아요!"

이 학생의 메시지 하나에, 내 수업 방향이 틀리지 않았음을 확신했다.

나의 수업 스타일은 '좁고 깊게'였다. 수많은 악곡을 다 배울 수 없다. 대신 어떤 음악 장르를 제대로 이해하게 되면 다른 악곡들로 '전이'를 시킬 수 있지 않을까 하는 생각이 강했다. 교사마다 철학이 다르기 때문에 그 어떤 방식으로 가르치든 정답이란 없다. 교사 스스로 다양하게 수업을 해보면서 자신만의 철학을 완성해 가는 과정이 필요하다. 저경력 시기에는 자신의 소신대로 다양한 활동을 시도하고 도전해 보기를 제안하고 싶다.

두 번째, 생활지도에 관한 이야기이다. 나는 다른 학교로 순회 수업을 하러 갔어야 했다. 본교의 아이들보다 다소 거칠고 반항적인 아이들이 많았다. 수업하기가 참 힘이 들었고, 아이들의 말에 자꾸 상처를 받는 일이 생겼다. '교사 상처'의 시작이 되는 찰나였다. 그때 만난 '회복적 생활교육 연구회'가 전환점이 되었다. 비폭력 대화(NVC)와 '나 전달법'을 배우며 학생들과 소통하는 방법을 익혔다. 수업을 잘하는 것은 내용을 잘 전달하는 것도 중요하지만, 학생들과의 의리를 어떻게 만들어 가느냐에 달려 있고 관계의 시작은 신뢰부터이다. 회복적 서클로 공동의 문제를 해결하는 것은 피로도가 높지만, 이 과정을 건너뛰면 서로의 마음을 모르는 채로 더 곪아 갈 뿐이다.

그리고 부장님께서 '금쪽이'들을 대하는 방식을 관찰했다. 지속적이고 반복적인 잔소리 지도였지만, 말투와 눈빛은 온화했고 아이들 눈높이에 맞춰

들어 주셨다. 규칙에는 단호하되 태도는 유연한 모습에서 많은 것을 배웠다. 하루는 내가 "요즘 아이들이 인사를 잘 안 해요."라고 말했을 때, 부장님은 "선생님이 먼저 해보면 안 되나요?"라고 되물으셨다. "아이들이 손 흔들며 친구처럼 인사해요."라고 말씀드렸더니, "인사 안 한 것보다 훨씬 좋은데요? 선생님도 양손 흔들며 인사해 보면 어떨까요?"

그 순간 깨달았다. 나는 부장님보다 연배가 어리면서, 생각은 진부했다는 것을 깨달았다. 인사 교육은 인사를 '받는 것'이 아니라 '인사의 의미'를 아이들이 이해하도록 지도하는 것이 중요하다는 것을……

세 번째, '아이들의 행복'을 위한 혁신학교 활동에 관한 이야기이다. 교사로 수업만 잘하는 게 아니라, 학교라는 공동체 안에서 동료 교사, 학생, 학부모 세 주체와 어떻게 연대하고 학교를 성장시켜야 하는지에 대해 고민했던 시기였다. 우리 학교와 아이들이 처한 상황에서 어떻게 하면 조금 더 나은 교육 경험을 만들어 줄 것인가를 고민하는 게 '아이들을 위한 행복한 교육과정'의 시작이라 생각한다.

학생 수가 적어 체육대회 한 번을 제대로 하지 못하고, 교육과정 발표회에 발표자만 있고 학생 관객이 없는 소규모 학교의 현실을 극복하기 위해, 초등학교 3곳과 중학교 1곳이 뭉쳐 마을 교육 공동체를 구성했다. (중학생들은 전부 3곳의 초등학교에서 졸업하고 진학한 학생들이다.) 여러 번의 회의 끝에 선생님끼리 먼저 체육대회와 교사 동아리 활동 등의 공동체를 만들어 서로 마음의 문을 열어 가기 시작했다.

교육과정 발표회를 위해 음악 교사로서 나는 중학교 프로그램으로 1학년 바이올린 합주, 2학년 통기타 합주 그리고 밴드부 공연을 준비했다. 소규모

학교에서 학생 수가 적다는 한계를 오히려 기회로 삼아, 모든 학생이 악기를 배우고 무대에 설 수 있도록 했다. 첫 교육과정 발표회에서 다른 학교 친구들과 졸업생 언니 오빠들이 함께 손뼉 쳐주고 응원해 주는 모습을 보며, 음악이 단순히 연주 기술을 익히는 것이 아니라 공동체를 하나로 연결하는 매개체가 될 수 있음을 깨달았다. 아이들은 내년에도 또 하자며 난리가 났고, 무엇보다 부모님들께서 너무 좋아하셨다. 첫 시작이 어려웠을 뿐, 그다음 해에는 초등과 중등의 연합 체육대회를 진행했다.

연합 교육과정 발표회와 연합 체육대회를 준비하는 과정에서, 각 학교의 학생회장들은 모여서 프로그램을 구성하고 사회를 보기 위해 대본도 작성해 본다. 학생들도 참여자가 아닌 '주도성'을 가지고 적극적으로 각 행사에 참여했다.

도시 학교 학생들에게는 평범한 일상이 시골 학교 학생들에게는 이토록 희망하고 좋아하는 활동이 되는 것을 보며, '음악 교사로서 학생들에게 어떤 경험을 만들어 줄 것인가?'에 대해 깊은 고민을 하게 되었다.

그 많은 시도의 첫 시작을 멘토 부장님께서 항상 열어 주셨다. 많은 반대도 있었고 관리자분들과 학교 구성원들의 합의를 거쳐야 하는 불편한 과정들이 있었지만 '해야 한다고 생각한다면 실행하는 것, 그것이 변화를 끌어낼 힘'이라는 것을 그때 배웠다. 나도 언젠가 부장님 연배가 되면 후배 교사에게 무엇인가 전달할 수 있는 선배 교사가 되고 싶다. 그리고 음악 교사도 음악을 통해 학교 공동체를 변화시키는, 꿈꾸고 실행하는 사람이 될 수 있다는 것을 깨달았다.

마지막으로 지역 음악 교과 연구회 활동에 관한 이야기이다. 소규모 학교

텃밭의 감자 캐기 활동

잣나무 숲길 삼겹살 파티

초등학교 동생들과의 연합 체육대회
계주 경기 후 함께하는 모습

선생님 아닌
소프라노 강민지

초등학교 3곳과 중학교 1곳의 연합 교육활동 발표회 밎
작은 음악회 후 단체 촬영

중! 학생들의 바이올린 합주

에서는 같은 교과 선생님을 만날 수 없는데, 신규 교사에게 그런 상황은 배움의 기회가 없어서 개인적 노력이 필요하다. 발령 동기 선생님들과 포천 음악 교과 연구회 활동을 열심히 했다.

여러 선생님과 다양한 연수들을 받았는데 그중 두 가지 악기를 길게 배우는 좋은 기회가 있었다. 1년 동안 난타를 2주에 1번씩 강사 선생님을 섭외하여 배웠는데 너무 재미있었고, 난타의 기본 기초 동작을 익힐 수 있었다. 이렇게 익힌 활동은 분당으로 발령을 받은 학교의 자유학기제 수업에서 학생들과 즐겁게 수업할 수 있었던 바탕이 되었다. 밴드부 강사님께 드럼, 기타, 베이스를 배울 수도 있었는데, 합주까지는 할 수 없어서 아쉬웠지만 드럼의 기초 기능까지는 배울 수 있던 시간이 되기도 했다.

연구회에서는 여러 선생님의 수업 사례들을 접할 수 있었고 알토 리코더 연수, 오카리나 연수, 국악수업 사례 연수 등 다양한 분야의 연수를 지역의 음악 선생님들과 함께 들을 수 있어서 매우 즐거웠던 기억이 난다. (학생들과의 다양한 수업을 위해서는 교사는 끊임없이 악기를 배워 가는 노력이 필요하다.) 신규 교사, 저경력 교사들은 각 지역의 교과 연구회 활동에 적극적으로 참여하면 많은 도움을 받을 수 있다. (후에 이런 회복적 생활교육, 마을 교육 공동체 활동, 교과 연구회 등과 같은 활동들은 내게 음악과 1급 정교사 자격연수에서 차석의 영광을 안겨 주는 밑거름이 되었다.)

슈베르트, 〈아르페지오네 소나타 1악장(Arpeggione Sonata D 821-Allegro moderato)〉

🔵 미래 교육에 관한 비전을 꿈꾸다

포천이라는 지역적 특성을 마주하며 또 다른 깨달음을 얻었다. 편부모 가정과 조손 가정의 비율이 높았고, 집에 컴퓨터가 없는 아이들도 많았다. 학교가 끝나도 학원보다는 체육관에서 놀기를 즐기는 모습들이 분당에서 자란 나에게는 생소했다.

전환점은 아카펠라 영상을 보여 준 날이었다. "우와! 너무 멋져요!"하며 신기한 눈빛으로 보는 아이들을 보며 깨달았다. '내가 보여 주는 음악 세계가 이 아이들에게는 전부일 수 있겠구나.'하는 막중한 책임감과 함께 '시골에 있어도 도시 아이들과 똑같은 교육을 해주어야겠다.'라는 다짐이 생겼다.

2017년 우연히 접한 '구글 포 에듀케이션' 워크숍이 새로운 여정의 시작이었다. 테헤란로 구글 사무실에서 만난 사람들은 훗날 내 수업의 동반자가 되었다. 김재현 선생님(현 테크빌 이사)의 구글 클래스룸 도입 사례, 이진우 이사님(현 에듀리프트 대표)의 크롬북 활용법, 정재우 선생님(현 에듀테크 미래 교육 연구회 지회장)의 구글 수업 사례는 미래 수업의 방향성을 제시해 주었다. '공유와 협력'이라는 가치가 너무나 매력적이었다. 그때 앞으로 우리 교육이 나아가야 할 방향성은 이런 것이어야 한다고 생각했다.

큰 학교였다면 많은 선생님들을 설득해야 했겠지만, 우리는 소수였기에 빠른 합의가 가능했다. 전문적 학습 공동체 운영을 맡고 있던 나는 세 분께 절실한 마음으로 학교로 강의를 와주십사 부탁드렸고, 모두 흔쾌히 도움을 주셨다.

2017년 5월, 포천 지역 최초로 '구글 포 에듀케이션' 자체 계정을 등록했다. 지금은 교육청에서 지원하지만, 당시엔 소수만 사용하던 시절이라 박종

필 선생님(현 스마트교육협회 회장)의 도움으로 두 달여 만에 성공할 수 있었다. 그렇게 학교의 LMS(Learning Management System)로 구글 클래스룸이 도입되었다.

그리고 2018년부터는 크롬북을 매년 15대씩 구매했다. 부장님과 교장 선생님의 적극적 지원으로 혁신학교 예산과 학년 말 잔여 예산을 활용해 2019년에도 15대를 구매하고, 2020년에는 예산 수립까지 마쳐 놓고 나는 본가가 있는 분당으로 전근을 가게 되었다.

2020년, 예상치 못한 일이 벌어졌다. 코로나19 팬데믹으로 전국 학교가 혼란에 빠졌지만, 내가 떠나온 그 작은 시골 학교는 달랐다. 이미 구글 클래스룸과 크롬북이 준비되어 있었기에 단 하루의 수업 결손도 없이 학사일정을 운영했다고 했다. "코로나19 팬데믹 상황을 미리 대비라도 한 건가요?"라며 교감 선생님과 동료들이 연락을 주셨다.

'나 한 사람이 학교를 변화시킬 수 있을까?' 하고 고민하기보다는, 학생들을 위한 길이라면 '맨땅에 헤딩'하는 도전 정신이 필요하다는 것을 배웠다. 때로는 예상치 못한 상황에서 그 준비가 빛을 발하기도 한다.

2 언제나 수업은 어려워!

 코로나19 팬데믹, 수업의 방식을 통째로 바꾸다

"19세기 교실 형태 속에 20세기 교사가 21세기 아이들을 교육한다."라는 말이 있다. 현재 우리의 교육 현실을 가장 잘 반영하는 말이 아닐까 싶다. 코로나19 팬데믹은 학교 현장에 에듀테크 적용 수업을 6개월 만에 가능하게 만든 아주 큰 사건이기도 하다. 선생님들께서 강의식 전달 수업에 익숙한 상황이셨고, 에듀테크를 활용한 수업에 부담을 느끼는 선생님들도 있으셨다. 미래 교육에 대해 굳이 생각하지 않아도 되고, 관심이 없는 분들이 제법 있으셨지만, 코로나19 팬데믹이 자연스럽게 방향을 전환해 주었다.

초기 온라인 수업은 대부분 교과가 그렇듯 거의 유튜브를 활용한 '감상 수업'이 전부였지만, 어떻게 하면 온라인에서도 '표현'하고 '음악을 음악답게' 할 수 있을지를 점차 고민하게 되었다. 수업이 흔들릴 때마다 나는 교육 과정을 들여다봤다. 교육과정은 임용고시 때만 보는 것이 아니라 내 수업의 나침반 역할을 해준다.

우연히 페이스북에서 해외 청소년 합창단원들이 각자 집에서 노래하여 편집한 합창 영상들을 보며 아이디어를 얻었다. '아카펠라 메이커' 앱을 활용해 영화 〈라이언 킹〉의 〈사자가 잠든 고요한 정글〉 3성부 아카펠라 수업을 설계했다. 성악 전공인 내가 직접 소프라노, 메조소프라노, 알토 선율을 음원으로 녹음하고, 바리톤 선배에게 부탁해 남성 파트 예시 음원(테너, 바리톤, 베이스 선율)을 만들었다.

학생들은 인이어로 녹음 음원을 따라 부르고, 반주 음원을 틀어 놓고 휴대폰에서 녹화하면, 3성부 아카펠라 영상이 만들어졌다. 각 성부의 어우러

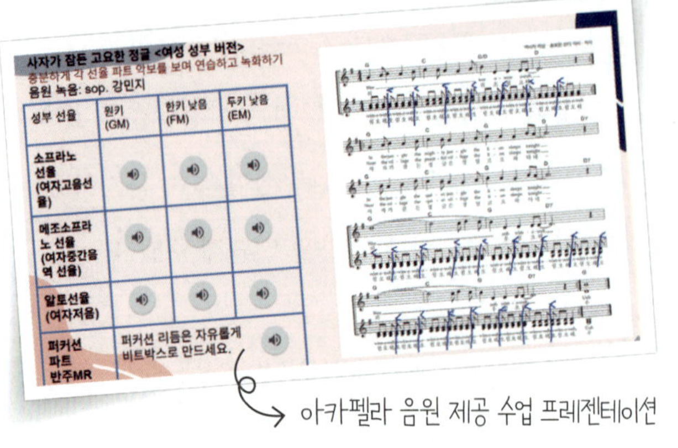

아카펠라 음원 제공 수업 프레젠테이션

짐을 느끼고 디지털 음악 정보처리 역량도 기를 수 있었다.

이 수업은 학생들이 이러한 경험을 통해, 평소에도 아카펠라 앱을 활용하여 노래를 흥얼거리고 녹음해 보기를 바라는 마음에서 출발했다. 나아가 이 앱의 존재를 기억하고, 언젠가 삶 속에서 우연히라도 자연스럽게 활용해 볼 수 있기를 기대하며 수업을 구성했다.

분당의 중학교에서도 구글 학교 자체 계정 시스템을 내가 세팅하고, 본격적으로 LMS를 모든 선생님께서 활용하게 되었다. 구글 클래스룸을 통한 수업은 학습자 중심 수업임과 동시에 교사와 소통하는 수업이 무엇인지를 깨닫게 해주는 에듀테크 도구였다. 학교에 나오지 않고도 공유 문서를 활용하여 조별 학습과 과제 피드백이 가능했고 상호 소통하는 수업을 지속적으로 할 수 있었다. 하지만 온라인 수업에서 다뤘던 내용임에도 불구하고 오프라인 등교 후 확인해 보면 학생들에게 여전히 '오개념이 많다'라는 것을 확인되었다. '온라인 수업의 한계점인가……' 하며 아쉬워하고 있던 그 시기에 해외 사이트를 찾아보다가 '니어팟(Nearpod)'을 만났다.

교사 모드와 학생 모드로 나뉘어 실시간으로 학생 답안을 확인할 수 있고

《니어팟으로 함께하는 수업의 전환》
출판기념 라이브 방송

경기도 '교사온' TV
〈수업의 불시착 시즌 2 – 니어팟 편〉

2023 경기도미래교육연수원 직무연수 중
〈니어팟, 티처메이드 편〉

(학생이 어떤 답을 쓰는지, 심지어 활동하지 않는 것까지도 알 수 있음), 퀴즈, 빈칸 채우기, 유튜브 영상에 문제 삽입하기 등 정말 다양한 기능들이 있었다. 너무 신기해서 주말에 하루 3시간씩 자며 모든 기능을 섭렵했다. 김재현 선생님의 제안으로 유튜브 라이브 방송 경기도 교육청의 〈수업의 불시착 시즌 2-니어팟(Nearpod) 편〉에 출연했고, 1만 뷰를 돌파하는 대기록을 남겼다.

아마도 그 시절 많은 선생님께서 공통으로 갈급했던 부분들, 온라인 수업을 하며 조금 부족했던 지점, 힘들었던 부분을 니어팟이 해소해 준 부분이 있었기 때문에 그런 뜨거운 반응을 얻을 수 있지 않았을까 하고 생각한다.

그리고 1년 후 니어팟을 활용한 에듀테크 콘텐츠로 초등 2명, 중등 4명의 선생님과 함께 책까지 집필했다. '어떻게 하면 함께 수업적 성장을 할 수 있을지' 그것 한 가지만 생각했다.

지금은 수많은 에듀테크 도구와 인공지능 콘텐츠가 범람하는 시점이다. 음악 교과에서도 다양한 도구들이 있지만, 가장 중요한 것은 수업 상황과 목적에 맞는 설계다. 인공지능이 음악을 만들어 준다면, 학생들에게 어떤 음악 경험을 하게 해줄 것인가를 먼저 고민해야 한다. 기술을 수업에 도입할 때는 교수학습 방법과의 연계, 수업과의 맥락성을 반드시 고려해야 한다. 이것이야말로 교사의 수업철학과 직결되는 문제다.

◉ 수업의 본질(Back to the basic)을 고민하다!

2020년 코로나19 팬데믹이 터지며, 나는 경기도 '교사온'에 선발되었다. 어떻게든 선생님들을 도와야 한다는 사명감으로 전문적 학습 공동체를 통해 학교로 강의하러 다닌 지가 벌써 5년이 되었다. 2020년부터 경기도에듀테크미래교육연구회 창단 멤버로 활동하여 성남지회장을 역임하고, 범교과미디어리터러시 연구회에서도 활동 중이다. 나는 교사로서 동료애를 발휘하여 여러 교과 선생님과 함께 연구하며 다양한 인사이트를 얻곤 한다. 범교과적 측면에서 큰 그림을 바라보며 '음악' 교과를 다시 돌아볼 수 있어야 한다. 이 모든 활동의 근본에는 선생님들과 '협력적 성장'을 이루고 교육 현장에 작은 변화의 불씨를 함께 일으키고 싶은 바람이 있다.

구글 클래스룸을 시작으로 다양한 에듀테크 도구를 전문적 학습 공동체 연수에서 소개하며, 꼭 드리는 말씀이 있다. '어떤 콘텐츠를 적용하여 내 수업에 잘 활용할 것인가?' 그것을 고민하시라고.

우리는 음악 교사로서 음악수업에 어떤 콘텐츠를 적용해야 '음악의 본질'

경기도에듀테크미래교육연구회 총회

을 살리는 수업이 될 것인가를 항상 생각해야 한다. 이런 내용으로 전국의 많은 선생님들께 신규 교사 연수, 음악과 1급 정교사 연수, 음악 교과 연구회 강의를 하곤 한다. 교사가 아는 만큼 학생들에게 쉽게 가르쳐 줄 수 있기에, 어떤 방식이 가장 효과적으로 전달될 수 있을지를 찾아보아야 한다.

2026년 현재, 인공지능이 우리 생활 깊숙이 스며들고 있다. 2022 개정 교육과정에서도 디지털 리터러시 능력을 강조하고, 학교에는 무선 인프라와 디바이스(태블릿 PC, 크롬북, 아이패드 등)가 모두 보급되어 있다. 이러한 시대의 흐름을 어떻게 읽고 수업에 잘 활용할 것인가가 과제다. 하지만 일부 선생님 중에는 '에듀테크 활용 방법'만 있고 수업의 본질이 빠져 있는 경우가 있다. 중요한 것은 새로운 도구 하나를 더 익히는 것이 아니다.

'학생들에게 의미 있는 교수학습 방법으로 어떻게 수업할 것인가?'

'평가는 어떤 루브릭(평가 기준표)으로 설계해서 배운 것을 확인할 것인가?'

이와 같은 수업의 기본과 본질을 고민해야 한다. '교육과정 분석'을 통한 교과내용학의 기본을 제대로 익히고, 음악 교사들과 수업 사례를 공유하며, 학생들과 '깊이 있는 수업'을 만들어 가는 꿈을 꾸어야 한다.

나는 음악 교사로서 학교 현장의 변화를 꿈꾼다. 작게는 내 수업을 변화시키고, 학교 문화를 바꾸며, 크게는 동료 교사들과의 협력적 성장을 통해 교육 분위기를 변화시키고 싶다. '나 한 사람이 뭘 할 수 있겠어?'가 아니라, '나 한 사람부터'라도 우리 학생들을 위한 것이라면 시작하고자 한다. 때로는 그 길이 외롭고 힘들어도, 없는 길을 만들고 내가 걸어가면 곧 길이 되기를 바라며 나아가고자 한다. 첫 시작이 그랬듯, '맨땅에 헤딩 정신'으로 새로운 꿈을 꾸는 여정을 계속하고자 한다.

'나는 음악 교사다!'라는 자부심을 마음속 깊이 새기며……

까를라 브루니, 〈Le plus beau du quartier(이 동네에서 가장 멋진 사람은 나)〉

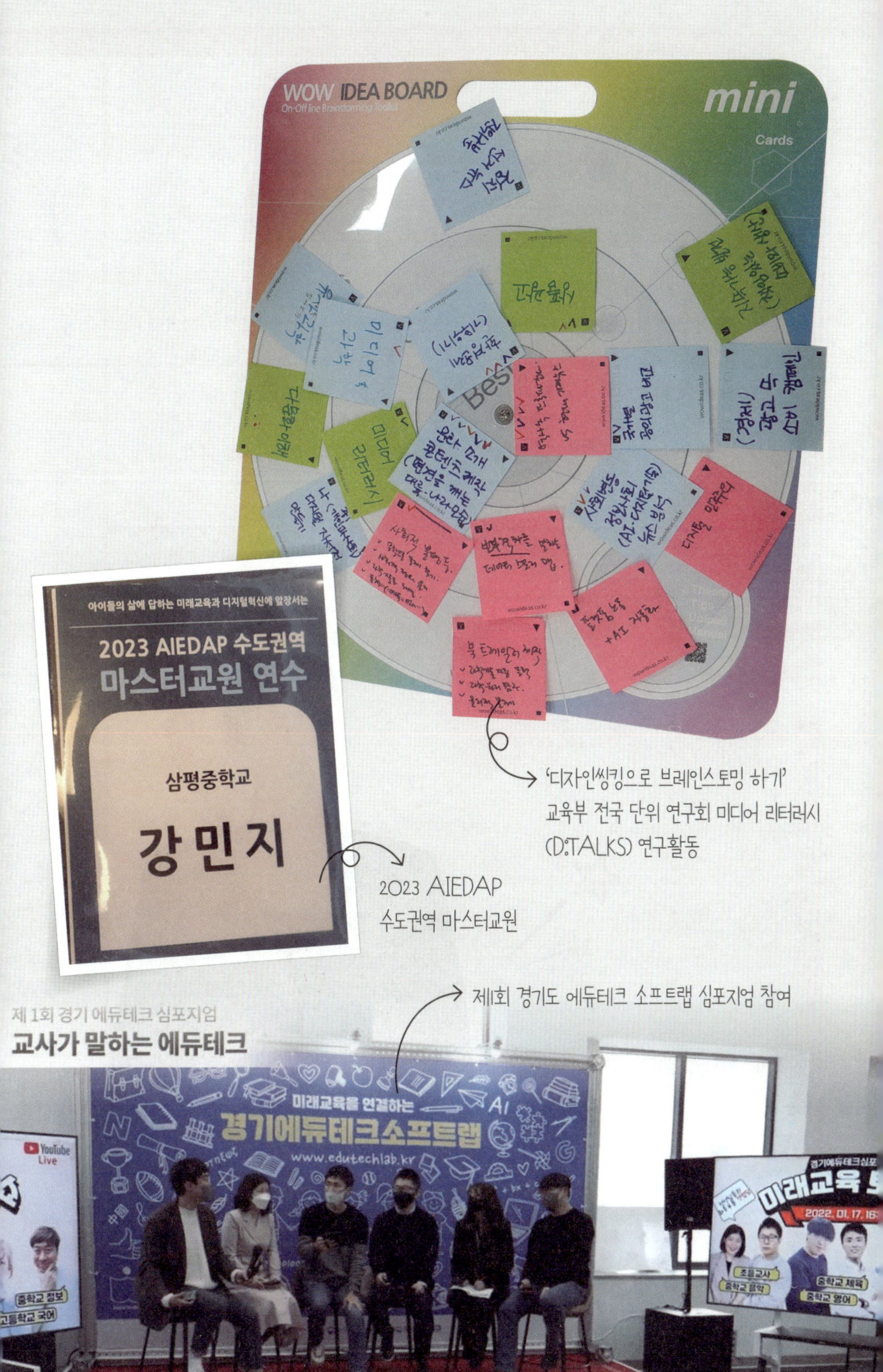

'디자인씽킹으로 브레인스토밍 하기'
교육부 전국 단위 연구회 미디어 리터러시
(D:TALKS) 연구활동

2023 AIEDAP
수도권역 마스터교원

제1회 경기도 에듀테크 소프트랩 심포지엄 참여

제 1회 경기 에듀테크 심포지엄
교사가 말하는 에듀테크

행동 발달 및 특기 사항

음악을 사랑하고 학생을 진심으로 아끼는 마음으로 음악교육에 임함. 음악이 학생들 삶의 일부가 되어, 성인이 되었을 때 음악을 통해 마음을 치유하고 삶을 풍요롭게 하는 것이 교직 인생의 최대 목표임! 피아노, 플루트, 음악이론, 합창 등을 공부한 경험을 살려 학생들이 합창, 합주, 각종 음악행사 등 음악을 매개로 한 공동체 경험을 통해 서로를 이해하고 존중하는 법을 배우도록 하며, 예술 감성과 따뜻한 인성을 함께 기를 수 있도록 하는 데 주력을 다함.

소리로 빛나는
오누리

별명

누리오

이름을 영어식으로 바꾼 것으로, 모든 것을 누린다는 의미를 내포하고 있다. 학생들이 불러 준 이름 중 하나로 언젠가 유명한 뮤지션이 되면 활동명으로 사용할 예정이다.

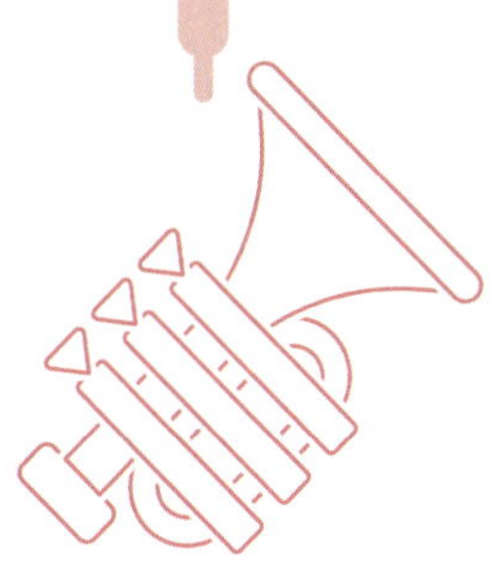

 상상력이 풍부했던 아이

◉ 책을 읽다

책 읽기를 좋아했다. 몇 살 때인지 기억나지 않지만 초등학교에 들어가기 전부터 혼자 책을 읽기 시작했다. 지금처럼 동네마다 도서관이 있어 언제든 책을 빌릴 수 있는 환경이 아니었기에, 한 권의 책을 다 읽고 나면 책의 표지와 본문이 분리될 때까지 읽고 또 읽었다.

특히 위인전을 좋아했다. 위인전을 읽으며 그 위인이 어떤 위인이건 그의 삶을 머릿속에 그렸다. 때로는 위인이 된 나의 모습을 상상하며 즐거워했다. 어떤 날은 신사임당이 얼룩진 치마폭에 포도를 그려 더 멋진 치마를 완성한 장면을 보고 집에 있는 보자기에 물감으로 그림을 그려 보기도 했다. 그리고 《안네의 일기》를 읽으며 일기 쓰는 것을 즐기게 되었다. 베토벤이 여러 차례 이사를 다니면서도 음악 만드는 것을 놓지 않았던 장면도 나에겐 꽤나 인상적이어서 베토벤의 음악은 어떤 음악일지 궁금해했다.

가끔 읽을 책이 없으면 교과서를 꺼내 읽었다. 교과서의 다양한 예화들과 그림들이 때론 어른들이 보는 생활 잡지책처럼 느껴졌다. 방학 숙제로 받아 오는 《탐구생활》이라는 책은 방학식날 대부분 다 끝냈다. 《탐구생활》은 나에게 방학 선물과도 같았다.

집에는 늘 책이 있었다. 지금처럼 인터넷으로 자료를 찾을 수 없었던 시절, 훗날 대학교수로 은퇴하신 학자 아버지와 고등학교 교사로 정년퇴직하신 어머니의 영향으로 집에는 늘 책이 가득했다. 책장은 물론 방 한쪽, 거실 한 켠까지 책이 놓이지 않은 곳이 없었다.

어머니께서는 종종, 지금은 사라진 종로서적에 나를 데려가 책을 사주셨다. 책을 고른 뒤에는 1층에 있던 베스킨라빈스에 들러 나는 바닐라 아이스크림을 먹고, 어머니는 월넛 아이스크림을 드셨다. 코스처럼 책을 사고 아이스크림을 먹던 그 시간이 지금까지도 내게 따뜻한 기억으로 남아 있다. 책이 주는 즐거움이 꼭 책 그 자체에서 비롯되는 것이 아니라, 책을 통해 전해진 따뜻한 감정에서 오기도 한다는 건 나중에서야 알게 되었다.

어린 시절 나는 책을 읽으며 나름의 경험치를 총동원해 각각의 장면을 상상했다. 책을 읽는 일은 나에게 쉼이자 놀이였다. 그건 그때도 그리고 지금도 변함이 없다.

◉ 만들며 놀다

지금처럼 24시간 동안 TV가 나오지 않고 다양한 케이블 채널이 없던 시절, 오전 프로그램이 끝나면 방송도 잠시 멈추었다. 점심이 지나 오후 4시 30분경이 되면 동트는 모습과 함께 〈애국가〉가 시작되었고 이내 곧 〈TV유치원〉이라는 어린이 프로그램이 시작되었다. 이때부터 〈6시 내고향〉이 시작되기 전까지는 확실하게 내가 TV를 독차지할 수 있었다.

〈TV유치원〉에는 종이접기로 유명한 분이 나와 종이도 접고 만들기도 하는 코너가 있었다. 나는 그 코너를 가장 좋아했다. TV에서는 종이컵에 딱풀로 색종이를 붙이고 눈알을 달아 인형을 만드는 것을 아주 간단한 만들기라는 듯 설명했지만, 실제로 집에서 따라하기엔 재료가 늘 부족했다. 그러면 나는 온갖 상상력을 동원해 그 인형을 만들었다. 집에 있는 손잡이 없는 물컵에 종이를 두르고, 풀이 없을 때는 밥풀을 종이 끝에 묻혀 종이를 고정시키기도 했다. 눈알을 붙이는 대신 종이에 눈을 예쁘게 그려 오려 붙였고, 집에 있는 다양한 재료를 사용해 인형을 완성하고는 몹시 뿌듯해했다.

요리 프로그램도 좋아했다. 어린이 프로그램이 끝나면 가끔 요리 프로그램이 방영되기도 했다. 예쁜 앞치마를 입은 여자분이 준비된 재료로 멋진 요리를 완성하는 장면은 나의 호기심과 상상력을 자극하기에 충분했다. 특히 쿠키나 케이크를 만드는 날은 온갖 상상으로 머릿속이 복잡해졌다. 밀가루에 달걀, 우유, 버터 등을 휘휘 섞은 반죽을 오븐에 넣었다가 빼면 쿠키, 케이크 등이 완성되었는데, 다른 것은 몰라도 쿠키나 케이크는 나도 만들 수 있을 것 같았다.

그러나 시작부터 문제가 있었다. TV 화면에 나오는 재료 소개 순서는 순식간에 지나갔기 때문에 항상 재료 몇 가지를 적다 보면 다음 장면으로 넘어가곤 한다는 것이었다. 그러면 일요일에 신촌문고에 가서 요리책을 뒤졌고 준비해간 수첩에 요리재료와 순서를 적어 집으로 돌아오곤 했다. 오븐이 집에 없던 나는 어떻게 하면 빵이나 쿠키를 집에서 만들 수 있을까 고민했고, 이런저런 상상을 하며 프라이팬이나 냄비에 베이킹을 시도했다. 대부분 실패였지만 완성될 상상을 하며 이렇게 저렇게 시도하는 과정 자체가 나에게는 큰 즐거움이었다.

어릴 적 나의 독서 활동과 다양한 놀이 그리고 이를 통해 만들어진 상상력과 창의성은 그때도 지금도 내 삶의 원동력이자 학교에서 놓이게 되는 다양한 상황 속에서 나를 꾸준히 발전시키는 촉매제이다.

종종 학교에서 학생들과 음악 활동을 하다 보면 무(無)에서 유(有)를 창조해야 하는 상황이 생기기도 한다. 예를 들어, 합창단이나 오케스트라와 같은 동아리를 만든다든가 하나의 무대를 만들기에는 턱없이 적은 예산으로 공연을 준비해야 하는 것과 같은 상황들 말이다. 물론 이러한 상황을 마주했을 때 우리는 수업 외 음악 활동에 대한 마음을 접을 수도 있다. 그런다고 해서 누구도 우리를 질책하지 않을 것이다.

그러나 우리는 학생들에게 다양한 음악 경험을 제공해 주고, 그 경험을 확장시켜 미래의 문화민주시민으로 살아가게 할 일종의 책무가 있다. 그렇기에 음악 교사를 꿈꾼다면 유년기와 청소년기를 지나고 있는 바로 지금, 가능한 한 많은 상상력을 동원해 다양한 창의적 경험을 하라고 이야기하고 싶다. 그렇게 길러진 창의성은 교직에서 마주할 다양한 상황에 유연하게 대응할 수 있는 힘이 되고, 때로는 위기를 기회로 바꾸는 자양분이 될 것이다.

◉ 여행을 다니다

부모님께서 방학이면 어디든 데리고 다니셨다. 각 지방 도시들, 계곡, 산뿐 아니라 서울의 명소부터 남대문시장, 서점, 수영장, 썰매장, 놀이동산, 캠프, 때로는 해외로 여행을 다녔다. 여행 짐은 간소하게, 없으면 없는 대로 여행을 다녔고 불편함을 감수하더라도 새로운 곳에서 새로운 경험을 하는 것은 나에게 늘 신기함으로 다가왔다. 나와는 다른 사람들을 만나며 어떻게 행동해야 하는지 배우고, 여러 인종을 만나며 '인종은 달라도 사람 사는 것은 다 똑같다는 것'을 배웠다. 여러 장소와 상황에 따른 체험과 다양한 사람을 통해 얻은 경험은 나의 상상력을 자극하기에 충분했다.

스마트폰은 물론 핸드폰도 없던 1990년대 중반, IMF로 어려웠던 시기에 우리 네 식구는 유럽 여행을 떠났다. 그것도 두 번이나. 집이 여유 있어서는 아니었다. 부모님의 판단에 그때가 바로 가야 할 때였던 것 같다. 여행 책자를 가방에 넣고 지도를 펴고 다녔다. 그때그때 도착한 도시에서 아무 숙소에나 들어가 방이 있는지 확인하고 짐을 푼 다음 여행을 시작했다. 어떤 도시는 부모님의 친구분이 살고 계셔서 그 집에 머물기도 했고, 때로는 대학 기숙사 같은 방에 머물기도 했다. 가끔 부모님은 여행지에서 만난 한국 대학생 배낭여행객들에게 밥이나 아이스크림을 사주셨다. 지금처럼 유럽에서 한국 사람을 만나기 쉽지 않은 시대였다.

유로화가 아니던 시절, 독일에서 1마르크를 내면 버스 정류장 옆 키오스크에서 서랍 속 젤리를 봉지 가득 담아 주었다. 자고로 피자는 8조각으로 나누어 한 조각씩 나누어 먹는 음식이라고 믿고 있던 나에게 이탈리아에서 1인 1피자씩, 그것도 조각내지 않은 채 나이프로 썰어 먹는 사람들의 모습은 문화 충격에 가까웠다.

길을 걷다 보면 몇 분 간격으로 마주치는 거리의 악사들 역시 내게 큰 충격이었다. 훌륭한 실력의 연주자들이 길거리 관객들이 주는 동전을 받을 용도로 자신들 앞에 악기 케이스를 열어 두고 멋진 음악을 선보였다. 단지 동전 몇 푼을 위해 이토록 훌륭한 연주를 하는 건 아닐 거라고 생각했다. 물론 그럴 수도 있다. 하지만 나는 이들이 밤에는 무대에서 연미복이나 드레스를 입고 연주하는 사람들일지도 모른다고 상상했다. 비록 장소는 거리였지만, 그들은 자신들만의 무대를 스스로 만들어 내고 있었다. 음악을 향한 열정, 누구의 평가에도 흔들리지 않고 음악을 즐기는 모습 속에서는 어떤 강박도 느껴지지 않았다.

지금껏 내가 해온 음악은 악보에 있는 셈여림과 악상을 한 음도 틀리지 않게 연습한 그대로 연주하는 것이었다. 무대 위에서 화려한 조명을 받고

유럽 어느 곳에서나 흔히 볼 수 있는 거리의 악사들

멋진 드레스를 입은 채, 연습한 대로 실수 없이 연주하면 그게 '잘한 것'이라 여겼다. 음악회장에서 연주를 들을 때도, '그렇게' 연습해서 '저렇게' 잘하는 거구나라고 생각했다. 하지만 유럽에서 만난 수많은 길거리 연주자들은 음악에 대한 나의 생각을 완전히 바꿔 놓았다.

1 음악과의 첫 만남

 **피아노학원에 가다**

초등학교 입학식을 마치고였나, 그다음 날이었나……. 어머니께서 나를 피아노학원에 데려가셨다. 피아노학원 문을 열고 들어가면 거실에 그랜드 피아노가 놓여 있었고, 1번부터 8번까지 번호가 적힌 방에는 피아노가 한 대씩 들어가 있었다. 그 외 피아노학원의 첫인상은 크게 기억이 나지 않는다. 어쨌든 그날부터 나는 피아노학원에 다니게 되었다.

생각보다 피아노는 재미있었다. 이미 한글은 물론 책을 줄줄 읽는 나에게 음악이론 문제집은 음악 퀴즈문제지나 다름이 없었다. 선생님의 설명 없이도 한 권은 다 풀 수 있을 것 같았다.

악보도 원래 내가 음표를 전부 알고 있었던 것처럼 술술 읽혔다. 분명한 건 여름방학이 되기도 전에 악보를 막힘없이 읽을 수 있게 되었다는 것이다. 그러다 보니 피아노학원에 가는 것이 너무나 즐거울 수밖에 없었다. 막히는 것이 없으니 어린 마음에 더욱 그랬으리라.

그런데 피아노학원 원장님께서 걱정을 하셨다. 악보를 너무 빨리 보는 것이 걱정이라는 것이었다. 그때는 그게 무슨 말인지 몰랐다. '악보를 빨리 보면 좋은 것 아닌가?' 원장님 말씀은 악보를 빨리 보는 것, 그러니까 초견이 좋은 것 자체가 문제가 아니라 악보를 빨리 보는 것이 전부가 될까 봐 걱정이라는 것이었다. 나는 피아노라는 악기는 일단 건반을 누르면 그 음에 해당하는 소리가 나기 때문에(아래 그림 참고), 악보를 보고 그 음에 해당하는 건반을 눌러서 그 음이 들리면 잘 치는 것이라고 생각했던 것 같다. 그렇지만 원장님은 그게 다가 아니라고 하셨다. 원장님은 악기의 소리를 보다 음악적으로 만드는 것에 대해 가르쳐 주셨고 진도도 천천히 나가셨다. 그때 나는 처음으로 음악을 대하는 태도와 음악적인 소리에 대해 배웠다.

한 마디를 그냥 넘어가는 법이 없으셨고, 안 되는 부분은 부점(附點), 스타카토 등 다양한 방법으로 여러 번 부분 연습을 시키셨다. 가끔은 짜증도 났다. 내 생각에는 이 정도면 충분한 것 같은데 자꾸 반복해서 연습을 시키

피아노의 소리 나는 원리

피아노는 건반을 누르면 건반과 연결된 해머가 각 음에 해당하는 줄을 쳐서 소리를 내게 한다. 따라서 '도' 음에 해당하는 건반을 누르면 '도' 음이 날 수밖에 없다.

니 이해가 되지 않았고, 어떨 때는 자리를 박차고 싶을 때도 있었다. 그래도 이상하게 피아노학원에 가기 싫다는 생각이 든 적은 없었다.

피아노학원이 주는 또 다른 즐거움은 책이었다. 《새벗》이라는 어린이 잡지가 있었는데 매월 첫째 날이면 새 달의 《새벗》이 피아노학원 책장에 들어가 있었다. 그 책을 가장 먼저 읽고 싶은 마음에 학교를 마치면 제일 먼저 피아노학원으로 갔다. 방학 때는 피아노학원 건물 윗층에 사시는 원장님 댁의 초인종을 눌러 피아노학원 열쇠를 받아 아침 9시가 되기도 전에 피아노학원에 들어가 각종 서적을 보고 피아노 연습도 했다. 그런 날은 원장님 허락을 받고 피아노학원 거실에 자리한 그랜드 피아노도 칠 수 있었다.

이런 시간들이 쌓이자 학교에서 리듬악기, 리코더, 가창, 풍금 반주, 악보 그리기 등 음악과 관련한 부분에 있어서는 학생들 앞에 나와 시범을 보이는 일이 많아졌다. 사소하지만 매일같이 쌓인 나의 음악 경험과 음악을 통한 성취감은 자연스럽게 내가 음악을 잘한다는 생각을 가지게끔 만들었다.

◉ 나의 선생님

내 꿈은 음악가가 아니었다. 음악을 잘하기도 했지만 체육을 제외한 다른 것도 대체로 다 잘했기 때문에 내 꿈은 늘 학교 선생님, 교수님이었다. 음악은 내가 좋아하고 잘하는 것들 중 하나일 뿐이었다.

초등학교 5학년 때, 내 생각을 트이게 해준 담임 선생님을 만났다. 변순희 선생님은 나를 예뻐해 주신 것은 물론이고, 내가 잘하는 것을 더 잘할 수 있도록 따뜻하게 이끌어 주셨다. 선생님께서는 매일 일기를 쓰게 하시고, 직접 걷어서 하나하나 정성껏 읽어 주셨다. 어느 날, 선생님께서 내 일기를 읽는 재미로 일기 검사를 하신다고 적어 주셨다. 그 코멘트를 읽는 순간, 가슴 깊은 곳에서 말로 표현할 수 없는 뿌듯함이 밀려왔다. 마치 내가 베스트셀러 작가라도 된 것 같은 기분이었다. 그리고 덧붙이셨다.

"혹시 이 다음에 글 쓰는 사람이 되지 않을래? 물론 다른 일을 하면서도 가능하거든. 의사 선생님도, 대통령도 책을 내니까!"

그 말씀은 글쓰기를 전문 작가들만이 할 수 있는 대단히 특별하고 먼 일이 아니라 누구든 할 수 있는 일로 바라보게 해주었다. 누구든 글을 쓸 수 있으니 나도 글을 쓸 수 있다는 용기를 심어 주었다. 그리고 정말로, 선생님 말씀대로 나는 지금 '다른 일을 하는 사람'으로서 학교에서 학생들을 가르치며, 틈틈이 글도 쓰며 살고 있다. 대단한 작품을 쓰는 건 아니지만, 그때 받았던 격려는 지금도 내 안에 살아 있다. 시간이 한참 흐른 후에야 알게 되었다. 한 사람의 신뢰와 칭찬이, 다른 한 사람의 인생에 얼마나 깊은 영향을 줄 수 있는지를. 선생님 덕분에, 교사의 인정과 격려가 학생의 미래를 바꿀 수도 있다는 사실을 마음 깊이 새기게 되었다.

선생님은 책을 읽고 글을 쓰는 것을 좋아하는 나를 지속적으로 격려해 주셨다. 한 번은 한 반에 60명, 16개 학급에서 쓴 논설문 중 나의 작품이 학교 대표로 뽑혀서 교육청 주관 논설문 쓰기 대회에 나간 일이 있었다. 지금 생각해 보면 선생님께서 내가 글쓰기를 좋아한다는 것을 아시고 나를 더욱 적극적으로 추천해 주셨을지도 모르지만, 학교 대표로 글쓰기 대회에 나가 상을 받은 경험은 지금까지도 교과서, 생활기록부를 비롯한 다양한 글쓰기를 두려워하지 않게 된 중요한 사건이자 전환점이 되었다.

또 한번은 이런 일도 있었다. 학급 음악 시간에 반주자를 뽑는데 그때 우

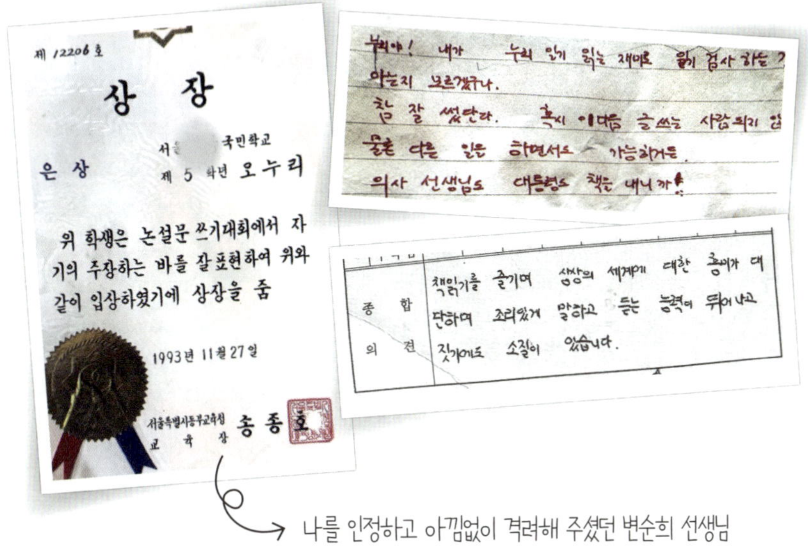

나를 인정하고 아낌없이 격려해 주셨던 변순희 선생님

리 반에 나 말고도 피아노를 칠 수 있는 아이가 몇 명 더 있었다. 피아노 치는 아이들이라면 으레 체르니 100번, 30번, 40번, 50번으로 자신의 피아노 수준을 이야기하곤 했는데 당시 나는 유독 나에게 진도에 있어서만큼은 야박했던 피아노학원 원장님 덕에 체르니 40번을 치고 있었다.

선생님께서는 먼저 학생들에게 체르니 몇 번을 치는지 물어보셨고, 그 후 나와서 직접 피아노를 연주하게 하셨다. 나는 체르니와 별개로 교회 복음 성가를 재미로 종종 친 경험이 있어서인지 교과서에 있는 동요 정도는 반주 악보 없이 멜로디만 있어도 반주할 수 있었다. 그런 모습을 높게 사신 선생님께서 체르니 50번을 치는 학생이 아닌 나를 학급의 반주자로 뽑아 주셨는데, 이때의 경험을 시작으로 단선율 악보에 화성을 얹어 반주하는 경험은 훗날 음악 교사가 되었을 때 굉장히 큰 도움이 되었다.

음악 교사는 자신의 주전공뿐 아니라 다양한 영역의 음악을 가르칠 수 있어야 한다. 그 기본이 되는 것이 피아노 반주이다. 대단한 곡을 연주할 필요는 없다. 단, 교과서에 나오는 악곡을 포함한 대중가요 등을 간단하게나마 피아노로 반주할 수 있어야 학생들 앞에서 자신 있게 수업을 주도해 갈 수 있다. 음악 교사를 희망한다면 지금이라도 꾸준히 피아노를 연습하길! (참고로 필자는 초등학교 1학년 때부터 대학교 1학년까지 꾸준히 피아노 레슨을 받았다.)

플루트와의 만남

초등학교 5학년 즈음으로 기억한다. 라디오에서 모차르트 클라리넷 5중주가 흘러나왔다. 클라리넷 소리인 줄도 모르고 어머니께 이 악기를 배워 보고 싶다고 이야기했다. 당시는 지금처럼 피아노를 제외한 바이올린, 첼로, 플루트, 클라리넷과 같은 악기를 방과 후 수업이나 동네 학원에서 쉽게 배우기는 어려웠다. 이러한 악기를 배우려면 선생님을 찾고 개인 레슨을 받아야 했는데, 선생님을 찾기도 악기를 구하기도 어려웠다. 악기를 구하려면 종로에 있는 낙원상가나 서초동 코스모스 악기 정도는 가야 했고, 악기는 구하더라도 물어물어 선생님을 구해야 하는 상황이었다. 음악 애호가이셨던 어머니도 막상 클라리넷을 가르치려니 어찌해야 할지 모르셨나 보다. 어느 날 친한 지인분께 이 상황을 이야기했더니, 지인분의 자녀를 가르치려고 산 플루트가 있는데 영 흥미가 없으니 가져가서 클라리넷 대신 배워 보게 하라고 하셨다며 집에 플루트를 가지고 오셨다.

처음 플루트를 보고 본능적으로 악기를 조립했다. 리코더를 깨나 불었던 나는 대충 느낌으로 운지(악기를 연주할 때 손가락을 사용하는 것)를 짚었고 나

320

름 플루트 소리다운 소리를 냈다. 서점에서 플루트 교본을 구입해 혼자 불어 보기 시작한 지 얼마 되지 않아, 플루트를 배울 수 있는 곳을 찾아 배우기 시작했다. 피아노 초견이 잘 되었던 나는 높은음자리표에 단선율로만 그려진 웬만한 플루트 악보는 금세 연주할 수 있었다.

플루트와 피아노의 차이점은 여럿이겠으나, 당시 내가 생각했던 가장 큰 차이점은 피아노는 건반을 누르면 그 음에 해당하는 소리가 나는데 플루트는 내가 정확히 운지를 눌러도 내가 생각하는 음이 나지 않을 수 있다는 점이었다. 그리고 그것이 나를 플루트에 몰입하게 만들었다. 바람의 세기와 입술의 모양, 바람이 나가는 방향 등에 따라 같은 운지도 옥타브를 높게 또는 낮게 낼 수도 있고, 소리를 세게 또는 여리게도 표현할 수 있었다. 이 매력적인 악기를 길들이기 위해 나는 상당한 시간을 할애했다. 그렇게 플루트는 서서히 내 몸의 일부처럼 느껴지기 시작했다.

중학교 입학 당시 폴란드 쇼팽음악원이 우리나라에 분교를 만든다는 소식과 함께 교수진들이 한국에 입국했었다. 그러나 분교 설립 진행이 더뎌지자 이미 입국한 교수진들이 레슨생을 찾기 시작했고, 나에게도 연이 닿아 폴란드 선생님께 레슨을 받게 되었다. 선생님 이름은 에바 쿠스. 남편도 음악가였다. 당시 유치원생 나이였던 귀여운 아들과 함께 한국에서 레슨을 하셨다. 나는 폴란드어 통역을 옆에 두고 일주일에 한 번 레슨을 받았다. 어떤 날은 인터콘티넨탈 호텔에서, 어떤 날은 해방촌에 있던 선생님 댁에서.

폴란드 선생님께 받는 레슨은 특별했다. 아니, 쉽지 않았다. 일단 이 부분은 어떻게 연주하라는 말을 도통 하지 않으셨다. 되려 물으셨다. 이 부분은 어떻게 연주해야 하는지. 울고 싶었다. 하라는 대로 하는 것이 속이 편한데,

하라는 대로 해서 잘해냈을 때 성취감이 있었는데……. 어떤 날은 악기를 부는 시간보다 꿀 먹은 벙어리처럼 가만히 있는 시간이 더 많게 느껴지기도 했다. 악기 연주를 하며 즐거움도 기쁨도 없고 괴로움만 가득했다.

한번은 바흐 플루트 소나타 레슨을 받는데 1악장만 한 달을 넘게 잡고 있었다. 악보 자체는 어렵지 않은데 그 악보를 음악으로 표현하지 못했다. 내가 학교에서 배운 바로크 시대 음악은 바흐, 헨델, 비발디였다. 그게 다였다. 세 명의 작곡가 이름으로 한 시대를 배웠다 한 것이다. 그런 나에게 자꾸 바로크 시대를 이야기하고, 그렇다면 이 부분은 어떻게 연주하면 좋을지 물었다. 내가 할 수 있는 답은 "크게요…… 작게요…… 세게요…… 여리게요……."가 전부였다. 우리말로 표현할 수 있는 미사여구가 얼마나 많은데, 고작 이 정도밖에 말을 못하다니. 나 자신이 한심했다.

이상한 것은 그럼에도 매주 정해진 시간에 레슨을 받으러 갔고, 집에서는 연습을 했다. CD도 사서 음악을 들었다. 그리고 상상했다. 이 음악이 연주되던 바로크 시대를.

바흐, 〈하프시코드와 플루트를 위한 소나타 E플랫 장조, BWV 1031(Sonata for Harpsichord and Flute in E-Flat Major, BWV 1031), I. Allegro moderato〉

목석(木石) 같은 나

어느 날, 통역하시는 분이 말했다.

"선생님이 목석 같다고 하네요."

목석이라니……. 나름 표현한다고 하는데 목석이라니. 스트레스가 이루 말할 수 없었다. 어느덧 에바 선생님과 함께한 지 3년. 선생님도 지금까지 많이 참으셨을 것이다. 목석 같은 나를 '안' 목석으로 만드시려고. 공부든 악기든 하라는 대로 외우는 것이 편했던 나에게 여기에서만큼은 차라리 표현의 자유라는 것은 없는 것이 낫다고 생각될 정도였다. 소리를 음악적으로 표현한다는 것은 선생님과 함께한 지 3년이 지난 당시에도 어려움 그 자체였던 것이다. 어쩌면 '한다고 하는 표현'도 나의 의식이 만들어 낸 인위적인 표현일지도 몰랐다.

어쨌든 '목석'이라는 말을 들은 이상 나는 목석 상태를 탈출해야만 했다. 일단 선생님이 나에게 하듯, 나도 나에게 자꾸 질문했다.

'바흐가, 모차르트가 이 부분은 어떤 의도로 쓴 걸까?'

'이 부분은 질문하듯? 아님 대답인가? 질문은 뭐고 대답은 뭐지?'

어쩌다 겨우 대답을 하면 '왜 그렇게 생각해?'라는 질문이 돌아왔다.

그 시대를 이해하기 위해 때마다 서점에 나가 책을 찾아보는 것도 쉽지 않았고, 그렇다고 본능적으로 느낌적인 느낌이 찾아오는 것도 아니었다. 레슨받으러 가는 날이 다가오면 짜증이 몰려오는 날도 있었다. 그냥 내 마음대로 시원하게 한 곡 연주하고 싶다는 생각이 든 적도 있었다. 그런데 신기하게도 짜증이 몰려오는 날이 많아질수록, 그러니까 음악에 대한 생각이 많아질수록 나도 이따금씩 음악적인 표현이라는 것을 하게 되었다. 누가 알려주는 표현이 아니라 내 안에 있는 나만의 표현 말이다.

위대한 작곡가 베토벤이 에밀리라는 사람에게 쓴 편지에는 이런 글귀가 있다.

"그저 예술을 행함에 그치지 말고 내면으로 파고들기를 바란다."

편지 속에 있는 베토벤의 말처럼 진정한 음악을 만들어 내기 위해서는 악보에 있는 음표를 소리로 나타내는 단순한 음악 행위를 넘어 내면으로 파고드는, 즉 나 자신이 음악과 정면으로 마주하고 음악에 대해 나름대로 깊이 생각하는 과정이 반드시 필요하다는 것을 이때 알게 되었다.

포기하지 않는 경험은 교사의 자산!

중·고등학교 음악 교사는 음악에 소질이 있는 학생들만 가르치는 사람이 아니다. 음악을 배워 본 경험이 있는 학생부터 전혀 배운 적이 없는 학생까지, 다양한 배경과 수준의 학생들을 모두 아우르게 된다. 또한 음악을 배워본 학생들 사이에서도 단순히 경험만 있는 학생, 능숙하게 노래하거나 악기를 연주할 수 있는 학생 등 그 실력의 폭은 매우 넓다. 이처럼 다양한 학생들을 가르쳐야 하기 때문에, '나는 음악에 소질이 없는 게 아닐까?' 하는 의구심이 들더라도 절대 포기하지 말고 음악과 정면으로 마주하길 바란다. 그 문턱을 넘어 안 되는 부분을 해결하고 그것을 누군가에게 설명할 수 있을 때, 비로소 어떤 수준의 학생이라도 포기하지 않고 도울 수 있는 '진짜 준비가 된 교사'가 될 것이다. (학교 현장에 나가 보면, 이 말이 어떤 의미인지 분명 느끼게 될 것이다.)

◉ 새로운 시작

어느덧 고등학교 1학년 말이 되었다. 사실 나는 이때까지도 플루트를 전공할지 말지에 대한 고민이 있었다. 일단은 대학에 진학하려면 입시곡 레퍼토리*를 준비해 두어야 하는데 에바 선생님은 한국의 입시곡 또는 콩쿠르 지정곡을 보고는 너무 어려운 곡이라고 하며 한국의 음악 수준을 다시 본다는 듯한 표정을 지었고, 나는 그 표정을 보며 대략 난감해했다.

게다가 주변에 음악을 하는 사람들이 '플루트는 하는 사람은 많은데 뽑는 인원이 너무 적어서 서울에 있는 대학에 가는 것 자체가 어렵다.'라는 말을 많이 했다.** 서울에 음악대학이 개설된 대학 자체도 많지 않은데 그중 관악기를 뽑는 대학은 더 적었다. 대략 10~12개의 서울 소재 대학에서 플루트를 평균 2명 뽑는다고 했을 때, 한 해에 약 24명 정도가 서울에 있는 음악대학에 진학하는 꼴이었다. 일단 수적으로만 두고 봤을 때, 서울 소재 3개의 예고에 플루트 전공이 각 7~9명이고, 이 학생들이 각 음악대학에 한 명씩만 간다고 해도 몇몇은 합격하지 못하는 셈이었다. '공부해서 대학에 가면 악기 하는 것보다 대학도 훨씬 잘 갈 텐데, 왜 굳이 플루트를 하려고 하냐?'라는 이야기는 정말 정말 많이 들었다.

그럼에도 어디에서 나온 포부와 용기였는지는 모르겠지만, 나는 대학이 목표가 아닌 음악을 공부하는 것에 목표를 두기로 했다. 음악을 그만두자니

---

* 일반적으로 각 대학의 입시곡은 그해 여름 즈음에 나온다. 그때 입시곡을 시작하고 준비하면 늦은 감이 있을 수 있기 때문에 미리 입시곡 레퍼토리를 한 번씩 다루고 향상음악회, 콩쿠르 등의 무대를 통해 경험을 쌓아 둔다.

** 플루트를 비롯한 악기(피아노 제외)는 기본적으로 오케스트라 구성을 바탕으로 신입생 정원을 공지한다. 따라서 관악기는 한 해에 1~2명 정도 뽑고, 그해 휴학생 또는 졸업생 등의 여건에 맞게 최대 3명까지 선발하기도 한다.

아깝고 앞으로 더 나아가기에는 불안한 상황에서 지금이 아니면 음악을 더 하기 어려울 거라고 생각했고 어떤 방식으로든 승부수를 던지기로 했다.

그리고 대학 입시를 위해 에바 선생님과 이별하기로 했다. 목석 같았던 나에게 표현의 자유로움과 음악을 마주하는 법을 알려 주신 선생님과의 이별은 슬프고 아쉬움도 가득했지만 어쩔 수 없었다. 그렇게 나는 K-음대 입시에 본격적으로 발을 들이게 되었다.

여기저기 물어물어 당시 유명했던 입시 선생님들을 찾아갔다. 신기하게도 돌아오는 답변은 같았다. 선생님들께서는 하나같이 그냥 공부를 하고 플루트는 취미로 하라고 하셨다. 나름 폴란드 선생님께 배운다고 배웠는데 당장 내후년에 입시를 치르기에는 부족한 상태라는 것이었다. 한 마디로 경험에서 나오는 세련미가 없다는 것이다. 일정 부분 인정했다. '그래서 난 지금 그걸 배우겠다는 건데…….' 배우려는 의지와 별개로 가르치는 사람의 의지가 더 크게 작용하는 상황에서 마지막으로 어떤 선생님을 찾아갔다. 당시 서울대 대학원을 막 졸업한 분이셨는데 이 분이 나를 받아 주셨다. 너무 감사해서 선생님이 하라는 대로 아니, 그 이상을 해내려고 했다.

플루트를 처음 배우는 상태로 돌아가 기초부터 차근차근 다시 시작했다. 호흡, 입술 모양, 자세를 바로잡고 롱톤(한 호흡으로 끊임없이 길고 일정한 소리를 내는 연습)만 한 달 내내 하면서도 전혀 싫거나 불안하지 않았다. '지금 이걸 해서 언제 입시곡을 다듬고 대학을 간다는 거지?'라는 생각은 일체 들지 않았다. 한 달 내내 롱톤 연습을 하며 내 소리가 점점 깊어지는 것을 느꼈기 때문이다. 나의 소리와 기량을 키우기 위해 함께 고민하고 연구하시는 선생님을 보며 선생님을 향한 신뢰도 더욱 커졌다.

고등학교 2학년 때 다양한 레퍼토리를 다루며 자신감이 생기고 크고 작은 다양한 무대 경험을 통해 성장하고 있음을 느낄 즈음, 큰 선생님을 만났다. 유명 예고 학생들만 레슨하시며, 소위 이 세계의 대모(大母)라 불리시던 분이셨는데, 우리 선생님이 이 분의 둘도 없는 애제자이기에 나를 특별히 받아 주신 것이다.

믿을 수 없는 상황에 감사한 마음으로, 서울에서 큰 선생님이 계시는 분당으로 일주일에 한두 번씩 레슨을 받으러 다녔다. 큰 선생님께 레슨을 받고 오면, 일주일에 두 번은 작은 선생님께 레슨을 받고 다른 시간은 온통 연습과 공부에 할애했다. 레슨에 들어가는 비용은 어마무시했지만 실력도 어마무시하게 향상되었다.

어느덧 고3 여름이 되었다. 대학과 입시곡을 정해야 하는 시간이 다가온 것이다. 당시 고3 입시를 오랫동안 해오시던 어머니께서 음악이론 전공이 있다는 것을 알아 오셨다. 입시 선생님께서는 전부 플루트 전공으로 원서를 쓰라고 하셨는데, 어머니는 나의 모의고사 성적과 내신 성적도 꽤 괜찮은 상황이니 나름 안정적으로 성적 반영 비율이 높은 대학에 지원하면 어떠냐고 의견을 내셨다. 재수는 상상도 못할 상황에서 다시 한번 승부수를 던져야 했다.

그래서 가군은 플루트 전공으로, 나군은 음악이론 전공으로, 다군은 음악교육* 전공으로 원서를 썼다. 마지막까지 큰 선생님은 나군의 모 대학 지정곡을 가군의 지정곡과 함께 연습시키셨지만, 나군의 학교가 집에서 멀다는

---

* 서울에는 건국대학교 한 군데에 음악교육과가 개설되어 있다.

단순한 이유로 아주 막판에 다시 음악이론이 있는 대학으로 바꾸게 되었다.

다행히 수능 점수가 꽤 잘 나왔고 내신도 각 과목별로 최고 등급에 해당하는 상황이었다. 그래서 수능이 끝난 11월 중순부터 입시가 시작되는 1월까지 플루트 연습에 올인했다. 입시곡을 얼마만큼 완성도 있게 준비하느냐에 따라 대학의 합격, 불합격이 달려 있다고 생각하니 수능 끝나고 신나게 노는 친구들은 전혀 신경 쓰이지 않았다.

결론적으로 나는 음악이론 전공으로 대학에 입학했다. 음대 말고 그냥 공부로 대학가라고 했던 사람들에도 나의 음대 합격 소식을 전하고 싶을 정도로 기뻤다.

음악 교사의 첫걸음, 교직 이수 & 교육대학원

대학별로 실기곡과 실기와 성적 반영 비율이 각각 다르기 때문에 자신의 상황에 맞는 학교를 전략적으로 선택하는 것도 한 방법이다. 또는 가고 싶은 대학의 전형을 잘 살피고 이에 맞게 준비하는 방법도 있다.

진작부터 음악 교사를 꿈꾸고 있다면 교직 이수가 되는 학교(서울권은 서울대, 연세대, 한양대, 경희대 등)를 알아보거나 음악교육과가 개설된 학교를 지원하면 된다. 음악대학 졸업 후 교육대학원에 진학하는 방법도 있다. (생각보다 교직 이수가 가능한 대학이 많지 않다. 교직 이수를 하면 교육대학원을 다니는 2년 반의 시간과 학비를 아낄 수 있다.)

주의할 점은 교직 이수(또는 교육대학원 진학)를 한다고 누구나 교사가 되는 것이 아니라는 것이다. 종종 교직 이수를 하면 교사가 된다고 알고 있는 사람들이 있다. 교직 이수를 한다는 것은 중등 2급 교원자격증을 획득하여 교사가 될 자격을 얻는 것뿐이다. 교사가 되려면 임용고시 또는 사립학교 임용에 지원하여 합격해야 한다.

03 음악의 길에서 방향을 찾다

1 다양한 음악 경험을 하다

◉ 음악이론이 이런 거였어?

일반적으로 음악이론이라고 하면 높은음자리표, 도돌이표와 같은 음악 기호나 악보 보는 법 등을 생각할까? 지금은 많이 알려졌다고 할 수 있지만, 내가 대학을 다닐 때만 해도 음악이론을 전공한다고 하면 어떤 것을 배우는지 궁금해하는 사람들이 많았다. 음악이론을 전공한 사람으로서 나는 이렇게 답하고 싶다. 음악이론은 '음악학'을 의미하는 말로써 음악을 학문으로 연구하는 전공이라고.

처음 대학에 입학했을 때 이론 담당 교수님께서 영어 원서를 사람마다 다른 주제로 나눠 주시며 번역을 해오라고 하셨다. 번역이라니……. 내가 생각한 상황은 아니었다. 아마도 그 자리에 앉아 있던 15명 모두 같은 마음이었으리라……. 그래도 잘하고 싶은 마음에 꾸역꾸역 번역하고 그 내용을 발표했다. 전공 이론 시간에는 매 학기 소논문을 썼다. 학기마다 한 시대가 정해져 그 시대와 관련된 논문 주제를 정해서 연구하고 논문을 쓰는 것이었다.

시간이 나면 복사카드를 넉넉히 충전해 음악대학 도서관으로 달려가 다양한 책을 복사했다. 국회도서관도 자주 드나들었다. 지금처럼 온라인상에서 다양한 논문을 열람할 수 없었기에 국회도서관에서 논문을 찾아 필요한 부분을 복사해 집에 와서 다시 보았다.

마테존의 감정론을 연구한다든가, 음악이 예술의 중심이라고 말할 수 있는 근거를 들어 증명한다든가, 바로크 시대의 악기에 대해 연구하는 등 악기만 전공했으면 굳이 깊이 생각하지 않았을 것 같은 또 다른 음악의 영역에 발을 들인 셈이다.

음악이론 전공은 작곡과에 속해 있었기 때문에 이론 전공수업이 아닌 경우 작곡과 학생들과 함께 수업을 들어야 했다. 이미 고급 화성학을 마스터하고 대학에 입학한 학생들과 나란히 화성학과 음악분석 수업을 듣는 일은 쉽지 않았을 뿐 아니라 다소 불공평하게까지 느껴졌다. 나는 코드를 보고 피아노 반주는 할 수 있었지만 그것이 화성적으로 어떤 관계에 놓여 있는지, 어떤 진행을 이루는지에 대해서는 전혀 모르고 있었다.

그래서 첫 학기는 화성학 선생님을 구해 일주일에 한 번씩 집에서 화성학 레슨도 받았다. 대학까지 와서 선생님을 구해 레슨을 받는 상황이 스스로 우습기도 했지만, 이때 배운 화성학이 훗날 나의 중요한 자산이 되었다. 음악 교사가 되어 밴드 지도를 할 때도, 실용음악에 익숙한 아이들에게 코드를 알려 줄 때도, 내가 코드 반주를 할 때도 자신감 있게 학생들 앞에 설 수 있는 기반이 된 것이다.

소년소녀 오케스트라 지휘를 하다

대학에 입학하고 몇 년 후 교회에서 소년소녀 오케스트라를 만든다고 했다. 이제 막 시작하는 오케스트라. 단원도 없고 아무것도 없는 상황에서 전문 오케스트라 지휘자를 초빙할 수도 없는 그때, 대학생이었던 나에게 기회가 찾아왔다. 워낙에 아이들을 좋아했던 터라 아무것도 없는 상황이 막막하게 다가왔던 것이 아니라 설렘으로 다가왔다. 어떻게 아이들을 모아서 어떤 시작을 할지 고민하는 과정이 행복했고, 단원 모집을 위해 다른 아마추어 오케스트라 홈페이지에 글을 올리기도 했다.

관현악 편곡 팁

처음 관현악반을 시작할 때는 바이올린, 첼로, 플루트, 클라리넷 정도의 악기로 시작해도 좋다. 악기별 강사와 모든 악기를 다 갖춘다면 더할 나위 없이 좋겠지만, 오케스트라 지휘에 능숙하지 않은 상황에서 모든 악기를 다 지도하는 것도 교사에게는 부담으로 다가올 수 있기 때문이다. 관현악을 지도하려면 일단 교사 본인이 관현악 악기 중 한 가지를 다룰 수 있으면 가장 좋다. 악기에 대한 특성과 악기의 음역 그리고 연주하기 편한 포지션과 어려운 포지션을 알아 두면 편곡 및 지도에 아주 많은 도움이 된다.

1. 바이올린

퍼스트 바이올린은 기본적으로 음악의 전반적인 주선율을 담당한다. 특히 클라이막스 부분에서 현악기의 선율과 활(보잉)을 잘 사용하면 음악의 진행이 풍성하게 들릴 수 있다. 세컨드 바이올린은 바이올린을 처음 시작하는 학생들도 다수 포함될 수 있기 때문에 개방현을 주로 사용하거나 이분음표 또는 온음표로 화성을 채우는 정도로 편곡하는 것이 좋다.

현악기는 지판을 누르는 위치에 따라 소리가 달라진다. 때문에 섬세한 음정을 다루지 못하는 초보 학생들에게는 튜닝만 잘해도 정확한 음정을 낼 수 있는 개방현의 음들이나 포지션 이동을 하지 않는 선에서 악보가 제공되어야 한다. 그래야 연주하는 학생들도 부담이 없고 전체적인 음악의 진행도 조화롭다.

2. 첼로

첼로 역시 이분음표나 온음표 위주로 편곡하고 가온도보다 높은음은 최소한으로 하는 것이 초보 학생들이 연주하기 좋다. 첼로 연주에 능숙한 학생이 있다면 곡 중 첼로 솔로 부분을 넣어서 음악의 분위기를 전환할 수 있다.

3. 플루트

플루트는 처음부터 나오기보다는 곡의 중간중간 선율을 장식하는 역할을 담당하면 좋다. 플루트를 잘하는 학생이 있거나 현악기 구성이 약한 경우 등에 따라서 주선율을 담당하여 솔로 느낌으로 편곡해도 좋다.

플루트가 대중적인 악기가 되면서 각 학교에서 플루트를 담당하는 학생의 비율이 높을 가능성이 있다. 이럴 때는 파트를 둘 또는 셋으로 나눌 수도 있다. 플루트는 1옥타브 솔부터 2옥타브 라 정도가 소리내기 무난한 음역대이다. 초급 수준의 학생들은 4분음표 또는 2분음표 위주의 리듬 위에 화성을 채우는 느낌으로 앞서 말한 음역의 음을 채우면, 연주하는 학생들도 화음감을 느끼며 즐겁게 연주할 수 있고 듣는 사람들도 거부감 없이 음악을 즐길 수 있을 것이다.

4. 클라리넷

클라리넷은 Bb조 악기이다. 즉, 클라리넷으로 '도'를 불었을 때 Bb(시b) 소리가 나는 악기인 것이다. 따라서 클라리넷 악보를 편곡할 때에는 들리는 음보다 한 음 높게 악보를 그려야 한다. 클라리넷은 어느 악기와도 잘 섞이기 때문에 4성부 합창으로 치면 알토에 해당하는 부분을 악보로 그리면 좋다.

교회 내에 애초에 악기 연주가 가능한 아이들은 많지 않았다. 있다고 해도 오케스트라를 하기에는 많이 부족한 상황이었다. 일단 바이올린, 첼로, 플루트, 클라리넷을 기본 악기편성으로 고정하고 단원을 모집했다. 먼저, 각 파트별 레슨 선생님을 두고 악기를 새로 시작하는 연습반과 이미 연주 가능한 학생들로 구성된 연주반으로 나누었다. 그리고 4성부로 이루어진 찬송가를 연습했다. 화성학 레슨을 받을 때 선생님께서 찬송가의 4성부가 화성학 그 자체여서 찬송가로 화성 분석을 하면 도움이 된다는 말이 떠올랐기 때문이다. 부족한 악기 구성이지만 화성학 그 자체인 찬송가의 각 성부를 각각의 악기로 연주하면 아이들이 합주의 즐거움을 느낄지도 모른다고 생각했다.

바이올린은 소프라노, 클라리넷은 알토, 플루트는 테너, 첼로는 베이스 파트를 연주하니 그럴듯한 음악이 만들어졌다. 클라리넷은 이조악기*로 한 음씩 올려서 따로 악보를 만들어야 했지만 오케스트라 연습을 생각하면 악보 그리는 일이 전혀 귀찮게 느껴지지 않았고, 나중에는 수업 시간에 배운 피날레라는 사보 프로그램을 사용하여 너무도 편하게 악보를 그리게 되었다.

플루트를 전공하고 화성학을 배운 경험, 초등학교 시절 잠시 배웠던 바이올린과 10년 넘게 쉬지 않고 꾸준히 배운 피아노, 여기에 다양한 악기 실력을 지닌 아이들을 지도하며 얻은 현장 경험이 더해지면서 여러 악기로 편성된 곡은 물론 단선율의 곡도 네 개의 악기로 자연스럽게 편곡할 수 있게 되었다. 이러한 경험들이 쌓여, 훗날 학교 현장에서 관현악반과 플루트 앙상블을 겁내지 않고 만들어 운영할 수 있었다고 생각한다.

◉ 합창단에 들어가다

대학교 때 내가 다니던 교회의 중등부 성가대 반주를 한 적이 있었다. 그때 지휘를 하던 교회 언니의 권유로 서울 레이디스 싱어즈(음악감독: 윤의중)의 입단 오디션을 보게 되었다. 나는 성악 발성은 전혀 몰랐지만, 7살 때부

---

* 악보에 표기된 음과 실제로 들리는 음이 다른 악기로 조옮김 악기라고도 한다. 기보음과 실음이 다르기 때문에, 기보음에 해당하는 소리를 내기 위해서는 반드시 조옮김(이조)을 해야 한다. 예를 들어, 클라리넷은 Bb조의 악기이기 때문에 악보에 표기된 '도'음을 불었을 때 실제 소리로는 한 음 낮은 '시b'음이 들린다. 따라서 악보에 기보된 소리를 내게 하기 위해서는 기보된 악보의 음보다 한 음씩 올려서 다시 악보를 그려야 한다.

터 교회 주일학교 성가대의 알토 파트를 주름 잡았던 경험에 힘입어 오디션을 보기로 했다.

생각해 보니 나는 어릴 때부터 멜로디를 주로 담당하는 소프라노보다는 화음을 넣는 알토를 더 좋아했다. 알토 파트를 불렀을 때 느껴지는 화음감이 이루 말할 수 없이 좋았다.

오디션을 앞두고 지정곡인 가곡 〈비목〉과 자유곡인 이탈리아 가곡 하나를 연습했다. 그리고 일요일마다 지휘자 언니에게 지도도 받았다. 오디션 당일, 준비해 간 두 곡을 겁도 없이 불렀다. 그리고 나서 생전 처음 보는 악보를 첫 음만 듣고 반주 없이 초견으로 불렀다. 악보의 마지막 음을 피아노로 쳐서 내가 부른 음들의 피치(pitch)가 정확한지 확인했다. 다행히 마지막 음이 피아노의 음과 일치했다.

얼마 지나지 않아 연습에 나오라는 연락을 받았다. 예술의 전당에서 열리는 정기 연주회뿐 아니라 미국에서 열리는 세계여성합창제의 초청을 받아 미국 순회 연주를 앞두고 일 년 동안 맹연습이 진행될 줄은 상상도 하지 못한 채 첫 연습에 참여했다.

첫 연습에서 나는 합창의 매력에 단단히 빠지고 말았다. 나는 성악 전공은 아니었지만 소리의 포커스(focus)가 잘 맞고, 그 소리가 잘 섞이면 나의 목소리도 엄청나게 아름다운 음악의 일부가 될 수 있음을 느꼈다. 성악 전공 단원들을 유심히 관찰하며 집에 와서는 그대로 따라해 보려 했다. 소리의 방향성과 공명점을 찾아 음악을 느끼고 표현하기 위해 하루 중 상당 시간을 합창 연습에 할애했다. 일주일에 두 번, 세 시간씩 진행되는 합창 연습과 종종 있는 주말 연습 그리고 수시로 있는 연주 무대가 전혀 힘들지 않았다.

생전 처음 접하는 8성부 무반주 합창을 할 때는 너무 재밌어서 신이 나기까지 했다. 집중 또 집중하며 지휘자님의 손끝을 따라가고 단원들과 함께 호흡하며 악보에 있는 음표들을 소리로 구현시키는 과정 속에서 정말 많은 것을 배웠다.

이때의 경험이 없었다면 학교에서 합창 지도와 합창대회를 운영할 엄두를 내지 못했을지도 모른다. 아니, 합창대회 진행은 할 수 있었을지 몰라도 다양한 목소리의 학생들을 한 목소리로 모아 무대에 세우는 과정에서 많은 어려움을 겪었을지도 모르겠다.

학교 음악교육에서 합창은 정말 중요하다. 악기와 다르게 노래는 누구나 할 수 있다. 합주(오케스트라)는 악기를 다룰 줄 아는 특정 몇몇 학생들에게 연주 기회가 제한되어 있을 수도 있지만, 합창은 누구에게나 열려 있다. 누구나 입을 열어 목소리를 낼 수 있고, 학생들은 자신의 소리를 여러 사람의 소리와 섞어 가며 타인의 소리를 들을 줄 알게 된다.

서울 레이디스 싱어즈 활동
(미국 솔트레이크 시티에서 열린
세계여성합창제에서)

단지 합창 수업에 그치지 않고 학생들이 무대에 선다면 더욱 좋다. 다른 친구들의 연주를 보고 정성 어린 박수를 보내는 시간은 타인의 것을 인정하는 중요한 경험이라고 생각한다. 나의 무대가 중요하듯 다른 친구들의 무대를 중요하게 생각하고 경청하는 경험은 소통의 부재를 겪고 있는 현대 사회에서 더없이 중요하다.

그래서 음악 교사를 꿈꾸는 많은 이들에게 말하고 싶다. 규모나 형태에 상관없이 직접 합창단에 들어가 합창을 경험하라고. 우리는 학교 합창교육을 통해 소통과 배려가 있고 함께하는 즐거움이 있는 학교를 만들 수 있다. 나아가 이러한 경험은 학생들이 훗날 사회에 나갔을 때 꿈을 품고, 따뜻한 세상을 만들어 가는 데 작은 밑거름이 될 수도 있다.

◉ 교육대학원에 들어가다

소년소녀 오케스트라를 지휘하며 음악이 아이들을 변화시킨다는 것을 몸소 느꼈다. 특정한 일회성 경험이 아닌 몇 년간 함께 아이들과 오케스트라를 하며 느낀 바가 있었다. 밖에서는 성향이 맞지 않아 어울리지 않을 것 같은 아이들도 음악 안에서는 하나가 되었다. 가만히 앉아 있지 못해서 어려움을 겪던 아이도 오케스트라를 하며 장시간 앉아 있을 수 있게 되었다. 혼자 연습할 때는 지루했던 악기가 함께 연주하며 즐거운 취미 생활로 자리 잡게 되는 모습도 보았다. 전반적으로 해를 거듭할수록 아이들의 정서가 안정되고 자신감도 향상되는 것을 느끼며 음악교육에 대해 배워 보고 싶다는 생각을 했다.

대학교 4학년 때 음악교육에 관심을 가지고 교육대학원을 가야겠다고 생각했다. 크게 고민하지 않고 음악교육 전임 교수님이 계신 동(同) 대학원에 지원했다.

교육대학원을 다니며 음악교육에 배우고, 다양한 음악교육학자와 음악교수법이 있다는 것을 알게 되었다. 그런 학문을 깊이 있게 공부하고 싶다는 마음이 들었다. 음악교육으로 유학을 가고 싶다는 생각에 틈틈이 영어시험 준비를 했고, 많은 교수님들이 미국에서 공부하셨기에 미국 대학의 전형들을 살펴보곤 했다. 대학원 2학기 즈음에 교수님과 이야기를 나누다가 이 생각을 말씀드렸다. 교수님께서는 음악교육으로 유학을 다녀와서는 현실적으로 일자리가 거의 없으니 교사가 되면 어떻겠냐고 하셨다. 음악 교사가 되리라는 생각을 깊이 해보지 않았던 나는 그때서야 음악 교사의 길에 대해 생각해 보기 시작했다.

 교직에 들어서다

교수님께서 교사가 되기를 권하셨고, 대학원 3학기에 교생 실습도 다녀왔지만 교사가 되기를 간절히 바라지는 않았다. 모교로 나간 교생 실습에서 수업을 도맡아 한데다, 졸업생이라는 이유로 자잘한 일을 많이 맡게 되면서 교생으로서 누릴 수 있는 학교의 로망을 느낄 여유가 없었기 때문이다. 그러나 교생 실습을 마치고 현실로 돌아와서야 학교 안에서 학생들과 수업을 하며 즐거움을 느끼고 학생들과 소통하는 시간 가운데에서 쉼을 느꼈던 나 자신을 발견했다.

교생 실습을 마치고 여름방학이 되어서야 본격적으로 교단에 서야겠다는 결심을 했다. 나는 서울에 사니까 당연히 서울시 음악 교사가 되어야겠다는 생각으로 서울 임용고시 준비를 했다. 1차 필기시험과 2차 실기시험 준비도 같이 했다. 장구 치며 민요 부르기, 교과서 가창곡을 즉흥 반주하며 노래하기 등 다양한 실기 연습 역시 신나게 했다. 학교 현장에 가면 다 써먹을 생각에 마냥 즐거웠다.

338

　음악 교사가 되었다. 첫해는 음악실도 없이 빈 교실을 구해 음악수업을 하고 여러 가지 마주하는 상황들에 적응하느라 정신이 없었다. 그리고 두 해가 지나 음악실이 생겼다. 음악실이 생기니 학생들과 수업 외 음악 활동이 하고 싶어졌다. 합창을 사랑하는 나는 제일 먼저 학생들에게 합창의 즐거움을 알게 하고 싶었다. 17, 18세 남학생들이 만들어 내는 합창을 제대로 들어 본 적은 없었지만, 변성기를 막 지난 아이들에게 합창을 통해 음감을 제대로 심어 주고 싶었다. 그리고 서로의 목소리로 만들어 내는 화음 안에서 음악의 아름다움을 느낄 수 있기를 바랐다. 무엇보다 음악이 무엇을 위한 도구가 아니라, 음악이 가지고 있는 고유의 아름다움만으로도 충분히 음악을 배우고 즐길 이유가 된다는 것을 알게 하고 싶었다.

　대학 입시가 중요한 대한민국 고등학교에서 합창단을 만드는 것은 쉽지 않았다. 그러나 생각보다 많은 학생들이 합창단에 들어왔다. 노래를 잘하지 못하는 학생들도 친구를 따라와서 합창단을 하고 싶다고 했다. 아이들의 순수함에 이끌려 음감도 없고 노래도 잘하지 못하는 학생들을 일부 받다 보니 문제가 생겼다. 음감이 없는(어떤 음을 듣고도 다른 음을 소리 내는) 학생들은 본인이 틀린 음을 내고도 틀린 줄 모르는 경우가 대부분이기 때문이다. 음악을 만들기도 전에 그 학생이 현재 틀린 음을 부르고 있다는 것을 이해시켜야 하는 웃기고도 슬픈 상황이 발생했다. 그 학생에게 립싱크를 하라고 할 수는 없으니 따로 불러서 음을 듣고 소리 내는 연습을 시켰다. 결과적으로 성악을 전공해 현재 독일, 이탈리아 등지에 유학 가 있는 자랑스러운 제자도 생기게 되었다.

그러나 만약 여러분이 음악 교사가 되어 합창단을 만든다면 이왕이면 음감이 있는 학생을 뽑는 것을 추천한다. 첫째, 교사도 학생도 바쁜 상황에서 서로 시간을 맞춰 따로 연습을 시키는 것이 학교 현장에서 생각만큼 쉽지 않기 때문이다. 둘째, 프로 합창단은 아니지만 학생들이 합창을 통해 성취감을 경험하려면 어느 정도 화음감이 있는 음악을 노래해야 하는데, 음감이 너무 없는 학생들이 섞여 있으면 화음은 고사하고 말 그대로 단지 합창(다같이 부르다)을 하는 데 의의를 두고 끝날 수도 있기 때문이다.

어찌 되었건, 시간과 노력을 모두 갈아 넣어 매일 점심시간에 30분씩 연습을 했고 합창 전문 안무가의 도움을 받아 멋진 안무와 함께 각종 대회 및 합창제 무대에 섰다. 때로는 방과 후에 시간이 가능한 학생들과 함께 추가 연습을 하기도 했다. 소품으로 반짝이 모자가 필요한 곡을 위해 저렴한 반짝이 모자를 구입했는데, 반짝이가 너무 떨어져서 학생들과 늦게까지 음악실 복도에 쭈그리고 앉아 떨어진 반짝이들을 풀로 붙이기도 했다. 피곤함보다 학생들 인생에 있어 오래오래 기억에 남을 순간에 내가 함께한다는 것만으로도 가슴 벅찬 순간들이었다. 그 결과 교육부에서 주최하는 학생합창대회에서 3회 연속 교육부 장관상도 받았다. 청소년 합창제, 한국 합창제 등 학생합창단이 설 수 있는 무대라면 기꺼이 찾아가 학생들과 함께 합창의 기쁨을 충분히 만끽했다.

비록 운영하는 데 어려움이 있을 수도 있지만! 내 생각보다 학생들이 더 못할 수도 있지만! 학생들 모집이 힘든 해가 있을 수도 있지만! 반주자가 없을 수도 있지만!! 음악 교사를 꿈꾸는 모든 이들에게 합창단 운영을 강력히 추천하고 싶다.

합창단 활동을 하며 학생과 교사 모두는 음악에 몰입하는 경험을 할 수 있고, 다양한 높낮이의 음색을 하나의 소리로 만들며 자연스럽게 다양성을 수용하는 경험을 할 것이다. 합창단이라는 작은 사회 안에서 생기는 갈등이 음악이라는 매개체로 해결되는 경험도 할 수 있을 것이다. 이 좋은 것을 나만 할 수는 없으니 많은 예비 교사들이여, 합창단을 꼭 만들기를 바란다!

콘서트 콰이어 활동

1. 합창단 운영 규칙을 세워라!

• 예: 일주일에 세 번, 월수금 연습. 연습에 몇 회 이상 빠질 경우 제명. 연습시간은 12:00~12:30. 합창단 임원 구성 등

2. 합창단원 선발 기준을 가급적이면 구체적으로 정해라!

그리고 기준 내에서 융통성 있게 학생들을 선발하라!

• 예: 노래는 서툴러도 음감이 정확한 학생, '2옥타브 미' 이상 부를 수 있는 학생, 고음은 잘 나지 않아도 소리가 좋은 학생 등

3. 어느 정도는 정확한 음정으로 노래할 수 있는 학생을 선발하자!

4. 선곡 시 적당한 난도를 고민해서 정하라!

합창단을 꾸렸다면 지속적인 성장과 유지를 위해 너무 쉽지 않으면서도 적당히 난도가 있어 학생들이 성취감을 경험할 수 있는 선곡을 하라.

5. 합창단원 선발 시 운영 방향성을 고민하라!

생각보다 학생들이 모이지 않는다고 해서, 학생이 너무 졸라서, 인정에 약해서 교사가 정한 기준에 부합하지 않은 합창단원을 너무 많이 선발하면 운영이 힘들어질 수도 있다!

◎ 플루트 앙상블을 만들다

합창단을 만들고 그다음 해, 오케스트라도 해보고 싶었다. 관현악반을 만들려고 수업 시간에 악기를 연주할 수 있는 학생들의 수를 조사하는데 그해에 유독 다른 악기에 비해 플루트가 많은 것을 알게 되었다. 그래서 관현악반을 준비하는 마음으로 플루트 앙상블을 만들었다. 앙상블 단원은 10명 정도였는데, 이미 플루트를 연주할 줄 아는 학생도 있었지만 처음 배우는 학생도 몇 명 포함되어 있었다. 플루트 유경험자 중에서도 지역 오케스트라에서 활동하는 학생, 초등학교 이후로 불어 본 적 없는 학생, 배웠는데 기억이 나지 않는 학생 등 그 수준이 다양해서 각 수준에 맞게 편곡을 해 연습해

342

보기로 했다.

악기를 처음 배우는 학생들도 가장 기본이 되는 '1옥타브 솔~도'에 해당하는 음을 사용하여 앙상블에 참여하도록 했다. 플루트는 내가 제일 자신 있는 악기이기 때문에, 소리내기 쉬운 음과 그렇지 않은 음들을 잘 알고 있었다. 이렇게 하니 다소 지루할 수도 있는 초보 학생들도 정말 재미있게 악기를 배워 갔고, 나 역시 덩달아 즐겁게 학생들을 지도했다. 모든 파트를 아우르며 학생들과 함께 악기를 부는 순간이 행복했고, 차츰 실력이 향상되는 학생들을 지켜보는 것도 보람있었다.

어려움이 있었다면 플루트 앙상블로 편곡된 악보가 많지 않고, 있더라도 너무 어려운 곡들이었다는 것이다. 그래서 직접 편곡을 하거나, 이미 나와 있는 플루트 앙상블 악보를 학생들이 연주하기 용이하도록 어려운 부분을 살짝 고치기도 했다.

학교 축제 무대를 목표로 약 반년간 연습을 했고, 축제가 끝나고도 우리는 매주 한 번씩 모여서 연습을 했다. 그러던 중 명지병원 연말 로비음악회에 설 기회가 생겼다. 이제 갓 시작한 앙상블이었지만 무대가 생기니 학생들도 더욱 적극적으로 연습에 참여했다. 토요일 오전, 학생들과 설레는 마음으로 명지병원을 향했고 우리가 준비한 크리스마스 캐롤 몇 곡을 연주했다. 아름다운 플루트 앙상블로 그때 그 자리에 참석한 환우들에게 감동을 선사한 기억은 아직까지도 내 마음속에 깊이 자리하고 있다.

플루트 앙상블을 시작으로 관현악반을 만들어 활동하기도 했다. 매해 다양한 악기를 연주할 수 있는 학생들이 고루 들어오면 정말 좋겠지만, 실상은 그렇지 않다. 그래도 음악 교사는 창의력을 발휘하여 그 해의 상황에 맞는 악기 구성으로 (그것이 소규모일지라도) 앙상블을 시작하면 된다. 상황을 탓하며 아무것도 하지 않으면 아무 일도 일어나지 않는다.

그리고 오케스트라 악기 중 하나를 선택해서 배우길 바란다. 나는 현재 한국음악교사오케스트라(KMSO) 단원으로 활동하며 악기 연습을 지속하고 있다. 음악 교사는 연주, 창작, 감상의 영역을 아우르는 전문성을 가지고 있어야 한다. 전문성이 곧 자신감이다. 학생들 앞에 자신 있게 설 미래를 생각하며 전공 외 악기 한두 개는 꼭 배워 두자. 언젠가 다 쓸 데가 생긴다.

플루트 앙상블 활동

한국음악교사오케스트라 활동

음악의 생활화를 꿈꾸며

누군가 나에게 음악교육철학을 묻는다면, 학생들이 평생 음악을 곁에 두고 예술을 향유할 줄 아는 문화민주시민으로 성장시키는 것이라고 답한다. 너무 거창해서 누군가는 코웃음을 칠 수도 있지만 실제로 그러하다. 나는 학생들이 사회에 나가 음악을 곁에 둠으로써 각자의 삶 속에서 음악이 그들의 위로가 되기를 바란다. 일 년에 한 번쯤은 공연 관람에 들어가는 돈을 아까워하지 않으며, 음악을 통해 소통할 줄 알고 배려하는 마음을 배운 문화민주시민이 되기를 간절히 바란다.

이렇듯 교사를 꿈꾸는 사람이라면 누구나 자신만의 교육철학이 가르침의 중심에 깊숙이 자리 잡고 있어야 한다. 음악 교사들 역시 자신만의 교육철학이 수업을 비롯한 다양한 음악 활동에 깊숙이 자리 잡고 있어야 한다.

우리의 아름다운 음악이 때로는 주요 과목이 아니라는 이유로 무시당하는 일도 가끔 있다. 그렇기에 교사가 되기 전 그리고 학교 현장에 들어온 후 교사는 자신만의 교육철학을 반드시 깊이 생각해 볼 필요가 있다. 이것은 때때로 찾아오는 교직 생활의 어려움 속에서 나를 다시 일어나게 하는 아주 근본적인 힘이 되어 주기 때문이다.

이러한 야무진 꿈의 실현을 마음에 두고 학교에서 음악의 생활화를 위해 나름 애쓰고 있는 부분들을 소개하려고 한다.

🎵 런치 콘서트

대부분 학생들은 초등학교 고학년에서 길어야 중학교 1~2학년이면 음악과 관련한 과외 활동을 중단하게 된다. 대학 입시를 목표로 다녀야 할 학원이 많기 때문이다. 경제적·시간적으로 여유가 많다면 지속할 수도 있겠지만, 어느 이유에서이건 하나를 줄여야 한다면 예체능 과목을 줄여야 하는 것이 현재 상황으로는 맞는 것도 사실이다.

그러나 그런 경우 학생들이 성인이 되어 다시 음악을 마주했을 때 음악이 낯설게 느껴질 가능성이 크다. 음악은 예술적인 부분과 더불어 기능적인 부분이 있기 때문에 잠시라도 손을 놓으면 그 감각을 찾는 데 상당한 시간이 걸리기 때문이다. 예를 들어 초등학교 5학년까지 피아노를 쳤지만 (그 후로 개인적으로 연습을 하거나 연주한 경험 없이) 스무 살이 넘어 피아노 앞에 앉는다면, 아마도 초등학교 5학년 때 쳤던 그 악보는 연주하기 어려울 가능성이 높다. 단지 음악을 배웠던 경험만 어렴풋이 남아 있을 것이다.

정말 대부분 학생들이 그렇다. 학기 초, 학생들의 음악 경험을 질문할 때면 피아노학원은 대부분 다녀봤지만 합창제 반주를 할 학생을 찾기는 어려웠다. 그 외 다른 악기들도 사정은 비슷했다. 그래서 어떻게 하면 학생들이 입시를 준비하는 상황에서도 음악을 놓지 않고 음악을 생활화하는 성인으로 사회에 나갈 수 있게 할까 고민했다.

점심시간을 활용해 학생들에게 지속적인 연주 기회를 제공하고 싶었다. 악기 연주를 하지 못하는 친구들에게는 직간접적으로나마 공연장 문화를 경험하게 해주고 싶었다. 매일을 바쁘게 사는 학생들이 공연을 보러 시내로 나가는 것은 쉽지 않은 일이다. 이렇게 무대를 만들어 주면 악기를 배운 경험이 있는 학생들도 연주 활동을 지속함으로써 성인이 되어 음악을 다시 곁에 둘 수 있는 가능성이 높아질 것이라 생각했다.

곧바로 런치 콘서트 참가자들을 모집했고, 생각보다 반응은 좋았다. 런치 콘서트에 참가 신청한 학생들을 따로 불러 먼저 그 실력을 검증하고 최종적으로 출연자를 확정했다. 그리고 좌석도 미리 예약을 받았다. 좌석을 예매한 학생들은 의자에 앉아서 공연을 관람할 수 있고, 그렇지 않은 학생들은 언제든 입석으로 뒤에 서서 볼 수 있게 음악실 문을 살짝 열어 두었다. 실제 공연장처럼 좌석 번호도 지정하고 티켓도 만들었다.

취미로 음악을 배운 학생들을 비롯하여 음대 입시를 준비하는 학생들에게도 무대를 제공했다. 런치 콘서트의 반응은 정말 좋았고 현재도 성황리에 진행 중이다. 음악 교사들은 이렇듯 점심시간을 문화 향유의 시간으로 전

런치 콘서트

환하고 입시 위주 환경 속에서 음악 활동의 연속성을 유지하며, 건전한 방법으로 스트레스를 해소하고 공연문화를 자연스럽게 정착시키는 데 기여할 수 있는 부분이 분명 있다. 각자의 상황 속에서 창의성을 발휘하여 학생들에게 음악 활동의 연속적 기회를 제공해 보자.

◉ 합창제를 하다

앞서 합창단 운영을 추천했다. 합창단원을 뽑을 때 이왕이면 음감이 있는 학생들을 뽑으라는 이야기도 했다. 그렇다면 그렇지 않은 학생들이 이 좋은 합창을 경험하게 할 수 있는 방법은 없을까?

너무나 감사하게도 내가 근무하는 학교에는 이미 합창대회가 있었다. 합창대회를 위해 1, 2학년 전교생은 음악 시간에 합창을 할 수밖에 없었다. 그러다 보니 학생들도 자연스럽게 합창을 음악 활동의 일부로 받아들였고, 나도 해를 거듭할수록 노하우가 쌓여 보다 계획적인 합창수업을 진행할 수 있었다.

합창은 합주(오케스트라)와 다르게 목소리를 가진 사람이라면 누구나 할 수 있다는 장점이 있다. 그러나 또 다른 의미에서 누구나 할 수 있기 때문에 학급 합창은 누가 못한다고 해서 그 학생을 뺄 수도 없다. 무조건 다 함께 해야 하는 (전문가 입장에서는 극한의) 상황에서 하나의 완성된 음악을 만들어 무대에 서야만 하는 멋진 미션을 받게 되는 것이다. 이렇게 미션을 극복해 나가는 과정을 통해, 교사와 학생들은 소리의 다양성을 인정하고 음의 높낮이와 소리의 색채를 조율해 나가며 '함께'의 가치를 몸소 배우고 느낄 수 있다. 또한 수십 명의 목소리를 섞어(blending) 하나의 소리로 만들어 가는 과정과 진지하게 무대를 준비하는 과정에서 음악의 진정한 아름다움을 경험하게 된다. 학창시절의 추억은 덤이다.

음악으로 소통하며 공동체를 경험하고 음악의 심미적 감성을 체험할 수 있으며 창의성을 발휘하여 학급이 주도적으로 무대를 준비하는 이 완벽한 행사는 대한민국의 모든 학교에서 이루어져야 한다고 생각한다. 각 학교마다 상황이 다르겠지만, 가능하면 합창대회를 열어 학생들이 합창으로 하나 되는 경험을 할 수 있게 도와 주기를 바란다.

그리고 음악 교사를 꿈꾼다면 종교단체, 아마추어 합창단, 학교 합창단 등 가리지 말고 들어가 합창을 경험하길 바란다. 교사 본인이 직접 경험하지 않고는 학생들을 지도할 수 없다. 나중에 음악 교사가 되어 합창대회를 연다면 연락하시라. 노하우를 전수해 주겠다.

합창제

어느 날 문득, 아이들이 졸업을 해서 사회에 나갔을 때 악기 하나 정도는 하면 좋겠다는 생각을 했다. 단지 생각만 했다. 달리 방법이 없다고 생각했다. 그리고 몇 해가 흘렀다. 학교에서 종종 소통이 어렵거나 마음의 문이 닫힌 학생들을 보며 음악치료를 배워 보고 싶다는 생각을 했다. 사실 대학 입학 전부터 음악치료에 관심이 많았다. 고등학교 때 우연히 서점에서 《음악치료학》이라는 책을 보고 음악치료라는 분야가 있다는 것을 알게 되었다. 음악치료는 학부과정에는 없고 대학원에 개설되어 있다는 것을 찾아냈고, 기회가 된다면 음악치료를 배워 봐야겠다는 생각 정도만 했었다.

그때 기타 연주가 음악치료의 기본이라는 걸 알았는데, 당연하게도 음악치료 대학원을 가려면 기타 연주가 가능해야 했다. 당장 대학원에 진학할 계획은 없었지만 어찌 될지 모르는 나중을 위해서 기타를 배워야겠다고 생각했다. 바로 기타 개인 레슨을 받기 시작했다. 음악 선생이니 진도도 나름 빨리 나갔고 여러 개의 코드로 금세 몇몇 가요를 연주할 수 있게 되었다. 몇 달 정도 레슨을 받고 나니 우리 학생들에게 쉬운 코드 몇 개만이라도 알려 주면 좋겠다고 생각했다. 학생들이 성인이 되어서 수업 시간에 기타를 배웠던 경험을 확장시켜 취미 생활을 하게 될 수도 있는 거니까.

기타는 코드 반주를 할 수 있는 몇 되지 않는 악기 중 하나로 휴대성이 좋고, 피아노를 치지 못하거나 악보를 보지 못해도 연주를 시도할 수 있는 악기라는 것이 가장 큰 장점으로 다가왔다. 코드표를 보고 손가락만 짚어도 코드 연주를 할 수 있으니 음악을 배워 본 경험이 있는 학생이든 없는 학생이든 누구나 연주의 즐거움을 경험할 수 있으리라 생각했다.

그해 겨울, 운이 좋게 학교 예산으로 기타를 구입할 수 있게 되었다. 처음에는 25대로 시작한 기타가 지금은 60대 가까이 된다. 의심의 여지 없이 학생들은 기타 수업을 좋아했다. 학생들에게 이야기했다. 지금은 동요 〈비행기〉를 마스터해서 나중에 아이 아빠가 되면 아이 앞에서 기타 치며 노래 불러 주는 것이 우리의 1차 목표라고. 그리고 최종 목표는 여자 친구 앞에서 프로포즈 할 때 기타 치며 노래할 수 있는 수준에 도달하는 것인데, 그건 여러분들이 성인이 되어 꼭 달성하라고. 나는 기타 연주를 확장시켜 나갈 기반을 만들어 줄 테니 최선을 다해 신나게, 열심히 해보자고 이야기한다.

실제로 그렇다. 대단하지 않아도 내가 악기를 연주할 수 있고, 연주하면서 노래도 부를 수 있다면 그 삶은 얼마나 행복한 삶일까? 우리 음악 교사는 학생들이 음악 경험을 확장시켜 나갈 수 있는 토대를 마련해 주어야 한다. 그래도 한번은 불러 보거나 연주나 감상해 보거나 창작해 본 경험이 있다면, 훗날 음악을 취미로 삼고 싶어지는 그때 지난 경험을 토대로 쉽게 음악에 접근할 수 있을 것이다.

다수를 대상으로 기악 수업을 하는 것이 쉬운 일은 아니다. 특히 기타 같은 악기는 줄이 끊어지기도 하고 다른 부품이 고장나기도 하기 때문에 관리

기타 연주 수업

코드를 하나 치더라도 교사의 피아노 반주를 곁들여 보자. 기타로 같은 A코드를 8번 반복하더라도, 피아노로 화음의 위치를 바꿔 반주하면 음악이 더욱 풍성하게 들려 연주의 즐거움이 배가된다.
또한 다양한 코드로 구성된 대중가요 등도 단순한 코드로 바꾸어 학생들이 연주할 수 있도록 하자. 그렇게 하면 학생들의 기타에 대한 흥미가 훨씬 커질 것이다.

에도 신경 써야 한다. 하지만 힘을 내서 우리 학생들이 문화민주시민으로 살아가기 위한 발판을 만들어 주자. 우리는 할 수 있다!!

◉ 아직 끝나지 않았다

"배움은 끝이 없다."

맞는 말이다. 정말 맞는 말이다. 교사가 되고 6년 정도 지나고 나니 잠시 꿈꿨었던 유학과 미처 마무리 짓지 못한 플루트가 생각났다. 음악이론을 전공하며 잠시 멀어졌던 플루트 연주. 다시 시작하기엔 멀어진 당신이었다. 그렇지만 학교에서 학생들과 플루트 앙상블을 하며 느꼈던 즐거움과 감사함이 다시금 나를 도전하게 했다.

다짜고짜 파리에 있는 에꼴 노르말(파리고등사범음악원) 홈페이지에 들어갔다.• 플루트 유학은 프랑스로 많이 가기도 했고, 실력 있는 많은 연주자들이 가는 곳이 에꼴 노르말이었다. 별 고민 없이 에꼴 노르말 홈페이지에 가서 플루트 교수(Pierre-Yves Artaud)에게 메일을 보냈다.

"나는 대한민국 서울에 사는 고등학교 음악 교사인데, 플루트 레슨을 받고 싶다. 내가 파리에 갈 수 있는 날짜는 2015.07.17.~ 언제까지이다."

거의 바로 답장이 왔다.

"내가 그때 루마니아에 있는 시나이아(Sinaia)에서 마스터 클래스를 하는데 거기 와서 이야기하자."

• 유럽, 특히 프랑스는 나이 제한 등의 이유로 우리나라에서 대학을 졸업하고 유학을 가게 되면 프랑스 국립음악원 지원이 어렵기 때문에 에꼴 노르말이라는 파리고등사범음악원으로 유학을 많이 간다.

"?????????????????????"

여기 서울인데?! 마치 '우리 명동에서 잠깐 만나서 이야기하자, 이 느낌의 메일은 뭐지?'라고 생각했을 것 같지만, 전혀. 나는 그때 한 치의 고민도 없이 가야겠다고 생각했다. 루마니아가 어디에 있는지, 시나이아는 어떤 곳인지 전혀 알지도 못한 채.

몇 번의 메일이 오고 갔고, 나는 마스터 클래스 업체에 지원서를 보내고 생전 처음 외국으로 참가비 송금까지 일사천리로 끝내 버렸다. 그리고 그제서야 연습을 해야겠다는 생각이 들었다. 어떤 곳인지 제대로 알지도 못한 채, 교수의 네임 밸류만 믿고 멀고 먼 길을 떠났다. 캐리어 두 개와 악기 가방을 메고.

여름방학식을 마치고 곧바로 인천공항으로 날아갔다. 그리고 루프트한자를 타고 독일 프랑크푸르트에서 환승해서, 루마니아의 수도인 부쿠레슈티

루마니아 사진
(짐, 부쿠레슈티-시나이아 기차표,
브라쇼브 정경)

에 도착했다. 미리 연락을 해둔 루마니아 선교사님 부부께서 밤늦은 시간에 마중 나오셨고 내가 예약한 공항 근처 호텔에 데려다 주셨다. 다음 날 아침, 다시 선교사님 부부께서 나를 기차역에 데려다 주셨다. 다행히 기차역에 마스터 클래스 관계자가 나와 있었다. 루마니아어를 하시는 선교사님 덕분에 무사히 시나이아행 기차에 몸을 실을 수 있었다.

큰 짐 세 개에 입석 티켓을 들고 긴장한 기색이 역력한 동양 여자에게 자리를 내어 주며 친절을 베푸는 루마니아 사람들 덕분에 루마니아에 대한 첫인상은 매우 좋았다. 열차 방송을 하지 않았기 때문에 졸지도 못하고 긴장한 채 창밖을 바라보다가, 그 사람들의 도움으로 시나이아역에 무사히 내렸다. 기차에서 내리니 마스터 클래스 직원이 나와 있었고, 직원의 안내를 받아 마스터 클래스 장소로 함께 갔다.

숙소 배정을 받고 곧바로 음악캠프에 참여했다. 약 3주간 매일 같이 연습하고, 마스터 클래스를 참관하고, 연주했다. 가끔은 참가자들과 시나이아 부체지 산에도 올라가고, 펠레슈 성에도 가고 외식도 하고 파티도 하고…… 정말 행복한 시간들이었다. 10대 후반부터 (정말 많게는) 20대 중후반까지의 참가자들이 30대 초반 여성인 나와 놀아 준 것만으로도 감사한데, 아직까지도 종종 소식을 전하고 있다.

그때도 정말 플루트를 잘 불던 남아공에서 온 사킬레는 뮌헨으로 유학을 가서 바덴바덴 오케스트라 단원이 되었고, 얼마 전 세계적 권위의 일본 고베 국제 플루트 콩쿠르에 참여하러 일본에 왔다. 모두의 '아들'이라고 불리던 루마니아의 아도니스는 최근 오케스트라 지휘 전공으로 석사를 마쳤고, 모두에게 즐거움을 선사했던 스페인 마드리드에서 온 에두아르도는 첼로를 그만두고 다른 공부를 한다고 했다. 아일랜드에서 온 멜라니의 엄마 앤은 나에게 진심 어린 관심을 주었다(내가 억울한 일 당했을 때 다 들어 주고 공감해 줬다. 지금도 정말 고맙다). 비올라를 했던 로베르토는 얼마 전 결혼을 한 것 같다. 2015년 8월 이후로 단 한 번도 다시 본 적은 없다. 하지만 SNS에 올라오는 소식들을 통해 서로의 안부를 확인하고 물으며 그때를 추억하고, 나로 하여금 음악에 대한 열정을 재확인하게 만든다.

지금 생각하면 말이 안 되는 상황이다. 유럽, 미국(루마니아계 미국인), 남아공에서 온 어린 참가자들 사이에서 제일 나이 많은 아시아 여성이 그 구

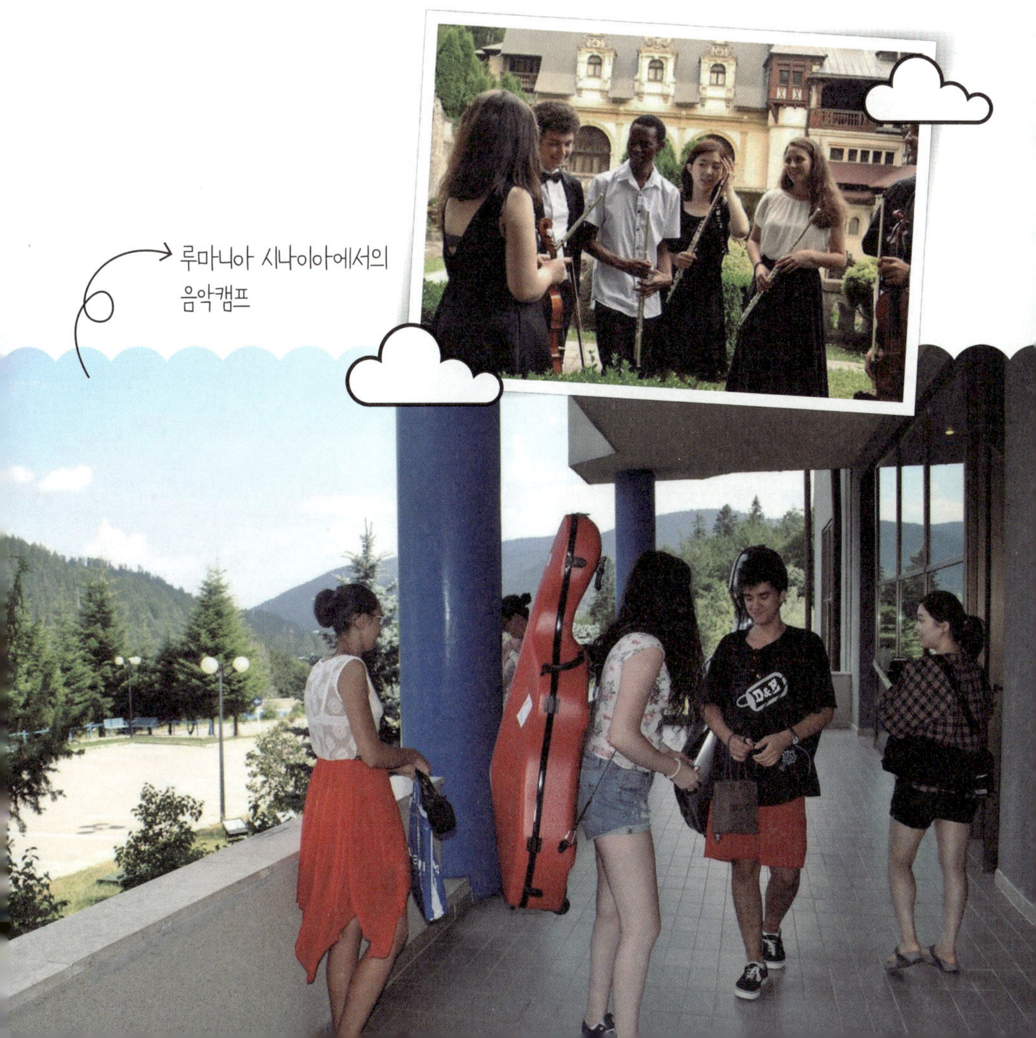

루마니아 시나이아에서의
음악캠프

석진 마스터 클래스를 찾아간 것 자체가. 그리고 그 시작이 메일 한 통에서 시작된 것이 말이다. 그러나 그 무모했던 시도는 엄청난 개인의 성장으로 돌아왔다.

때로 우리는 자신이 만든 틀에 자신의 한계를 제한시킬 때가 있다. 새로운 것에 도전하는 부담감, 겸손함을 가장한 과소평가 등등의 이유로 자신이 할 수 있는 역량치를 제한하는 것이다. 그러나 나는 이렇게 말하고 싶다. 자신의 능력에 제한을 두지 말라고. 도전을 두려워하지 말라고. 사람은 '내가 할 수 있는 것'을 했을 때보다 '내가 과연 할 수 있을까?'라는 생각이 드는 것을 해냈을 때 성장한다. 지금 내가 이 책을 쓰고 있는 과정 또한 그러하다고 본다.

노력이 타고난 재능을 뛰어넘을 수 있다는 말이 있다. 나는 이 말에 한 가지 덧붙이고 싶다. 경험이 쌓이면 그것도 재능이 될 수 있다고. 그러니 다양한 경험을 하는 것을 두려워하지 말고, 거기에 드는 시간과 재정을 아까워하지 말기 바란다.

음악 교사를 꿈꾸거나 음악 교사는 어떤 사람인지 궁금한 사람들을 위해, 음악 교사로 살아가는 데 도움이 된 과거의 경험과 학교 현장에서 음악과 관련한 어떤 일을 하고 있는지에 대해 적어 보았다. 이제는 마치 내가 음악 교사를 하기 위해 태어난 사람이라도 된 것처럼 음악과 함께 학생들과 즐거운 교직 생활을 하고 있지만, 지나고 보니 현재의 나를 만든 것은 과거의 매 순간이었다.

이 글을 통해 과거의 경험과 현재의 매 순간이 쌓여 미래의 나를 만든다는 것을 이야기하고 싶었다. 또한, 매 순간 배울 수 있는 것은 뭐든 배울 뿐 아니라 스스로 배움을 찾는 음악 교사 지망생들이 되기를 바란다는 말을 하고 싶었다. 경험을 두려워하지 않고 도전하며, 배움을 게을리하지 않는다면 언젠가 자신의 한계를 뛰어넘는 새로운 경험을 할 것이다. 그럼, 음악 교사가 되어 만나자!

인간의 보편적 성향 중 문화예술감수성은 남녀노소, 장애 유무와 관계없이 하나로 흐르는 경향성을 발견하고, 그 원리를 학교 현장과 동료 선후배 교사들과 본인이 부담감 없이 경험한 음악으로 함께 공유하는 데 특별한 능력을 마음껏 발휘함. 기질적 성향상 남을 돕는 것을 좋아하여 학교 선생님들과 학생들이 필요로 하는 것들을 즉각 발견하고 돕기도 함. 도구나 기계에 관심이 많고 원리를 잘 알고 있어 음악실의 고장난 악기를 뚝딱 손쉽게 잘 고치는 모습을 보이기도 함.

싱싱(singsing)한

윤지훈

별명

흰수염고래 선생님

흰수염이 자란 나의 모습을 보고 학생들이 붙여 준 특별한 호칭이다.

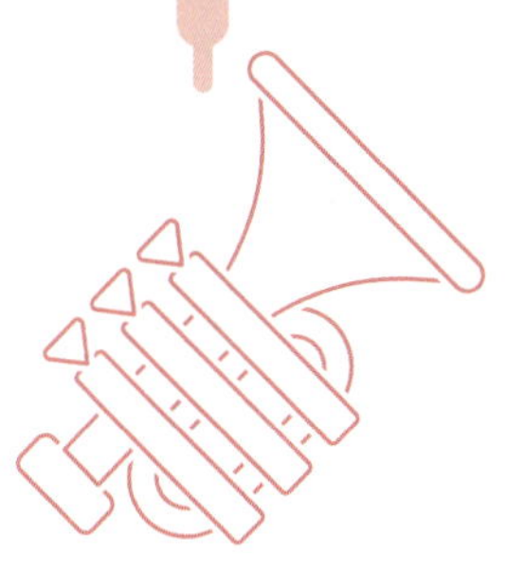

1 음악에 눈을 뜨다

 **집에서 놀지 말고 피아노 배울래?**

초등학교 4학년 때, 나는 학교를 마치고 곧장 집으로 돌아오면 가장 먼저 책상에 앉아 과학 백과사전을 펼치곤 했다. 우주의 신비와 공룡의 시대는 내게 흥미로웠고, 우주선과 로봇 이야기들은 먼 미래가 아니라 머지않아 현실이 될 것만 같아 더욱 신기했다. 책 속 사진과 그림을 들여다보면 내 머릿속에는 영화처럼 장면이 이어졌다. 나는 끝없는 상상에 빠져 시간 가는 줄도 몰랐다.

생일을 며칠 앞둔 어느 날, 엄마께서 물으셨다.

"지훈아, 밖에 나가서 안 놀아?"

"네, 왜요?"

"매일 집에만 있으니까 궁금해서 그러지. 너 피아노 배울래?"

"피아노?"

그 말을 듣는 순간, 동네 장난꾸러기 친구들의 얼굴이 머릿속에 스쳐 지나갔다. 이상하게도 '장난꾸러기' 아이들은 남자든 여자든 할 것 없이 모두 피아노학원에 다녔다. 그래서 나는 피아노가 장난기 많은 아이들을 차분하게 만들기 위한 '처방전' 같은 거라는 묘한 편견을 갖고 있었다. 그런데도 마음 한구석에서는 피아노라는 악기가 자꾸 궁금했다. 정적인 책의 세계와는 달리 역동적인 소리의 세계가 어떤 것일까 하고 막연히 끌렸던 것 같다. 한참을 망설이다가 나는 말했다.

"음…… 좋아. 대신 조건이 있어요. 나는 앞으로 3년만 배우겠어요!"

왜 하필 3년이었는지는 잘 모르겠다. 그때의 나는 '피아노는 초등학생 때만 배우는 악기'라고 막연하게 생각했던 것 같다. 나는 삐뚤빼뚤한 글씨로 공책에 '계약서'를 써서 엄마께 내밀었다. 엄마는 그런 나를 보며 말없이 웃으셨다. 제안을 듣자마자 계약서를 떠올려 써 내려가던 내 모습은 지금 생각해도 조금 놀랍다. 그것은 새로운 도전에 대한 나만의 다짐이자, 쉽게 포기하지 않겠다는 약속이었다.

다음 날, 나는 동네 골목의 작은 교습소에서 피아노를 배우기 시작했다. 지금도 첫날의 감각을 잊을 수 없다. 손가락은 마음먹은 대로 움직이지 않았고, 건반을 눌러 소리를 내는 일은 두발자전거를 처음 타는 것처럼 모든 것이 낯설었다. 그럼에도 불구하고 무척 흥미로웠다. 건반을 누르는 힘을 조금만 달리해도 피아노의 소리가 또렷하게 달라졌기 때문이다.

그로부터 1년쯤 지나 나는 《바이엘 상권》, 《바이엘 하권》을 거쳐 《체르니 100번》을 치기 시작했다. 나보다 서너 살 어린 동네 아이들이 하나둘 늘면서, 방과 후 교습소에서는 아이들이 피아노를 칠 차례를 기다리는 시간이 점점 길어졌다. 기다림이 길어지다 보니 그 시간 동안 음악이론을 공책에 반복해서 적는, 이른바 '깜지'를 해야 했다. 온음표, 2분음표, 4분음표, 8분음표, 셋잇단음표……. 처음에는 쓸 내용이 많지 않아 부담이 덜했지만, 날이 갈수록 끝도 없이 반복되면서 점점 지루해졌다. 몇 번만 쓰면 외워질 내용을 계속 쓰려니 좀이 쑤셨다. 가끔 한번 치르는 쪽지시험날이 되면 당장이라도 밖으로 뛰어 나가고 싶은 심정이었다. 그런데 그렇게 매일 반복하던 '깜지'는 나도 모르는 사이 내 음악적 뿌리를 단단하게 만들고 있었다. 음표와 쉼표, 여러 음악기호들이 더 이상 낯선 암호가 아니라 익숙한 언어처럼 느껴지기 시작한 것이다.

《체르니 100번》 악보가 점점 익숙해져 더는 어렵지 않게 느껴질 즈음, 나는 《클래식 명곡집》의 〈엘리제를 위하여〉를 배웠다. 당시 트럭이 후진 기어를 넣을 때 나는 '띠리리리 띠리리리리~' 하는 경고음이 장난감에서 흘러나오는 소리처럼 우스꽝스럽다고만 생각했다. 그런데 피아노로 직접 연주해 보니 전혀 다른 세상이 펼쳐졌다. 반복되는 선율 뒤로 이어지는 소리의 움직임은 마치 바람개비가 바람을 타고 도는 것처럼 또렷하게 내 귀에 들렸다.

그러던 어느 날 선생님께서 열흘 뒤 작은 음악회를 연다고 하셨다. 게다가 연주할 때 악보를 보지 말고 외워서 쳐야 한다는 말씀에 아이들이 술렁였다.

"선생님, 악보 정말 안 보고 연주해요?"

"저는 머리가 나빠서 절대 못 외워요."

아이들은 온갖 핑계를 대며 '깜지'도 안 쓸 거고 악보를 못 보면 자기는 죽을 것이라는 허무맹랑한 소리로 선생님과 실랑이를 벌였다. 그 모습마저 내게는 또 다른 구경거리였다. 음악회 당일, 교습소는 아이들과 엄마들로 발디딜 틈 없이 꽉 찼다. 선생님께서 진행 방법을 설명하셨다.

"발표 순서는 제비뽑기로 정하도록 할게요."

긴장되는 순간이었다. '내 차례는 되도록 뒤였으면 좋겠다'라고 생각하며 쪽지를 하나 뽑았다. '윽, 이럴 수가!' 번호를 확인하는 순간 눈이 휘둥그레졌고, 얼굴이 금세 달아올라 쪽지를 선생님께 내밀었다.

"지훈이는 2번이네요. 2번."

'윽, 망했다. 내가 두 번째라니.'

나는 심장과 머릿속이 폭풍우처럼 뒤흔들렸다.

여러 사람 앞에서 피아노를 연주해야 하는 첫 순간의 감각은 지금도 잊을 수 없다. 나는 음악회에서는 《바이엘》이나 《체르니》 같은 연습곡이 아니라 명곡을 연주한다고 알고 있었는데, 1번 아이가 《바이엘 상권》의 짧은 연습곡을 몇 초 만에 끝내는 바람에 예상이 빗나가 더 당황했다. 그렇게 눈 깜짝할 사이 내 차례가 되었고, 나는 아무렇지 않은 척 피아노 앞에 서서 떨리는 목소리로 자기소개와 곡명을 말한 뒤 의자에 앉았다. 아직 연주를 시작하지도 않았는데 손끝은 차가워지고, 심장은 제멋대로 뛰어 진정될 기미가 없었다. '틀리면 안 된다'는 생각에 안간힘을 쓰며 연주를 시작했지만, 긴장한 탓인지 결국 손가락 순서를 헷갈려 실수하고 말았다. 얼굴이 화끈거려 연주를 뒤로하고 내려와 자리에 앉아 숨고 싶었지만, 두 눈을 크게 뜨고 숨을 고르며, 연주를 끝까지 마치고 자리에 들어왔다. 그렇게 나의 첫 발표 연주는 끝이 났다.

그런데 연주가 끝나자마자, 엄마들 사이에서 "와!" 하는 감탄과 박수가 터져 나왔다. 나는 벌렁대는 심장을 애써 숨기며 태연한 척 자리로 돌아와

앉았다. 몇몇 아이들은 내가 어려운 곡을 연주했다는 사실만으로도 부러움의 눈빛을 보냈다. 그 뒤로는 시간이 어떻게 흘렀는지 잘 기억나지 않는다. 모든 발표가 끝나고 선생님의 심사평과 순위 발표가 이어졌다. 내 이름이 한참 불리지 않아서 '실수 때문에 순위에 못 들었나 보다'라는 생각이 점점 굳어지던 순간, 마지막 발표가 나왔다.

"작은 실수가 있었지만 끝까지 포기하지 않은 윤지훈, 1등입니다."

내 이름이 불리는 순간 기쁨보다 먼저 '미안하다'는 감정이 이상하게 앞섰다. 내가 연주한 곡이 좀 어려운 곡이라는 생각에 더해, 실수한 내 모습이 부끄러웠다. 그렇지만 발표회를 통해 연주는 무조건 완벽해야 한다는 생각에서 조금은 벗어날 수 있었다.

◉ 연탄처럼 달궈진 내 모습

5학년 때 같은 반 친구 집에 놀러 간 적이 있다. 친구는 아파트에 살고 있었는데, 나는 줄곧 주택에서만 살아서 아파트에 놀러 간다는 것 자체가 설렘이었다. 친구 방에는 재미난 물건들이 많았지만, 특히 책상 옆에 피아노가 놓여 있는 모습은 놀라웠다. 친구는 차분하고 말투도 상냥했으며 성격도 조용한 편이었다. 그런 친구가 다섯 살부터 피아노를 배웠다는 말을 듣는 순간, '피아노는 장난꾸러기들을 차분하게 만들기 위한 처방전'이라고 여겼던 편견이 깨져 나가는 것 같았다.

어느 날 친구 어머니께서 내게 물으셨다.

"지훈이는 피아노를 칠 줄 아니?"

"저요? 피아노 칠 줄 알아요. 《바이엘 하권》 치고 있어요."

친구 어머니는 《바이엘 하권》을 지나면 피아노 명곡도 연주하고 '연탄곡'•
도 치게 될 거라고 말씀하셨다. '연탄곡'이라는 말을 듣는 순간, 내 머릿속에
는 구멍이 숭숭 뚫린 연탄이 먼저 떠올랐다.

"지훈이한테 엄마랑 같이 '연탄곡' 들려줄까?"

"응, 〈군대 행진곡〉."

'연탄곡이라니, 연탄을 어떻게 연주한다는 거지?' 하고 혼자 상상에 빠져
있던 그때, 친구와 친구 어머니가 피아노 앞에 나란히 앉았다. 연주가 시작
되자 커다란 기계가 돌아가듯 쩌렁쩌렁한 소리가 방 안을 가득 채웠고, 그
순간 나는 놀라지 않을 수 없었다.

'연탄곡'의 신선한 충격을 안겨 준 그 친구는 얼마 지나지 않아 전학을 갔
다. 서운함과 아쉬움이 컸다. 친구가 떠난 뒤 나는 매일 하루도 빠짐없이 교
습소에 나갔고, 친구가 들려줬던 우렁찬 연주를 떠올리며 누구보다 늦게까
지 남아 연습에 몰두했다.

슈베르트, 〈군대행진곡(Marche Militaire piano duet)〉

《체르니 30번》 진도에 접어들 무렵, 나는 동네에서 가장 잘 가르친다고
소문난 제법 큰 규모의 음악학원으로 옮겼다. 유명한 학원답게 늘 아이들로

• 연탄곡은 '연탄(連彈)'이란 일본식 발음에서 온 말로, 두 사람이 함께 연주하는 '피아노 듀엣'을 뜻한다. 네
  개의 손이 만들어 내는 풍성한 화음은 솔로 연주와는 전혀 다른 감동을 준다.

북적였고, 유치원생부터 중·고등학생까지 연령대도 다양했다. 타인에 대한 호기심이 생기는 시기로 접어드는 사춘기여서 또래 아이들이 많다는 사실 하나만으로도 학원에 빠지지 않고 나올 충분한 연습 동기가 되었던 것 같다. 게다가 같은 반 친구의 누나와 그 친구들이 학원이나 동네에서 마주칠 때마다 인사를 건네며 관심을 보이던 일도, 어쩌면 내가 피아노를 더 열심히 치게 만든 자극이었는지 모른다.

학원을 옮긴 뒤 내 연습 방식은 완전히 달라졌다. 이전의 연습은 선생님이 들려준 빠르기에 맞춰 최대한 비슷하게 연주한 거였다. 그 틀에서 벗어나 메트로놈 추를 움직여 빠르게도 느리게도 조절해 가며 태엽이 멈출 때까지 〈하농〉을 쉬지 않고 연습했다. 메트로놈에 맞춰 꾸준히 연습하다 보니 손가락 마디마디에 힘이 붙는 것이 느껴졌다. 어느 날 원장 선생님께 내 모습을 아낌없이 칭찬해 주셨다.

"지훈이는 정말 집중력이 좋구나. 피아노 앞에 앉으면 딴청 부리지 않고 열심히 연습하니 너무 보기 좋다. 정말 훌륭하다."

완벽한 연주로 받는 칭찬이 아니라, 연습 과정에서의 집중력과 태도에 대한 칭찬 한마디는 내게 큰 자신감을 주었다. 그 한마디는 음악을 넘어 다른 일에서도 성실하게 임할 수 있게 해준 든든한 자양분이 되었다.*

---

* 실제로 악기를 연주할 때는 두뇌에서 전신 운동에 비견할 정도로 상당히 긍정적인 효과가 일어난다고 한다. (참고영상: TED-Ed(2014), '악기 연주가 당신의 두뇌에 어떻게 도움이 되는가')

2 악기의 매력에 빠지다

◉ 손가락에서 피가 나야 돼!

초등학교 마지막 겨울방학을 앞두고 친구들 사이에는 '통기타 배우기' 열풍이 불었다. 1992년 12월 당시에는 기타 레슨을 받는 일이 지금처럼 쉽지 않았다. 교회 전도사님께서 중학교 입학을 앞둔 나와 친구들에게, 초등학교 졸업 겸 중학교 입학 선물이라며 기타를 가르쳐 주셨다. 우리는 기타를 사이에 두고 나란히 마주 앉아 쇠줄을 눌렀는데, 손끝 마디마디가 바늘로 콕콕 찌르는 듯 아팠다. 그래도 그 아픔을 넘어 코드를 제대로 잡아냈을 때 울려 나오는 찰랑거림은, 통증마저 기분 좋은 찌릿함으로 바꿔 놓았다.

"애들아, 손가락에서 피가 나야 돼!"

"네? 피요?"

"손가락 끝에서 피가 나야 진정한 기타리스트가 될 수 있단다."

나와 친구들은 '진정한 기타리스트'가 되기 위해 쇠줄을 누르고 줄을 튕기며 연습에 매진했지만, 나는 아쉽게도 피를 보지 못했다. 결론적으로 '진정한 기타리스트'는 되지 못한 셈이다. 지금까지도 손끝에서 피가 난 적은 없다. 대신 손가락 끝이 조금 벗겨지고, 굳은살이 얇게 자리 잡았다. 기타를 배우며 알게 된 재미난 것이 하나 있다. 손끝에서 피가 날 수도 있겠지만, 적어도 내게는 쇠줄을 누르는 통증 때문에 인상을 찡그릴수록 오히려 기타의 울림이 더 선명하게 들린다는 점이었다.

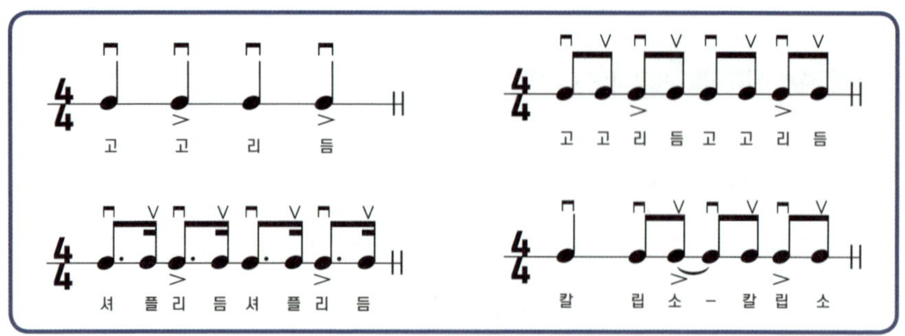

⬆ 말 리듬과 함께 배우는 기타 스트로크 '칼립소' 주법

손끝의 통증이 제법 익숙해질 즈음 '칼립소' 주법을 제대로 배우기 시작했다. '(다운)아래 – (다운)아래 – (업)위 – (업)위 – (다운)아래 – (업)위'로 이어지는 스트로크를 '좌우(다운)–지(다운)–장(업)–지(업)지(다운)지(업)' 같은 말의 리듬에 맞춰 연습하다 보니, 어느새 기타와 하나가 된 듯 리듬을 타고 있었다. 하루가 다르게 연주가 손에 익어 가는 재미에 푹 빠져 있던 우리들은 실력이 조금씩 늘었고, 마침내 곡을 연주하는 기쁨도 맛볼 수 있었다. 리처드 막스의 〈Now and Forever〉, 에릭 클랩튼의 〈Tears in Heaven〉, 김광석의 〈먼지가 되어〉, 신해철의 〈날아라 병아리〉, 캔자스(Kansas)의 〈Dust in the Wind〉처럼 전주만 들어도 전율이 오는 곡들을 골라, 연습하고 또 연습했다.

◉ 앙상블이 생길 거야

피아노와 통기타를 배우는 데 한창 빠져 있던 내게 또 다른 악기와의 만남이 찾아왔다. 앞으로 학교와 교회에 크고 작은 오케스트라가 생길 테니 악기를 배워 보라는 권유를 들은 것이다.

며칠 뒤, 나는 집에서 전철을 타고 한참을 가야 하는 낯선 동네에 있는 음악센터를 찾았다. 상담을 위해 들어선 원장실에는 책과 TV에서만 보던 클래식 악기들이 가득했다. 멀고 낯선 길을 오가느라 피곤했지만, 악기들을 하나하나 눈으로 보는 재미에 피로는 순간 사라졌다.

첫 수업을 마치고 나서 새로운 악기를 배운다는 설렘에 심장은 계속 두근거렸지만, 한편으로는 어딘가 풀리지 않는 마음의 여운이 남아 있었다. 결국 사흘째 되던 날, 나는 플루트를 더 이상 배우지 않기로 했다.

"엄마, 저 플루트 재미없어요."

"왜? 무슨 일인데?"

"플루트 하는 사람들이 나만 남자고, 다 여자야! 소리도 이상해. 별로야."

다음 날 원장님께서 원장실에 있는 악기들 가운데 마음에 드는 것을 하나 골라 보라고 하셨다. 사람마다 잘 맞는 악기가 있다며 용기와 격려도 아끼지 않으셨다. 나는 악기들 사이를 두 눈으로 이리저리 훑다가, 밝게 반짝이며 시선을 잡아끄는 악기 하나를 발견했다. 곧게 뻗은 관 끝에는 나팔처럼 벌어진 벨이 달려 있었고, 은빛 금속 키들이 촘촘히 박힌 모습이 유난히 멋져 보였다. 나는 클라리넷 마우스피스를 입술에 물고 조심스레 불어 보았다. 그러자 플루트에서는 느끼지 못했던 강한 매력이 단번에 전해졌다. 얇은 나무 조각인 리드의 떨림을 타고 울려 퍼지는 맑고 순수한 소리는 마치 고요한 우주 어딘가에서 들려오는 신비한 소리처럼 느껴졌다. 그날 이후 나는 학기 중에는 배운 것을 바탕으로 개인 연습에 매진했고, 방학 때는 클라리넷 레슨을 받으러 먼 길도 마다하지 않고 매일 다녔다.

가을 어느 날, 교회에서 특별 연주로 〈생명의 양식(Panis Angelicus)〉을 연주하기로 했다. 성가 악보는 있었지만 클라리넷 악보를 구할 수 없어, 나는 악보를 직접 그려 준비했다. (내가 연주하는 클라리넷은 Bb 관이라 악보에 적힌 음보다 실제 소리가 반음 두 개(장2도) 낮게 들린다. 따라서 피아노와 함께 연주하려면 클라리넷 성부를 반음 두 개(장2도) 높게 기보해야 했다.) 마침내 연주의 순간, 나는 떨리는 마음을 다잡고 호흡을 가다듬었다. 멋지게 연주했다는 기억보다도, 하염없이 떨리던 두 다리의 느낌과 숨을 가쁘게 쉬고 왔다는 기억만 뇌리에 선명하게 남아 있다.

전철을 타고 클라리넷을 배우러 다니는 길에는 악보나 연주곡이 수록된 음반을 구경하러 여기저기 들르기도 했다. 영등포 지하상가와 명동, 종로서적, 교보문고, 영풍문고, 예술의 전당 앞 판매점을 오가며 시간 가는 줄 모르고 앨범에 실린 곡들을 적어 오곤 했다. 아직도 책장 한 켠에는 내가 삐뚤삐뚤 그려 넣은 악보들이 남아 있어, 가끔 그것들을 들여다보며 추억에 잠기기도 한다.

지금과는 달리, 내 청소년기에는 학교에서 문화예술수업이나 지원활동을 쉽게 접하기 어려웠다. 그 탓에 다양한 문화예술활동에 대한 갈급함이 늘 마음속에 자리 잡고 있었고, 문화와 관련된 무언가를 향한 그리움과 관심은 날이 갈수록 더 커져만 갔다.

◉ 반주의 세계로 들어서다

중학교에 입학한 지 한 달 남짓 지났을 무렵, 전도사님과 이야기를 나누다가 제안을 받았다.

"지훈아, 너 피아노 좀 치잖아?"

"아직 잘 친다고 하긴 그렇고요. 찬송가 몇 곡 정도는 칠 수 있어요."

"그럼 이번 주부터 반주해라!"

"네. 아직 많이 틀리긴 하지만, 해 볼래요!"

어디서 그런 자신감이 나왔는지는 모르겠다. 하지만 '한번 해 보자'는 마음이 나를 이끌었다. 다음 날부터 나는 주보에 실린 찬송가를 미리 연습해 갔다. 그리고 어느 순간, 스스로 연습 기준을 세워 보기로 했다. '완벽하게 반주할 수 있는 찬송(GOOD)'과 '틀리지 않게 반주할 수 있는 찬송(POOR)'을 표로 나누어 목록을 만들고, 그 목록을 중심으로 연습하며 준비했다. 연습이 쌓일수록 나는 짧은 시간 안에 반주를 준비하는 요령과 효율적으로 연습하는 방법을 조금씩 몸에 익혀 갔다.

반주 연습을 하며 4성부로 이루어진 찬송가 악보를 자세히 들여다보니, 각 성부가 어떻게 조화를 이루어 하나의 음악을 만들어 가는지도 이해할 수 있었다. 멜로디만 따라갈 때보다 4성부(소프라노·알토·테너·베이스) 악보를 볼 때 전체 화성 구조가 한눈에 들어왔고, 그 덕분에 처음 보는 곡도 훨씬 수월하게 읽을 수 있다는 것을 깨달았다. 그렇게 나는 음악이 '구조'로 보이기 시작했다.

그날 이후 내 일상에도 작은 변화가 찾아왔다. 방과 후 집에서 하는 피아노 연습은 자연스러운 습관이 되었고, 작은 성취가 쌓인 덕분인지 교내 합창대회 반주자 모집에도 망설임 없이 지원해 합창 반주의 묘미를 맛보았다. 게다가 학급 임원으로 선출되어 학급의 크고 작은 일을 돕는 보람도 알았고, 친구들 사이에서는 믿음직한 친구로 받아들여지며 우정 어린 마음도 키워 갔다.

두 달쯤 지나 찬송가 악보가 익숙해지자, 연습 횟수가 조금씩 줄어드는 것이 느껴졌다. 어느새 자라 버린 손톱처럼, 코드 악보를 연주할 때 그 변화를 확연히 체감할 수 있었다. 악보에 적힌 'C', 'G' 같은 코드 이름은 단순한 음의 표기가 아니라, 나를 화음의 세계로 이끄는 열쇠처럼 느껴졌다. 멜로디만 적힌 단선율 악보를 보아도 머릿속에서는 어울리는 화음과 반주 리듬이 저절로 그려졌고, 코드에 맞는 반주가 자연스럽게 만들어져 양손 연주로 완성되는 경험을 했다. 말로 다 설명하기 어려운, 신기한 감각이었다. 그 마법은 나에게 음악 세계로 가는 새로운 문을 활짝 열어 주었다.

코드 악보를 연습하면서 나는 팝 음악에도 자연스럽게 관심을 기울였다. 미국의 MTV, 홍콩의 STAR TV, 채널 V를 즐겨 보며 당대의 인기 음악을 듣다 보니, 가수와 음악에 관한 지식도 차곡차곡 쌓여 갔다. 쉬는 시간이면 대중음악에 관심이 많은 친구들과 음악 이야기로 시간 가는 줄 몰랐다.

◉ 앙상블로 살아나는 시간

중학교 1학년 때부터 시작한 교회 반주는 찬송가와 성가 중심의 교회 음악에서 실용 피아노 반주로, 다시 밴드 음악으로까지 자연스럽게 확장되었다.

고등학생이 되자 또래 친구들과 밴드 활동으로 '혼자'가 아니라 '함께' 연주하는 즐거움을 발견했다. 평일에는 학교 자율학습과 독서실 공부로 몸이 지쳐 있었지만, 주말이 되면 고등학교 1학년 남학생 세 명(건반·기타·베이스)과 중학교 3학년 남학생 한 명이 모여 이름 없는 '반주팀'으로 뭉쳤다. 앙상블을 하는 데 팀 이름은 중요한 것이 아니었다. 함께 연주하면서 나는 중요한 것을 깨달았다. 서로의 눈빛을 읽고 호흡을 맞추며 생각과 감정을 주고받을 때, 비로소 살아 있는 연주가 완성된다는 것. 음악적 교감, 즉 '그루브(Groove)'를 통해 앙상블의 참된 의미를 온몸으로 체득하던 시간이었다.

친구들과 함께한 앙상블은 시험과 성적에 대한 부담을 잠시 잊게 해주었고, 단순한 취미를 넘어 학업 스트레스를 풀어내는 통로가 되어 주었다. 내 청소년기를 건강하게 버텨 내게 해 준 든든한 버팀목이기도 했다.

반주와 밴드 앙상블에 빠질수록 나는 오히려 더 목말라졌다. 어떻게 하면 더 예쁜 소리로 화음을 눌러 반주할 수 있을까? 어떻게 하면 앙상블에서 밴드 모두가 하나의 리듬으로 음악을 만들어 낼 수 있을까? 그 궁금증은 점점 커져 갔다.

그래서 대학 입시를 준비할 때에도, 내가 희망하는 전공을 공부하면서 같은 캠퍼스 안의 음악대학 수업까지 들을 수 있는 학교로 진학하고 싶었다. 마침내 대학교에 입학해 음악학과 전공 수업을 수강하겠다는 생각을 실행에 옮겼다. 음악학과 친구들은 나를 부르며 "윤지훈, 너 또~" 하고 놀리기도 했다.

그 이후로도 나는 반주와 밴드 앙상블 관련 외부 교육 기관의 '키보드 캠프', '반주자 전문 과정' 등을 수료하며 배움을 이어 갔다. 음악 교사로 지내는 지금도 블루스 밴드 'Blues Journey'에서 건반과 보컬로 무대에 서곤 한다.

블루스밴드 'Blues Journey'

밴드 합주를 쉽게 하는 방법

밴드 합주는 각자 다른 소리를 하나로 모으는 과정이다. 몇 가지 약속만 지켜도 훨씬 쉽고 즐겁게 합주를 할 수 있다.

1. 개인 연습은 기본 매너

합주 시간은 다 함께 소리를 맞춰 보는 시간이지, 혼자 악기를 연습하는 시간이 아니다. 합주 전에 각자 자기 파트는 완벽하게 연주할 수 있도록 미리 연습해 오자. 이것이 합주의 효율을 높이는 가장 중요한 첫걸음이다.

2. 시작 전 튜닝(tuning)은 필수

모든 악기의 음정이 정확해야 깨끗하고 안정적인 사운드를 만들 수 있다. 합주 시작 전, 튜너(tuner)를 이용해 모든 악기의 음을 정확하게 맞추는 시간을 반드시 가진다.

3. 드러머를 중심으로 기준 삼기

드럼은 밴드의 심장이자 기둥이다. 모든 파트가 드러머의 박자를 기준으로 삼고 귀를 기울여야 한다. 특히 베이스 기타는 드럼의 킥(kick) 소리와 하나가 된다는 느낌으로 연주하면 밴드 전체의 리듬이 안정된다.

4. 볼륨 밸런스 맞추기

내 소리가 듣고 싶다고 무조건 볼륨을 키우면 다른 사람의 소리가 묻혀 버린다. 내 악기 소리뿐만 아니라 다른 파트의 소리를 들으면서 전체적인 소리의 균형(밸런스)을 맞추는 것이 중요하다. 보컬의 목소리가 잘 들리는지 항상 체크한다.

5. 곡의 구성과 신호(cue) 정하기

곡의 진행 순서(인트로-벌스-코러스 등)와 각 파트의 시작과 끝 지점을 미리 약속한다. 특히 중요한 부분에서는 드러머의 필인(fill-in)이나 기타리스트의 눈짓, 고갯짓 같은 간단한 신호를 정해 두면 연주가 훨씬 깔끔해진다.

6. 스마트폰으로 녹음해서 들어 보기

우리가 연주하는 음악이 다른 사람에게 어떻게 들리는지 객관적으로 파악하는 것이 중요하다. 스마트폰으로 합주를 간단히 녹음해서 다 같이 들어 보자. 어떤 부분이 부족하고 잘 맞지 않는지 쉽게 파악하고 개선할 수 있다.

1 취미로 시작했던 음악

◉ 취미가 된 이유

초등학교 졸업을 앞둔 그해 겨울부터 나는 기타와 클라리넷을 배우기 시작했고, 피아노 반주와 밴드 앙상블로 활동의 폭도 넓어졌다. 음악은 내게 늘 설렘 그 자체였지만, 그때까지만 해도 그저 여러 놀이 중 하나라고 생각했다. 열정을 쏟아 연습하고 연주했음에도, 음악을 '취미'로 받아들이게 된 결정적인 계기는 중학교 2학년 때 읽은 원종수 박사의 《너는 내 것이라》였다. 그 책을 통해 '남에게 주기 위한 삶'에 대한 감명과 인생의 교훈을 얻었고, '진정한 사람'이란 무엇인지 깊이 고민하면서 삶의 새로운 목표가 생겼다. 그 이후로 내게 음악은 성취를 위한 도구라기보다, 다른 사람과 함께 나누기 위한 마음으로 자리 잡기 시작했다.

고등학교에 진학한 뒤, 나는 진학정보실에서 전공 소개 책자를 들춰 보다가 마음에 드는 학과 하나를 발견했다. 수많은 전공 소개 가운데 "건강의 회복을 통해 마음의 소생을 돕는다."라는 문구와 '재활학'이라는 단어가 내 시선을 붙잡았다. 다행스럽게도 해당 학과의 합격선이 높지 않아 공부에 대한 부담은 비교적 적었다. 그래서 진학을 희망하던 학과가 있는 대학에 음악학과도 함께 있기를 바라며, 전공 수업과 음악학과 수업을 병행하는 미래를 미리 머릿속에 그리곤 했다.

대학에 진학한 뒤 나는 '음악 감상법', '관현악기법', '컴퓨터 음악 작곡법' 등 여러 수업을 들으며 '특이해', '외계인'이라고 불렸다. 그러나 그 경험은 오히려 내 추구를 신념으로 굳혀 주었고, 훗날 교사가 되었을 때도 꾸준히 시도하며 경험을 쌓아 가는 태도로 이어질 수 있는 마음의 시작이 되었다.

◉ 전조의 시작

대학을 졸업한 첫해에는 대학원에서 공부했고, 이듬해부터는 특수학교에서 '실과' 과목과 유사한 진로 · 직업 교과 교사로 교직을 시작했다. 이후 유치원 학급 담임교사, 서울 동부 지역 초 · 중 · 고등학교에 통합된 청각장애 학생을 위한 순회교육교사, 파견학급 초등부 5학년 담임교사로도 근무했다. 지금 돌아보면, 내가 음악 교사가 될 징조는 교사가 되는 순간부터 이미 시작되고 있었다.

특수학교 교사는 말 그대로 '만능 엔터테이너'처럼, 장애 학생들의 서로 다른 교육적 요구에 폭넓게 부응해야 한다. 나 역시 취미이자 특기였던 음악적 재능을 학생들과 나누고자 수업 시간에 신시사이저 연주를 종종 들려주곤 했다. 그 음악을 들으며 어떤 학생은 깔깔 웃었고, 어떤 학생은 감정을 주체하지 못해 엉엉 울기도 했다. 그 해맑고 순수한 반응은 내게도 큰 감동으로 남았다.

파견학급 교사로 한 해를 보내고, 겨울방학이 끝난 뒤 학교에 출근했는데 음악 선생님들이 명예퇴직을 하시거나 다른 학교로 전근을 가신다는 소식을 들었다. 동시에 두 분께서 떠나신 결과 학교에는 음악 교사가 단 한 명도 남지 않게 되었다. 결국 음악수업과 관련 업무는 준비할 겨를도 없이 얼떨결에 내게 넘어왔다. 음악을 '취미'로 해오던 내가, 이제는 학생들에게 음악을 '가르쳐야' 하는 막중한 책임을 떠안게 된 것이다.

◉ 막연함이 자신감으로

내가 근무하는 한국구화학교는 일반교육과정을 이수하는 청각장애 학생과 기본교육과정을 이수하는 지적장애(발달장애 포함) 학생이 함께 배우는 특수학교이다. 지금까지 수업 중에 음악을 활용하긴 했지만, 정작 '음악수업'과는 거리가 멀었다. 막연함 속에서 어디서부터 시작해야 할지 알 수 없었다.

개학을 일주일 채 남기지 않은 상황이라 인수인계도 제대로 받기 어려웠다. 나는 우선 음악실 환경부터 손보기로 했다. 피아노를 재배치하고, 입구 동선을 최대한 넓게 확보했다. 또 학생들이 앉은 상태에서도 교실 전체가 한눈에 들어오도록 좌석을 부채꼴 형태로 배치해 시선 처리가 자연스럽게 이루어지도록 변화를 주었다.

음악실 악기장을 열어 교육용 악기와 연주용 악기를 구분해 보관 위치를 파악하고, 수업에서 활용할 수 있는지도 하나씩 확인했다. 또 수업에 사용할 자료들도 꼼꼼히 살펴보며 준비했다. 그렇게 하루, 이틀 음악실 환경에 적응해 갈수록 마음속을 가득 채우던 막연함은 조금씩 걷히기 시작했다.

드디어 첫 수업 시간이 되었다. 정말 놀라웠다. 아이들은 음악실에 들어올 때만 해도 긴장한 기색이 역력했지만, 수업을 마치고 나갈 때는 신이 나서 어쩔 줄 몰라 했다. 그 모습을 보니 마음은 한결 가벼워졌고, '할 수 있다'는 자신감도 생겨났다. 음악수업은 여전히 학생들에게 음악을 가르치는 시간이면서, 동시에 나 스스로에게 음악을 다시 가르치는 시간이기도 했다.

◉ 음악 교사로서 첫 번째 여름방학을 기다리며

눈 깜짝할 사이에 완연한 봄은 찾아왔다. 점차 음악수업에 점차 익숙해지고 있었다. 그렇지만 매일매일 머릿속에는 어떻게 하면 더 나은 수업을 할 수 있을까 하는 고민으로 가득 차 있었다.

어떤 수업을 하면 좋을지 고민하던 찰나, 학교에서 진행하는 교내 UCC 대회에서 나는 중등부(중·고등 통합 과정) 팀의 기획을 맡기로 했다. UCC 대회 주제는 '자원 절약'이었다. 영상 마지막 장면에 음악을 삽입하여 자연스럽게 모두의 참여를 이끌어 내면 좋을 것 같다는 아이디어가 떠올랐다. 아이디어를 기반으로, 학생들이 쉽게 따라 부를 수 있는 경기민요 〈아리랑〉을 모티브로 하여 100초 미만의 음악을 완성했다. 신시사이저의 시퀀싱 기능을 평소에 즐겨 활용하고 있었기 때문에 간단한 음악은 밴드 사운드로 만들어 내는 데 어렵지 않았다. 그렇게 완성한 음악에 당시 학교예술강사지원 사업으로 배우고 있던 사물놀이가 어우러지게 연주하도록 구성했다.

그러나 내가 만든 악곡의 장단은 '세마치장단', '자진모리장단', '굿거리장단' 중 그 어느 것도 아니라는 생각이 나를 다시 움츠리게 했다. 해결되지 않은 찝찝한 상태로 여름방학이 빨리 오기를 기다리며 만회하고 싶다는 생각만 하게 되었다. 나는 그렇게 그해 여름방학에 직무연수에 참여하여 수업 및 교과 교과 전문성을 신장하는 노력을 아끼지 않았다.

◉ 조용하면 안 되는 음악실

당시 음악실은 교무실 바로 옆에 자리해 있었다. 이전에는 큰 소리를 내는 악기가 거의 없어, 음악수업을 해도 음악실이 시끄럽다는 느낌이 들지 않았다.

십여 년 동안 밴드 음악에 심취해 있던 나는 음악실에서 음악수업과 동아리 연습뿐만 아니라 동료 교사의 악기 연습까지 이어질 수 있도록 노력했다. 그렇게 음악실을 점차 활기 넘치는 공간으로 바꾸어 갔다.

추가 예산을 확보하면서 새 악기들도 마련할 수 있었다. 약 250만 원의 추경 예산으로 드럼 세트, 베이스 기타, 앰프 스피커 등을 구입하여 밴드 앙상블까지 가능하도록 구색을 갖출 수 있었다.

어느새 음악실은 조용해서는 안 되는, 늘 음악 소리가 살아 숨 쉬는 공간으로 변해 있었다. 덕분에 지금은 방음 시설을 갖춘 공간으로 자리를 옮겼다.

◉ 음악 동아리와 함께

음악 교사가 되면서 나는 음악 동아리 지도도 맡았다. 동아리의 이름은 '구화(口話) 앙상블'로, 청각장애 학생 5명과 자폐성 장애 학생 1명이 색소폰과 플루트를 연주하고 있었다. 청각장애 학생들은 보청기나 인공와우 같은 보장구를 통해 어느 정도 소리를 들을 수 있어 큰 문제는 없을 거라고 생각했다. 자폐성 장애 학생 역시 말도 잘하고 읽고 쓰는 데도 어려움이 없어 크게 걱정하지 않았다.

그런데 실제로는 아이들이 악보를 읽으며 연주하는 것이 아니었다. 악보에 계이름을 적어 둔 것을 보고 그대로 따라 연주하고 있었다. 더 큰 문제는 방학이 지나고 나면, 마치 악기를 처음 배우는 것처럼 기초가 다시 무너져 '연주'라기보다 겨우 소리만 내는 수준에 머문다는 점이었다. 한 명 한 명 붙잡고 기본기를 점검하는 과정에서, 이런 상황이 해마다 반복되고 있었다는 사실을 알게 되었다. 그리고 아이들이 '음악을 하고 싶어서' 모였다기보다는 '선생님이 시켜서' 모였다는 현실과 마주했다. "호랑이에게 물려 가도 정신만 차리면 산다."라는 말처럼 나는 마음을 다잡고 이른바 긴급작전을 시작했다. 첫 학기에는 악기 기본 연주법과 이른바 '깜지'로 기초 이론을 익히는 데 집중했다. 연주가 완벽하지는 않았지만, 교내외의 크고 작은 무대에 오르기로 했다. 그 첫 무대를 기점으로 우리는 맹연습에 돌입했다.

마침내 서울학생동아리한마당에 색소폰 콰르텟(4중주)으로 참가할 기회를 얻었다. 겉에서 보이는 모습과 달리, 공연장 안으로 들어서자 엄청난 규모의 극장이 펼쳐졌다. 나와 아이들은 예상보다 큰 공간과 수많은 인파에 긴장되었다.

심사위원들이 관객의 호응도도 중요하게 볼 것이 분명했기에, 우리는 며칠 동안 오직 시작과 끝부분만 집중적으로 다듬었다. 아이들은 저마다 "선생님, 떨려요."라고 말했고, 나는 '나도 떨린다.'라고 눈빛으로 답했다. 그러고는 태연한 척 "즐기자!"라고 다독였다.

무대 위 조명이 환하게 켜지고 학생 사회자가 마이크를 잡았다. 떨리지만 또렷한 목소리가 넓은 공연장을 가득 채웠다.

"한국구화학교 청각장애 학생들로 구성된 이 팀은, 오늘 자신들의 꿈을 연주합니다. 헨리 맨시니의 〈문 리버(Moon River)〉, 함께 듣겠습니다."

소개가 끝나고 아이들의 첫 연주가 시작되었다. 모든 순서가 끝나고 열린 시상식에서 '금상'이라는 발표가 울려 퍼지는 순간, 우리 단원들은 약속이라도 한 듯 서로를 바라보며 함성을 질렀다. 서로를 얼싸안고, 세상에서 가장 자랑스러운 영웅이 된 것처럼 오래도록 축하하며 그 금빛 순간을 기념했다. 그날의 금상은 단순한 상이 아니었다. '우리도 할 수 있다.'라는 자신감의 증표이자, 세상과 소통하는 새로운 언어를 찾았다는 희망의 선언이었다.

그날을 기점으로 연주 형태를 더욱 다양하게 확장해 나갔다. 플루트·색소폰 중심 앙상블에서 사물놀이, 현악기, 밴드 악기까지 편성을 대폭 넓히기로 한 것이다. 지적장애와 자폐성 장애 학생들을 사물놀이 단원으로 포함시키고, 기존 중학생 중심의 편성에 초등학교 6학년 학생들과 고등부 학생들을 새롭게 참여시켜 단원을 14명 규모로 확대했다. 부족한 포지션은 동료 선생님들이 직접 연주를 도우며 함께 채웠다.

무대는 교내 음악회(등굣길 음악회, 크리스마스 음악회, 찾아가는 음악회, 플래시몹), 체육대회와 학예회를 넘어 점점 더 넓어졌다. 서울특별시교육청 스승의 날 기념식, 전국평생학습축제, 강동선사문화축제 같은 굵직한 행사뿐아니라 지역사회의 여러 기관에 초청되어 연주를 선보이기도 했다. 어느새 음악실 내벽과 장식장에 하나둘 쌓여 가는 상패와 상장을 바라보며, 우리는 그 열정의 증거들 앞에서 다시 마음을 다잡곤 했다.

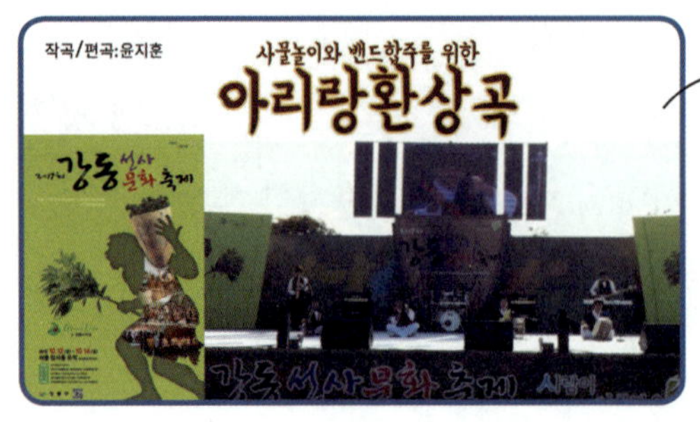

강동선사문화축제 연주실황 썸네일
(https://youtu.be/wmH3yfkzZ-k)

최근에는 어울림합창단을 중심으로 교내에서 '행복한 음악회'를 통해 꾸준히 연주하고 있다. 또한 단원들과 점심시간에 '함께 노래하는 15분'을 운영하며 학생 예술 동아리의 명맥을 이어 가고, 즐겁게 노래하고 있다.

2 함께 성장하는 음악

 만남의 시작과 멘토들

지금의 나로 성장하는 데 출발점은, 음악 교사가 된 첫해 여름방학 때 서울중등음악교과교육연구회가 주최한 특수분야기관 직무연수였다. 나는 중등 음악 교사가 아니었지만 용기를 내어 그 연수에 참여했다. 무엇보다 마음이 간절했다. 수업을 잘하는 교사가 되고 싶었고, '음악을 하는 교사'가 아니라 '음악을 가르치는 교사'가 되어야 했기 때문이다.

교육경력 일곱 번째 해에 음악 교사가 된 것도 모자라 처음부터 시작해야하는 막연함에 힘들었다. 그런데 직무연수를 통해 특수학교 교사가 경험하지 못한 교과 전문성과 네트워크 장학의 놀라운 힘을 경험했다. 동료 교사와 각자의 수업 노하우를 공유하고, 새로운 교육 방법을 함께 연구했다. 교육학 전공서에서만 보던 '동료 교사와의 소통'을 직접 경험하며, 서로에게

든든한 버팀목이 되는 것에 놀라지 않을 수 없었다.

그해 가을, 서울중등음악교과교육연구회에서 처음 만났던 선생님들의 얼굴이 잠시 기억에서 흐려질 즈음, 나는 연구회의 인터넷 카페 관리 담당을 시작으로 다음 해부터 사무간사를 맡고 연구 모임에 꾸준히 참여했다. 이후 연구회 안팎의 크고 작은 사업과 교육청의 다양한 정책 사업에 참여하며, 짧은 시간 동안에 선배 선생님들로부터의 비법 전수를 받듯이 깊은 교제와 나눔의 시간을 가졌다. 이뿐만 아니라, 교과 연구회 내에서 장성옥 수석님, 김명식 수석님, 박경화 선생님, 세 분과의 만남을 통해 삶으로 가르침을 실천하는 교사의 본분을 깨닫게 되었다.

지금 생각해도 흉내 낼 수 없는 선배 선생님들의 배려와 격려로 나는 그렇게 성장하며, 내 안에 내가 미처 몰랐던 성향이 있음을 알았다. 바로 다른 사람을 돕고 함께 세워 가는 일에서 가장 큰 보람과 에너지를 얻는다는 점이다. 동료·선후배 선생님들과 무언가를 함께 도모하고 만들어 가는 일을 즐기고 좋아했던 이유도 거기에 있었다. 나와 함께하는 누군가가 더 잘되고 성장할 수 있도록 도울 때, 비로소 나 자신도 더 건강하게 성장한다는 것을 깨달았다.

늘 열정적인 나였지만 때론 고생을 사서 하는 것 같아서 힘들 때도 있었고, 걱정과 염려를 모두 내려놓고 상자 안으로 들어가 숨어 버리고 싶을 때도 있었다. 그럴 때마다 "삶으로 살아 내라."라는 김진민 선생님의 조언과 끊임없는 격려가 내 안에서 선명한 울림으로 나를 이끌어 주었다. 그 울림은 내가 음악 교사를 넘어 더 좋은 교사로 성장해 가는 든든한 밑거름이 되어 주었다.

'무엇 때문에 수고를 아끼지 않느냐?'

언젠가 던져진 그 질문 앞에 나는 망설였다. 학교 수업과 업무로 하루가 벅찬데도, 무엇 때문에 교과교육연구모임에 열정과 에너지를 쏟는지를 스스로에게 질문해 보았다. 멘토 선생님들과의 만남에서 얻었던 긍정적 에너지와 아낌없는 조언만으로 설명하기에는 부족할 수 있지만, '배운 대로', '마음 가는 대로', '생각하는 대로' 움직이기 시작한다.

동료 선생님들과 함께 에듀테크 기반 수업연구모임인 METech(美테크, 음악교육공학의 이중적 의미)에서 수행한 프로젝트로 2020년 서울특별시교육청 온라인 예술수업콘텐츠를 기획하고 제작했다. 이를 시작으로 2025년 AI디지털콘퍼런스에서 '생성형 AI 음악 창작 서비스 뮤지아원을 활용한 론도 수업 모형 개발'이라는 주제 아래 폭넓은 시도를 하고 있는데, 강봉정 선생님, 김재중 선생님, 임건우 선생님과 함께 분기마다 온·오프라인으로 모여 연구하고 있다.

학생 예술 동아리를 운영하며 크고 작은 고민을 함께 나누는 권용식 선생님, 한일명 선생님, 박대웅 선생님과 의기투합해 전국학교합창교육모임 '싱그러움'에서 활동하고 있다. 우리는 합창을 통해 학생들의 전인적 성장은 물론, 행복을 노래하는 데에도 부족함이 없도록 힘쓰고 있다. 학기 중에는 오픈채팅방에서 합창 교육 관련 정보를 공유하며, 동료애를 나누고 격려도 아끼지 않는다.

이 외에도 서울초중등오케스트라교육연구회, 서울초중등컴퓨터음악교육연구회, 서울사운드미디어교육연구회, 서울초중등문화예술감수성연구회, 서울초중등문화예술교육연구회 등 수많은 연구 모임에 참여하며 함께해 왔다.

처음에는 그저 '해야 해서 한 일'에 가까웠지만, 그 경험들은 나에게 수업 전문성을 키우고 교과교육 연구를 시작하는 계기이자 원동력이 되었다. 또한 교육부와 교육청의 여러 교육정책 사업에 참여하며 교육과정 개발, 교육연수 자료 개발, 1급 정교사 자격연수 강의 등 활동의 폭을 넓혀 갔다. 2025년 12월에는 문화예술교육발전 영역 유공 교원으로 서울특별시교육감 표창을 수상했다.

◉ 다시 시작하는 꿈

음악 교사로 학생들과 만나 어느덧 열다섯 번째 겨울을 맞이했다. 아침 등굣길은 저마다 각양각색의 활기로 채워진다. 아직 잠의 흔적을 지우지 못한 부스스한 얼굴도 있고, 밤새 좋은 꿈이라도 꾼 듯 함박웃음으로 해맑게

한국구화학교 선후배 선생님들과 함께 '남성중창단 빅4' ⓒ서울특별시교육청

프렌즈남성합창단 정기연주회

웃는 얼굴도 있다. 아이들의 인사는 저마다의 음색을 담은 아침의 첫 연주 곡 같다.

"안녕하세요, 선생님. 오늘 합창단 있지요?"

"응, 점심시간에 만나자."

'함께 노래하는 시간 15분'으로 학생들을 만나며 또 하나의 꿈을 꾸기 시작한다. 중학교와 고등학교 학생들이 배우고 실천해야 할 생활교육과 인성교육의 주제들을 노래로 만들어 함께 부르는 것, 곧 '삶으로 가르치는 음악'을 실현하는 일이다.

아무렇게나 버리지 말아요

(작사/작곡: 윤지훈)

쓰레기통에 버리기 전에 아무렇게나 버리지 말아요.
일반 쓰레기로 버리기 전에 분리배출해야 돼요.
(아, 그렇구나~)
종이와 비닐, 플라스틱은 재활용 분리수거통에
우유갑은 물로 씻은 후 분리배출해야 돼요.
그런데 우리가 무심코 버리고 아무렇게나 버리고 있어요.
일반 쓰레기로 버리기 전에 분리배출해요.
(네~ 할 수 있어요)
우리 모두 환경지킴이 잘 할 수 있어요.
쓰레기 분리배출해요~ YEAH!

◉ 햇살은 나의 멜로디, 바람은 나의 노래

매일매일 모두에게 봄날일 수는 없다. 추운 겨울이 반드시 찾아온다. 앞으로 어떤 상황과 시간을 마주하게 될지 모르겠지만, 나는 고민(삶으로 가르치는 교사, 삶으로 살아 내는 교사)을 멈추지 않을 것이다. 음악 교사로서 지내온 15년 속에서 학생들의 눈빛과 목소리 그리고 웃음은 나를 멈추지 않게 하는 원천이자 즐거움이며, 때로는 나를 다시 세우는 다짐을 하게 해준다.

"햇살은 나의 멜로디, 바람은 나의 노래."

나는 음악 교사로 하루하루를 살아 낸다, 감사함으로.

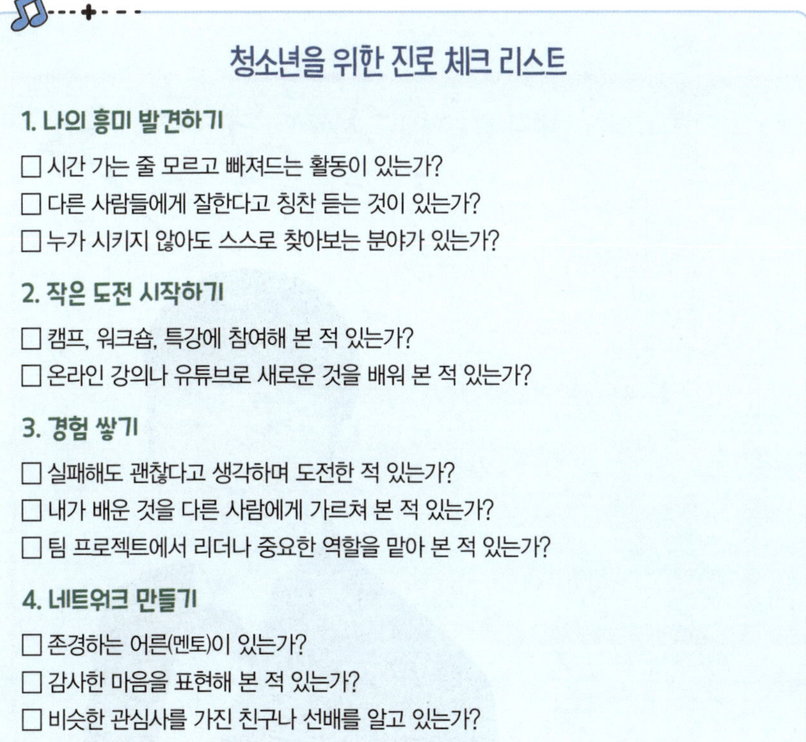

청소년을 위한 진로 체크 리스트

1. 나의 흥미 발견하기

☐ 시간 가는 줄 모르고 빠져드는 활동이 있는가?
☐ 다른 사람들에게 잘한다고 칭찬 듣는 것이 있는가?
☐ 누가 시키지 않아도 스스로 찾아보는 분야가 있는가?

2. 작은 도전 시작하기

☐ 캠프, 워크숍, 특강에 참여해 본 적 있는가?
☐ 온라인 강의나 유튜브로 새로운 것을 배워 본 적 있는가?

3. 경험 쌓기

☐ 실패해도 괜찮다고 생각하며 도전한 적 있는가?
☐ 내가 배운 것을 다른 사람에게 가르쳐 본 적 있는가?
☐ 팀 프로젝트에서 리더나 중요한 역할을 맡아 본 적 있는가?

4. 네트워크 만들기

☐ 존경하는 어른(멘토)이 있는가?
☐ 감사한 마음을 표현해 본 적 있는가?
☐ 비슷한 관심사를 가진 친구나 선배를 알고 있는가?

학생들에게 최대한 다양한 음악적 경험을 시켜 주고자 하는 사명감을 지니고 있음. 모든 악기 중 가장 아름다운 악기는 '인간의 목소리'라는 신념 아래 합창 동아리 운영에 열심히 임하고 있음. 수업이 재미 없으면 스스로 짜증을 느끼는 경향이 있어 수업을 재미있게 구성하고자 하는 욕구가 강함. 열심히 하는 학생들에게는 무한 사랑을 쏟는 특성을 보임. 문화예술 동아리 운영에 흥미와 보람을 느껴, 혼자서도 여러 개의 동아리를 운영하고 관리하는 데 탁월한 능력을 보임. 음악 교과의 수업 시수가 적은 데 아쉬움을 느껴, 어떻게 하면 음악 교육의 저변을 넓힐 수 있을지 고민하는 흔적이 엿보임.

10
학생과 함께 호흡하는
이화동

별명

동동쌤

이유는 모르지만 학생들이 이렇게 부른다. 이름 때문일까 싶다.

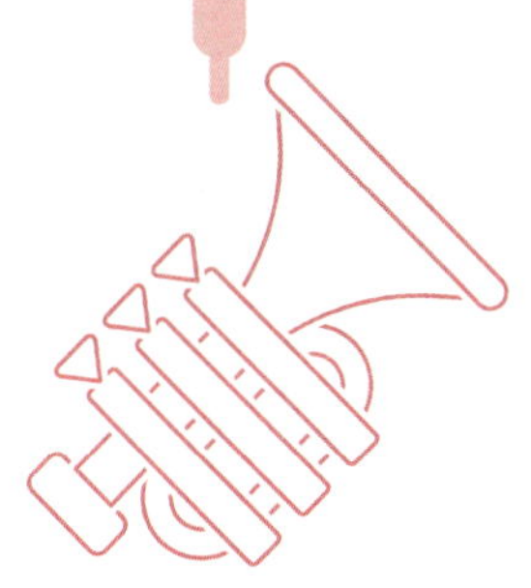

음악을 좋아한 아이, 음악 교사가 되다!

1 피아노와 함께한 학창 시절

 **다섯 살 때부터 난 피아노를 쳤어**

나는 다섯 살 때부터 피아노를 쳤다. 부모님에 의하면 내가 어느 날 갑자기 피아노가 치고 싶다며 피아노를 배우게 해달라 했다고 한다. 왜 그런 말을 했는지 이유는 모르겠다. 어떤 피아노 연주를 보고 어린 마음에 감동을 느껴 그랬는지, 아니면 다른 계기가 있어서 그랬는지는 확실하지 않다. 다만 신생아 때부터 음악과 친숙한 환경에서 자란 영향이 있었던 것만은 확실하다고 생각한다. 어머니는 음악을 좋아하셨고 태교도 클래식 음악으로 하셨다. 또 독실한 크리스천이셨던 어머니의 영향으로 태어나서부터 매주 교회에 가다 보니 자연스럽게 음악에 많이 노출되었던 이유도 있을 거라 추측한다.

다섯 살의 나는 고사리 같은 손으로 피아노를 시작했다. 피아노를 처음 배우는 여느 학생들이 그렇듯 바이엘부터 시작해 하농, 소나티네, 체르니를 거쳐 간단한 소나타를 연주했다. 초등학생 때는 아무것도 모르고 피아노학원에서 나가 보라고 한 대회에서 입상도 했다. 그렇게 나는 남들과 다르지 않게, 특별할 것 없이 평범하게 피아노를 배워 나갔다.

그러다가 초등학교 저학년 무렵 다른 사람들 앞에서 피아노를 연주할 기회가 생겼다. 나는 목사님이셨던 이모부가 개척하신 교회에 다녔는데, 교회 크리스마스이브 행사 때 〈고요한 밤 거룩한 밤〉을 연주하기로 한 것이다. 그 연주가 끝났을 때 느꼈던 감정이 지금도 생생하다. 다른 사람들 앞에서 피아노를 연주해 본 경험이 없었던 나는, 행사 때 피아노 앞에 앉자마자 머리가 하얘졌다. 피아노 앞에 앉았으니 연주를 시작했지만, 긴장감에 연주는 엉망이 되었다. 끝까지 마무리하지도 못하고 계속 버벅거리다가 의자에서 일어났다. 몹시 창피했다. 다른 사람들은 박수를 쳐주었지만, 나는 망신을 당한 기분이었다. 창피함에 피아노가 싫어질 법도 했지만, 그때 나는 '더 열심히 연습해서 내년 크리스마스이브 행사 때는 제대로 연주하고 말 거야.'라고 생각했다. 실제로 다음 해 크리스마스이브 행사 때 나는 다시 한번 피아노 연주를 했는데 실수하지 않고 잘 마무리하여 뿌듯했다.

그 후로 피아노가 더 좋아졌다. 피아노 대회도 나가고, 중학교 때부터는 교회에서 피아노 반주도 시작했다. 중학교 2학년 때는 음악 선생님께서 동요 중창대회에 나가는 학생들의 반주를 부탁하셔서 반주자로 참가하기도 했다. 그러다 보니 피아노뿐만 아니라 음악 자체가 좋아졌다. 어렸을 때 배우기 시작한 피아노는 나의 학창 시절 내내 음악과 가깝게 연결해 주었다.

◎ 가고 싶다, 음악교육과!

중학교를 졸업하고 인문계 고등학교에 입학했다. 고등학교는 중학교와 분위기가 달랐다. 학교에서는 항상 성적, 대학, 진로와 관련된 이야기를 했고, 학생들도 점차 자신이 나중에 어느 대학에 갈지, 어떤 일을 하며 살지 고민하기 시작했다. 그런 분위기 속에서 지내다 보니 나도 자연스럽게 진로를 고민했다. 하지만 고등학교 1학년 때 자신의 진로에 대해 시원하게 답을 내릴 수 있는 사람이 얼마나 있으랴? 아무 생각 없이 지내다가 수능 성적에 맞춰서 대학을 가는 학생이 대부분인 게 현실이었다. 나 역시 진로에 대해 명쾌한 답을 내리지 못하고 한참을 고민했다.

'내가 잘하는 게 뭘까?'

'내가 좋아하는 건?'

'그걸 해서 먹고 살 수 있을까?'

내가 좋아하는 것 중에 직업으로 삼을 만한 게 뭐가 있을지 고민했다. 그러다 내린 결론은 피아노 전공으로 음악대학에 입학해 졸업 후 음악학원을 운영하는 것이었다.

쇠뿔도 단김에 빼라고 했던가! 결정을 내렸으니 담임 선생님을 찾아가 상담하여 1학년 2학기부터 야간자율학습에 참여하지 않기로 했다. 그렇게 친구들보다 일찍 학교에서 나와 저녁 시간에는 항상 피아노 연습을 했고, 일주일에 한 번씩은 피아노 레슨을 받으러 다녔다.

학업과 피아노 연습을 병행하며 지내던 어느 날 나는 내 인생을 바꿔 준 대화를 나누었다. 1학년 2학기 일본어 수업 시간이었다. 우연히 일본어 선생님과 진로 이야기를 나누며, 피아노 전공으로 음악대학에 입학하려 한다고 말씀드렸다. 내 말을 들은 일본어 선생님께서 말씀하셨다.

"화동이는 친구들에게 뭔가를 알려 주는 것을 좋아하고 피아노도 좋아하니까, 음악대학 말고 사범대학에 가서 음악 교사를 하면 어떨까?”

선생님 말씀은 어느 정도 사실이었다. 나는 어렸을 때부터 내가 아는 지식을 친구들과 나누는 것을 좋아했다. 하지만 음악 교사를 하고 싶다는 생각을 해본 적이 없기 때문에, 나는 음악 교사가 되기 위해 어떤 과에 입학해야 하는지, 입시는 어떻게 준비해야 하는지, 음악 교사가 되면 어떤 일을 하는지 찾아보았다. 그 결과, 나는 음악 전공보다 음악 교사를 하는 게 더 적성에 맞겠다는 확신이 들었다. 결국 나는 선생님의 말씀대로 음악 교사가 되기 위해 음악교육과에 입학하기로 마음먹었다.

그런데 피아노과와 음악교육과는 입학 조건이 너무나 달랐다. 피아노과는 대부분 수능 성적보다 피아노 실기 성적을 더 많이 반영하기 때문에 피아노 실기 준비에 집중해야 한다. 이에 비해 음악교육과는 사범대이므로 실기 성적보다 수능 성적의 반영 비율이 훨씬 높았다.

때문에 나는 피아노와 공부 둘 다에 집중해야 했는데, 야간자율학습을 하지 않았기 때문에 공부시간이 부족했다. 따로 공부시간을 확보하기가 어려우니 어떻게 할지 고민하다가, 아침 일찍 등교해서 1교시 시작 전까지 공부를 하자고 생각했다. 나는 매일 새벽에 일어나 등교 준비를 하고, 버스 첫차를 타고 학교로 향했다. 버스에서 내려 교실로 걷다 보면 기숙사 학생들은 아침 점호와 체조를 하고 있었고, 산으로 둘러싸인 학교에서 느껴지는 이른 아침의 상쾌한 공기와 가끔 지저귀는 새소리가 나를 기분 좋게 했다. 교실에 도착해서 불을 켜면 시계는 오전 6시를 가리키고 있었다. 나로 인해 우리 반은 학교에서 가장 빨리 불이 켜지는 교실이 되었다. 빠른 등교를 통해 1교시가 시작하는 8시 40분까지 공부에 집중할 수 있는 시간을 확보했고,

나는 수능 공부와 실기 준비를 병행할 수 있었다.

시간이 흘러 수능을 치르고 본격적으로 대학 입시(실기, 면접)를 준비했다. 식사 시간, 화장실 가는 시간, 잠자는 시간 빼고는 깨어 있는 시간 전부 실기 준비에 집중했다. 오랜 시간 피아노를 치다 보니 피아노 의자에 닿는 엉덩이에는 항상 피딱지가 맺혀 있고 손톱과 살은 늘 벌어져 피가 나고 통증이 극심했다. 게다가 실기 준비로 혼자 있는 시간이 너무 길어지다 보니, '이 외롭고 힘든 시간이 빨리 지나갔으면 좋겠다.'라는 생각을 과장을 조금 보태서 하루에 100번은 했다.

이듬해 1월이 되고 지원했던 대학에 실기시험을 보러 갔다. 최선을 다해 준비했다고는 하지만, 시험장에 입실할 때마다 엄습해 오는 긴장감은 어찌할 수 없었다. 시험장 피아노에 앉아 떨리는 마음을 부여잡고 피아노 연주를 시작했다. 머리는 새하얘져 제정신이 아니었지만, 신기하게도 손가락이 저절로 움직였다. 실수는 있었지만 만족스러운 연주가 진행되었고 '이 정도면 꽤 선방했는데?' 하는 생각도 들었다. 이후에 면접도 무난하게 마무리했고, 나는 어려운 환경 속에서도 음악교육과 입시를 무사히 마칠 수 있었다.

이제 합격자 발표만을 앞두고 있었다. 당시 나는 집에서 가깝고 국립대학이어서 학비가 저렴한 전남대학교로의 입학을 간절히 바랐었다. 대망의 합격자 발표날, 나는 그토록 입학하고 싶었던 전남대학교 사범대학 음악교육과에 당당하게 합격했다.

◉ 중고등학교 때와는 환경이 너무 다르잖아?

음악교육과에 입학했더니 그동안 살았던 환경과 완전히 다른 학교 환경이 펼쳐졌다. 우리 과는 한 학년 입학정원이 20명이었는데, 내 동기는 20명 중 2명만 남자이고 18명은 여자였다. 다른 학번도 남자가 여자에 비해 적은 건 마찬가지였다. 남중, 남고를 다녔던 나에게는 대학은 너무나 새롭고 낯선 환경이었다. 학기 초에는 적응이 어려워 참 고민이 많았다.

일단 귀가 너무 아팠다. 아무래도 남성에 비해 여성은 목소리가 더 높은 편이고, 특히나 내 동기들은 에너지가 아주 넘쳤기 때문에 동기들이 모인 곳에 그냥 가만히 앉아 있기만 해도 귀가 아팠다. 오죽하면 원래 시끄러운 장소인 술집에서도 사장님이 우리에게 "조금만 조용히 해달라."라고 말씀하신 적도 있었다.

또 다른 일화가 있다. 개강하기 전 2월 말에는 예비 입학생을 대상으로 사범대 오리엔테이션과 새내기 새로배움터 등의 행사가 진행되었다. 이 행사에서 가장 핫한 프로그램 중 하나로 사범대학 학과별 장기자랑 순서가 있었다. 그런데 내 여자 동기들이 나와 남자 동기에게 여장을 하고 장기자랑에 나가라는 것이 아닌가? 여장만큼은 정말 하기 싫었지만 머릿수에 밀려 결국 수락할 수밖에 없었다.

하루는 장기자랑을 준비하다가 저녁식사 시간이 되어 동기들과 분식집에 갔다. 나는 메뉴판을 보며 내가 먹을 음식을 고르고 있었는데, 여자 동기들은 서로 메뉴가 겹치지 않게 상의하여 음식을 주문했다. 잠시 후 주문한 음식이 테이블에 나왔다. 내가 주문한 메뉴를 먹으려고 숟가락을 들었을 때, 갑자기 여자 동기들이 음식들을 함께 나눠 먹자고 하는 게 아닌가? 너무나 당연하다는 듯 나눠 먹기를 요구하는 동기들의 태도에 나는 다소 당황했다. 동기들에게 "자기가 시킨 음식을 각자 먹으면 되지, 왜 나눠 먹어?"라고 따지듯 물어봤다. 그도 그럴 것이 남자들은 친구들과 식당에 가면 보통 주문한 자기 메뉴를 각자 먹지 서로 나눠 먹지 않고, 서로 똑같은 메뉴를 시켜도 신경 쓰지 않으며, 계산도 자기가 주문한 음식값만 내기 때문이다. 내 물음을 들은 동기들도 마찬가지로 흠칫 당황하며 "같이 나눠 먹으면 여러 음식을 맛볼 수 있고 더 효율적이잖아?"라고 답했다. 여자 동기들은 식당에 가서 여러 메뉴를 시켜 나눠 먹는 경험에 익숙했기 때문에 내 질문이 꽤 낯선 듯 쳐다보았다.

결국 나는 동기들의 요구대로 음식을 함께 나눠 먹었다. 또한 자기 주문한 음식값을 내는 것이 아니라 전체 음식값을 사람 수대로 나누어 금액을 계산했다. 당황스러웠지만 처음 경험해 본 음식 공유는 생각보다 나쁘지 않았고(오히려 효율적이고 좋았다고 해야 할까?), 대학을 입학하기도 전에 내게 신선한 충격을 안겨 주었다.

동기들과의 첫 만남은 순탄치 않았지만, 대학 생활 동안 함께 울고 웃으며 생활하다 보니 굉장히 친해졌고 서로를 '운명의 동기들'이라고 여기게 되었다. 시간이 많이 흘렀지만, 동기들과는 졸업 후 한참이 지난 지금도 서로 연락하며 매년 여행도 다니는 소중한 사이로 잘 지내고 있다.

개강하고 본격적으로 대학 생활을 시작하니 모든 것이 새로웠다. 대학교는 고등학교처럼 매일 같은 시간에 등교하지도 않고, 수업 중 화장실을 갈 때 교수님께 허락을 받지 않아도 되었으며, 수업 사이에는 공강 시간이 있고 행동은 자유로웠다. 수업을 빠져도 부모님께 연락이 가거나 심한 꾸지람을 듣지도 않았다. 자유로운 만큼 자기 행동에 따른 결과도 오롯이 자기가 책임지면 되는 시스템이었다.

음악적으로도 새로운 경험을 많이 했다. 중·고등학교 음악수업 때는 배우지 않았던 음악이론, 시창·청음, 음악사, 전공 실기, 피아노 반주법, 합창 등의 강의를 들으며 내가 음악교육과에 입학했음을 실감했다. 내가 다닌 인문계고에는 음악을 전공하고자 하는 학생이 매우 적었기 때문에 다른 악기나 노래를 전공하는 사람은 만나 보지 못했다. 그런데 음악교육과에 입학하니 피아노 전공은 물론 성악, 작곡, 국악기, 관악기, 현악기, 타악기 등 다양한 음악 전공을 만날 수 있었다.

◉ 피아노 전공이 성악을 한다고!?

대학에서 내가 가장 흥미를 느낀 전공은 '성악'이다. 악기의 소리도 좋았지만, 사람의 목소리로 노래 부르는 소리가 가장 아름답게 들렸다. 대학교 1학년 때 성악 전공 친구의 피아노 반주를 해주며 성악 지도 교수님께서 하시는 레슨 내용을 듣기도 하고, 성악 전공 선배들의 노래도 들으면서 귀동냥으로 얻은 지식을 바탕으로 성악 전공자처럼 노래 부르는 흉내를 내고는 했다. 1학년 내내 성악에 대한 열망을 품고 지냈다.

나는 원래 피아노로 입시를 치르고 피아노 전공으로 음악교육과에 입학했다. 그랬던 내가 성악으로 전공을 바꾼 것은 군대를 다녀온 후의 일이다. 전역을 1월 초에 했기 때문에 복학인 3월까지는 약간의 시간적인 여유가 있었다. 그 기간 동안 성악 전공 선배에게 노래를 배우면서, 복학한 후 전공을 바꾸리라 다짐했다. 그러나 전공을 바꾸기 위해서는 학과의 승인이 있어야 했고, 나는 성악 전공 전임 교수님이셨던 정애련 교수님을 찾아뵙고 노래에 대한 내 열정을 표현하며 전공을 성악으로 바꾸고 싶다고 말씀드렸다. 교수님께서는 내 이야기를 경청하시더니 노래를 한번 해보라고 말씀하셨다. 떨리는 마음으로 독일 가곡 한 곡을 교수님 앞에서 노래했고, 내 노래를 들은 교수님께서는 노래를 해도 되겠다며 교수님 클래스의 제자로 받아 주셨다. 그렇게 나는 우리 과 역사상 거의 유래가 없었던 '전공 변경'에 성공한 학생이 되었다. 돌이켜 생각해 보면 대학에 와서야 성악을 배우고 싶다고 찾아온 학생의 어떤 점을 보고 당신의 제자로 받아 주셨나 싶어 교수님께 감사한 마음이 든다. 교수님을 통해 '학생이 지닌 가능성을 파악하고 키워 줄 수 있는 교사가 되자.'라는 교훈을 얻었고, 교사가 된 지금도 이를 실천하고자 노력하고 있다.

전공을 바꾸고 나서는 칸초네, 가곡, 아리아 할 것 없이 두루 공부하며 노래에 집중했다. 남들보다 늦게 시작했기에 더욱더 노력했다. 이 노력의 과정은 전혀 힘들거나 부담스럽지 않고 즐거웠다. 그랬기 때문에 졸업 연주까지 '성악'으로 잘 마무리할 수 있었다.

피아노에서 성악으로 전공을 바꾼 것은 음악 교사를 꿈꾸는 내게 큰 무기가 되었다. 원래 나는 노래를 조금만 해도 목이 쉬어 버리는 '유리 성대'이고 목소리도 밀도가 낮은 허한 목소리였다. 그런데 성악을 시작한 뒤로 목이 덜 쉬게 되었고 목소리에 밀도가 높아지고 음량도 커지게 되었다. 음악 교사에게는 피아노 반주를 하며 노래하는 능력(범주범창)이 요구되는데, 어렸을 때부터 교회에서 피아노 반주를 한 데다가 전공을 바꾸어 성악까지 배우니 범주범창에 어려움이 없게 되었고, 이는 임용고시에도 큰 도움이 되었다.

대학 때 전공을 바꾼 경험을 통해 '불가능해 보이더라도 도전하고 부딪치는 자세가 중요하다.'라는 교훈을 배웠다. 간절히 바라고 꿈꾸다 보면 언젠가 이루어지는 순간이 찾아올 것이다.

> 할 수 있다고 믿는 사람은 그렇게 되고,
> 할 수 없다고 믿는 사람 역시 그렇게 된다.
> – 헨리 포드(Henry Ford) –

◉ 고달픈 고시생에서 행복한 합격자로!

나는 대학교 4학년이 되어서야 본격적으로 임용고시를 준비했다. 4학년 1학기에는 졸업 연주와 교생 실습으로 공부 시간을 확보하기 어려웠기 때문에, 공부에 온전히 집중할 수 없었다. 특히 교생 실습 때는 퇴근하고 집에 도착해서 소파에 잠깐 앉으면 기절하듯 잠에 빠져들기 일쑤였다. 교생 실습이 끝나고 마음을 다잡고 공부에 다시 집중하려고 마음을 먹었으나, 막상 공부를 시작하니 학습할 내용이 어마어마했다. '이렇게 많은 양을 사람이 다 공부할 수 있다고? 말도 안 돼!'라는 생각이 절로 들었다. 그러나 어쩌겠는가, 임용고시에 합격해야 교사가 될 수 있는 것을. 울며 겨자 먹기로 꾸역꾸역 공부를 시작했다. 공부해야 할 내용이 너무나 많은 탓에 미처 살펴보지도 못한 내용도 있었으나, 시간은 빠르게 흘러 어느새 임용고시날이 되었다.

임용고시날의 아침 공기는 매우 차갑게 느껴졌는데, 이 때문인지 엄청난 긴장감이 몰려 왔다. 시험장에 입실하고 잠시 후 시험이 시작되었다. 얼마나 긴장을 했는지 모르는 문제가 나오면 모르기 때문에 떨렸고, 아는 문제가 나오면 좋아서 흥분하는 바람에 더욱 떨렸다. 공부하는 내내 이론을 머리에 쑤셔 넣을 생각만 했지, 시험 상황에서 마음을 차분하게 하는 연습은 전혀 하지 못했기에 당연한 일이었다. 시험 종료 시각이 다가올수록 긴장감은 극도로 치달았고, 내 심장이 쿵쾅거리는 소리가 귀에 들림은 물론, 손이 덜덜 떨려서 답안을 작성하기도 어려웠다. 그렇게 제정신이 아닌 상태로 임용고시 1차 시험을 마무리했다. 시험이 끝나고 집에 가면서 온갖 생각이 들었다.

'그 문제는 아는 내용인데도 잘못 썼네.'

'몰라도 뭐라도 작성할걸, 왜 모르는 건 쿨하게 넘기자며 빈칸으로 뒀을까?'

긍정적인 생각보다는 아쉬움과 자책 그리고 지난날 더 열심히 공부하지 못한 후회와 같은 부정적인 생각이 내 머리를 지배했다.

1차 시험이 끝났으니 2차 시험 실기와 수업실연, 면접을 준비해야 했다. 1차 시험 합격에 확신이 들지 않았기 때문에 2차 시험 준비도 잘 되지 않았으나, 1차 시험 결과가 나올 때까지만이라도 최선을 다해 2차 시험을 준비하자고 스스로를 다독였다.

2차 시험 준비에 매진하자 어느새 1차 시험 결과 발표일이 다가왔다. 나는 떨리는 마음으로 합격자 발표 사이트에 들어가 마우스를 클릭했다. 과연 결과는? '불합격'이었다. 합격자 커트 라인에서 소숫점 차이였다. 한참을 멍하니 앉아 모니터를 응시했다. 잠시 후에 눈물이 나오며 내가 불합격했음을 실감했다. 그렇게 나는 재수생이 되었다.

재수생이 되었음을 스스로 받아들이기까지는 다소 시간이 필요했으나, 인정하자 마음이 차분해지며 1년 공부 계획을 세울 용기가 생겼다. 시간표를 분 단위까지 작성해 철저히 지키며 공부를 시작했다. 임용고시 공부는 1월부터 11월까지 쭉 해야 하는 장기전이므로, 1월부터 너무 열심히 공부하면 후반부에 가서 지칠 수도 있겠다는 생각이 들었다. 1~2월에는 다시 공부하는 습관을 들인다는 생각으로 하루에 7시간 정도만 쉬엄쉬엄 공부를 했다. 3~5월에는 하루에 8~9시간, 6~7월에는 하루에 10~11시간, 8~9월에는 하루에 12~13시간, 10~11월에는 하루에 14시간씩. 시험일이 가까워질수록 공부 시간을 점차 늘려갔다. 두 번째로 준비하는 시험이다 보니 어떤 내용을 더 중요하게 공부해야 할지, 어떤 방법으로 공부해야 더 효율적이고 효과적일지 어느 정도 파악이 되었다.

재수 때는 지인 3명과 함께 임용 스터디를 만들었다. 주 1회씩 만나 한 주 동안 공부한 내용을 확인하고 서로 질문하기도 하고 문제도 내며 학습한 내용을 점검했다. 수험생활을 하면 외롭고 힘듦은 물론, 입을 열어 말을 할 일이 없기에 입에서 항상 단내가 난다. 그런 상황에 일주일에 한 번씩 지인들을 만나 함께 공부도 하고 힘듦을 공유할 수 있었던 임용 스터디는 수험생활 내내 내게 큰 위로와 힘이 되었다. 그때 스터디를 같이 했던 주연, 진희, 형배 선생님과는 끈끈한 전우가 되어 지금도 소중한 인연으로 함께 교류하며 지내고 있다. 대면으로 진행했던 임용 스터디 외에도 악곡 암기 스터디, 공부시간 인증 스터디와 같은 비대면 스터디를 만들어 서로의 학습을 점검하고 때로는 당근을, 때로는 채찍을 주며 독려했다.

　치열하게 공부를 이어 가다 보니 어느새 시험일이 되었고, 나는 또다시 임용고시 시험장으로 향했다. 시험날 아침의 공기는 여전히 차가웠고, 나는 작년과 같은 실수를 범하지 말자고 스스로 다짐했다. 극도의 차분함을 유지하면서 문제를 풀어 나갔고, 전공 시험에서는 문제를 다 풀고도 시간이 남아 내가 쓴 답을 다시 검토할 수도 있었다. 시험을 마치고 시험장에서 나와서 '이번에는 왠지 합격할 것 같은데?'라는 이유 없는 자신감이 들었다. 나중에 전해 들었는데 우리 지역에 함께 합격한 동기 선생님의 친구분이 나와 같은 고사실에서 시험을 봤다고 한다. 그 친구분은 이렇게 말씀하셨다고 한다.

　"내 고사실에서 어떤 남자 선생님이 답을 다 쓰고도 여러 번 검토하시더라. 왠지 그 선생님은 합격할 것 같아."

　어느새 1차 시험 합격자 발표일이 되었고, 결과는…… 정말로 '합격'이었다. 그것도 합격 커트 라인에서 아주 넉넉한 점수로! 뛸 듯이 기뻤고, 부모님과 일부 지인에게도 이 소식을 전해 기쁨을 나누었다. 잠시의 기쁨을 만끽하고 나는 다시 2차 시험 준비를 이어 갔다. 체력 관리를 하며 매일같이 시험 준비를 하자 어느새 시험일이 다가왔다. 2차 시험 때도 긴장되기는 마찬가지였지만, 다행히도 충분한 역량을 발휘하며 잘 마무리했다.

　2차 시험이 끝나고는 그동안 만나지 못했던 지인들을 만나 실컷 놀기도 하고, 휴식을 취하기도 하면서 최종 합격자 발표를 기다렸다. 나는 합격할 것 같다는 이유 모를 자신감에 차 있었으나, 최종 합격자 발표일이 다가올수록 이상하리만치 불안감이 엄습해 왔다. '혹시라도 불합격하면 어떡하지? 임용 시험을 세 번째 볼 자신은 도저히 없는데…….'와 같은 불안감 말이다.

어느덧 최종 합격자 발표 하루 전날이 되었고, 이날 밤에는 너무나 긴장되어 잠을 한숨도 자지 못하고 뜬눈으로 밤을 지새웠다. 아침이 되었고, 우리 집에는 무거운 침묵만이 흘렀다. 부모님은 내게 부담을 주기 싫으셨던지 결과 발표에 관심 없는 척을 하셨지만, 나만큼이나 긴장하고 계신 것이 공기를 타고 피부로 느껴졌다.

합격자 발표 시각이 되자 나는 떨리는 손으로 합격자 발표 사이트에 들어가 확인 버튼을 눌렀다. 잠시 후 모니터에는 "최종 합격을 진심으로 축하합니다."라는 문구가 나타났다. 정말 꿈만 같았다. '내가 정말 최종 합격을 한 거야? 꿈 아니지?'라는 생각이 들기도 했으나 이윽고 내 입에서는 환호가 튀어나왔다. 최종 합격 소식을 들은 부모님께서도 "됐다!"라고 소리치시며 진심으로 기뻐하셨다. 내 합격 소식을 들은 교수님과 지인들도 진심으로 축하해 주셨다. 나는 고달픈 고시생 신분을 던져 버리고 행복한 합격자의 신분을 얻었다.

임용고시 합격은 그 당시 내 인생에서 이룬 가장 값지고 보람된 성취였다. 이것은 음악 교사를 꿈꾸는 여러분에게도 마찬가지일 것이라 확신한다. 이 글을 읽는 여러분들에게도 '최종 합격'이라는 인생의 큰 선물이 찾아 오기를 바란다.

1 목소리로 만드는 기적, 합창 동아리

 화모니(Hwarmony)의 탄생

임용고시에 합격하고 2018년에 첫 발령을 받아 근무를 시작했다. 신규 교사에 대한 학교의 배려로 담임은 맡지 않았고, 수업은 중학교 2학년을 담당했다. 수업에서 만난 학생들은 내게 '중2병'이라는 말이 어떤 의미인지 생생히 느끼게 해주었지만, 그럼에도 초롱초롱한 눈빛과 통통 튀는 매력을 가진 학생들이 귀엽고 사랑스러웠다. 수업은 한 학급당 1주에 2시간씩 했는데, 신규 교사의 열정을 모두 펼치기에는 수업 시간이 너무 부족했다. 그리고 1년은 생각보다 굉장히 짧았다. 당시 우리 학교 3학년에 음악수업이 없었기 때문에, 눈에 넣어도 아프지 않을 첫 제자들과 이별의 순간이 빠르게 찾아왔다. 학생들도 3학년 때 음악수업이 없다는 사실을 굉장히 아쉬워했다.

나는 음악 교과의 수업 시간이 부족하기 때문에 학생들과 깊이 있는 음악 활동을 하기가 어렵다고 생각했고, 첫 제자들과의 만남도 이어 가고 싶었다. 나는 어떻게 하면 이 아쉬움을 해결할 수 있을지 고민했다. '세상에서 가장 아름다운 악기는 인간의 목소리'라는 생각 아래, 내가 가장 자신 있게 운영할 수 있고, 여러 명의 학생들과 함께 활동할 수 있는 합창 동아리를 개설하기로 마음먹었다. 마음을 먹었으니 이제 행동으로 옮길 차례였다.

성공적인 동아리 운영을 위해서는 무엇보다 예산을 확보할 필요가 있다고 생각했다. 교장 선생님을 찾아가 내년부터 합창 동아리를 신설해 운영하려고 하니 학교 예산을 지원해 달라고 말씀드렸다. 교장 선생님께서는 흔쾌히 수락하시며 내년도 예산에 합창부 운영비를 편성해 주겠다고 하셨다. 합창부를 만든다는 소식을 들은 혁신부 부장님께서도 예산을 지원해 주겠다고 하셨다. 그러나 처음 시작하는 만큼 큰 규모로 제대로 운영해 보고자 생각했던 나는, 더 많은 예산을 확보하기 위해 교육청 공모사업도 신청해서 동아리 운영비를 지원받았다. 많은 도움을 받아 예산은 충분히 확보했다.

이제 단원을 모집할 차례였다. 단원 모집을 위해 공개 모집과 비공개 캐스팅을 진행했다. 평소 나를 잘 따르던 학생들, 노래 부르기 수행평가에서 뛰어난 실력을 보여 줬던 학생들이 주요 캐스팅 대상이었고, 합창 동아리 활동을 하고 싶은 학생들도 모집공고를 보고 지원했다. 그렇게 41명의 학생이 모였고, 우리 학교는 개교 이래 처음으로 합창 동아리를 보유하게 되었다.

합창 동아리가 성공적으로 창단된 것은 기뻤지만, 모집된 학생들을 보니 합창부 운영이 쉽지 않을 것을 직감했다. 얌전하고 성실한 학생들도 있지만 자주 무단결석을 하는 학생, 수시로 학교를 탈출하는 학생, 상습 흡연 학생, 분노 조절이 다소 어려운 학생 등 정말 다양하고 개성 넘치는 학생들이 모인 동아리가 되었다. 아이들마저도 합창 동아리에 모인 멤버를 보더니 "저희가 합창을 할 수 있나요?"라며 걱정하던 모습이 생생하다.

2019학년도 1학기가 시작함과 동시에 합창부도 본격적으로 활동을 시작했다. 먼저 합창부 이름을 정하기 위해 합창부 학생들에게 공모를 실시했고, 학생들에게 가장 많은 선택을 받은 이름은 '화모니(Hwarmony)'였다. 화음, 조화를 뜻하는 'harmony'에 지도교사인 내 이름 가운데 글자인 '화(Hwa)'를 접목한 '화모니(Hwarmony)'가 우리 합창부의 이름이 되었다. 학생들과 함께 연습 시간도 정해 매주 월, 화, 목, 금요일 점심시간에 요일별로 파트별(소프라노, 알토, 테너, 베이스) 연습을 진행하고, 수요일 종례 후에는 전체 연습을 진행하기로 했다.

그러나 이상과 현실의 괴리는 컸다. 합창부 활동이 처음인 학생들은 동아리 활동에 쉽게 집중하지 못했고 연습에 무단으로 빠지는 학생들도 더러 있었다. 게다가 목표 의식의 부재로 인해 학생들의 실력은 늘지 않고 지지부진했다. 특단의 조치가 필요했다.

학생들이 합창부 활동에 집중할 수 있는 계기를 만들어 줘야 했다. 학생들이 무대 경험을 해보는 것이 어느 정도 자극이 될 수 있을 거라 생각했다. 달력을 펴 학생들을 무대에 세울 수 있는 가장 빠른 기념일을 찾았고, 기념일이 많은 5월에 학생들에게 무대에 서는 경험을 시켜 주기로 결정했다. 준비 기간이 아주 짧았기 때문에 겨우 제창 수준으로 학생들을 연습시켜 5월에 데뷔 콘서

화모니 1기 데뷔 콘서트

트를 진행했다.

음악 교사인 내가 듣기에는 평범한 노래였지만 공연을 감상한 학생들은 감명 깊었는지 열렬한 박수와 환호를 보냈다. 공연을 마친 합창부 학생들의 얼굴에도 희열이 가득 차 있었다. 공연이 끝나고 학생들이 내게 했던 말이 아직도 기억에 남아 있다.

"학교생활이 좀 힘들었는데, 합창부에 들어오고 나서 웃을 일이 많아졌어요. 친구들이랑 노래하는 시간이 너무 좋아요."

"저희 공연이 누군가의 하루에 따뜻한 기억이 되었으면 좋겠어요."

공연 이후 합창부 활동에 대한 학생들의 태도가 이전과 달리 매우 진지해졌다. 데뷔 콘서트가 발휘한 효과는 지도교사인 나조차도 전혀 예상할 수 없었을 정도로 놀라웠다. 합창부 연습에 무단으로 빠지는 학생도 없었고, 모여서 연습할 때도 매우 집중해서 노래했다. 학생들은 연습을 통해 자기들의 목소리로 화음을 만들어 가며 합창의 재미를 알아 갔다. 탄력을 받은 학생들의 실력은 나날이 좋아졌고, 발성과 음악성도 눈에 띄게 좋아졌다.

합창부에는 평소 학교생활 태도 문제가 있는 학생이나, 학교 적응에 어려움을 겪는 학생들도 여럿 있었다. 이 학생들의 특징 중 하나는 처벌 위주의 강압적인 생활 지도로는 행동 개선이 쉽지 않다는 것이다. 이런 학생들이 서로의 목소리를 들으며 화음을 맞춰 노래하고 합창부 활동에 집중하기 시작하니, 학교생활 태도도 개선되고 자주 하던 무단결석 횟수도 줄기 시작했다. 학교 적응을 힘들어하고 겉돌았던 학생들도 학교에 와서 본인이 열정을 쏟을 수 있는 활동이 존재한다는 사실에 학교 생활에 활력을 찾았다. 합창을 통해 학생들의 음악적 능력뿐만 아니라 '인간다움'에도 긍정적 변화가 생기고 있다는 사실이 놀라웠다.

화모니 1기 학생들은 '인간다움'을 배워가며 1년 동안 학교 내외의 여러 연주회에 참가했고, 크리스마스 기념 합창 콘서트를 끝으로 합창부 활동을 마무리했다. 1년을 알차게 보낸 학생들은 여러 소감을 남겼다.

"합창부 들어온 게 제 중학교 시절 중 가장 잘한 선택이에요."

"친구들이랑 함께 노래하는 게 이렇게 즐거울지 몰랐어요."

"단체 생활이 너무 싫었는데 공동체 의식이 뭔지 배우게 됐어요."

"합창부 덕분에 행복한 추억이 정말 많이 생겼어요."

"공연을 무사히 마쳤던 두근거리는 순간을 잊을 수 없어요."

음악 활동을 통해 학생들은 음악적으로, 인격적으로 한 단계 성장했음을 분명히 알 수 있었다.

합창 동아리를 운영한다는 것은 교사에게 결코 쉬운 일이 아니다. 많은 학생들을 지도하니 당연히 크고 작은 많은 사건들이 생긴다. 체력과 감정 소모가 크고 학교에서도 업무가 과중해진다. 그러나 한 번뿐인 중·고등학 생 시절에서 학생들이 동아리 활동을 통해 음악을 사랑하고, 인간다움을 배 우고 행복한 추억을 쌓는다면, 교사의 헌신이 결코 헛되거나 소모적이지만 은 않다. 교사도 동아리 운영을 통해 음악적·교육적으로 성장하고 성취감 을 느낌은 물론, 학생들에게도 깊은 사랑을 받는 존재가 된다. 비록 고되더 라도 합창 동아리를 운영하는 것은 교사 자신에게도, 학생에게도 큰 선물이 될 것임을 확신한다.

화모니 1기

화모니 2기

화모니 3기

화모니 7기

화모니 1기 〈중화반점〉
합창 영상

화모니 3기 〈Baba Yetu〉
합창 영상

화모니 7기 〈세계민요 메들리〉
합창 영상

◉ 합창으로 극복한 코로나19 블루(우울증)

화모니 1기 활동을 성공적으로 마무리하고, 2기 학생들을 뽑아 다음 해 활동을 준비하던 2019년 12월이었다. 뉴스에서는 중국에서 '우한 폐렴'이라는 전염병이 창궐하고 있다는 소식이 수시로 보도되었고, 급기야는 2020년 1월에 국내에 첫 환자가 발생하고 각종 방역 정책이 시작되었다.

학생들의 등교를 어떻게 해야 할지 결정도 되지 않아서, 3월로 예정된 개학이 연기되어 학생들은 등교하지 않았다. 생전 처음 겪는 개학 연기 사태와 비대면 원격 수업의 시행으로 인해 학교 현장 역시 혼란을 겪고 있었다. 5월 말이 되고 학생들의 등교가 시작되었으나, 전면 등교는 하지 못하고 학년별로 주차를 달리하여 등교했다.

음악 교과는 코로나19 팬데믹으로 인해 가장 큰 피해를 입은 교과 중 하나가 되었다. 비말로 인한 바이러스 전파 우려로 인해 노래 부르기 및 관악기 연주는 불가능했다. 합창부 활동을 시작할 준비를 하고 있었던 화모니 2기 학생들은 노래할 수 없다는 사실에 굉장히 아쉬워했다. 나도 화모니 1기의 성공적인 운영에 탄력을 받아 화모니 2기는 더 음악적이고 활동적으로 운영하고자 했으나, 코로나19로 인해 좌절했다. 어쩔 수 없이 합창부 활동도 비대면으로 전환하고, 노래를 연습할 수 있는 동영상을 만들어 학생들이 집에서 연습하도록 하는 수준으로 합창부 활동을 실시할 수밖에 없었다.

2020학년도 2학기쯤 코로나19 팬데믹 상황이 조금 나아지자, 비로소 합창부도 모여서 연습을 할 수 있게 되었다. 오랜만에 모인 첫 대면 연습에 학생들은 다소 어색한 듯한 모습을 보였다. 책상에는 투명 가림판이 붙어 있으며, 평소에 쓰지 않던 마스크를 착용하고, 서로 책상 한 칸씩을 띄우고 앉아 있자니 누구나 어색할 법하다. 여기에 더해 학생들이 입에 쓴 마스크와 책상에 붙인 비말 차단용 아크릴판 때문에 노래를 불러도 목소리가 잘 들리지 않았다. 교사는 교사대로, 학생은 학생대로 힘든 연습이었다.

그럼에도 불구하고 코로나19로 인해 여러 교육 활동이 제한되어 있었기 때문에 합창 연습을 하러 모인 학생들은 노래 부르기를 즐거워했고, 얼굴에는 생기가 돌았다. 나는 합창부 학생들에게 물었다.

"마스크 쓰고 노래 부르는 거 힘들지 않아?"

내 질문에 학생들은 답해 주었다.

"코로나19 때문에 우울했는데 학교에 나와서 노래하면 스트레스가 풀려요."

"합창부 와서 노래하니까 학교 다니고 있다는 게 실감 나요."

"마스크가 답답하기는 한데, 노래하는 건 재미있어요."

방역 수칙 준수를 강요하고 수칙 위반에 엄격해진 사회와 학교의 분위기, 코로나19로 어려워진 친구들과의 교류. 이로 인해 무너지는 공동체 의식 속에서 사회적 우울감을 느끼고 있던 합창부 학생들은 함께 노래하며 우울감을 극복할 수 있었다.

학생들은 열심히 즐겁게 합창 연습에 참여했다. 당시 나는 〈에듀포르테(EduForte)〉라는 유튜브 채널을 개설해 학생들과 소통하고 있었다. 이 채널을 활용해 합창부 학생들과도 대면 연습과 비대면 연습을 병행했다. 우리는 2학기 동안 〈아름다운 나라〉라는 곡을 연습했다. 나는 학생들이 공연할 수 있는 기회를 만들어 주고 싶었으나, 2학기가 끝나가도록 코로나19 팬데믹 상황이 좋아지지는 않았다. 어떻게 해야 힘든 상황 속에서도 1년 동안 열심히 합창부 활동에 참여한 학생들에게 추억을 만들어 줄 수 있을지 고민에 고민을 거듭했다.

이 시기 학교 예술교육은 극도의 침체기를 겪고 있었다. 그럼에도 다양한 방법을 시도하며 학교 예술교육의 끈을 놓지 않고 노력하는 음악 선생님들이 계셨다. 그중에서 특히 인상 깊었던 것 중 하나로 '온라인 합창'이 있었다. 평소 합창에 관심이 있다 보니, 유튜브 알고리즘에 의해서 '온라인 합창' 영상을 추천받았다. 그동안 보지 못했던 새로운 방식이었고, 꽤 감동적이었다. 이에 영감을 받아 우리 합창부 학생들의 〈아름다운 나라〉를 온라인 합창 영상으로 제작해야겠다고 마음먹었다. 학생들에게 그동안 배웠던 〈아름다운 나라〉의 반주에 맞추어 노래 부르는 자신의 모습을 녹화하도록 가이드라인을 제시하고, 학생들이 촬영한 영상을 수합했다. 학생들이 노래한 영상은 편집을 거쳐 〈아름다운 나라〉 온라인 합창 영상으로 제작되었다.

영상 제작 과정을 아주 간결하게 적었지만, 결코 만만치 않았다. 학생들이 반주 MR에 맞춰 노래해 보내준 영상은 해상도와 비율도 제각각이었고, 녹음 음질이 좋은 영상이 있는 반면에 지지직거리는 소리가 함께 녹음되어 듣기가 힘든 영상도 있었다. 게다가 음정과 박자를 틀리게 녹음한 학생들도 여럿 있었다. 몇몇 학생들은 영상 제출을 하지 않아서 여러 번 독려하여 겨우 영상을 받기도 했다. 영상을 수합한 후에도 합창 영상을 만들기 위해 거의 한 달 내내 저녁에도 일을 했다.

각고의 노력 끝에 영상 제작이 완료되었고, 온라인 합창 영상을 감상한 합창부 학생들은 신기해하고 뿌듯해했다. 비록 공연을 하지는 못했지만 자신들이 부른 노래를 온라인 합창 영상이라는 결과물로 접한 학생들의 얼굴과 마음에 기쁨이 가득한 것이 느껴졌다. 학생들은 학교 선생님들께 합창 영상을 보여 드리기도 하고, 친구와 가족들에게 영상을 보내 자랑하기도 하면서 그동안 어려운 환경 속에서도 열심히 연습에 임한 수고를 박수와 찬사로 보답받았다. 학생들은 코로나19 팬데믹으로 인해 우울했던 2020

학년도를 합창을 통해 극복하며, 인생이라는 책에 행복한 추억을 한 페이지 더할 수 있었다.

2 음악이 일으키는 작지만 큰 변화

◉ 누구나 연주할 수 있는 피아노

코로나19가 극성이던 2020학년도에 학교에는 이유 모를 삭막함이 느껴졌다. 코로나19 때문에 학생들의 활동에 많은 제한이 따랐고, 앞서 언급했듯이 음악 활동도 거의 이루어지지 못했다. 이런 학교 분위기가 어색했고 마음에 들지 않았다. 음악 교사로서 학생들이 자연스럽게 음악을 향유할 수 있는 환경을 만들고 싶었고, 학교 곳곳에 음악 소리가 울려 생기 넘치는 학교 분위기가 조성되었으면 하는 바람이 생겼다.

학교에는 본관과 후관을 연결하는 홈 베이스(home base)가 2~5층에 각각 있었는데, 이 홈 베이스에 누구나 연주할 수 있는 피아노를 비치하고 싶었다. 이 계획이 성사되기 위해서는 교장·교감 선생님 그리고 학교 선생님들의 동의가 필요했다. 누구나 연주할 수 있는 피아노를 학교에 비치하는 것의 필요성, 운영하기 위한 방역 수칙 준수 계획, 관리 계획 등을 세워 교장·교감 선생님을 뵙고 말씀을 드렸더니 의외로 흔쾌히 허락하셨다. 학교 선생님들께서 반대하시지 않을까 걱정했는데, 다행히 선생님들도 찬성해 주셨다. 다른 학교는 복도나 홈 베이스에 피아노를 비치했을 때 관리와 소음 문제를 염려하여 반대하는 경우가 더러 있다고 들었다. 그런데 우리 학교 선생님들은 감사히도 찬성해 주신 것이다. 평소 약간의 불편이 생기더라도 학생들을 위해 감수하셨던 선생님들의 교육관과 혁신학교였던 학교 분위기가 있었기에 가능했다는 생각이 든다.

누구나 연주할 수 있는 피아노를 비치하기 위한 사전 작업은 모두 완료되었으나, 정작 학교에 비치할 수 있는 피아노가 없었고 피아노를 구매할 예산도 없었다. 나는 피아노를 구해 보고자 중고거래 어플에 '코로나19로 힘든 학교 상황 설명'과 '학생들을 위해 피아노가 필요하다'는 내용을 담아 피아노 기증을 부탁드리는 글을 올렸다. 가끔 중고거래 어플에 피아노 무료 나눔 글이 올라온 것을 보았기 때문에, 누군가는 연락하지 않을까 하는 막연한 기대를 가지고 글을 작성한 것이다. 놀랍게도 기대는 현실이 되어, 우리 학교에는 피아노 두 대가 생기게 되었다. 기증받은 피아노를 3층과 4층의 홈 베이스에 비치하고, 방역 수칙과 피아노 연주 시 주의 사항을 프린트하여 피아노에 부착했다. 음악수업 시간에도 학생들에게 주의 사항을 교육했고, 피아노 소리가 너무 크지 않도록 소리를 줄여 다른 학생들과 선생님들을 배려했다. 피아노를 모르는 학생들도 피아노를 연주할 수 있도록 건반에 계이름 스티커를 부착했다.

학교에 '누구나 연주할 수 있는 피아노'가 생기자 학생들은 쉬는 시간과 점심 시간에 삼삼오오 모여들어 피아노를 연주하고 감상하기 시작했다. 피

아노를 잘 연주하지 못하는 학생이든 잘 연주하는 학생이든 피아노 앞에 앉아 연주자가 되었다. 〈젓가락 행진곡〉, 〈고양이 춤〉, 동요 〈비행기〉부터 시작해 리스트의 〈라 캄파넬라〉, 베토벤의 〈월광 3악장〉, 쇼팽의 에튀드 〈겨울바람〉 등 다양한 음악이 들려 왔다. 학생들은 처음에는 쭈뼛쭈뼛 다가와 쑥스럽게 피아노를 연주했지만, 이내 연주에 빠져들었다. 감상하는 학생들은 연주를 들으며 연신 감탄사를 내뱉고 박수를 쳤다. 누구나 연주할 수 있는 피아노는 '도레미'만 칠 줄 아는 학생부터 전공생 수준의 연주를 소화하는 학생까지, 그야말로 누구나 와서 자유롭게 연주했고, 학교에 활력을 불어넣는 '문화'가 되었다. 음악이 만드는 긍정적인 힘을 다시 한번 확인한 순간이었다.

◉ 음악교육은 교사를, 학생을 변화시킨다

2020~2021학년도에 학교에 다양한 음악 동아리를 만들어 운영했다.

2020학년도에는 코로나19 팬데믹이 심했기 때문에 합창부를 제대로 운영할 수 없었고, 노래 대신에 악기를 연주하는 동아리를 하나 더 만들어 운영해야겠다는 생각이 들었다. 2학년에서 가장 활발하고 튀는 남학생들 10명에게 연락해 새롭게 만들 사물놀이 동아리에 가입해 함께 활동할 생각이 있는지 물었다. 학생들은 흔쾌히 가입하겠노라 대답했다. 그렇게 우리 학교에는 사물놀이 동아리 '갠지갱'이 탄생했다. 2021학년도에는 합창부와 사물놀이부를 유지한 상태로 '상상블'이라는 기악 앙상블 동아리, '가야소리'라는 가야금 병창 동아리, 'PM'이라는 피아노 독주 동아리를 새롭게 개설했다. 또 기존에 존재했지만 코로나19 때문에 개점휴업 상태였던 밴드 동아리 'The One'도 새롭게 멤버를 뽑아 본격적으로 활동을 시작했다. 6개의 음악 동아리에서 활동하는 학생들의 수는 110여 명에 달했다.

지금 생각해 보면 일반 중학교에서 이렇게 많은 음악 동아리를 운영한다는 것이 가능한 일인가 싶지만, 당시에는 힘든 줄도 모르고 운영했다. 학교에 한 분 더 계셨던 음악 선생님의 도움과 다른 교과 선생님들의 도움, 학교의 전폭적인 예산 지원, 교육청 사업을 신청해 받아 온 예산 등의 환경이 갖춰져 있었다. 나 역시 2019학년도부터 꾸준히 음악 동아리를 운영하며 쌓아온 역량이 최고조에 도달했기에 가능한 일이었다고 생각한다. 그러나 여러 개의 음악 동아리를 운영하는 것은 결코 쉬운 일이 아니었다. 평일은 물론 주말까지 초과 근무를 하고 방학에도 출근하며 한 해를 보냈다.

음악 동아리가 활발하게 운영되자 학교의 분위기도 활기를 되찾기 시작했다. 쉬는 시간과 점심시간, 종례 후에도 아름다운 음악 소리가 학교에 울려 퍼졌고, 음악은 음악 동아리를 하는 학생뿐만 아니라 일반 학생들에게도 학교생활의 일부가 되어 가고 있었다. 우리 학교 5층에는 공연을 위한 멋진 이벤트 홀이 조성되어 있었는데, 음악 동아리가 많다 보니 한 학기에도 여러 음악 동아리의 공연이 그곳에서 진행되곤 했다. 음악 동아리 학생들은 동아리 활동과 공연을 통해 '작은 음악가'로 변화하고 있었고, 공연을 감상하는 학생들도 음악을 향유하고 공연에 참여하며 '적극적인 감상자'로 변화하고 있었다.

2021학년도의 우리 학교는 일반 중학교가 아니라 거의 예술중학교에 버금갈 정도로 음악이 흐르는 학교가 되었다. 나는 우리 학교 음악 동아리 학생들이 그동안 쌓아 온 실력과 열정을 교직원, 학생뿐만 아니라 학부모님도 느낄 수 있는 자리를 마련하고 싶었다. 그래서 2021년이 지나기 전에 교직원, 학생, 학부모를 초대하여 학교 자체 음악회를 개최하기로 마음먹었다. 어떻게 할까 고민하다가 외부 공연장을 대관했다. 음악회의 명칭은 '송년 음악회'. 학생들에게 이 사실을 알렸더니, 외부 공연장에서 부모님을 초대하여 공연을 한다는 사실에 한껏 들떠 더욱 열심히 연습을 하기 시작했다.

그러던 중 나와 학생들에게 찬물을 끼얹는 소식이 들려왔다. 12월쯤 되니 코로나19 팬데믹이 다시 악화되기 시작했는데, 교장·교감 선생님께서 이를 걱정하여 송년 음악회를 취소하기를 바라신 것이다. 나는 이 요구를 듣고 상당히 당황스러웠으나, 코로나19가 다시 퍼지고 있는 것도 사실이었기 때문에 깊은 고민에 빠졌다. 먼저 학생들에게 이 사실을 알리고 어떻게 하고 싶은지 물었다. 학생들은 너무나 당연히도 엄청난 아쉬움을 표현하며 송년 음악회를 예정대로 진행하기를 바랐다. 나도 학생들과 같은 생각이어서, 일단 알겠다고 말하고 며칠간 고민을 이어 갔다. 그런데 그 동안, 송년 음악회가 취소될지도 모른다는 소식을 들은 학생들의 사기가 땅바닥에 떨어졌고 너무나 우울해했다. 그런 학생들의 모습은 지도교사인 내 마음을 정말로 아프게 했다.

머칠의 고민을 끝내고 교장 선생님을 찾아가서 송년 음악회를 그대로 추진하겠다고 말씀드렸다. 교장 선생님께서는 눈을 감으시더니 한동안 말씀이 없으셨다. 얼마 후 교장 선생님께서는 "꼭 하셔야겠습니까?"라고 물으셨고, 나는 "네."라고 말씀드렸다. 교장 선생님과 치열한 논의 끝에, 외부 인원 초청 없이 동아리 학생들끼리만 공연하고 이를 모두 촬영하여 교직원, 학생, 학부모에게 보내는 것으로 조정했다. 학생들에게 이 사실을 전했더니 여전히 아쉬워하면서도, 그렇게라도 송년 음악회를 할 수는 있음에 안도하며 동아리 활동은 다시 활기를 되찾았다.

어느덧 다가온 송년 음악회 날. 송년 음악회는 그동안 열심히 연습한 학생들의 '축제의 장'이 되었다. 학생들에게 약속한 대로 음악회를 모두 촬영하여 교직원, 학생, 학부모에게 보냈고, 동아리 학생들은 여러 소감을 전해주었다.

"집에서 TV로 틀어 놓고 가족끼리 다 같이 봤어요."

"부모님께서 저희 잘한다며 깜짝 놀라셨어요."

"부모님께서 정말 좋아하셨고, 저도 정말 뿌듯했어요."

그렇게 나와 학생들은 엄청난 음악적 성장을 함께 이루며 2021학년도를 마무리할 수 있었다.

청소년기에 음악을 향유하는 경험을 제공하는 것은 음악교육의 발전을 위해서 굉장히 중요하다. 청소년기의 음악 경험이 곧 학생들의 기호가 되어 음악을 삶의 일부로 받아들이고, 이들이 성인이 되어서도 음악을 직접 찾아 듣고, 음악 공연을 관람하고, 아마추어 음악 단체에서 활동하고, 더 나아가 음악교육의 발전을 위한 지지자가 될 수 있는 기반을 마련하기 때문이다. 어떤 학생들에게는 청소년기의 음악 경험이 진로가 되기도 한다. 합창부 활동을 한 어떤 학생은 음악교육과와 성악과에 진학했고, 밴드부 활동을 한 어떤 학생은 실용음악과에 진학했다. 이 외에도 동아리의 많은 학생들이 음악과 관련된 전공을 하기 위해 준비 중이라는 소식을 들었다.

이와 관련된 일화가 하나 떠오른다. 2019학년도에 중학교 1학년으로 입학한 학생이 있었다. 얼굴이 하얗고 귀엽게 생겼던 혁준이(가명)는 피아노를 굉장히 좋아하고 연주를 잘하는 학생으로, 음악수업 전 쉬는 시간에 항상 일찍 음악실에 와서 피아노 연주하는 것을 즐거워했다. 그런데 1학기가 끝날 무렵 혁준이가 학교에서 쓰러졌다

2021학년도 송년 음악회 전체 영상

공연 후 전체 사진

는 소식을 들었다. 그 후로 학교에서 혁준이를 보지 못했다. 얼마 후 혁준이가 소아백혈병 진단을 받았다는 소식을 들었다. 너무나 안타까운 소식에 마음이 아팠지만, 혁준이의 담임이 아니었기 때문에 치료에 전념하고 있다는 소식 외에 자세한 소식을 들을 수는 없었다.

시간은 흘러 2021학년도가 되었다. 그런데 혁준이가 2학년으로 학교에 복귀한 것이 아닌가? 반가운 마음에 혁준이를 보러 갔는데, 오랜만에 만난 혁준이의 얼굴에는 병을 치료하기 위해 고생한 흔적이 역력했다. 항암치료로 인해 얼굴은 과거에 비해 부어 있었고, 머리카락도 많이 얇아져 있었다. 학교에서도 기운 없이 지내는 혁준이를 보고 있자니 마음이 아팠다.

그런 혁준이가 음악 이야기를 할 때와 피아노를 칠 때만큼은 눈에 생기가 돌고 반짝반짝 빛이 났다. 이런 혁준이의 모습을 보니 음악 교사로서 혁준이가 가진 재능을 다른 학생들 앞에서 보일 수 있는 기회를 만들어 주고 싶었다. 1학기에는 교내 피아노 연주회에서, 2학기에는 교외 송년 음악회에서 피아노 연주를 할 수 있게 해주었다. 기운 없어 보이던 혁준이의 평소 모습과는 다르게 굉장히 힘 있는 피아노 연주를 감상한 다른 친구들의 입은 떡 벌어졌고, 연신 감탄사를 내뱉었다. 친구들 앞에서 피아노를 연주하며 행복해하던 혁준이의 얼굴이 아직도 기억에 또렷하게 남아 있다.

2022학년도가 되어 나는 다른 학교로 떠났고, 혁준이는 3학년이 되었다. 몇몇 학생들로부터 혁준이가 학교생활을 잘하고 있으며, 나를 그리워한다는 소식을 전해 들었다. 그 뒤 혁준이가 피아노 전공으로 예술고등학교에 입학했다가 체력적인 한계로 집 근처 인문계 고등학교로 전학을 갔다는 소식을 들었다. 2023년 어느 날 우연히 혁준이와 통화하며 이야기를 나누게 되었다. 나는 혁준이에게 나중에 어떤 삶을 살고 싶은지를 물었다. 그러자 혁준이는 교사가 되려고 한다고 대답했다. 내가 그 이유를 물으니 "저는 선생님을 보면서 선생님 같은 교사가 되고 싶다고 생각했어요!"라고 답하며 내게 정말 감사하다는 인사를 해주었다. 나를 보며 교사의 꿈을 꾸게 되었다는 제자의 감사 인사. 교사에게는 최고의 칭찬이 아닌가! 혁준이의 감사 인사를 들은 나는 큰 기쁨과 보람이 샘솟았다.

음악교육은 학생들에게 큰 영향을 미친다. 학생의 인성, 생활 태도, 가치관을 변화시키기도 한다. 학생들의 긍정적인 변화는 곧 교사에게도 변화를 가져온다. 교사의 신념과 교육관을 성장시키고, 학생을 대하는 교사로서의 마음가짐을 바르게 유지할 수 있게 해주며, 교사를 교사답게 만드는 성장의 원천이 된다. 이 글을 읽는 여러분들도 음악교육이 지닌 위대한 힘을 믿고, 적극적인 음악교육을 실천하는 교육자가 되기를 바란다.

1 음악교육과 입학을 꿈꾸는 그대에게

 음악교육과를 지원하기 전

나는 감사하게도 2021년부터 모교 대학 음악교육과에서 강의를 하게 되었다. 사범대학 음악교육과는 중등학교 음악 교사 양성기관이기에, 나는 음악교육과 학생들은 모두 음악 교사가 되기 위해 입학했겠거니 생각했다. 내 생각처럼 대부분 학생들은 음악 교사라는 확실한 목표를 가지고 음악교육과에 입학했으며, 음악 교사가 되기 위해 노력하고 있었다. 그런데 일부 학생들은 여러 고민을 갖고 있었다.

"음악교육과에 입학하기는 했는데, 정말 음악 교사가 되고 싶은지 잘 모르겠어요."

"저는 음악 교사가 아니라 '음악연주자'를 하고 싶었는데, 부모님의 권유로 음악교육과에 입학했어요. 그래서 그런지 학과 커리큘럼을 따라가기가 너무 벅차요."

"저는 음악 교사가 되고 싶은 확신이 없어서 사범대학 다른 과를 복수전공하고 있어요.”

“나중에 교사가 된다고 해도 학생들을 가르치는 것에 자신이 없어요.”

나는 내 세대에 비해 영리하고 더 많은 정보를 접하는 요즘 학생들 중에서도 이런 고민을 가지고 있는 학생들이 꽤나 있다는 사실에 놀라지 않을 수 없었다.

이유는 무엇일까? 이러한 학생들의 고민은 진로의 불확실성과 자기 탐색의 부족에서 비롯되었을 것이다. 음악교육과에 입학한 다수 학생들은 고등학생 때 자신의 특성, 적성, 강점 등에 대해 탐색하고 진로에 대해 충분히 고민한 뒤 입학한다. 반면에 이러한 고민 과정을 거치지 못했거나 부모님의 등쌀에 떠밀려서 입학한 학생도 있고, 얼추 성적에 맞추어서 입학하거나 혹은 막연한 기대로 입학한 학생도 있다. 이런 학생들이 위와 같은 고민을 하고 있을 것이다.

이러한 고민에 대한 해답을 내리지 못한다면 4년간의 대학 생활이 순탄치 않을 수 있다. 실제로 고민을 거듭하다 도중에 자퇴하거나, 음악교육과를 졸업하고도 ‘음악’ 또는 ‘교육’과 전혀 관련 없는 다른 일을 하는 사례도 심심치 않게 접할 수 있다.

따라서 음악교육과에 입학하기 전에 본인이 음악 연주를 하거나 음악 지식을 공부하는 것을 좋아하는지, 다른 사람에게 음악에 관해 이야기하는 것이 즐거운지 생각해 보자. 그리고 다른 사람에게 무언가를 알려 주고 가르치는 것에 보람을 느끼는지, 다른 사람과 소통하는 것에 어려움이 없는지 등을 충분히 고려한 뒤 음악교육과에 지원하는 것을 결정할 필요가 있다.

◉ 음악교육과에 입학한 후

음악교육과에 입학하면 그동안 배우지 못했던 새로운 학문을 접한다. 교육심리, 교육철학, 교육과정, 교육행정 등의 '교직' 과목과 음악교육론, 감상지도법, 화성학, 음악이론, 음악사, 음악교재연구지도법 등의 '전공(이론)' 과목, 합창·합주, 피아노반주법, 장구반주법, 시창·청음, 현악·관악 실기, 밴드·앙상블 등의 '전공(실기)' 과목을 수강한다. 내가 대학 때 들었던 과목 중 인상 깊었던 과목은 '음악교육론', '음악교재연구지도법', '화성학', '피아노반주법', '합창' 등이 있다. 고등학생 때는 배울 기회가 적었던 전공 과목들을 수강하면서 음악과 음악교육에 대해 깊이 있게 이해하고, 음악교육과에 입학했음을 실감하게 된다.

그런데 사범대학 학생들은 다른 단과대학 학생들보다 졸업 이수 학점이 더 높다. 또 다른 단과대학은 보통 한 과목이 3학점인데 비해 사범대학은 한 과목이 2학점인 경우가 많다. 즉, 같은 학점을 이수하더라도 한 학기에 수강해야 하는 과목의 수가 다른 단과대학 학생에 비해 많은 것이다. 한 학기에 수강하는 과목이 많아질수록 시험과 과제에 대한 부담이 늘기 때문에 사범대학 학생들은 눈코 뜰 새 없이 바쁘다. 여기에 더해 음악교육과는 실기 과목이 많아 학습량 부담이 더욱 높다.

이런 어려움에도 불구하고 내가 만난 음악교육과 고학년 학생이나 졸업생들 대부분은 입 모아 말한다.

"힘들더라도 대학생 때 최선을 다해 학과 커리큘럼을 성실히 이수하고, 열심히 공부해야 합니다."

"저학년부터 학과 커리큘럼에 충실하지 않은 게 지금 와서 후회됩니다."

왜 이렇게 말하는 것일까? 대학 때 배우는 과목들은 임용고시 합격을 위해서도, 교단에서 학생들을 가르칠 때도 큰 도움이 되므로 시간이 지나 돌이켜 봤을 때 '열심히 할걸.' 하는 후회가 남기 때문일 것이다. 그중에서도 특히 '실기' 과목은 1학년부터 4학년까지 꾸준히 연습해야 한다고 말한다. 실기 능력은 벼락치기를 한다고 늘지 않으며, 많은 기간 동안 꾸준하게 연습을 해야 늘기 때문이다.

한편 앞서 언급했듯이 음악을 좋아하고 음악이론이나 실기에 적성과 흥미를 갖고 있으나, '가르치는 것'이 부담되거나 두려워 음악교육과에 입학하고도 방황하는 학생들도 있다. 충분히 이해되는 상황이다. '내가 음악을 좋아하는 것'과 '좋아하는 음악을 다른 사람에게 가르치는 것'은 별개의 문제이다.

그렇다면 이 문제는 어떻게 해결해야 할까? 쉽게 해답을 찾기는 어려울 수도 있으나, 교육 봉사(기부)를 다니거나 교육실습(교생)을 통해 해답을 찾는 학생들을 보았다. 지역아동센터나 초중고등학교에 교육 봉사를 다니며 자신이 '가르치는 것'에 보람을 느끼는지 확인하는 학생들이 있었다. 또 교육실습을 나가 실제로 중·고등학생들과 소통하고 음악수업을 하며 자신이 가진 두려움과 불확실함에 해답을 찾는 학생들도 있었다.

위 방법 외에도 '가르치는 것'에 막연한 두려움의 '진짜' 근원을 파악하는 것이 필요하다. '가르치는 것' 자체에 두려움이나 부담감을 가진 학생들이 있는 반면에 (본인도 인지하지 못한) 다음과 같은 숨겨진 진짜 이유로 '가르치는 것'에 두려움을 느끼는 학생도 있다.

'내가 학생들을 가르칠 만큼 충분한 음악적 지식이나 실력이 있을까?'

'내가 내 수업 시간이나 학교 생활 중에 문제 행동을 일삼는 학생들을 지도할 수 있을까?'

스스로에게 질문을 던지면서 본인이 '가르치는 것'에 대해 느끼는 두려움의 '진짜' 근원을 명확히 파악할 필요가 있다. 원인을 파악했다면 본인의 음악 지식과 실기 실력을 증진시키기 위해 노력을 하고, 학생의 수업지도 · 생활지도와 관련된 도서를 공부하거나, 학과 교수님이나 현직 교사와의 멘토링을 통해 '가르치는 것'에 막연한 두려움을 없앨 수 있을 것이다.

지금까지는 다소 학구적인 부분에 대해서만 다룬 것 같다. "그럼 대학 생활 내내 놀지 말고 공부만 하라는 말인가요!?"라는 질문이 절로 떠오르지 않는가? 절대로 그렇지 않다. 대학 생활 동안 '공부하는 것'만큼 중요한 것이 바로 '노는 것'이다. 선후배 · 동기들과 즐겁게 놀고, MT에도 참여하고, 대학 축제에도 참여하며 즐겨라! 하고 싶은 동아리 활동이 있다면 참여하고, 다양한 공연을 보고, 또 본인이 직접 공연하는 기회도 만들어 무대에 많이 서보라. "교육의 질은 교사의 질을 뛰어넘을 수 없다."라는 말처럼, 여러분이 대학 생활 동안 겪는 모든 경험은 나중에 교사가 되었을 때 활용할 수 있는 소중한 양분이 될 것이다.

2 음악 교사가 되기를 꿈꾸는 그대에게

◉ 그대는 어떤 교사가 되기를 꿈꾸는가?

내가 대학생 때 성악 실기 지도를 해주시던 정애련 교수님께서는 항상 말씀하셨다.

"화동아, 교사가 되면 꿈을 이뤘다고 할 수 있을까? 그럴 수도 있지만, 교사가 된 후에 네가 어떤 음악 교사가 될 것인지를 항상 생각해야 한단다. 꿈 너머의 꿈을 꾸어야 해."

교수님께서 해주신 조언은 '아, 빨리 임용고시 합격해서 교사 되고 싶다. 합격만 한다면 이 고생도 끝일 텐데…….'라고 단순한 생각만 하던 내게 임용고시 합격 이후에 어떤 음악 교사가 될지, 어떤 삶을 살아야 할지 고민하게 해주었다.

"그대는 어떤 교사가 되기를 꿈꾸는가?"

학생들에게 지식을 전달하는 것을 넘어, 그들의 삶에 긍정적인 영향을 미치는 교사가 되고 싶은가? 아니면 끊임없이 배우고 성장하며 스스로의 만족을 추구하는 교사가 되고 싶은가? 아니면 직장인 마인드로 일과 삶을 분리하여 균형을 추구하는 교사가 되고 싶은가? 정해진 답은 없다.

하지만 한 가지 확실한 것은, 교사로서의 삶은 끊임없는 성장의 과정이라는 점이다. 학생들을 가르치며 배우고, 그들의 순수한 열정에서 영감을 얻으며, 함께 성장하는 기쁨을 누리는 것. 이것이야말로 교사라는 직업이 주는 가장 큰 행복이 아닐까.

교단에 서는 그날, 그대는 이미 꿈을 이룬 사람이다. 이제 그 꿈을 넘어설 새로운 꿈을 꿀 시간이다. '그대는 어떤 교사가 되기를 꿈꾸는가?' 그 질문에 대한 답은 당신이 만들어 가는 모든 순간 속에 담길 것이다.

음악 교사도 공동체가 필요해

신규 교사로 임용이 되면 업무나 수업, 학급 운영 측면에서 선배 교사들에 비해 미숙하기 마련이다. 때문에 홀로 고군분투하기보다는 어디에선가 서로 고민을 나누고 도움을 주고받을 수 있는 공동체가 있다면 좋을 것이다.

내가 신규 발령 후 받은 업무는 '자치창체부 기획'이었다. 부장님 한 분과 기획인 나, 이렇게 두 명이 부서 업무를 담당했다. 부장님을 처음 뵀을 때 이유 모를 '예술가'의 향기가 느껴졌는데, 역시나 부장님은 '미술' 선생님이셨다. 부장님과 교과연구회나 교과 모임에 대한 이야기를 나누게 되었다. 부장님은 우리 지역에 '미술 교과연구회'가 큰 규모로 활발하게 운영되고 있다고 하셨다. 연구회에서는 매년 미술과 신규 교사가 들어오면 환영하고, 연구회 선생님들끼리 서로 교류하고 연구도 하며 미술 교과의 발전을 위해 노력하고 있다고 하셨다.

부장님의 말씀을 들은 나는 정말 부러운 마음이 들었다. 우리 지역에는 여러 음악 선생님들이 함께하는 큰 규모의 교과연구회나 모임이 없었기 때문이다. 부장님은 덧붙여 연구회의 미술 선생님들끼리는 학교를 이동할 때마다 일정 수준 이상의 학습 기자재나 재료를 구비해 놓고 이동을 한다고 말씀하셨다(공립학교 교사는 보통 4~5년 주기로 학교를 옮긴다). 그렇게 되면 학교를 옮기더라도 재료나 기자재가 없어서 수업을 하기 어려운 상황이 생기지 않기 때문이라고 말씀하셨다. 정말 긍정적인 공동체이지 않은가?

음악 교과도 학생들의 음악적 성장을 위해서는 다양한 악기와 기자재가 필요하기는 마찬가지이다. 그러나 현실은 아름답지 않다. 학교에 따라 보유한 악기나 기자재의 수준이 천차만별이다. 악기와 기자재가 많이 구비된 학교에 발령을 받으면 다양한 음악수업을 통해 학생들의 음악적 성장을 기대할 수 있지만, 그렇지 않은 학교에 간다면 학생들과 할 수 있는 수업의 종류가 극히 제한된다. 주위 음악 선생님들과 이야기를 해보면, 악기와 기자재가 잘 갖춰진 학교보다 그렇지 않은 학교가 훨씬 많았다. 음악 교과도 연구회나 공동체가 활성화되고 공동의 약속이 생긴다면, 학교 음악교육의 환경이 좀 더 나아지지 않을까 하는 아쉬움이 남았다.

내가 학교 현장에서 만난 동료 음악 선생님들은 대부분 개인별로 열심히 연구하시고 음악교육의 부흥을 위해 노력하고 계셨다. 이러한 노력이 더 빛을 발하기 위해서는 함께 연구하고 교류하는 공동체가 필요하다고 생각한다. 여러분이 교사가 된다면 근무 지역의 음악 교과연구회나 공동체를 찾아 열심히 활동해 보기를 바란다. 활동할 수 있는 연구회나 공동체가 없다면, 여러분이 주역이 되어서 훌륭한 연구회나 공동체를 직접 일구어 음악교육의 미래를 밝혀 주기를 바란다.

◉ 예비 음악 교사는 음악교육의 미래

학교 현장에서 음악교육의 입지가 갈수록 좁아지고 있다. 본래 '음악'은 독립된 교과였으나, 2009 개정 교육과정부터 '예술 교과군'이라는 개념이 도입되고 '음악' 교과와 '미술' 교과가 하나의 교과군으로 편제되었다. 이것은 '음악'과 '미술' 외에도 다른 예술 분야가 공교육의 교과목으로 개설될 수 있는 토대가 마련된 것이라고 볼 수 있다. 실제로 2022 개정 교육과정에는 연극 등의 예술 분야가 예술 교과군의 해당 과목으로 기재되어 있다. 이것은 학생의 선택권을 확대한다는 측면에서는 긍정적인 변화이나, 예술 교과군에 해당하는 분야가 많아질수록 학교 교육에서 음악교육의 비중이 줄어들 수 있는 가능성이 높아진다는 것을 시사한다.

한편 인문계 고등학교에서는 입시 교육에 초점이 맞춰지는 탓에 학생들이 수능 과목에 해당하지 않는 교과들을 소홀히 하는 문제도 지속적으로 생기고 있다. 음악수업을 하는 교사에게 학생들이 "수능을 보는 과목도 아닌데, 왜 수업을 들어야 하나요?"라고 묻거나, 대놓고 음악수업 시간을 자습시간으로 요구하는 경우도 있다. 심한 경우 학교에서 의도적으로 음악수업을 고등학교 3학년에 몰아넣어 수업을 하기 어려운 환경을 조성하여, 음악시간을 자습시간으로 활용하는 경우도 생기고 있다.

이런 현실을 개별 음악 교사가 해결하기는 쉽지 않지만, 다음과 같은 노력을 할 수 있을 것이다.

첫째, 수업을 항상 열심히 준비하고 학생들의 삶과 직결된 음악수업을 하여, 학생들이 음악 교과를 삶에 필요한 교과로 자연스럽게 인식하도록 할 필요가 있다. 이는 교사가 수업을 유익하면서도 재미있게 구성하는 것뿐만 아니라 학생의 흥미, 사회적 유행, 새로운 에듀테크 등을 민감하게 반영하는 것을 포함한다.

둘째, 다양한 음악 동아리를 운영하여 학생들이 정규 수업 이외에도 음악을 더 깊이 있게 체험할 수 있는 기회를 제공할 필요가 있다. 앞서 서술했듯이 학생들이 음악교육을 통해 음악 교과에 대한 긍정적인 감정을 형성할수록, 음악교육의 지지자가 될 수 있기 때문이다.

셋째, 음악과 관련된 교내 행사를 기획하고 주도하여, 음악이 학교 공동체에 활력을 불어넣는 중요한 역할을 한다는 것을 보일 필요가 있다.

넷째, 지역사회 · 예술가 · 단체와 협력으로 교내외 다양한 음악 프로젝트(공연, 워크숍, 진로탐색 등)를 진행하여 음악교육의 저변을 넓힐 필요가 있다.

다섯째, 음악 교사들이 함께 활동하는 공동체를 결성하고 활성화해야 한다. 다른 학교의 음악 선생님들과 소통하며 좋은 수업 사례를 공유하고, 음악교육이 당면한 문제 해결을 위한 방안을 함께 고민하면서 음악교육의 위상 강화를 위한 목소리를 낼 필요가 있다.

여섯째, 교육과정과 관련된 다양한 공청회나 포럼에 참여하여 학교 음악교육의 당위성을 알릴 필요가 있다. 국가 교육과정은 정치인이나 행정가들의 영향을 크게 받는다. 이들에게 학교 음악교육의 당위성을 이해시킬 수 있다면 음악교육의 미래는 지금보다 밝아질 것이다.

3 음악교육의 당위성

 당위성에 대한 숙고

이 시점에서 우리는 음악교육의 당위성에 대해 고민해 보지 않을 수 없다. 교육을 위해서는 What(교육내용), How(교수법), Who(학습자), Why(당위성) 등에 대한 고민이 필요하다. 이 중 당위성을 설명하기 위해서는 더욱 높은 수준의 숙고가 요구된다. 당위성이 없다면 교육이 필요하지 않기 때문이다.

여러분은 학교에서 '음악'을 하나의 교과로 학생들에게 가르쳐야 하는 이유가 무엇이라고 생각하는가? 음악교육이 학생들의 긍정적 인격 형성에 도움이 되기 때문에? 음악 활동을 통해 학생들의 창의성과 협동심, 공동체성이 높아지기 때문에? 음악이 학생들의 정서를 안정시키기 때문에? 음악교육이 학생들에게 문화적 다양성을 존중하는 태도를 기르기 때문에?

물론 이 이유들이 음악교육의 당위성을 설명하는 데 도움을 주기는 하나

본질적으로 음악교육의 당위성을 설명하기에는 부족하다고 생각한다. 위와 같은 이유들은 음악교육이 필요한 이유라기보다는 음악교육에 수반되는 결과에 가깝기 때문이다.

결국은 'Why?'에 대한 답을 해야 한다. 학문적으로 음악교육의 당위성을 설명하는 것은 쉽지 않은 일이나, 몇몇 음악교육자들은 다음과 같은 당위성을 제시한다.

첫째, 음악은 인간의 청각을 체계적으로 발달시키는 유일한 교과이다. 인간의 오감 중 가장 먼저 발달하는 감각은 바로 '청각'이다. 태아는 이미 모체에서 소리를 듣고 반응하며, 태어난 후에도 소리를 통해 세상을 인지하고 정서적 교감을 시작한다. 음악교육의 부재는 '청각'의 체계적인 발달을 방치하는 것과 같으며, 이는 곧 균형 잡힌 성장을 저해하는 결과를 낳으므로 학교 음악교육이 필요하다.

둘째, 음악은 예술을 향유하는 능력을 개발하는 데 핵심 교과이다. 음악 지능은 어릴 때 개발하지 않으면 점점 개발이 어려워지며 사라지기 쉽다. 듣고 느끼고 표현하는 음악 감각은 적절한 시기에 체계적인 교육을 받아야만 온전히 발달할 수 있다. 학교 음악교육의 부재는 학생들이 예술을 이해하고 즐기는 심미적 감각을 잃게 만드는 치명적인 결과를 낳는다. 따라서 학교 음악교육을 통해 학생들의 심미적 역량을 개발하여 예술을 향유하며 삶을 풍요롭게 만드는 토대를 마련해 주어야 한다.

셋째, 음악은 다른 예술의 근간이 되는 '기본 예술'의 특징을 가진 교과이다. 음악은 그 자체로도 높은 예술성을 지닌 교과이지만, 다른 예술 장르와도 가장 많이 접목되는 기본 예술이다. 무용에는 음악이 필수적이고, 영화와 연극은 음악을 통해 감정을 극대화한다. 미술 작품도 음악과 결합하여 새로운 형태의 미디어 아트로 재탄생한다. 이처럼 음악은 다른 예술 장르의 언어이자 영감을 주는 원천이다. 따라서 음악을 이해하고 다룰 줄 아는 능력은 다른 모든 예술 분야를 깊이 있게 감상하고 창작하는 데 필수적인 토대가 된다. 모든 학생들에게 음악교육을 제공함으로써, 다른 예술 분야로의 진입 장벽을 낮추고 더 넓은 예술적 세계를 경험하게 할 수 있다.

넷째, 음악은 교육 평등 실현을 위한 필수 교과이다. 음악은 경제력에 따른 교육 격차가 가장 심한 과목 중 하나이다. 경제력이 높은 가정의 학생은 어릴 때부터 다양한 음악교육을 받으며 전인적 성장을 이루나, 경제력이 낮은 가정의 학생은 계이름도 모를 정도로 교육의 격차가 극심하다. 따라서 공교육에서 모든 학생들에게 최소한의 음악적 소양을 길러 줄 필요가 있으며, 이는 보통교육의 핵심 목표인 교육 평등을 실현하는 중요한 수단이다.

다섯째, 음악은 인류의 역사와 함께해 온 전통적인 교과이다. 고대 그리스 때부터 음악은 수학, 천문학 등과 함께 지식인의 필수 교양 과목이었으며, 아리스토텔레스와 플라톤은 음악이 인간의 성품을 형성하는 데 중요한 역할을 한다고 했다. 이러한 전통은 현대까지 이어져, 음악은 보편적인 교육의 한 축을 담당해 왔다. 이처럼 음악이 인류의 역사와 함께 학교 교육의 중요한 교과목으로 자리 잡았다는 것은, 단순히 시대적 유행이 아닌 인간의 본질적인 성장을 위한 핵심 교과임을 증명한다.

여섯째, 음악은 전 세계 사람들과 소통하는 또 하나의 언어이다. 음악의 용어와 기보는 전 세계적으로 통용되어 서로 다른 나라 사람이 같은 악보를 보고 연주할 수 있다. 음악은 특정 언어에 얽매이지 않고 인간의 감정을 전달하는 보편적인 소통 수단이며, 말로 설명하기 힘든 감정을 표현하는 비언어적인 '언어'이다. 따라서 학교 음악교육을 통해 학생들이 글로벌 시대에 필요한 문화적 소통과 공감 능력을 기를 수 있도록 해야 한다.

이러한 당위성에도 불구하고 한 음악교육학자는 다음과 같이 진단한다.[*]

"많은 학생들은 음악수업의 중요성을 인식하지 못하며, 학부모나 사회인들은 자녀들의 음악교육에 소극적인 태도를 보이면서 음악교육의 당위성을 그다지 인정하지 않는다. 또 음악 교사들은 줄어드는 수업시수로 인해 위축감을 느끼고, 본인의 음악교육 신념과 학교 현장에서의 현실 사이에서 거리감을 느끼면서 음악교육의 정체성을 잃고 있다."

또 다른 음악교육학자는 조언한다.[**]

"진학과 취업의 문제에 당면한 학생들에게 예술의 세계는 거리가 먼 이야기처럼 느껴질 수도 있다. 또 정치인이나 행정가, 일반 대중은 일상생활에서 음악이 가진 힘과 가치에 대해 무관심하기 때문에, 보다 설득력 있는 음악교육의 당위성을 제시하는 것이 바로 음악교육자들이 앞으로 풀어야 할 숙제이다."

음악 교사를 꿈꾸는 여러분에게 다시 한번 묻고 싶다. 학교에서 음악을 하나의 교과로 학생들에게 가르쳐야 하는 이유가 무엇이라 생각하는가? 여러분 스스로 그 당위성과 철학을 확고히 하고 교육에 임할 때 음악교육의 가치가 실현될 수 있을 것이다.

---

[*] 김영연(2013). 〈아동심리학의 새로운 관점에서 바라본 영유아음악교육의 당위성 재고〉. 《음악교육연구, 42(1)》, pp.47–70.

[**] 참고문헌 위와 동일.

◎ 어쩌면 당위성만큼이나 중요한 것

언젠가 주변 지인들에게 중·고등학교 시절 음악 선생님이나 수업에 대한 기억을 물었던 적이 있다. 대부분 긍정적인 기억을 말해 주었지만, 일부 그렇지 않은 지인도 있었다.

"내가 학생 때 음악 선생님은 혼자서만 우아하고 고상했어. 정작 음악수업은 알아들을 수 없게 하시곤 했지."

"우리 음악 선생님은 정말 이상했어. 수업 시간에 음악은 다루지 않고 맨날 파워레인저 비디오나 틀어 주더라고."

이러한 회고가 시사하는 바는 무엇인가? 바로 음악교육의 당위성만큼이나 중요한 것이 현장에서 음악교육을 실현하는 교사라는 것이다.

아무리 뛰어난 설득력을 가진 논리일지라도 내가 마음에 들지 않으면, 내가 감정이 상하면 받아들이지 않는 게 인간의 본성이다. 음악 교사에 대한 부정적 경험은 설득력 있는 당위성의 부재만큼이나 음악교육의 가치를 흔들게 된다. 여러분도 학창시절에 경험해 보았을 것이다. 내가 좋아하는 과목이어도 선생님이 싫으면 그 시간이 싫어진다. 반대로 내가 싫어하는 과목이어도 선생님이 좋으면 그 시간이 기다려진다. 학창시절에 겪었던 감정은 성인이 되어서도 심연에 자리한다. 여러분이 학생들을 사랑하는지 또는 무관심한지 바로 알아채는 것은 바로 학생들이다.

앞으로 음악 교사가 될 여러분들에게 당부하고 싶다. 수업은 음악적으로 배울 점이 있으면서도 가능한 한 학생들이 즐거울 수 있게 준비하라. 학생들을 존중하고 사랑하고 인격적으로 대하라. 학생들과 다양한 활동을 하며 정서적 유대(rapport)를 쌓아라. 다양한 음악 동아리를 운영하여 학생들에게 깊이 있는 음악적 경험과 성취감을 제공하라. 이로 인해 학생들이 여러분과 음악에 대한 좋은 기억과 감정을 갖는다면, 그들은 성인이 되어서도 음악교육의 지지자가 될 것이라 확신한다. 학생들이 음악교육에 대해 가진 긍정적 감정은 당위성을 뛰어넘어 음악교육의 미래를 밝혀 줄 것이다.

음악 교사가 되기를 꿈꾸는 여러분들 모두가 학생들에게 사랑받는 행복한 교사가 되기를 바란다. 또한 음악교육을 통해 긍정적인 영향을 미치는, 마치 선물 같은 교사가 되기를 바라며 글을 마친다.

중등학교 음악 교사가 되기 위한 방법은 크게 세 가지가 있다.

① 사범대학 음악교육과에 입학 후 교원자격증 취득

② 교직 이수가 가능한 음악대학에 입학하여 교직 이수로 교원자격증 취득

③ 4년제 대학교 졸업 후 대학원 음악교육학과에 입학하여 교원자격증 취득

※ 교원자격증이란, 중등학교 정교사(2급) 자격증을 말함.

① 사범대학 음악교육과에 입학 후 교원자격증 취득

가장 일반적인 방법이다. 사범대학 음악교육과에 입학 후 정해진 과정을 이수하여 교원자격증을 취득할 수 있다. 대학마다 모집인원, 전형 방법, 수능 반영 방법, 실기 고사 과제 등이 다르기 때문에, 본인이 가고자 하는 대학의 입시요강에 맞추어 입시를 준비해야 한다.

다음 표는 전국 9개 대학 음악교육과의 입시요강을 정리한 표이다(경쟁률, 등급 컷 제외). 입시요강은 대학 여건에 따라 달라질 수 있다. 따라서 입시를 준비할 때는 그해의 입시요강을 다시 확인하여 준비하기를 바란다. 입시요강은 각 대학 입학처 홈페이지에서 확인할 수 있다.

건국대학교(서울, 사립)

모집인원	전형방법	수능반영방법	수능최저등급	실기고사 과제
정시(나군) 20명 (성악7/피아노7/바이올린4/비올라1/첼로1)	수능 60%, 실기 40%	국어 45%, 수학 또는 탐구 30%, 영어 25%, 한국사 감점	-	*성악: 이탈리아 가곡 1곡, 독일 가곡 1곡 *피아노: Etude나 이에 준하는 1곡, 위의 사항에 중복되지 않는 자유곡) *현악: 자유곡 1곡(7분 내외)
〈비고〉 수학과 사/과탐 영역 중 반영 점수가 높은 영역을 반영함(두 영역 중 한 영역 미응시도 가능)				

경남대학교(창원, 사립)

모집인원	전형방법	수능반영방법	수능최저등급	실기고사 과제
학생부교과 (일반면접 전형) 22명	1단계: 학생부 100%, 2단계: 1단계 성적 60% + 면접 40%	-	-	*피아노: 소나타 빠른 악장 1곡, 쇼팽이나 리스트 에튀드 중 1곡 *성악: 독일 가곡 1곡, 이탈리아 가곡 1곡 *관현악: 자유곡(소나타, 콘체르토 중 Allegro 악장) 1곡 *타악: 팀파니: Vic Firth 〈The Solo Timpanist 26 Etude 중 No.1〉 / S.Drum: Anthony J. Cirone 〈50번 중 6번〉 / Marimba: 자유곡 1곡 *작곡: 주어진 동기에 의한 30마디 내외 피아노곡 작곡(3부 형식, 전통 화성학 전체 응용), 피아노 실기 소나타 빠른 악장 1곡
기회균형전형 1명	학생부 100%			
실기전형 10명	학생부 30%, 실기 70%			
정시(나군) 실기 (일반전형) 7명	수능 40%, 실기 60%	국어 33.3%, 수학 33.3%, 영어 33.3%, 탐구 33.3% 중 3개 반영	-	

경상국립대학교(진주, 국립)

모집인원	전형방법	수능반영방법	수능최저등급	실기고사 과제
수시 실기/성적 (실기전형) 21명	교과 40%, 실기 60%		-	*성악: 이탈리아 가곡 또는 오페라 아리아 중 1곡, 독일 가곡 자유곡 1곡 *피아노: Etude 중 1곡, 자유곡 1곡(Etude 제외) *관현악: 자유곡 1곡 *작곡: 피아노 소나타 중 빠른 템포 한 악장, 주어진 동기에 의한 세 도막 형식의 피아노곡 쓰기 (30마디 내외)
정시(가군) 8명	수능 60%, 실기 40%	국어 40%, 영어 30%, 탐구 30%	-	

공주대학교(공주, 국립)				
모집인원	전형방법	수능반영방법	수능최저등급	실기고사 과제
수시 16명 농어촌 (정원 외) 2명	학생부 70%, 실기 30%		국어, 수학, 영어, 탐구(1과목) 중 상위 2개 영역의 합이 7등급 이내 (농어촌전형은 최저 없음)	*성악: 이탈리아 가곡 1곡, 독일 가곡 1곡, 피아노 소나타 빠른 악장 1곡 *피아노: 쇼팽 or 리스트 Etude 중 1곡, 고전파 or 낭만파 소나타 중 빠른 악장 1곡, 중등 음악 교과서 수준의 정악 장단치기와 민속악 장단 치기
정시(나군) 6명	수능 70%, 실기 30%	국어, 영어, 수학, 탐구 (1과목) 중 상위 3개 영역 점수 평균 반영		*작곡: 전통화성 전반에 걸친 화성풀이, 주어진 동기에 의한 세 도막 형식의 피아노곡 작곡, 피아노 소나타 자유곡 중 빠른 악장 1곡 *관현악(바이올린, 비올라, 첼로, 플루트, 클라리넷): Sonata나 Concerto 자유곡 중 빠른 악장 1곡, 피아노 소나타 자유곡 중 빠른 악장 1곡 *국악(가야금, 거문고, 해금, 대금, 피리): 〈영산회상〉 중 자유곡 1곡, 산조 자유곡 1곡, 피아노 소나타 자유곡 중 빠른 악장 1곡

목원대학교(대전, 사립)				
모집인원	전형방법	수능반영방법	수능최저등급	실기고사 과제
학생부 교과 5명	학생부 100%	–	–	*작곡: 주어진 동기에 의한 세 도막 형식의 피아노곡 작곡(제한시간 3시간), 소네티네 수준 이상의 자유곡 1곡 *성악: 이탈리아 가곡 또는 오페라 & 오라토리오 아리아 중 1곡, 독일 가곡 또는 오페라 & 오라토리오 아리아 중 1곡, 소나티네 수준 이상의 자유곡 1곡 *피아노: 고전주의 소나타 중 빠른 한 악장, 낭만주의 자유곡 1곡(etude 포함), 단선율 청음 *관현악: 자유곡 1곡, 소나티네 수준 이상의 자유곡 1곡
실기+교과 17명	학생부(교과) 40%, 실기 60%		–	
정시(다군) 실기+수능 5명	수능 40%, 실기 60%	국어, 수학, 영어, 탐구1 & 2, 한국사 중 최우수 2개 영역 반영 (최상위 영역 60%, 차상위 영역 40%)	–	

서원대학교(청주, 사립)				
모집인원	전형방법	수능반영방법	수능최저등급	실기고사 과제
학생부 교과 18명 농어촌전형 (정원 외) 2명	교과 60%, 실기 40%	–	국어, 수학, 영어, 탐구(1과목) 중 상위 2개 영역의 등급 합이 9등급 이내. 한국사 제외	*성악: 자유곡 1곡 *작곡: 주어진 동기에 의한 3부 형식의 피아노 연주곡 쓰기 *피아노: 자유곡 1곡
정시(가군) 20명	수능 80%, 실기 20%	국어, 수학, 탐구(1과목) 중 백분위가 높은 영역 2개 80% 반영, 영어 20% 필수	–	〈공통실기〉 소나타 빠른 악장 중 한 악장 〈선택실기〉 *성악: 자유곡 1곡 *작곡: 주어진 동기에 의한 2부 또는 3부 형식의 피아노 연주곡 쓰기 *피아노: 연습곡(Etude) 중 1곡

전남대학교(광주, 국립)				
모집인원	전형방법	수능반영방법	수능최저등급	실기고사 과제
수시 20명 (학생부 교과)	1단계 학생부 80%, 2단계 실기 20%	–	2개 영역의 합이 7등급 이내	*피아노: 쇼팽 에튀드 중 1곡, 베토벤 소나타 중 빠른 악장 1곡, 청음 *성악: 이탈리아 가곡 또는 오페라 아리아 중 1곡, 독일 가곡 중 1곡, 청음 *작곡: 전통 화성 전반에 걸친 화성풀이 및 분석, 주어진 동기에 의한 세 도막 형식의 피아노곡 작곡, 청음 *관현악(바이올린, 비올라, 첼로, 플룻, 오보에, 클라리넷): 자유곡 1곡, 청음

조선대학교(광주, 사립)				
모집인원	전형방법	수능반영방법	수능최저등급	실기고사 과제
수시 27명	학생부 40%, 실기 60%	–	–	*피아노: 다른 시대 자유곡 2곡 *작곡: 자유곡 1곡 *성악: 자유곡 1곡(원어, 암보) *현악(바이올린, 첼로): 자유곡 1곡

한국교원대학교(청주, 국립)				
모집인원	전형방법	수능반영방법	수능최저등급	실기고사 과제
정시(가군) 19명	수능 65%, 실기 35%	국어 또는 수학 1.1배, 영어 1.0배, 탐구 0.9배, 한국사	–	*피아노: 전 장음계 및 화성단음계의 4옥타브, 작곡자가 다른 2곡 *성악: 자유곡 1곡 *작곡: 음악이론, 간단한 작곡 실기 테스트 *가야금: 입시과제에 준하는 1곡 *서양음악이론: 기악 1곡 연주, 이론 테스트
〈비고〉 2026학년도부터 학생부종합우수자전형(수시) 5명, 기회균등전형 1명 선발함 2026학년도 수시모집의 경우 실기고사 없이 선발함				

② 교직 이수가 가능한 음악대학에 입학하여 교직 이수로 교원자격증 취득

교직 이수는 사범대학을 제외한 비사범계열 학과에서 교원자격증을 취득할 수 있도록 한 별도의 제도를 의미한다. 이 제도는 다른 두 가지 방법과는 다소 결이 다르다. 다른 두 가지 방법은 애초에 '음악 교사'가 되고자 대학이나 대학원에 입학하는 것이다. 이에 비해 교직 이수는 음악 전공을 하기 위해 대학에 입학했다가, 재학 중에 음악 교사의 꿈을 갖고 교직 이수를 통해 교원자격증을 취득하는 경우가 대부분이다. 교직 이수 제도를 운영하는 일부 대학(모든 음악 대학에서 교직 이수가 가능한 것이 아님)에서는 성적이 우수한 소수 인원을 선발하여 교직 이수 기회를 부여한다. 그러나 교직 이수 제도를 폐지해야 한다는 목소리가 교육계에서 꾸준히 제기되고 있으므로, 추후 교직 이수 제도가 없어질 수도 있음에 유의하길 바란다. 반드시 해당 대학의 입학처 또는 교무처에 직접 문의하여 최신 정보를 확인하는 것이 바람직하다.

수도권	충청권	호남권	영남권
경희대학교	배재대학교	목포대학교	계명대학교
단국대학교		전북대학교	대구가톨릭대학교
동덕여자대학교			부산대학교
삼육대학교			영남대학교
서울대학교			창원대학교
연세대학교			
이화여자대학교			
한양대학교			

③ 4년제 대학교 졸업 후 대학원 음악교육과에 입학하여 교원자격증 취득

대학원은 보통 석사과정으로 입학하여 2년의 과정을 거치고, 졸업 논문 심사를 통과해야 교원자격증을 취득할 수 있다. 교육대학원은 평일 야간에 운영되는 야간제 대학원과 방학 중 운영되는 계절제(계절학기) 대학원 등이 있다. 교육대학원을 현직 교사의 재교육 기관으로 변화시키자는 교육계의 목소리가 꾸준히 제기되고 있어, 추후 교원자격증 발급이 불가능하도록 정책이 변할 수도 있다. 따라서 입학을 고려한다면 반드시 대학에 직접 문의하여 교원자격증 취득이 가능한지 확인하는 것이 바람직하다. 음악교육과가 있는 대학원은 다음과 같으며, 입시요강은 각 대학원 입학처 홈페이지를 확인하기 바란다.

지역	교육대학원	일반대학원
수도권	건국대학교 대학원	
	경희대학교 대학원	
	국민대학교 대학원	
	단국대학교 대학원	
	상명대학교 대학원	
	성신여자대학교 대학원	
	숙명여자대학교 대학원	
	연세대학교 대학원	
	이화여자대학교 대학원	
	한양대학교 대학원	
충청권	공주대학교 대학원	한국교원대학교 대학원 (교원자격증 취득 가능)
	서원대학교 대학원	
	한국교원대학교 대학원 (교원자격증 취득 불가)	
호남권	전남대학교 대학원	
	조선대학교 대학원	
영남권	경상국립대학교 대학원	
	계명대학교 대학원	
	대구가톨릭대학교 대학원	
	부산대학교 대학원	
	영남대학교 대학원	

'포기'라는 단어는 임용고시 준비 시절에 이미 나의 사전에서 지워 버림. '숫
자'(컴퓨터, 회계)보다 '음표'(음악)가 체질임을 스물일곱 살에 깨닫고 인생
2회차를 시작한 프로 N잡러(가 될 뻔한) 교사임.
음악수업에 '에듀테크'와 '디지털' 한 스푼 듬뿍 얹는 것을 가장 좋아하며,
새로운 툴을 보면 일단 써봐야 직성이 풀림. 늦게 출발한 만큼 N배속으로 성
장 중. 연구대회, 공모전, 정책 연구 등 교실 밖 레벨업에도 진심인 '노력파'임.
수많은 좌절과 실패 경험치를 '학생 공감 능력치'로 모두 전환하여 넘어진 학
생의 마음을 누구보다 빨리 알아채는 능력이 탁월함.
(특이사항: 방학 중 주요 출몰 지역은 각종 연수, 연구대회, 정책 포럼임.)

11

끊임없이 연구하고 즐겁게 나누는

김혜숙

별명

꼽표쌤

꼽표는 '곱하기'의 경상도 사투리로, 내 삶의 가치를 스스로 배가(倍加)시키고 증진하겠다는 의지를 담고 있다.

01

너만의 리듬으로 성장하면 돼

1 나의 성장은 교실에서 시작되었다

◉ 책 쓰는 교사가 되다

'7전 8기 의지의 한국인'. 나의 교직 생활은 이 단어로 시작되었다. 수많은 도전 끝에 2015년, 꿈에 그리던 합격 소식을 듣고 교단에 서게 되었다. 모든 것이 신기하고 궁금했던 신규 시절, 나는 공문을 통해 학교가 단순히 수업만 하는 곳이 아님을 알게 되었다. 수많은 선생님께서 연구대회, 공모전 등 다양한 방법으로 자신의 수업을 발전시키기 위해 끊임없이 도전하고 계셨다. 그 모습은 나에게 큰 자극이 되었고, 나 역시 발령 2~3년 차부터

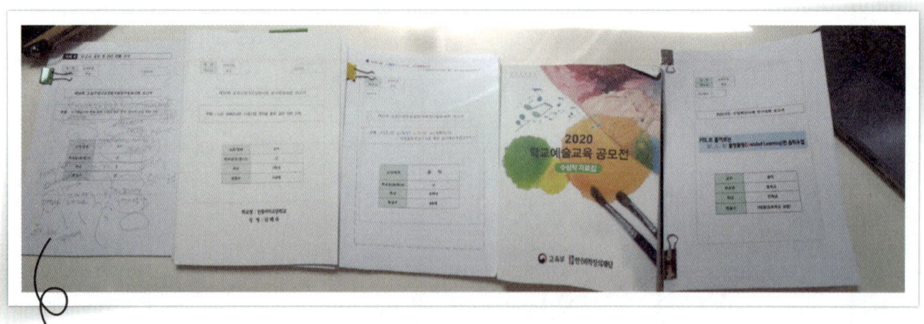

매년 기록으로 남기는 나만의 도전(공모전, 연구대회)

매년 한 해의 수업을 돌아보며 그 과정을 기록으로 남기는 나만의 도전을 시작했다.

물론 처음부터 결과가 좋았던 것은 아니다. 내 인생의 많은 일이 그랬듯, 책상 서랍 속에 들어간 계획안과 낙선 소식은 늘 나의 몫이었다. 하지만 나는 포기하지 않았다. 한 해 동안 아이들과 함께 울고 웃으며 쌓아 올린 수업의 과정을 정리하고, 그것을 하나의 작품으로 출품하는 것 자체에 의미를 두었다. 그렇게 몇 년간 아이들과의 수업 기록을 차곡차곡 쌓아 나가자, 어느새 나만의 단단한 수업 데이터가 만들어졌다.

공모전 & 연구대회에 꾸준함으로 도전하기

대회 참가는 수상이 목표가 아니라, 한 해 동안의 수업을 성실히 기록하며 성장하기 위한 '과정'이 되어야 한다.

• Why에서 시작하기

'음악 창작을 왜 어려워할까?'와 같은 나만의 '왜?'에서 시작된 연구가 가장 힘이 있다.

• 꾸준히 기록하기

평소에 쌓아둔 사진, 영상, 학생 결과물들이 보고서의 가장 훌륭한 재료가 된다.

• 이야기처럼 구성하기

'왜(why)', '어떻게(how)', '무엇을(what)'의 흐름으로 한 편의 이야기처럼 제시해야 한다.

• 이론과 연결하기

'디지털 기반 교수·학습'과 같은 키워드를 자신의 수업과 연결하여 전문성을 높여야 한다.

• 과정을 즐기기

준비 과정 자체가 흩어진 수업을 정리하고 성장하는 가장 확실한 방법이다.

7~8년간 교실에서 쌓아온 고군분투의 기록들은 놀라운 기회를 만들어 주었다. 2022년 경상북도교육청의 '책 쓰는 선생님' 사업에 선정되어 나의 첫 책을 집필할 기회를 얻었다. 책 제목은 《꼼표쌤의 폭망한 음악수업 PBL로 되살리기》. '망했다'는 자극적인 단어 때문에 '실력이 부족한 교사인가?' 하고 오해할 수도 있지만, 나에게 솔직함의 표현이었다. 아이들에게는 배움이 아닌 그저 시끌벅적한 놀이 시간처럼 의미 없이 흘러가던 수업. 교실 문을 닫고 나서야 밀려오는 공허함에 깊은 한숨을 내쉬며 혼자 끙끙 앓던 그 막막하고 외로웠던 시간을 상징하는 단어였다.

그 글은 나의 화려한 성공기가 아닌, 처절한 실패의 기록이자 아이들과 함께 해결책을 찾아 나선 고군분투의 여정이었다. 원고를 완성한 후, 나는 출판사 세 곳에 직접 메일을 보내 나의 이야기를 어필했다. 감사하게도 두 곳에서 긍정적인 답변을 받았고, 모 출판사와 소중한 인연이 닿아 내 인생의 첫 책이 세상에 나올 수 있었다.

나의 실패담이 부끄럽지 않은가? 전혀 아니다. 오히려 나의 막막했던 PBL(프로젝트 기반 학습) 경험은 놀랍게도 수많은 선생님의 깊은 공감을 얻었다. '나만 힘든 게 아니었구나.' 하는 위로의 메시지들은 전국 각지의 강의 요청으로 이어졌다. 덕분에 나는 교실에서 겪었던 나의 고민과 해결의 과정을 더 많은 선생님과 나누며 의미 있는 연결고리를 만들어 갈 수 있었다. 나의 실패가 누군가에게는 다시 시도해 볼 용기가 될 수 있다는 사실을 온몸으로 깨닫는 순간이었다. 바로 이 지점에서 나는 '책 쓰는 교사'로서의 새로운 길을 발견했다.

첫 책은 끝이 아니라 새로운 시작의 도화선이 되었다. 지금 여러분이 읽고 있는 이 책 《나는 음악 교사입니다》에 참여한 것 또한, 그 길 위에서 만난 소중한 연결고리이다.

돌아보면 나의 성장은 늘 교실에서 시작되었다. 남들보다 조금 느리고, 여러 번 돌아가더라도 괜찮다. 중요한 것은 나만의 리듬을 잃지 않고, 꾸준히 나의 길을 걸어가는 것이기 때문이다. 나는 지금도 꾸준히 글을 쓰며 생각과 경험을 기록한다. 나의 이야기가 이 글을 읽는 이들에게도 작은 용기가 되기를, 자신만의 멋진 악보를 그려 나갈 힘이 되기를 진심으로 응원한다.

◉ 앎을 넘어 삶으로, 교육공학 박사에 도전하다

2020년, 나에게는 가르치는 장소뿐만 아니라 교사로서의 삶을 돌아보는 큰 변화가 찾아왔다. 쉴 틈 없이 한 학기 주21시간씩 수업하던 고등학교를 떠나, 전교생이 20여 명 남짓한 예천의 작은 중학교로 자리를 옮긴 것이다. 일주일 수업이 8~10시간으로 줄어들자 나에게는 생각할 수 있는 시간이 선물처럼 주어졌다. '이 소중한 시간을 어떻게 하면 더 의미 있게 보낼 수 있을까?' 하던 고민은 자연스럽게 배움을 향한 갈증으로 이어졌고, 모교 교육공학 박사 과정의 문을 두드리게 되었다.

그렇게 나의 도전이 시작되었다. 예천 용궁면에 있는 학교에서 수업을 마치고 대구에 있는 대학원까지 왕복 3시간. 집에 돌아오면 밤 11시가 훌쩍 넘는 생활을 4학기 내내 보냈다. 몸은 고단했지만, 수업에 대한 고민을 학문적으로 풀어 가는 과정은 그 자체로 성장이었다. 치열했던 시간 끝에 2023년 8월, 드디어 박사 수료라는 첫 매듭을 지을 수 있었다.

하지만 또 한 번의 변화가 나를 기다렸다. 이번에는 경북 칠곡에 위치한 전교생 600여 명의 고등학교로 부임하면서 예전보다 훨씬 많은 수업과 업무에 적응해야 했다. 박사 논문이라는 큰 산 앞에서, '과연 내가 학교 업무와 수업 그리고 개인의 성장을 모두 감당할 수 있을까?' 하는 두려움에 섣불리 첫발을 떼지 못하고 망설였다.

나를 다시 일으켜 세운 것은 교실에서 만난 아이들이었다. 음악의 기초는 까맣게 잊고 배움의 이유를 놓친 채 앉아 있는 아이들. 특히 2022 개정 교육과정에서 강조하는 '창작'을 어떻게 하면 아이들의 삶과 연결하여 의미 있게 가르칠 수 있을까 하는 고민이 머릿속을 떠나지 않았다. 이 막막함이야말로 내가 논문으로 반드시 풀어내야 할 숙제임을 깨달았다. 결국 2025년 2학기 시작을 앞두고, 나는 교수님을 찾아가 박사 논문을 향한 마지막 여정을 시작하겠다고 다짐했다.

물론 앞으로 가야 할 길은 아직 멀다. 2025년 추계학술대회 발표를 시작으로, 학술지에 소논문을 게재하고, 본격적인 박사 논문의 산을 넘어야 하는 긴 여정이 남아 있다. 하지만 나는 이 모든 과정을 기꺼이 마주하고, 끝내 '박사 학위'라는 결실로 나의 도전을 당당히 증명해 보이고자 한다.

이 논문은 단순히 학위를 받기 위함이 아니다. 이것은 나의 수업과 교육철학을 학문적으로 바로 세우는 과정이자, 한 걸음 더 나아가 이 땅의 음악 선생님들께 실질적인 도움이 될 의미 있는 음악교육 프로그램을 개발하여 나누겠다는 나 자신과의 약속이다. 교실에서 시작된 학문에 대한 갈망이 긍정적인 에너지가 되어, 나와 우리 학생들 그리고 동료 선생님들 모두를 성장시키는 마중물이 되리라 굳게 믿는다.

물론 이러한 학문적 여정은 수많은 자료를 읽고 정리하는 현실적인 노력

이 필요하다. 이 험난하고도 지난한 과정 속에서, 나는 Liner와 Notebook LM과 같은 AI 도구를 활용하며 방향을 찾아가고 있다. 방대한 논문과 자료의 바다를 항해하는 데 있어, 기술은 나에게 가장 든든한 나침반이 되어 주고 있다.

🔵 나의 성장은 학생들과 함께, 가르치며 배운다.

교사는 단순히 지식을 전달하는 사람이기 이전에, 학생들과 함께 배우고 성장하는 사람이다. 나는 이 말을 매일 교실에서, 특히 나 자신을 다그치는 순간마다 온몸으로 실감한다.

솔직히 고백하면, 때로는 내 욕심이 과한가 싶을 때가 있다. 정해진 진도를 넘어 아이들에게 하나라도 더 알려 주고 싶어 목소리를 높이고, 내가 정립한 수업철학 속으로 어떻게든 끌어들이려 안간힘을 쓸 때면 문득 서늘한 질문과 마주한다.

'이것이 과연 아이들을 위한 것일까, 아니면 나만의 만족을 위한 교육적 아집일까?'

아이들의 힘겨운 표정 앞에서 나의 열정은 때로 무거운 짐이 아닐까, 수없이 자문하게 된다.

하지만 이내 고개를 젓게 되는 이유가 있다. 고등학교 음악수업은 많은 학생에게 어쩌면 인생의 마지막 음악수업일지 모른다. 입시 위주 교육 속에서 예체능 과목은 점점 소외되고, 아이들은 음악이 주는 진정한 즐거움을 누릴 기회조차 잃어버리고 있다. 내가 음악을 통해 위로받고 세상을 배웠듯, 아이들도 졸업 후 각자의 삶을 살아갈 때 음악을 곁에 두는 기쁨을 알게 해주고 싶다. 그래서 포기할 수 없다.

그런 고민 속에서 시작한 프로젝트가 바로 '정체성과 문화를 연결하는 나만의 선율이름 만들기'였다. 자신의 이름 속에 담긴 정체성을 탐색하고, 그것을 자신만의 짧은 선율로 만들어 보는 활동이다. 처음에는 쑥스러워하던 아이들이 점차 자신의 이야기를 음악으로 풀어내는 과정에서 보여 주는 반짝임은 나에게 큰 확신을 주었다.

'결국 음악은 나를 표현하는 가장 솔직한 언어구나.'

물론 모든 아이가 처음부터 반짝이는 것은 아니다. 이전 학교에서 수업시간 내내 농담과 딴짓으로 일관하여 '저 녀석에게 내 수업은 어떤 의미일까?' 하는 자괴감마저 들게 했던 아이가 있었다. 그 학교를 떠나고 1~2년쯤 흘렀을 무렵, 경북 학교예술축제한마당에 갔다가 뜻밖의 장면을 마주했다. 단복을 차려입은 오케스트라 단원들 사이에서 클라리넷을 진지하게 연주하고 있는 아이를 발견한 것이다. 연주가 끝나고 나를 발견한 아이는 쑥스러운 듯 다가와 인사를 건넸다. 그 순간, 교실에서는 보이지 않던 아이의 또 다른 세상과 마주하며 깨달았다. 교실에서 뿌린 씨앗은 당장 눈앞에서 싹을 틔우지 않을 수도 있다는 것을.

그 깨달음은 이내 짜릿한 보람으로 돌아오곤 한다. 2025년 경북 수업나눔축제날이었다. 다른 일로 영어과 부스에 잠시 들렀는데, 한 젊은 선생님이 나에게 조심스럽게 다가왔다. 갓 발령받은 초임 교사임에도 불구하고 부스 운영위원으로 참여하여 제 몫을 다하고 있는 모습이 참 대견하다고 생각하던 찰나였다.

"혹시…… 안동여고 김혜숙 선생님 아니세요?"

그 한마디에 내 기억 속의 시간이 순식간에 되감겼다. 앳된 얼굴의 제자, 이제는 동료 교사가 되어 내 앞에 서 있었다. 제자는 환하게 웃으며 말했다.

"선생님, 그때 음악 시간이 정말 좋았어요. 저도 선생님처럼 아이들에게 의미 있는 수업을 해주고 싶어요."

또 어떤 제자는 '음악 교사가 되고 싶다.'라며 부끄럽게 도움을 청해 오기도 한다. 이런 순간들이야말로 내가 교사로서 이 길을 계속 걸어가게 하는 가장 큰 힘이다.

시크릿가든(Secret Garden) & 조쉬 그로반(Josh Groban), 〈You Raise Me Up〉

결국 교사의 성장은 이처럼 아이들과의 치열한 줄다리기 속에서 이루어진다. 아이들의 성장을 이끌며 도리어 내가 더 많은 것을 배우고, 아이들이 내는 소리에 귀 기울이며 교사로서 나아가야 할 방향을 찾아간다. 오늘 나는 또 한 뼘 자랐다. 아이들과 함께, 뜨겁게 가르치고 또 뜨겁게 배웠기 때문이다.

마무리 한 문장

교사의 성장은 아이들과의 치열한 줄다리기 속에서,
가르침이 곧 배움이 되는 순간에 이루어진다.

교실 안 작은 세상, 음악으로 함께 떠나다

 **유럽의 기억을 교과서 밖 살아 있는 수업으로 만들다**

수험생 시절 나에게 음악은 가슴으로 느끼는 예술이 아니라, 점수로 환산해야 하는 또 하나의 암기 과목일 뿐이었다. 합격을 위해 수없이 외웠던 작곡가들의 이름과 작품들은 현실감 없는 글자에 불과했다. 오랜 도전 끝에 교사라는 출발선에 섰을 때, 나는 가장 먼저 그 글자에 숨결을 불어넣는 작업을 하기로 결심했다. 임용 후 주어진 시간을 활용해 책 밖의 세상으로 나가 음악가들의 흔적을 직접 찾아 나선 이유이다.

체코 프라하에서는 블타바강변에 있는 스메타나 박물관을 찾아갔다. 교과서에서 '민족주의 작곡가'라는 한 줄로 설명되던 스메타나가 어떤 풍경을 보며 〈나의 조국〉을 떠올렸는지, 그의 눈으로 직접 보고 싶었기 때문이다. 드보르자크 박물관에서는 그의 악보와 유품을 보며 〈신세계 교향곡〉이 위대한 명곡이기 이전에, 고향을 그리워한 한 인간의 절절한 마음이었음을 깨달았다. 헝가리 부다페스트의 리스트, 바르톡 박물관에서는 그들이 수집했던 민속 악기들을 보며, 복잡하게만 느껴졌던 불규칙한 리듬이 사실은 그 땅을 살아간 사람들의 심장박동 소리였음을 이해했다.

스메타나, 교향시 〈나의 조국(Má vlast)〉 중 〈몰다우 'Vltava(The Moldau)'〉

오스트리아와 독일의 숲길을 걸을 때는 관광객이 아닌 예비 교사의 눈으로 걸었다.

'소리를 들을 수 없었던 베토벤은 이 길에서 무엇을 느꼈을까?'

프라하 스메타나 박물관에서
스메타나의 곡에 맞춰 지휘하는 모습

스메타나의 피아노 앞에서

'그리고 그 감정을 어떻게 6번 교향곡 〈전원〉의 위대한 선율로 승화시켰을까?'

스스로 질문을 던지며, 귀로 듣는 소리 너머의 감각을 온몸으로 저장했다. 특히 이탈리아에서는 15여 명의 동료 선생님들과 함께 합창 지휘와 성악 부문 디플로마(Diploma)*를 획득하며, 음악의 본고장에서 전문성을 한층 더 깊게 다지는 시간을 가졌다. 스위스의 풍경 속에서는 그저 아름다움에 감탄하는 것을 넘어, 그 문화적 공기가 어떻게 작곡가들의 음악에 스며들었는지를 고민했다. 이것은 어떤 책에서도 얻을 수 없는 살아 있는 지식이었다.

이 이야기를 하는 이유는, 미래의 음악 교사가 될 이들에게 가장 중요한 자산이 무엇인지 알려 주고 싶어서다. 그것은 바로 '나만의 경험'이다. 연습실에서 흘리는 땀과 노력은 단단한 기초를 만들어 준다. 하지만 그 위에 자신만의 집을 짓는 것은 결국 각자의 삶에서 길어 올린 경험이다. 여러분이 떠나는 여행, 감명 깊게 본 영화 한 편, 친구와 나눈 열띤 토론 모두가 언젠가 학생들의 눈을 반짝이게 할 최고의 수업 재료가 될 것이다. 훌륭한 교사는 지식을 전달하는 사람이 아니라, 자신의 경험을 통해 학생들을 더 넓은 세상으로 이끄는 안내자이다.

---

* 학교나 교육 기관에서 특정 과정을 이수했음을 증명하는 증서(수료증)를 통칭하는 영문 표기이다. 학술적 학위(Degree)와는 구별되는 개념으로 사용되나, 국가와 교육 체계에 따라 그 위상이 매우 다양하다. 미국에서는 주로 졸업장(예: High School Diploma)을 의미하는 반면, 영국 및 영국연방 국가에서는 학사 학위보다 낮거나 석사 과정의 일부에 해당하는 전문 자격 과정(예: Postgraduate Diploma)을 뜻하기도 한다. 특히 음악 분야에서는 학위 논문보다 실기 역량에 집중하는 '전문 연주자 과정(Artist Diploma)'을 지칭하는 용어로 자주 쓰인다.

◉ 구글 어스로 교실 너머 새로운 세상의 문을 열다

'내가 유럽에서 느꼈던 그 생생한 감동을 어떻게 하면 모든 아이들과 함께 나눌 수 있을까?'

이 고민은 교사가 된 후 내내 이어진 화두였다. 모든 학생이 유럽에 갈 수 없지만, 모든 학생은 교실 안에서 세상을 만날 권리가 있기 때문이다. 특히, 2020년 예고 없이 찾아온 코로나19 팬데믹으로 교실의 문이 굳게 닫히고 아이들이 각자의 집에 고립되었을 때, 그 고민은 그 어느 때보다 절실했다. 차가운 모니터 너머로 아이들에게 살아 있는 세상을 만나게 해줄 방법은 없을까? 그 해답은 '구글 어스(Google Earth)'라는 기술과 나의 오랜 준비가 만나는 지점에 있었다.

갑작스러운 원격수업 전환에 많은 학교가 혼란을 겪었지만 나는 비교적 침착하게 대응할 수 있었다. 코로나19 팬데믹 이전에 근무했던 안동여자고등학교에서 선도적으로 그 당시 'Google for Education(현 Google

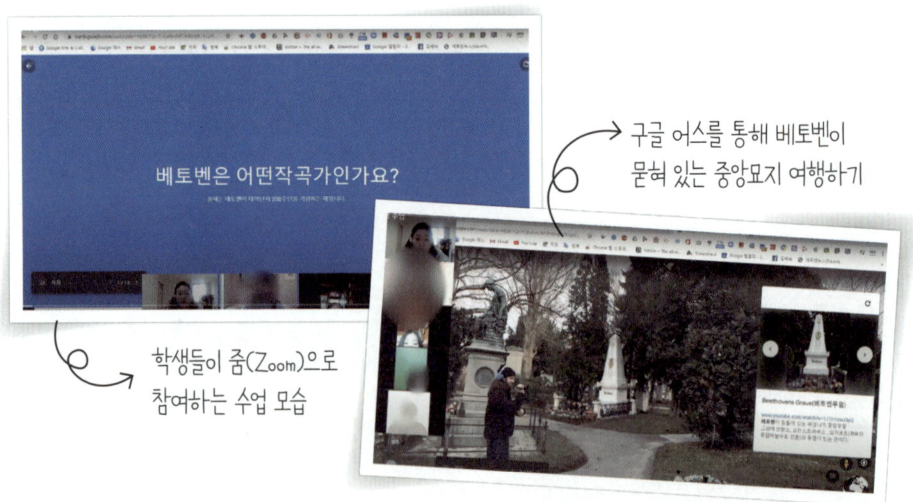

구글 어스를 통해 베토벤이 묻혀 있는 중앙묘지 여행하기

학생들이 줌(Zoom)으로 참여하는 수업 모습

Workspace for Education)’ 계정 구축을 경험했고, 경북 구글교육자모임 (GEG 경북) 활동을 꾸준히 해오며 다양한 에듀테크 활용 수업을 고민해 왔기 때문이다. 많은 선생님들이 특정 사이트에 학습 자료를 올려 두고 학생 개인이 해결하도록 하는 수업을 진행할 때, 나는 줌(Zoom)과 구글 클래스룸(Google Classroom)을 활용해 아이들과 실시간으로 만나는 쌍방향 수업을 설계했다. 준비된 자에게 위기는 기회가 될 수 있음을 믿었다.

나의 유럽 여행 기억을 바탕으로 탄생한 것이 ‘구글 어스를 활용한 작곡가의 생애 탐방’ 수업이다. 나는 아이들과 함께 줌 화면 너머에서 작곡가들이 살았던 곳을 샅샅이 다니며, 그들이 보았던 풍경과 느꼈을 감정을 상상하는 탐방 수업을 진행했다. 마우스 클릭 한 번으로 독일 본의 베토벤 생가에 도착하고, 빈의 연주회장에서 그의 협주곡을 감상하며, 하일리겐슈타트 ‘유서의 집’에서는 그의 고뇌에 함께 아파했다. 베토벤은 더 이상 외워야 할

구글 어스 활용 수업

위인이 아니라, 나와 같은 공간을 상상하고 같은 음악을 들을 수 있는 한 인간으로 다가왔다.

이 '구글 어스'를 활용한 수업은 나의 유럽 여행 경험과 아이들을 더 넓은 세상과 만나게 해주고 싶다는 간절함이 만들어 낸 결과물이었다. 그리고 내가 앞에서 이야기했던 '수업에 대한 고민을 기록하는 꾸준한 도전'이 맺은 소중한 결실이기도 하다. 바로 이 수업으로 2020년 학교예술교육 공모전 우수수업 부문에서 최우수상이라는 영광을 안았다.

하지만 나에게 더 큰 상은 기술을 통해 아이들의 세상이 넓어지는 것을 목격한 순간의 희열이었다. 이 경험은 나에게 교사의 역할에 대해 다시 한 번 생각하게 했다. 교사는 교실이라는 작은 섬과 세상이라는 거대한 대륙을 연결하는 '다리를 놓는 사람'이다. 미래의 교사가 될 이들은 어쩌면 자원이 부족하고, 환경이 열악하다며 좌절할지도 모른다. 하지만 기억해야 한다. 교사에게 가장 강력한 자원은 바로 학생들을 더 넓은 세상과 만나게 해주고 싶다는 '간절한 마음'과 '창의적인 아이디어'임을. 그 마음이 교실의 벽을 허물고, 아이들에게 세상을 선물하는 가장 멋진 날개가 되어 줄 것이다.

> 교사에게 가장 강력한 자원은 학생들을 더 넓은 세상과
> 만나게 해주고 싶다는 '간절한 마음'과 '창의적인 아이디어'이다.

2

에듀테크 날개를 달고 미래 교실의 문을 열다

코로나19 팬데믹 이후, 나에게는 '에듀테크를 활용하는 음악 교사'라는 새로운 이름이 붙었다. 사실 이것은 갑작스러운 변신이 아니라, 나의 조금은 독특했던 과거의 경험들이 하나로 합쳐진 자연스러운 결과였다. 나는 음악(작곡)을 전공하기 이전에, 컴퓨터 계열을 먼저 전공했다.

음악 교사가 된 후 한동안 잊고 지냈던 두 개의 전공은 코로나19 팬데믹이라는 위기를 만나 비로소 하나로 합쳐졌다. 논리적인 사고를 필요로 하는 컴퓨터 지식과 감성적인 표현을 다루는 음악적 경험이 만나 나만의 '에듀테크 활용 음악수업'이라는 새로운 길을 열어 준 것이다. 에듀테크는 나에게 단순히 수업을 돕는 도구가 아니라, 내가 가진 두 개의 정체성을 이어 주고 교사로서의 전문성을 완성시켜 주는 가장 강력한 날개이다.

◉ 딱딱한 교과서 속에 나만 아는 '이스터에그' 숨겨 두기

내가 처음 교사로 발령받은 학교는 여고였다. 그곳에서 나는 교사로서 그리고 음악 과목의 존재 이유에 대해 깊이 고민하게 된 결정적인 경험을 했다. 바로 고등학교 3학년 2학기 음악 시간의 풍경이었다. 수능이 코앞으로 다가온 교실에서 음악수업은 더 이상 존재하지 않았다. 아이들에게 그 시간은 다른 과목을 공부하는 자습 시간이거나, 지친 마음을 달래는 휴식 시간으로 여겨졌다. 그 모습은 나에게 큰 충격이자 숙제였다.

'어떻게 하면 수능 공부에 지친 아이들도, 음악을 그저 쉬는 시간으로 여

기는 아이들도 기꺼이 참여하고 즐기는 수업을 만들 수 있을까?'

바로 그 고민의 결과물은 교과서 속에 나만 아는 '이스터에그'를 숨겨 두고, 에듀테크로 그 보물을 찾아가는 여정을 설계하는 것이었다. '이스터에그'는 원래 게임이나 영화 속에 제작자가 숨겨 둔 재미 요소를 뜻하는 말이다. 나는 이 개념을 수업에 가져와, 정해진 내용 안에 학생들의 호기심을 자극할 '깜짝 연결고리'를 숨겨 두는 수업을 설계했다.

예를 들어, 학생들이 어려워하는 바흐의 '대위법'을 가르칠 때, 교과서 속 초상화 옆에 QR코드를 숨겨 둔다. 이 QR코드를 스캔하면 딱딱한 오르간 연주 대신 재즈 그룹 '스윙글 싱어즈'가 목소리로 각 선율을 노래하는 영상이 나온다. 학생들은 여러 개의 선율이 서로 대화하듯 얽히는 것을 직관적으로 듣고 난 뒤, '이것이 바로 대위법'이라는 설명을 들으며 개념을 쉽게 이해한다.

복잡한 '소나타 형식'은 두 주인공의 간단한 사랑 이야기로 풀어낸다. 활

스윙글싱어즈 영상

기찬 1주제와 우아한 2주제가 각자 다른 장소에서 등장하고(제시부), 온갖 시련을 겪으며 갈등하다가(발전부), 마침내 같은 장소에서 다시 만나 행복한 결말을 맺는 것(재현부)이 소나타 형식의 핵심이라고 설명한다. 그리고 온라인 협업 화이트보드 등에 소나타 형식의 구조를 도식화한 뒤, 학생들이 직접 음악을 들으며 각 주제가 등장하고 갈등하는 부분에 자신의 생각과 느낌을 스티커로 붙이게 한다. 이 간단한 에듀테크 활동은 추상적인 음악 형식을 눈에 보이는 구체적인 경험으로 바꾸어 준다.

이스터에그 수업의 핵심은 단지 재미를 넘어, 교과서의 성취기준을 더 창의적인 방법으로 도달하게 돕는 데 있다. 교사의 작은 아이디어 하나가 교과서의 평면적인 텍스트를 입체적인 경험으로 바꾸고, 학생을 수동적인 학습자에서 능동적인 탐험가로 변화시킨다.

미래의 선생님이 될 여러분에게 이스터에그 수업은 중요한 메시지를 던진다. 교사는 정해진 지식을 전달하는 사람이 아니라, 학생들의 호기심에 불을 붙이고 스스로 탐구하도록 이끄는 '경험 설계자'라는 것을. 그리고 그 설계자의 손에 들린 가장 강력한 도구가 바로 '에듀테크'이다.

합격하는 지도안을 위한 실전 체크리스트

수업지도안은 수업을 시뮬레이션하는 '사고의 도구'이다. 특히 수업 실연에서는 심사위원들이 지도안의 각 요소가 얼마나 유기적으로 연결되어 있는지를 날카롭게 본다. 아래 3단계를 그대로 따라가며 지도안의 뼈대를 세워 보자. 이것만 지켜도 수업의 논리성과 완성도가 극적으로 올라간다.

● 1단계: 모든 것의 시작, 성취기준과 학습 목표 명확히 하기

수업 구상은 재미있는 활동을 떠올리는 것에서 시작하지 않는다.
가장 먼저 국가 교육과정 문서를 펴는 것에서 시작한다.

· Action 1: 성취기준 복사해서 붙여 넣기

이번 차시 수업과 관련된 성취기준을 교육과정 문서에서 찾아 그대로 복사하여 지도안 상단에 붙여 넣는다. 이것은 이번 수업에서 반드시 도달해야 할 절대적인 목표이자, 수업 실연의 채점 기준이 된다.

· Action 2: '학습 목표'를 '행동'으로 서술하기

성취기준을 바탕으로, 45분(50분) 수업이 끝났을 때 학생들이 '무엇을 할 수 있게 될 것인가'를 눈에 보이는 행동 동사로 서술한다. 이것이 '학습 목표'이다.

BAD X	～의 개념을 이해한다. / ～을 느낀다. (→ 머릿속에만 있어서 평가 불가)
GOOD ☑	～을 설명할 수 있다. / ～리듬에 맞춰 신체 표현을 할 수 있다. (→ 눈에 보이는 결과물로 구체화하여 평가 가능)

● 2단계: 수업의 심장, 평가 계획 구체화하기

학습 목표를 정했다면, 바로 도입 활동을 짜는 게 아니다.
그 목표에 도달했는지 '어떻게 확인할 것인가'를 먼저 정해야 한다.

· Action 3: '평가 과제'를 명확히 정의하기

학생들이 학습 목표를 달성했음을 증명할 결정적인 한 가지 '과제(task)'를 정한다. 이 과제가 수업의 하이라이트이자, '전개' 단계의 핵심 활동이 된다.

예시:

학습 목표	당김음 리듬을 찾아 신체로 표현할 수 있다.
평가 과제	모둠별로 새로운 악보를 보고, 당김음 리듬에 O 표시를 한 뒤, 다 함께 손뼉으로 연주하기

· Action 4: 평가 기준 서술하기

지도안의 평가 계획란에 무엇을 보고 '잘했다'고 판단할 것인지 그 기준을 명시한다.

예시:

평가 방법	관찰 평가, 동료 평가
평가 준거	(상) 악보 속 당김음을 모두 정확히 찾아내고, 박자에 맞춰 자신감 있게 연주한다. (중) 당김음을 절반 이상 찾아내고, 친구들의 도움을 받아 리듬을 연주한다. (하) 당김음을 찾는 데 어려움을 느끼며, 리듬 연주에 참여하지 못한다.

● 3단계: 목표를 향한 여정, '수업 활동' 단계별로 설계하기

비로소 '도입–전개–정리'의 흐름을 설계한다. 여기서 핵심은 모든 활동이 오직 2단계에서 설계한 '평가 과제'를 성공적으로 수행하기 위한 디딤돌 역할을 해야 한다는 점이다.

· Action 5: 모든 활동의 목표를 '평가'와 연결하기

도입 (5분)	흥미 유발 + 학습 목표 제시. 평가 과제와 관련된 음악을 들려 주며 "이 음악은 어떤 느낌이 드니?" 같은 질문으로 시작한다.	
전개 (35분)	'평가 과제'를 향한 단계적 훈련을 시킨다.	
	[활동 1 – 개념 이해] (가장 쉬운 단계)	당김음의 개념과 원리에 대해 교사가 시범과 함께 설명한다.
	[활동 2 – 연습] (연습 단계)	다 함께 예시 악보를 보면서 당김음 리듬을 손뼉 쳐 본다.
	[활동 3 – 적용 및 평가] (진짜 평가 단계)	2단계에서 설계한 '평가 과제'를 모둠별로 수행하게 한다. 교사는 순회하며 관찰하고, 피드백을 제공한다.
정리 (5분)	학습 목표 다시 확인 + 핵심 개념 정리. "오늘 배운 당김음을 활용하면 음악을 어떻게 만들 수 있을까?" 같은 발문으로 배움을 확장하며 마무리한다.	

지도안 작성을 마쳤다면, "나의 모든 활동은 학생들이 마지막 평가 과제를 해결하는 데 꼭 필요한가?"라는 질문에 자신 있게 "그렇다."라고 답할 수 있는지 반드시 점검하자. 이 질문을 통과했다면, 당신의 지도안은 합격을 넘어 학생을 성장시키는 훌륭한 수업 설계도이다.

◉ '수업 덕후'의 레이더망, 세상 모든 것이 아이템이 된다

나는 스스로를 '수업 덕후'라고 부른다. '덕후'는 어떤 분야에 몰두해 전문가 이상의 열정과 흥미를 가진 사람을 뜻한다. 나에게 그 분야는 바로 수업이다. 이 정체성을 깨달은 후, 나는 더 이상 세상을 이전과 같은 눈으로 볼 수 없게 되었다. 영화를 봐도 온전히 관객으로 즐기지 않고, 음악을 들어도 마냥 감상에만 빠져 있지 못한다. 내 안의 '교사 스위치'가 24시간 켜진 채, 세상 모든 것을 '수업'이라는 필터로 분석하고 재구성하기 때문이다. 나의 레이더는 항상 '이것을 어떻게 하면 아이들과 나눌 수 있을까?'라는 질문을 향해 켜져 있어서, 세상 모든 것은 나의 수업을 위한 최고의 아이템이 된다.

요즘 나의 가장 큰 고민은, 고등학교 1학년임에도 음악의 기초 구성요소나 개념을 전혀 모른 채 수업에 앉아 있는 아이들을 어떻게 가르칠 것인가이다. 이 아이들에게 '리듬', '선율', '셈여림' 같은 기초 개념을 의미 있게 가르칠 실마리를, 나는 뜻밖에도 영화 〈오펜하이머〉의 한 장면에서 찾았다.

영화에서 소리가 점차 빨라지고 커지며 긴장감이 폭발하는 10초 남짓의 순간. 나는 이 장면이야말로 '점점 빠르게(아첼레란도)'와 '점점 크게(크레센도)'를 온몸으로 체험하게 할 최고의 교재임을 직감했다. 나는 그 부분을 구글 클래스룸에 올리고 수업을 시작했다. 핵심은 이론이 먼저가 아니다. 아이들에게 강렬한 체험을 먼저 선물한 뒤, 그들이 느낀 감각에 '리듬'과 '셈여림'이라는 이름을 붙여 주는 것. 이것이 나의 해답이었다.

이러한 아이디어 수집은 음악 분야에만 국한되지 않는다. 유튜브의 여행 채널 〈차박차박〉에서 '노래로 이름을 짓는 인도의 산골 오지마을' 편을 보고 '나만의 정체성을 담은 선율이름 만들기' 프로젝트를 구상하고, 새로 출시된 노트 앱의 깔끔한 인터페이스를 보며 학생들이 창작 포트폴리오를 구성할 방법을 떠올린다. 월드컵 시즌이 되면 각국의 응원가에 나타난 리듬과 선율의 특징을 비교하며 자연스럽게 문화의 다양성을 가르칠 준비를 한다.

이 관점으로 바라보면, 수업 연구는 더 이상 책상에 앉아 하는 고된 일이 아니라, 세상을 탐험하고 발견한 보물을 아이들에게 선보이는 즐거운 놀이가 된다. 어쩌면 이는 세상 모든 곳에 녹아 있는 '음악'이기에 가능한 특권일지 모른다. 교과서와 문제집만이 수업의 전부라고 생각하면 교사의 삶은 금방 지치고 만다. 하지만 세상 모든 것에 레이더를 켜고 나만의 수업 레시피를 수집하는 '수업 덕후'의 삶은, 결코 지치지 않는 열정과 호기심으로 가득한 탐험가이다. 에듀테크는 그 탐험가가 교실이라는 베이스캠프를 떠나 더 넓은 세상으로 나아가게 해주는 가장 강력한 날개이다.

Hooktheory 활용한 선율이름 만들기

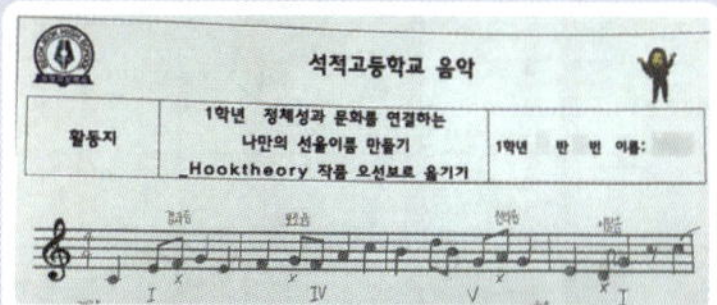

학생이 만든 '선율이름' 작품을
직접 옮겨 적은 오선보

수업 아이디어를 얻은 유튜브
〈차박차박〉 채널 영상

마무리 한 문장

> 교사의 눈으로 세상을 바라보는 순간,
> 세상 모든 것은 아이들의 성장을 위한 살아 있는 교과서가 된다.

03 미래 음악 교사에게 전하는 메시지

미래의 교육 전문가를 꿈꾸는 너에게(Q&A)

● Part 1. 음악 교사를 꿈꾸는 고등학생의 시선

Q 지금은 다른 과목을 공부하고 있는데, 뒤늦게 음악교육 분야로 진로를 바꿔도 괜찮을까요? 너무 늦은 시작은 아닐지 걱정돼요.

A 늦은 시작에 대한 두려움! 누구보다 잘 알고 있습니다. 하지만 어떤 분야는 오랜 시간 다져 온 기술이 필수이지만, 또 어떤 분야는 삶의 경험과 어우러져 더 깊은 울림을 주기도 합니다. 저의 경우가 바로 그랬어요.

저는 고등학교를 졸업하고 다른 전공으로 대학을 마친 뒤, 작은아버지 회사에서 회계 경리로 사회생활을 시작했습니다. 적성에 맞지 않는 일을 하며 힘든 시간을 보내다, 스물일곱 살에야 비로소 음악을 다시 전공하기로 마음먹었죠. 사실 저는 어릴 때부터 악기를 전문적으로 배운 소위 '엘리트 코스'를 밟은 사람이 아니었어요. 다만 교회를 다니며 노래와 음악을 접했고, 독학으로 오르간 반주를 하고 성가대 활동을 하며 음악에 대한 자연스러운 체득과 열정적인 사랑을 키워 왔습니다.

그 마음 하나를 믿고 스물일곱 살에 모든 것을 처음부터 다시 시작했습니다. 작곡 공부에 뛰어든 지 3년 만에 두 개 대학에서 합격 소식을 받았고, 때마침 찾아온 계명대학교 3학년 편입이라는 행운도 놓치지 않았습니다. 이후 교육대학원에서 교원자격증을 취득했고, 마침내 임용고시에 합격해 음악 교사라는 꿈을 이뤘습니다.

남들보다 늦었다는 불안감에 수없이 흔들렸지만, 돌아보니 그 시간들은 제게 소중한 자산이 되었습니다. 다른 길을 걸어 봤기에 방황하는 학생들의 마음을 더 잘 이해할 수 있게 되었어요. 회계부터 작곡까지, 저의 독특한 경험들은 수업을 더 풍성하게 만드는 아이디어의 원천이 되었습니다. 늦은 게 늦은 것이 아닙니다. 중요한 것은 '언제' 시작하느냐가 아니라, '진짜 원하는 일'을 시작하는 용기입니다.

물론 음악을 가르치는 것은 제게 큰 기쁨입니다. 하지만 교사의 일상은 수업만으로 채워지지 않습니다. 때로는 행정 업무에, 때로는 학생들과의 관계 맺기에 더 많은 에너지를 쏟아야 할 때도 있죠. 솔직히 수업 외적인 업무가 힘들게 느껴질 때도 많습니다.

하지만 교사는 단순히 지식을 전달하는 사람이 아니라, 자신의 삶과 경험을 통해 학생들에게 영감을 주는 존재라고 생각해요. 저는 임용 합격 후 떠났던 유럽 여행 기억을 되살려 생생한 음악수업을 만들기도 했고, 그 경험을 바탕으로 구글 어스를 활용한 수업을 구상해 전국 단위 공모전에서 상을 받기도 했습니다. 이처럼 교사의 모든 경험은 결국 교실과 연결됩니다.

더 나아가, 교사가 된 후에도 스스로를 단련하고 성장할 기회는 무궁무진합니다. 저 역시 현실에 안주하지 않기 위해 '수업혁신사례연구대회', '학교예술교육공모전' 등에 꾸준히 도전하며 저만의 수업 브랜드를 만들어 왔습니다. 또한 경북의 '수업나눔축제'나 '신퇴계교사단', '수업인증제(수업전문가)' 같은 활동에 참여하며 제가 가진 좋은 수업 노하우를 다른 선생님들과 나누기도 합니다.

이러한 도전과 나눔의 과정들은 당장의 행정 업무보다 더 큰 노력을 요구할 때도 있어요. 그러나 결국 저를 더 나은 교사로 성장시키는 가장 확실한 밑거름이 되어 줍니다. 교직은 끝이 아니라, 끊임없이 배우고 도전하며 나눌 수 있는 새로운 시작입니다.

◉ Part 2. 예비 교사의 시선(임용고시 준비생)

Q 치열한 수험 생활을 견디고 나면 정말 제가 꿈꾸던 이상적인 교사가 될 수 있을까요? 임용 전의 힘든 시간이 교직 생활에 어떤 의미가 있었는지, 합격 후에는 어떤 기회들이 있었는지 궁금합니다.

A 정말 좋은 질문이에요. 어쩌면 수험생 시절 저를 가장 괴롭혔고, 또 가장 간절히 붙잡았던 질문이기도 합니다. 수험 기간 내내 저는 세상의 속도에서 한참 뒤처진 사람처럼 느껴졌습니다. 수없이 넘어지면서 '과연 이 길의 끝에 무엇

이 있을까?' 하며 의심했죠.

하지만 신기하게도, 그토록 저를 넘어뜨렸던 시간들이 교단에 서는 순간 단단한 디딤돌이 되어 주었습니다. 처음에는 준비했던 계획대로 아이들을 가르치는 것만으로도 벅차고 행복했습니다.

저의 수업에 대한 확신이 조금씩 쌓여 갈 무렵인 2018년, 동료 교사들 앞에서 제 수업을 나누는 소중한 기회를 얻게 되었습니다. 이 작은 나눔이 씨앗이 되어 티처빌원격연수원과 함께 '구글 인증 교육 전문가 선생님과 함께하는, 레알(real) 블렌디드 수업 정주행'이라는 원격 연수를 기획하고 강의하는 경험으로 이어졌습니다.

코로나19 팬데믹을 거치면서 음악수업과 에듀테크를 접목한 저만의 수업에 '브랜드'가 생겼고 전국 단위의 강의 요청을 받으며 더 많은 선생님들과 소통할 수 있게 되었습니다. 임용 전에는 몰랐던 저의 다양한 가능성, 즉 여러 가지 재능을 펼칠 기회가 찾아오더군요.

결론적으로, 임용 전의 힘든 시간은 단지 '버티는 시간'이 아니었습니다. 그것은 저만의 교육철학을 단단하게 만들고 어떤 어려움에도 흔들리지 않을 뿌리를 내리는 시간이었습니다.

수없이 넘어졌기에, 이제 막 걸음마를 떼는 예비 선생님의 서투름을 누구보다 깊이 이해할 수 있게 되었죠. 지금 겪는 어려움이 미래의 교실에서 여러분을 가장 빛나게 해줄 특별한 이야기가 될 것이라 확신합니다.

임용고시를 준비하며 저만의 특별한 수업을 만들고 싶은데, 매번 비슷하고 형식적인 지도안만 나오는 것 같아 막막합니다. 교과서를 넘어선 창의적인 수업 아이디어는 어디서 얻을 수 있나요? 또 그 아이디어를 바탕으로 교육과정과 과정 중심 평가를 자연스럽게 녹여 낸 살아 있는 수업은 어떻게 설계해야 할까요?

예비 선생님의 그 막막함은 더 좋은 수업을 향한 열정의 증거입니다. 놀랍게도, 그 고민을 해결해 줄 '보물지도'는 아주 가까운 곳에 있습니다. 바로 국가 교육과정 문서입니다. 많은 분들이 이를 딱딱한 지침서로만 생각하지만 사실 이곳은 수많은 전문가들의 노하우가 담긴 최고의 '아이디어 스케치북'입니다. 우선 최신 교육 트렌드를 찾아 헤매기 전에 국가 교육과정의 '성취기준'과 '성취기준 해설' 그리고 '교수·학습 및 평가' 부분을 깊이 파고들어 보세요. 그 안에는 '무엇을', '왜' 그리고 '어떻게' 가르쳐야 하는지에 대한 좋은 수업의 뼈대가 이미 모두 담겨 있습니다.

이 단단한 뼈대를 찾았다면 이제 살아 있는 수업을 설계할 차례입니다. 이때 가장 강력한 도구가 바로 '백워드 설계(Backward Design)'입니다. '어떤 활동을 할까?'가 아니라, '수업이 끝난 뒤 학생들이 무엇을 할 수 있게 될까?'라는 최종 목표, 즉 성취기준에 기반한 평가에서부터 거꾸로 길을 찾아가는 방식이죠.

예를 들어, '다양한 맥락과 연계되는 음악적 의도나 아이디어를 여러 매체나 방법에 적용하여 창작하고 성찰한다'는 성취기준[[12음03-01]]을 바탕으로, 최종 평가 과제를 '자신의 정체성을 담은 선율이름 만들기'로 먼저 정하는 겁니다. 최종 목적지가 정해졌으니, 이제 그곳에 도달하기 위한 여정(학습 활동)

을 순서대로 배치하면 됩니다.

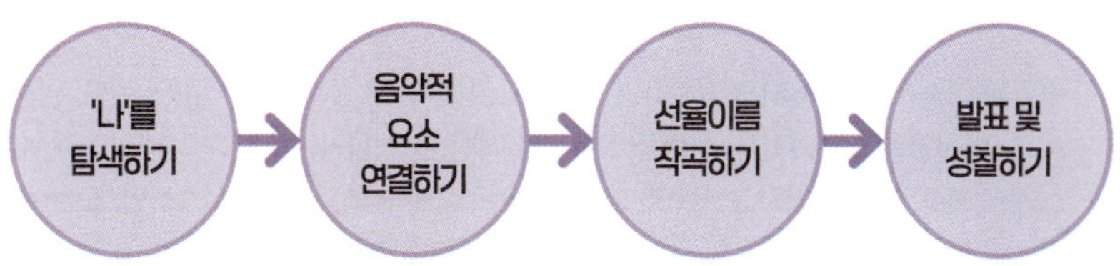

보세요, 이렇게 설계하니 모든 활동이 평가 목표를 향해 유기적으로 연결되지 않나요? '과정 중심 평가'는 바로 이 과정 자체를 의미합니다. 학생들이 자신의 정체성을 탐색하며 토론하고, 음악적 아이디어를 스케치하며 친구들 앞에서 자신의 음악을 발표하며 소통하는 모든 순간이 의미 있는 평가 자료가 됩니다. 교사는 그 여정의 안내자로서 과정을 관찰하고 기록하며 성장을 돕는 것이죠.

결론적으로, 국가 교육과정에서 수업의 '뼈대'를 찾고, 백워드 설계로 '살'을 붙여 나가 보세요. 그러면 지도안은 더 이상 형식적인 문서가 아닌, 학생들과 함께 살아 숨 쉬는 배움의 여정을 담은 설계도가 될 것입니다.

2 늘었다고 생각하는 너에게, 나의 작은 용기를 전하며

음악 교사의 꿈을 향한 출발선에서, 혹시 누군가의 속도에 마음이 급해지는가? 혹은 이미 여러 번의 실패 앞에 '나는 여기까지인가?' 하는 좌절감을 느끼고 있는가? 만약 그렇다면, 나의 구불구불했던 여정이 이 글을 읽는 이들에게 작은 위로와 용기가 되기를 바란다.

나는 처음부터 교사의 길을 걸었던 사람이 아니다. 점수에 맞춰 대학에

수업을 어떻게 짜야 할지 막막하다면, '백워드 설계(거꾸로 설계)'를 기억하면 된다. 임용고시 수업 실연의 합격키이자, 학생들에게 진짜 '배움'을 선물하는 전문가의 비밀이다. 수업 설계를 '여행'이라 생각하고 거꾸로 계획하자. 목표에서부터 거꾸로 설계하면, 모든 수업 활동이 딴 길로 새지 않고 최종 목적지를 향해 촘촘하게 연결된다. 이것이 바로 학생의 성장을 이끄는 '전문가'의 수업 설계법이다.

1단계. 목적지 정하기(결과 확인)

"이 수업 끝나고 학생이 뭘 할 수 있게 될까?"라는 최종 목표(성취기준)부터 정한다.
예시: 음악적 상징을 활용해 자신만의 고유한 브랜드 음악(CI)을 설계하고 타인과 공유하며 소통할 수 있다.

2단계. '인증샷' 미션 정하기(평가 계획)

목표 달성을 증명할 최종 과제(평가)를 설계한다.
예시: 자신의 가치관을 음의 높낮이와 리듬으로 시각화한 '선율이름 오선보'를 완성하고 악기로 시연하기

3단계. '여행 경로' 짜기(수업 활동 계획)

최종 과제를 성공적으로 해낼 수 있도록 돕는 수업 활동을 순서대로 계획한다.
예시: ① 마음 열기: 나를 표현하는 키워드와 소리 매칭하기 → ② 아이디어 빌딩: 선율의 뼈대가 될 리듬꼴 설계하기 → ③ 사운드 디자인: 디지털 사보 프로그램을 활용해 '선율이름' 다듬기 → ④ 버스킹 데이: 학급 친구들과 작품 공유 및 피드백 나누기

갔고, 졸업 후에는 작은아버지 회사에서 회계 경리로 사회생활을 시작했다. 적성에 맞지 않는 일을 억지로 해내야 했던 시간은 나에게서 말을 잃게 할 만큼 고통스러웠다. 그러다 우연히 시작한 피아노학원 아르바이트가 내 삶의 방향을 송두리째 바꾸어 놓았다. 스물일곱 살에, 모든 것을 처음부터 다시 시작하기로 마음먹었다.

새로운 도전은 열정만으로 되지 않았다. 음악교육 석사를 우수한 성적으로 졸업했기에 자신만만했지만, 임용고시의 벽은 높기만 했다. 처음 몇 년은

1차 시험의 문턱조차 넘지 못했다. 특히 가장 아팠던 기억은, 함께 공부했던 동료들이 대거 합격하던 해였다. 한국사 자격증을 미리 준비하지 못해 시험에 응시할 자격조차 얻지 못하는 처절한 실패를 맛봤다. 합격자 발표 날, 여행지에서 운전대를 잡고 있던 나는 나 자신에 대한 원망을 이기지 못한 채 억장이 무너져 내렸다.

가장 가까운 친구마저 내게 "이제 그만 다른 길을 생각해 보는 건 어때?"라고 조심스럽게 권유했고, 가족들의 말 없는 걱정은 더 큰 압박으로 다가왔다. 그때마다 '왜 나를 믿어 주지 않을까?' 섭섭한 마음도 컸지만, 무엇보다 나를 힘들게 한 것은 '이번에도 안 되면 어떡하지?'라는 내 안의 불안이었다. 하지만 이 길은 내가 스스로 선택한 길이었기에, 나 자신을 포기할 수는 없었다.

라흐마니노프, 〈피아노 협주곡 No, 3 in D minor, op.30〉

버티고 또 버텨, 마침내 늦깎이 신규 교사로 교단에 섰을 때, 나는 깨달았다. 그토록 저주했던 실패의 시간들이 사실은 교사로서의 나를 단단하게 만들어 준 최고의 자양분이었음을. 여러 번 넘어져 봤기에, 학생들의 작은 좌절에도 쉽게 손을 내밀 수 있었다. 돌아왔기에, 다른 길 위에서 방황하는 아이들의 마음을 더 깊이 이해할 수 있게 되었다. 나의 7전 8기 도전기는 이제 아이들에게 "괜찮아, 돌아 돌아 가도 돼!", "괜찮아, 다시 해보면 돼!"라고 말해 줄 수 있는 가장 생생한 교재가 되었다.

그러니 우리, 각자의 속도를 의심하지 않았으면 한다. 지금 걷고 있는 조금 다른 길이, 겪어 내고 있는 아픈 실패가, 결국에는 그 누구도 흉내 낼 수 없는 자신만의 수업, 자신만의 무기가 되어 줄 것이다. 세상은 완벽한 교사가 아니라, 학생의 마음 곁에 머물러 줄 수 있는 교사를 기다린다. 꿈을 향해 나아가는 모든 순간이 바로 빛나는 길을 향한 가장 진실한 과정임을,

나는 온 마음으로 믿고 응원한다.

지금 걷고 있는 여러분의 모든 걸음이, 미래의 교실에서 학생들의 마음을 두드릴 가장 진솔한 노래가 되고 있음을 기억하자.

근성의 아이콘

박미지

- (2025) 《대한민국 교육 르네상스》 공동 저서 출간
- (2025) 경기도교육청 지정 용인 탐구수업공동체 회장
- (2025) 목정미래재단 미래교육상 최우수상
- (2024) 대한민국교육혁신박람회 중등미래교실(EBS) 기획 참여
- (2023) 제17회 교육정보화연구대회 교육부장관상(전국 수석 입상자)

도전하는

김광훈

- (2024~2025) 서울특별시교육청 교육감 승인 과목 교육과정(안) 검토 심의 위원
- (2024) 대전광역시교육청 2022 개정 교육과정 인정도서 심의위원(고등학교 음악 감상과 비평)
- (2023) 경기도교육청 2022 개정 교육과정 전문교과 인정도서 집필위원(고등학교 음악 콘텐츠 제작 기초)
- (2022) 교육부 2022 개정 교육과정 음악과 각론 연구위원(2차)

온도를 전하는

김경태

- (2024~2027) 한국연구재단 지원사업 《AI와 VR을 활용한 몰입형 음악교육 콘텐츠 개발 및 적용》 책임연구원
- (2025) 《2025 경기도 광주시 전통문화 예술교육 특성화 운영방안 정책 연구》 연구책임자
- (2025) 《포스트휴먼 시대, 음악교육의 갈 길을 묻다》 공동 저서 출간
- (2025) 《슬기로운 국악교육 체인지(體·仁·知)》 공동 저서 출간
- (2025) 2022 개정 교육과정 교과서 《음악》 공동 저서 출간, (주)미래엔

매일 즐거운 ENFP

윤진

- (2025) 올해의 수업혁신교사상(교육부장관 표창)
- (2025) 2022 개정 교육과정 고등학교 교과서 《음악》 공동 집필, 천재교육
- (2022~2025) 유튜브 〈음플릭스〉 채널 운영
- (2022~2025) 교육부 예술 교육 역량 강화 연수 강사
- (2022) 이러닝 부문 유공 교원(교육부장관 표창)

김형국

- (2025) 서울특별시교육청 음악과 1급 정교사 연수, 디지털 AI러닝페스티벌, AI 디지털기반 학교예술교육 연수강사
- (2025) 교육부 수도권역 AIEDAP 마스터교원 및 교육혁신선도교사 온오프라인 연수강사
- (2024) 경기도교육청, 대전광역시교육청 2022 개정 교육과정 인정도서 심의위원
- (2024) 대한민국교육박람회, 에듀플러스위크 미래교육박람회 디지털AI 수업사례 강의
- (2023) 서울특별시교육청 학교현장실습학기제 업무내실화 유공 교원(교육감 표창)

김근애

- (2025) 《창의적이고 신박한 교실 국악수업 가이드》 공동 저서 출간
- (2025) 2022 개정 교육과정 중학교 교과서 《음악》 1, 2 공동 집필, 아침나라
- (2025) 2022 개정 교육과정 고등학교 교과서 《음악》 공동 집필, 아침나라
- (2025) 찾아가는 교실음악회 '국악배달통' 모니터링 위원(세종지역)
- (2021) 세종음악창작소 '뮤즈세종' 지원 아티스트 선정 및 공연 〈유치찬란〉

강민지

- (2025) 《예체능 교사가 만든 예체능 수업을 위한 찐 실전 ChatGPT 생성형 AI 음악·미술·체육 수업에 활용하기!》 공동 저서 출간
- (2023~2025) 경기도미래교육연수원, 경기도미래과학교육원 원격연수 강사 (니어팟, 티처메이드 편)
- (2023) 교육부 수도권역 AIEDAP 마스터 교원
- (2022) 경기도교육청 정보화기기 현장 자문단 교사
- (2021) 경기도 중등 미래형 교수학습평가 혁신 추진단(교육감 표창)

오누리

- (2009~2025) 학교예술동아리, 학교합창교육 직무 연수 및 1급 정교사 연수 강사
- (2024) 서울시교육청 희희락낙 학교예술교육 공모전(교육감 표창)
- (2017) 2015 개정 교육과정 교과서 《음악》 1, 2 공동 집필, 세광음악출판사
- (2012) 2009 개정 교육과정 교과서 《음악》 공동 집필, 금성출판사
- (2011~2013) 창의체험페스티벌 학생합창대회 금상(교육부장관상)

윤지훈
- (2025) 2022 개정 교육과정 중학교 교과서 《음악》 1, 2 공동 집필, (주)미래엔
- (2022) 2022 개정 특수교육 음악과 교육과정 공동 개발, 교육부
- (2021) AI 기반 융합 혁신미래교육 중장기 발전 계획 개발 TF, 서울특별시교육청
- (2020) 현장연구 보고서 '장애학생을 위한 실감형 콘텐츠 설계 및 개발 연구', 서울특별시교육청교육연구정보원
- (2017) 2015 개정 교육과정 음악과 연수자료 공동 개발, 교육부

이화동
- (2021~2022 / 2025~현재) 전남대학교 사범대학 음악교육과 출강
- (2021) 광주광역시교육청 음악교과수업연구회 '아인클랑(Einklang)' 회장
- (2020) 광주광역시교육청 합창동아리연구회 '코러스라인' 총무
- (2019~현재) 음악 & 음악교육 유튜브 채널 〈에듀포르테(EduForte)〉 운영
- (2019) 빛고을 혁신학교 포럼 중등분과 강사

김혜숙
- (2025) 《프로젝트 학습(PBL)을 활용한 음악 교수법》 공동 저서 출간
- (2021~현재) 티처빌원격연수원 '구글 인증 교육 전문가 선생님과 함께하는, 레알(real) 블렌디드 수업 정주행' 강의
- (2024) 2024년 학교예술교육 활성화 유공 교원(부총리 겸 교육부장관 표창)
- (2022) 《꼽표쌤의 폭망한 음악수업 PBL로 되살리기》 출간
- (2020) 교육부 주관 학교예술교육 교과교육과정 내 우수수업 최우수상 수상

Foreign Copyright:
Joonwon Lee   Mobile: 82-10-4624-6629
Address: 3F, 127, Yanghwa-ro, Mapo-gu, Seoul, Republic of Korea
              3rd Floor
Telephone: 82-2-3142-4151
E-mail: jwlee@cyber.co.kr

나는 음악교사 입니다

2026. 3. 27. 1판 1쇄 인쇄
2026. 4.   8. 1판 1쇄 발행

지은이 | 박미지, 김경태 외 9명
펴낸이 | 이종춘
펴낸곳 |  (주)도서출판 **성안당**
주소 | 04032 서울시 마포구 양화로 127 첨단빌딩 3층(출판기획 R&D 센터)
       10881 경기도 파주시 문발로 112 파주 출판 문화도시(제작 및 물류)
전화 | 02) 3142-0036
       031) 950-6300
팩스 | 031) 955-0510
등록 | 1973. 2. 1. 제406-2005-000046호
출판사 홈페이지 | www.cyber.co.kr
ISBN | 978-89-315-8576-6 (03370)
정가 | **26,000원**
KOMCA 승인 필

이 책을 만든 사람들

기획 | 최옥현
진행 | 오영미
교정 · 교열 | 서보경
본문 · 표지 디자인 | 피리어드디자인
홍보 | 김계향, 임진성, 김주승, 김도희
국제부 | 이선민, 조혜란
마케팅 | 구본철, 차정욱, 오영일, 나진호, 강호묵
마케팅 지원 | 장상범
제작 | 김유석

■ **도서 A/S 안내**

성안당에서 발행하는 모든 도서는 저자와 출판사, 그리고 독자가 함께 만들어 나갑니다.
좋은 책을 펴내기 위해 많은 노력을 기울이고 있습니다. 혹시라도 내용상의 오류나 오탈자 등이
발견되면 **"좋은 책은 나라의 보배"**로서 우리 모두가 함께 만들어 간다는 마음으로 연락주시기
바랍니다. 수정 보완하여 더 나은 책이 되도록 최선을 다하겠습니다.
성안당은 늘 독자 여러분들의 소중한 의견을 기다리고 있습니다. 좋은 의견을 보내주시는 분께는
성안당 쇼핑몰의 포인트(3,000포인트)를 적립해 드립니다.

잘못 만들어진 책이나 부록 등이 파손된 경우에는 교환해 드립니다.